中共梅州市梅江区委
梅州市梅江区人民政府 主办

梅江年鉴

MEIJIANG YEARBOOK

(2021)

(总第19卷)

梅江年鉴编纂委员会 编

方志出版社
Publishing House of Local Records

图书在版编目（CIP）数据

梅江年鉴. 2021/梅江年鉴编纂委员会编. --北京：方志出版社，2021.10

ISBN 978-7-5144-4895-5

I. ①梅… II. ①梅… III. ①区(城市)—梅州—2021—年鉴 IV. ①Z526.54

中国版本图书馆CIP数据核字（2021）第258240号

梅江年鉴（2021）

编　　者：梅江年鉴编纂委员会
责任编辑：罗　滔
出 版 者：方志出版社
　　地址　北京市朝阳区潘家园东里9号（国家方志馆4层）
　　邮编　100021
　　网址　http：//www.zgfzcb.cn
发　　行：方志出版社图书经销中心
　　电话（010）67110500
经　　销：各地新华书店
印　　刷：梅州宝树彩印有限公司
开　　本：889×1194　1/16
印　　张：21
字　　数：499千字
版　　次：2021年10月第1版　2021年10月第1次印刷
印　　数：0001～1500册

ISBN 978-7-5144-4895-5　定价：200.00元

梅江年鉴编纂委员会

顾　问：陈金銮

主　任：钟秀堂

副主任：王增文　张峥奇

委　员：陈启泰　陈　雄　林　峰　余裕辉

　　　　廖乾金　徐友德　黄　媛　周煊戈

　　　　梁　旅　陈勇文　杨艳红　邓伟民

　　　　黄振宁　魏洪涛　李育新　江文秀

梅江年鉴编辑部

主　　编：江文秀

副 主 编：李继贤

特约编辑：周文炫

编　　务：刘任潮　曾君玲　黎美玲　林雅荣

编辑说明

一、《梅江年鉴（2021）》（以下简称本年鉴）为《梅江年鉴》总第19卷，以马克思列宁主义、毛泽东思想、邓小平理论、“三个代表”重要思想、科学发展观、习近平新时代中国特色社会主义思想为指导，坚持辩证唯物主义和历史唯物主义的立场、观点和方法，全面、系统、翔实地记述2020年广东省梅州市梅江区政治、经济、文化、社会发展等方面的情况（除特载时间延至2021年1月），图文结合，以文为主，为读者了解和研究梅江提供基本资料。

二、本年鉴由中共梅州市梅江区委、梅州市梅江区人民政府主办，梅江年鉴编纂委员会组织编纂。主体内容采用分类编辑法，以类目、分目、条目三个层次的结构体裁，其中“目”是本年鉴主要载体，条目用黑体字加“【】”表示，有些条目内容较多，则分为若干段，段的标题用楷体字表示。

三、主题内容设特载、大事记、梅江概貌、中共梅州市梅江区委员会、梅州市梅江区人民代表大会、梅州市梅江区人民政府、政协梅州市梅江区委员会、中共梅州市梅江区纪律检查委员会、民主党派、人民团体、法治、军事、经济管理、农业、工业、财税·金融、城建·环保、教育·文化·旅游·体育、医疗卫生、社会生活、镇·街道、国民经济和社会统计资料、文献辑存、附录共24个类目，122个分目，637个条目。

四、本年鉴大部分文稿由各单位提供，年鉴编辑部修改整理后，反馈供稿单位校对，并经单位领导审核，编纂委员会领导把关，内容真实可靠。撰稿人署名标在文后加“（）”。

五、计量单位、标点的运用原则，均按国家有关规定。正文相关数据来自《梅江区统计年鉴（2021）》。

六、本年鉴特设彩图专辑，直观反映2020年梅江区大事要闻、诗画梅江，照片均由区委办公室新闻股和相关单位提供。

目　录

梅州市梅江区人民代表大会

梅州市梅江区人民政府

政协梅州市梅江区委员会

中共梅州市梅江区纪律检查委员会

民主党派

人民团体

法　治

军　事

经济管理

农　业

工　业

财税·金融

城建·环保

教育·文化·旅游·体育

医疗卫生

社会生活

镇·街道

国民经济和社会统计资料

文献辑存

附 录

索 引

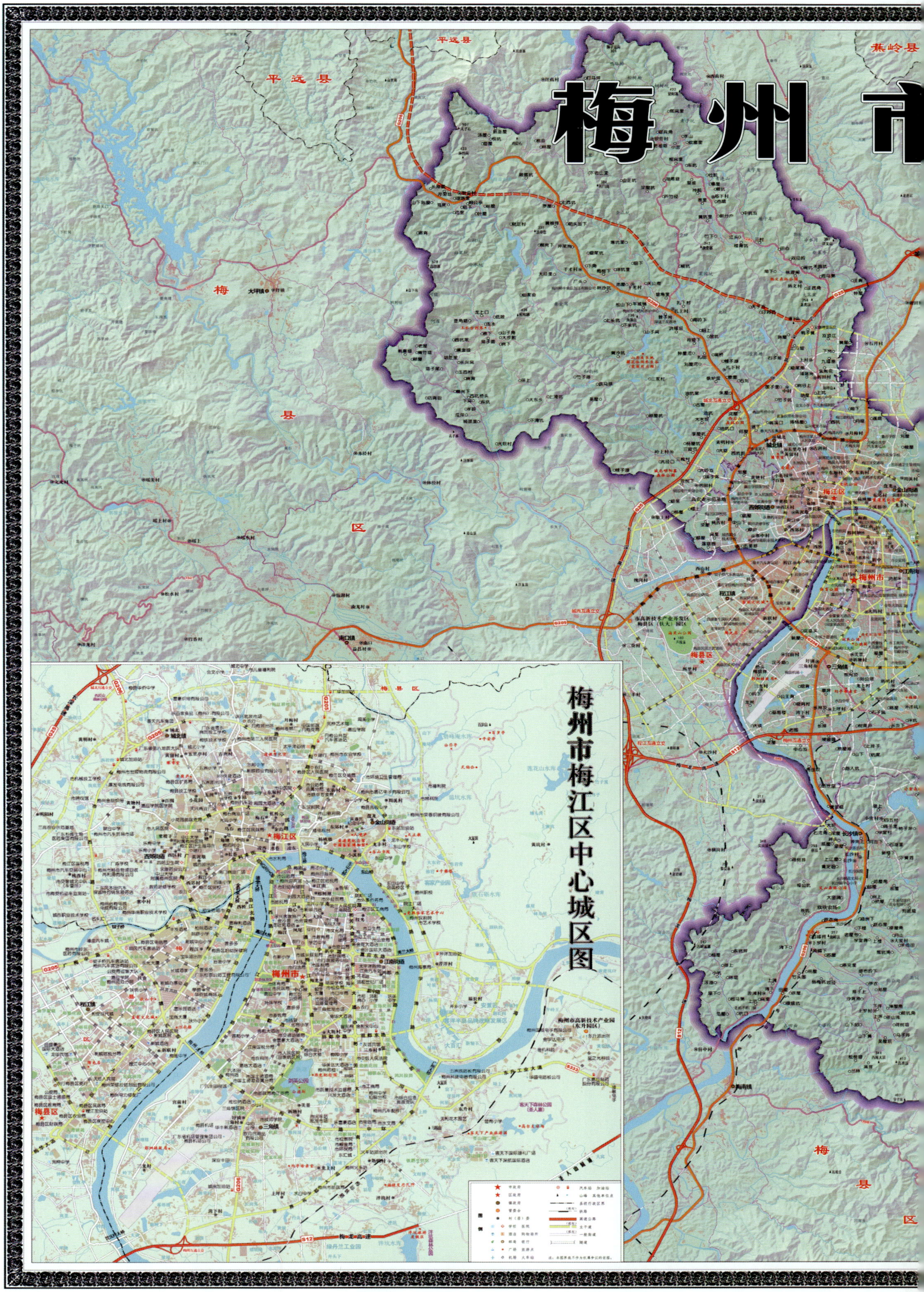
梅州市
平远县
蕉岭县
梅县区
梅江区
梅州市
梅州市梅江区中心城区图

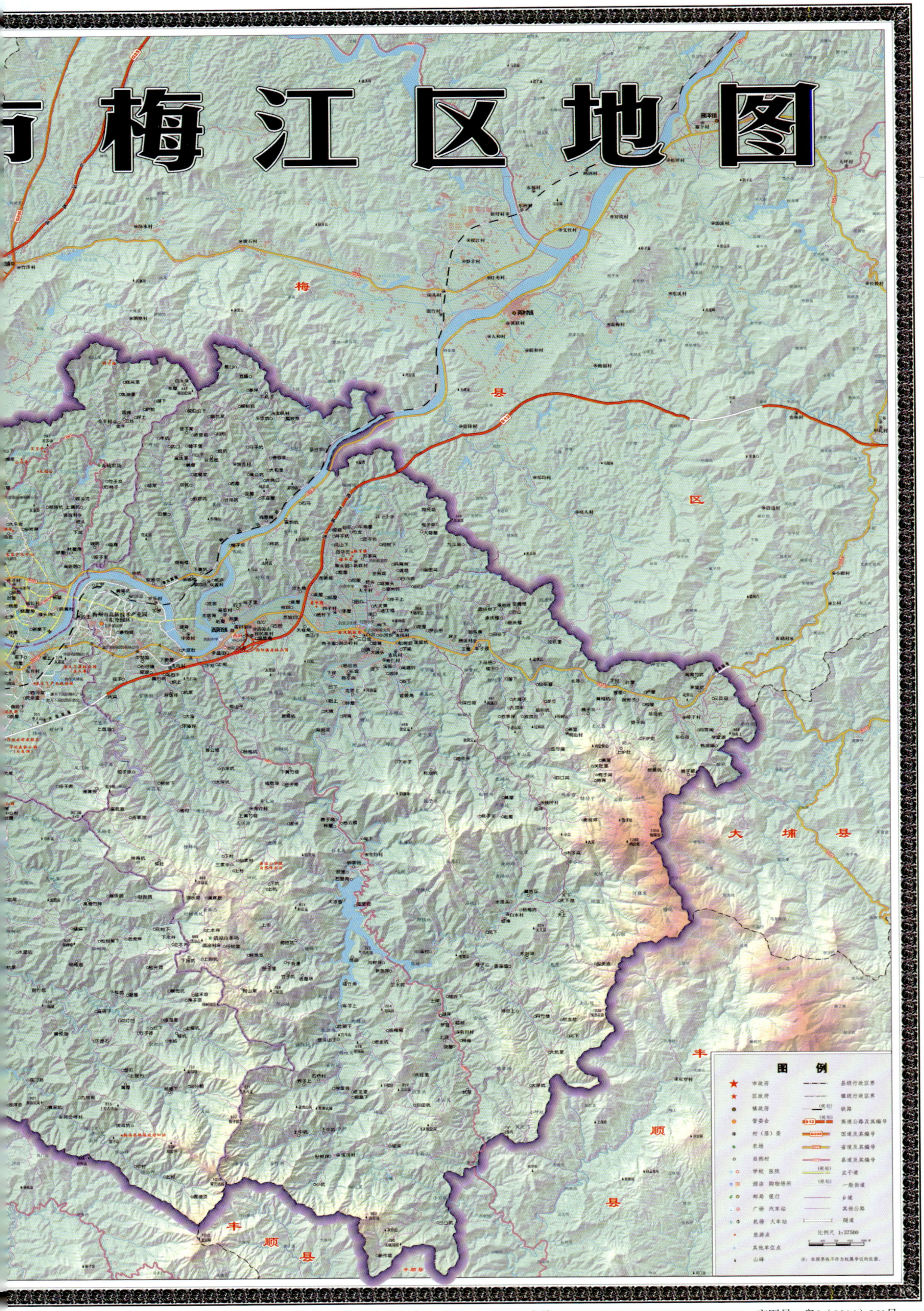

广东省地图出版社出版、发行　2014年06月第1版　2014年06月第1次　印数：1-1000　书号：ISBN 978-7-807210547-9/K·1613　审图号：粤S（2014）061号

梅江数字

（2020）

- 土地总面积570.61平方千米
- 年末户籍人口35.83万人
- 年末常住人口43.65万人
- 地区生产总值107.10亿元
- 第一产业增加值8.53亿元
- 第二产业增加值31.95亿元
- 第三产业增加值66.62亿元
- 第一、第二、第三产业构成8.0：29.8：62.2
- 人均地区生产总值6.11万元
- 农林牧渔业总产值13.56亿元
- 工业总产值107.91亿元
- 贸易进口总额1.38亿美元
- 贸易出口总额1.07亿美元
- 实际利用外资31.96万美元
- 地方一般公共预算总收入30.28亿元
- 地方一般公共预算支出29.38亿元
- 税收收入120.59亿元
- 社会消费品零售总额104.96亿元
- 全体常住居民人均可支配收入3.76万元
- 城镇常住居民人均可支配收入3.83万元
- 农村常住居民人均可支配收入2.24万元

中国共产党梅州市梅江区第八届委员会第十次全体会议

2020年1月12日，中国共产党梅州市梅江区第八届委员会第十次全体会议在区委、区政府礼堂召开。全会总结2019年的工作，部署2020年重点工作任务，区委常委会要求全区上下开足马力，力争在党建、经济、民生、文化等各个领域创出一批新模式、打造一批新范例、树立一批新标杆，以一心一意谋发展、一以贯之抓落实的决心和韧劲，干出“梅江速度”、释放“梅江活力”，走出一条切合梅江实际的苏区振兴发展之路。

中国共产党梅州市梅江区第八届委员会第十一次全体会议于2020年9月30日召开。全会主要任务是坚持以习近平新时代中国特色社会主义思想为指导，全面贯彻落实习近平总书记关于促进区域协调发展，加快形成以国内大循环为主体，国内国际双循环相互促进的新发展格局的重要论述和对广东重要讲话、重要批示精神，认真贯彻落实省委十二届十次全会、市委七届九次全会精神。全会总结梅江区生态发展区建设情况，要求进一步发挥主体功能区的作用，深入践行新发展理念，坚持生态优先、绿色发展，打造“一带三园四城五基地”，争当生态发展区高质量示范区，加快建设“诗画梅江、文明客都”。

中国共产党梅州市梅江区第八届委员会第十一次全体会议

梅州市梅江区第八届人民代表大会第五次会议

梅州市梅江区第八届人民代表大会第五次会议于2020年5月28—29日在区委、区政府礼堂召开。会议听取和审议梅江区区长钟秀堂所作的《梅州市梅江区人民政府工作报告》、区人大常委会主任巫繁星所作的《梅州市梅江区人民代表大会常务委员会工作报告》，听取和审议《梅州市梅江区2019年国民经济和社会发展计划执行情况与2020年计划草案的报告》《梅州市梅江区人民法院报告》《梅州市梅江区人民检察院工作报告》。

中国人民政治协商会议第七届梅州市梅江区委员会第五次会议于2020年5月27—28日在区委、区政府礼堂召开。会议审议通过区政协主席赖经烈代表政协第七届梅州市梅江区常务委员会所作的工作报告、区政协副主席张海辉所作的提案工作报告，听取和讨论区委书记朱国城在区两会上的讲话、区长钟秀堂所作的政府工作报告及其他报告。会议选举刘伟球、陈启泰为政协第七届梅州市梅江区委员会副主席，选举陈纪擎、黄敏、梁卫中为政协第七届梅州市梅江区委员会常务委员。会议强调区政协要以习近平新时代中国特色社会主义思想为指导，进一步提高履职能力和水平，充分发挥社会主义协商民主重要渠道和专门机构作用，为全区经济发展和社会进步多进诤言、多谋良策、多出实招。

中国人民政治协商会议第七届梅州市梅江区委员会第五次会议

中国共产党梅州市梅江区第八届纪律检查委员会第五次全体会议

2020年3月30日，中国共产党梅州市梅江区第八届纪律检查委员会第五次全体会议召开。会议传达中央、省、市纪委全会精神及省、市纪委三份通报。会上，区委常委、区纪委书记、区监委代主任梁英浩代表区纪委常委会作题为《聚焦主责主业　敢于担当作为　为梅江全面建成小康社会提供坚强纪律保证》的工作报告。接着举行的第二次会议，区纪委委员、区监委委员、区委组织部、区审计局、区巡察机构负责人对8位镇、区直和区属学校党委（党组、党支部）书记述责述廉情况进行评议。会议审议表决通过全会报告和决议。

千年古村展新貌 诗画梅江庆丰年

2020年9月22日上午9时22分，梅江区在城北镇玉水村庆祝2020年中国农民丰收节舞狮表演拉开帷幕

2020年9月22日上午9时22分，梅江区在城北镇玉水村庆祝2020年中国农民丰收节系列活动拉开帷幕。来自全国各地的游客、嘉宾与梅江乡亲共话丰收、共庆丰年，共同庆祝第三个中国农民丰收节。

庆祝活动举行精彩的文艺表演，不绝的掌声响彻整个玉水村。在主会场入口处，梅江区名优新特农产品展吸引了不少宾客，展出的“客都草鱼”“客都稻米”“梅江区清凉山茶”“梅江白宫苦瓜”等名优新特农产品，令宾客大开眼界。活动还举行颁奖、授信、签约等仪式，在梅江区农企、农户综合授信仪式上，农业银行梅州分行为梅江区农企、农户综合授信20亿元，助力农企和农户解决融资问题，帮助企业做大做强。同时，举行农业项目签约仪式，广州半岛投资集团与臻尚食品有限公司、大枫林实业有限公司与三角镇梅塘村、乐得鲜农业开发有限公司与城北镇玉水村先后进行签约，以消费帮扶贫帮助农户增收致富、再迎丰年。

活动现场歌伴舞

梅江区城北镇玉水古村

诗画梅江庆丰年

中国美术界一代宗师——林风眠

林风眠（1900—1991），原名绍琼，字凤鸣，梅州市梅江区西阳镇白宫阁公岭村人，是20世纪中国美术界的一代宗师，中国现代美术教育的重要奠基者之一，中国“中西融合”艺术理想的倡导者、开拓者和重要的代表人物。

林风眠一生致力于美术创作，中西融合的风格让人印象至深，给世界留下了宝贵的精神财富。他留给故乡梅州的5幅绘画真迹分别收藏在中国客家博物馆和梅县区博物馆，其中《枫树小鸟》《双鹭》《秋景》收藏于中国客家博物馆、《鹭汀图》《蕉鹤图》收藏于梅县区博物馆。在林风眠120周年诞辰纪念活动期间，梅州又收到两幅林风眠真迹，分别为林风眠的侄子林均祥捐赠的《Dino》和深圳世联行集团股份有限公司联席董事长陈劲松捐赠的《无题》，现由梅州市林风眠艺术基金会保管。

林风眠历任上海中国画院画师，第三届中国美术家协会常务理事，第二届上海市美术家协会副主席，第三届上海市美术家协会主席，第四届上海市美术家协会名誉主席，第四届全国文联委员，第一、二、三、四、五届上海市政协委员。

林风眠故居

林风眠艺术展馆

林风眠画作

鹭汀图

双鹭

蕉鹤图

枫树小鸟

Dino

无题

秋景

2020年，梅江区全力打好乡村交通大会战，推进农村交通网络向自然村延伸，进一步提高县乡公路的通达深度和广度，为实施乡村振兴战略、打赢脱贫攻坚战、推进农村农业现代化发展建设一批“民生路”“红色路”“旅游路”“产业路”。围绕民众所需、产业所向，科学谋划、统筹落实，全年完成200人以上自然村村道路面硬底化37千米和危桥改造2座；完成X018县道整治改造工程，消除“马路市场”隐患，保障路产路权；完成边远腹地行政村通客运班车和客运站亭建设，实现全区行政村“村村通公交”的总目标，助力决胜脱贫攻坚和乡村振兴发展。2020年，梅江区顺利通过省级考核，成功创建广东省“四好农村路”示范县。

四好农村路

泮坑旅游风景区“四好农村路”

水韵直坑

西阳镇直坑村“四好农村路”

城北镇扎上村樱花大道“四好农村路”

西阳镇嶂下村“四好农村路”

城北镇扎上村“四好农村路”

西阳镇嶂下村到板盖坑路段

西阳镇直坑村“四好农村路”

三角镇情怀公园

西阳镇白宫云水谣

西郊街道黄泥墩社区珍珠公园

金山街道东郊村张家围

城中绿洲

西阳镇清凉山郊野公园

清凉山郊野公园枫林湾

芹洋湿地公园水上栈道

长沙镇十里碧道

周溪河畔

西阳镇清凉山茶园

红军名将朱云卿事迹陈列室

黄遵宪纪念馆

西阳镇明山村红色革命基地

西阳镇桃坪村百米瀑布

泮坑叶剑英诗词长廊

“红色北联”旅游线路图

梁伯聪故居——鹤和楼

北联村蓼子坝

北联渡口

西阳镇明山村“红”土地上结出“绿”果实——高山茶田

改造后的老梅城中山路

改造后的老梅城凌风西路

改造后的老梅城仲元西路

改造后的老梅城泰康路

2020年10月1日，金山圩日启动仪式

特　载

在区委八届十二次全会第一次全体会议上的报告

（2021 年 1 月 22 日）

中共梅州市梅江区委书记　朱国城

一、2020 年主要工作

2020 年，是极不平凡的一年。面对突如其来的新冠肺炎疫情，我们坚持以习近平新时代中国特色社会主义思想为指导，认真落实党中央决策部署和省委、市委工作要求，统筹推进疫情防控和经济社会发展，扎实做好“六稳”（稳就业、稳金融、稳外贸、稳外资、稳投资、稳预期）工作，全面落实“六保”（保居民就业、保基本民生、保市场主体、保粮食能源安全、保产业链供应链稳定、保基层运转）任务，全面打赢脱贫攻坚战，为决胜全面小康、建设生态发展区高质量发展示范区打下了坚实基础。一年来，我们强化梅江担当，服务保障梅州马拉松赛等重大活动，举全区之力开展全国文明城市创建工作；我们刷新梅江速度，林风眠纪念馆 4 个月建成开放，“政府优品馆”从签约到开馆仅用 27 天，市人民医院“生命通道”新峰路主路面通车任务提前 40 天完成，在攻坚克难中催生了敢啃硬骨头、敢拔硬钉子的“新峰路精神”；我们传播梅江声音，高质量举办纪念林风眠 120 周年诞辰、庆祝中国农民丰收节梅江区系列活动等，携手 15 家中央媒体多角度宣传梅江，实现历史新突破，得到社会各界的广泛关注和高度赞誉。

——全民动员，奏响抗疫最强音。疫情发生以来，我们坚决响应习近平总书记号召，严格按照中央和省、市统一部署，把疫情防控作为最重要的政治任务，坚持人民至上、生命至上，全区总动员、全民大行动，织密联防联控、群防群控网络，以雷霆万钧之势遏制疫情蔓延，稳控基本面、把握主动权，用 17 天实现本地疑似病例清零、唯一一例确诊患者治愈出院，全面打好打赢疫情防控人民战争、总体战、阻击战。我们慎终如始抓好常态化疫情防控，因应形势变化调整完善防控措施，强化重点人员排查、重点场所检测和重点环节管理，持续巩固疫情防控成果。至目前，全区未再发生新的疫情。正是广大党员干部、人民群众的高度自觉和无悔付出，换来疫去春来、山河无恙，谱写了一首可歌可泣的生命赞歌。

——稳中求进，经济焕发新活力。按照“双统筹”“双胜利”（统筹推进疫情防控和经济社会发展，实现疫情防控和经济社会发展“双胜利”）的要求，千方百计推进复工复产复学，2 月底规上企业全面复工，全区经济逐季回暖，生产生活秩序加快恢复。2020 年，预计全区实现生产总值 107.1 亿元、比增 0.3%；完成规上工业产值 94.47 亿元、比增 5.6%。坚持项目化工作法，持续扩大有效投资，24 项省、市重点项目完成年度投资 32.46 亿元。积极破解项目瓶颈，成功争取中央直达资金、地方政府债券、涉农资金等14.39亿元，推动东升园区标准厂房等重大投资项目建设。深入实施“乡贤回乡投资兴业工程”，成立驻外招商队，引进梅州中骏世界城、客天下康祺养老等亿元以上项目13个，超额完成市下达的招商引资任务。南京盛尊顺利落户并完成一级建筑资质迁移，总部经济迈出坚实步伐。坚持创新驱动战略，实施创业主体培育、科技成果转化和创新能力提升“三大工程”，高新技术企业和众创空间数量居全市前列。加快实体经济与互联网产业深度融合，培育新生经济动能，阿里云、金山云、飞翔云“三朵云”落户梅江，建成全国首个“政府优品馆”——京东京喜“梅州优品馆”。

——*深化改革，振兴发展增后劲*。乡镇街道体制改革基本完成，事业单位改革、综合行政执法体制改革稳步推进。深化“放管服”（简政放权、放管结合、优化服务）改革，落实商事制度、工程建设项目审批制度改革，企业开办便利度显著提升，建筑工程施工许可证实现“不见面审批、零跑动申办”。加快“数字政府”（指在现代计算机、网络通信等技术支撑下，政府机构日常办公、信息收集与发布、公共管理等事务在数字化、网络化的环境下进行的国家行政管理形式）改革建设，政务信息化项目建设管理和政务信息系统整合共享有序推进，区级政务大厅提质增效，落实“全流程网办”“证照联办”等改革举措，政务服务水平进一步提升。全面完成农村集体产权制度改革国家试点工作。加快理顺东升工业园区体制机制。国资国企改革取得新突破，新组建梅江控股集团有限公司，完成市肉联厂、市第二食品公司改制，区级国有“僵尸企业”全部出清。主动融入粤港澳大湾区、深圳先行示范区交通圈、经济圈、生活圈、人文圈，推动产业发展、产品供给、康养旅游等重点领域和关键环节开放合作。

——*提质扩容，城市品质大提升*。完善江南新城、芹洋半岛基础配套设施，完成12个重点征收项目，基本完成“十个一批”（规划提升一批老旧社区人居环境、连通一批道路、完善一批交通信号灯、建设一批人行天桥、建设一批停车场、提升一批生态公园、实施一批亮化工程、设置一批社工服务站、升级改造和建设一批公厕和垃圾中转站、升级改造一批集市贸易）城建民生项目。打通鸿兴路、客都小学东门道路等一批“断头路”。新中苑、勤力苑等老旧小区改造取得阶段性成果。深入开展“美丽梅州·美好家园”行动，积极创建全国文明城市，持续抓好市容环境、市场秩序、交通秩序等整治，基本完成江北历史文化街区修缮保护工程，城区228个公共机构实现垃圾分类全覆盖，江南街道基本建成垃圾分类示范片区，城市形象和风貌焕然一新。成功申报广东梅江清凉山省级自然保护区。建设清凉山、百岁山两大郊野公园，完善提升归读公园、文化公园等中心城区公园，建成外滩公园、八一广场社区体育公园等一批村居公园、“口袋公园”，打造“四季有花，全年有景”的花园城市。城区空气质量优良率达98.9%，饮用水水源地水质达标率保持100%。

——*聚力攻坚，美丽乡村展新颜*。坚持把人居环境整治作为乡村振兴的第一场硬仗，持续推进“三清三拆三整治”（清理村巷道及生产工具、建筑材料乱堆乱放，清理房前屋后和村巷道杂物、积存垃圾，清理沟渠池塘溪河淤泥、漂浮物和障碍物；拆除危、旧、弃房情况，拆除乱搭乱建违章建筑，拆除非法违规商业广告、招牌；整治生活垃圾、整治污水、整治畜禽污染），泥砖房专项整治成效明显，全部行政村建成干净整洁村，55%的行政村建成美丽宜居村，10个省定贫困村全部建成社会主义新农村示范村。加快发展“一村一品、一镇一业”，有序推进省级现代农业产业园建设，积极培育新型农业经营主体，市级以上重点农业龙头企业增至50家，省级以上特色农产品增至41个。全面启动全域自然村集中供水工程，深化河湖综合治理，完成生活垃圾有效处理、无害化卫生户厕改造、村庄集中供水等硬任务。成功创建“四好农村路”（建好、管好、护好、运营好）省级示范县。试点开展乡村风貌提升，点亮“玉水古韵”“桃源笙竹”“烟雨阁公岭”等精美农村颜值，“诗画梅江美丽乡村行”入选广东省乡村旅游精品线路。

——统筹兼顾，民生保障更全面。如期完成脱贫攻坚目标任务，全区10个省定相对贫困村和1427名相对贫困人口全部达到脱贫标准，在2020年度市级扶贫开发成效考核中取得“好”的优秀等次。城乡低保、特困人员供养、孤儿保障标准、医疗救助、残疾人补贴水平持续提升。梅州市实验小学、芹洋梅州中学初中部等一批中小学校及幼儿园建成投入使用，新增学位4080个。全区学校（幼儿园）食堂“互联网+明厨亮灶”实现全覆盖。落实省市“促进就业9条”（支持企业稳定岗位、开发更多就业岗位、促进劳动者多渠道就业、进一步鼓励创业带动就业、稳定高校毕业生等重点群体就业、提升劳动者技术能力水平、加大困难人员托底帮扶力度、强化就业服务供给、完善就业失业监测研判机制），新增城镇就业2400人，城镇登记失业率2.36%。高质量推进“粤菜（客家菜）师傅”“广东技工”“南粤家政”三项工程。全力创建卫生强区，设立区疾控中心，完成发热门诊规范化升级改造和预防接种门诊标准化建设，全国基层中医药工作先进单位顺利通过国家评审，长沙镇、西阳镇在粤东西北地区率先成功创建国家卫生乡镇。加快推进客家文化（梅州）生态保护实验区建设，区综合性传习中心和非物质文化遗产展示馆建成投入使用。完成林风眠、李国豪等名人名居修缮保护工作。完成“七五”普法任务。扫黑除恶专项斗争圆满收官，安全生产、食品药品安全和道路交通安全形势持续稳定，群众安全感、满意度不断增强。

——夯实堡垒，党建引领促发展。以“诗画梅江党旗红”为主线，推动党建工作与中心工作深度融合，基层党建三年行动计划取得显著成效。巩固深化“不忘初心、牢记使命”主题教育成果，全面推广为民服务“33110”（每个村、社区为群众办理3件实事，每个村、社区的干部为群众办理3件实事，每个村、居民小组为群众办理1件“微实事”，镇党委集中力量办理群众反映强烈的10件实事）工作法，累计办理民生微实事3500多件。深化机关与村级党组织结对共建，全面铺开区直机关企事业单位和在职党员到社区报到开展服务活动，扎实推进非公有制企业、社会组织“双同步”（党建摸排和组织建设同步开展）工作，“十抓十促”（抓常态管理、促工作落实，抓制度建设、促规范提升，抓品牌打造、促内涵发展，抓围绕中心、促业务推进，抓先锋引领、促担当作为，抓红色资源、促党性锤炼，抓互动研讨、促思维创新，抓学习质量、促落实见效，抓青训工程、促活力激发，抓调查研究、促成果转化）推进机关党建，深入推进“双百”（百个小区党支部、百家党员先锋店）工程，成功打造东区商圈、北部商圈、梅水路商圈、碧桂园党建联盟等城市党建“四驾马车”，建成“1+7+N”（1个区城市党群服务中心，7个镇街道党群服务中心，N个村、社区、园区、商圈等党群服务中心）党群服务中心矩阵，“党支部建在网格”实现全覆盖。落实村级换届“一把手”工程，党组织换届选举实现“三升两降”（大专以上学历干部、女性干部、35岁以下年轻干部比例上升，超龄留任干部比例和平均年龄下降）目标。压紧压实意识形态责任，加强区融媒体中心建设，区级宣传文化阵地进一步巩固拓展。落实全面从严治党主体责任，一体推进不敢腐、不能腐、不想腐，全年立案80件80人，给予党纪政务处分70人。加快推进区级巡察全覆盖，对区直单位巡察覆盖率达93%，对村巡察覆盖率达100%，一改巡察滞后的被动局面，打了场漂亮的“翻身仗”。

一年来，区委坚持总揽全局、协调各方，坚定不移发展社会主义民主政治，加强和改善党委对人大、政协的领导，重视爱国统一战线工作，发挥工青妇等人民团体作用，推进党管武装发展，有效落实全民国防教育，应急管理、机构编制、民族、宗教、对台、老干、文联、残联、史志、档案、保密等工作全面加强。

回顾取得的成绩我们倍加振奋，回想习近平总书记带领我们走过极不平常的一年，深感成绩来之不易，更加由衷地感到有总书记的掌舵领航，是党之大幸、国之大幸、民之大幸。回想年初突如其来的疫情，形势是何其危急、任务是何其艰巨。正是因为我们紧跟总书记、党中央的英明决策和省委、市委的果断部署，筑牢了“外防输入、内防反弹”保卫美丽家园的铜墙铁壁，才能把“两难”（指疫情病毒要防控）变为“两全”（指经济社会要发展），才能推动“双统筹”实现“双胜利”。我们也更加深切地体会到，要战胜发展中遇到的困难和挑战，就是要以习近平新时代中国特色社会主义思想统揽全局，按照省委、市委赋予我们的发展定位和任务，一一落实、一抓到底。这一宝贵经验，是梅江在新征程新阶段中实现新一轮振兴发展的信心所在、底气所在、根本所在！

抗疫取得重大胜利，经济得到全面复苏，是全区人民勠力同心、艰苦奋斗的结果，是社会各界热情帮助、大力支持的结果，是海外侨胞和港澳台同胞情系桑梓、守望相助的结果。在此，我代表区委常委会向大家表示衷心的感谢，并致以崇高的敬意！

二、“十四五”面临的形势与任务

当前，“十三五”圆满收官，“十四五”开局起步。“十四五”时期是我区加快建设“诗画梅江、文明客都”的关键五年，科学谋划好今后五年的工作具有十分重要的意义。

（一）认识“十三五”打下的发展基础

“十三五”时期是梅江攻坚克难、奋进有为的五年。区委高举习近平新时代中国特色社会主义思想伟大旗帜，全面贯彻落实省委“1+1+9”（第一个“1”指加强党的领导和党的建设；第二个“1”指以新时代新担当新作为把改革开放推向深入；“9”指重点工作：一是以深入实施创新驱动发展战略为重点，加快建设科技创新强省；二是以提高发展质量和效益为重点，加快构建推动经济质量发展的体制机制；三是以构建现代化产业体系为重点，加快建设现代化经济体系；四是以粤港澳大湾区建设为重点，加快形成全面开放新格局；五是以大力实施乡村振兴战略为重点，加快改变广东农村落后面貌；六是以构建“一核一带一区”区域发展格局为重点，加快推动区域协调发展；七是以深入推进精神文明建设为重点，加快建设文化强省；八是以把广东建设成为全国最安全稳定、最公平公正、法治环境最好地区之一为重点，加快营造共建共治共享社会治理格局；九是以打好三大攻坚战为重点，加快补齐全面建成小康社会、跨越高质量发展重大关口的短板）和市委“123456”（“1”是指走好一条绿色发展之路，推动经济“换道超车”；“2”是指深化“两带”建设，推动实体经济发展壮大；“3”是指建设“三宜”城市，推动城乡一体化发展；“4”是指改善四个重点民生，推动幸福梅州建设；“5”是指构建“五星争辉”格局，推动区域协调发展；“6”是指突出六个方面，全面加强党的建设）工作部署，认真实施“1158”（坚定不移走好“诗画梅江、文明客都”这一发展道路，坚定不移加强党的领导和党的建设这一根本保证，坚定不移统筹推进经济、政治、文化、社会、生态文明这五大建设，努力构建东升工业园区和7个镇、街道“八星璀璨”的区域发展格局）“1+3+5”（“1”是始终坚持以党的建设为引领，凝聚推动梅江苏区振兴发展的磅礴力量；“3”是聚焦“三个定位”，加快融入粤港澳大湾区建设；“5”是打好“五大攻坚战”，努力开创梅江苏区振兴发展新局面）和“一带三园四城五基地”（梅江沿河经济带，清凉山郊野公园、百岁山郊野公园、梅江珠宝产业园，汽博城、文博城、农博城、教育城，“红色江南”城市党建示范基地、“黄金三角”中央商务总部基地、“云上东升”智慧物联产业基地、“画里西阳”艺术乡村影视基地、“健康西郊”医疗康养产业基地）等思路举措，全力加快建设“诗画梅江、文明客都”，为“十四五”开好局、起好步打下了坚实基础。主要表现在：政治生态持续优化。党的领导和党的建设进一步加强，扎实开展“两学一做”（学党章党规、学系列讲话，做合格党员）学习教育、“不忘初心、牢记使命”主题教育，坚决全面彻底肃清李嘉、万庆良恶劣影响，深刻汲取“1801”案教训，高标准完成省委第八巡视组反馈意见整改工作，全区各级党组织锻造得更加坚强有力。经济实力迈上新台阶。全区生产总值年均增长4.0%，固定资产投资年均增长8.1%，社会消费品零售总额年均增长5.3%。改革开放同向共进。完成机构改革工作任务，启动东升工业园区体制机制改革，“放管服”改革进一步深化，积极参与“一带一路”（指“丝绸之路经济带”和“21世纪海上丝绸之路”）建设，与大湾区核心城市及周边地区的联系更加紧密。基础设施短板加快补齐。建成客都大桥东端连接线、新峰路等一批城区道路，连续多年超额完成“四好农村路”建设任务，中小河流治理成效位居全省山区五市各县（区）前列。城市提质扩容成效明显。形成东区商圈、梅水路商圈、北部商圈三大商圈，完成江北历史文化街区修缮保护。乡村振兴战略深入实施。“三清三拆三整治”基本完成，建成3个省级现代农业产业园和一批生态宜居美丽乡村。社会事业全面发展。创建全国文明城市取得初步成效，不断巩固国家卫生城市创建成果，在粤北地区率先成功创建“国家森林城市”，获评“全国青少年校园足球试点区”“全国群众体育先进单位”“全国国土资源节约集约模范县”“广东省推进教育现代化先进区”等荣誉。防范化解重大风险、精准脱贫、污染防治三大攻坚战取得决定性成就。每年办成十件民生实事，创新实施十件“微民生”实事，平均每年至少建成一所学校，医疗、文化、社会保障水平持续提高，平安梅江、法治梅江建设取得显著成效，发展成果不断惠民，群众幸福感不断增强。

我们要继续保持“十三五”时期的良好发展态势，全面把握“十四五”时期的重大机遇，顺势而为、乘势而上，与全国、全省、全市一道进入全面建设社会主义现代化国家的新发展阶段。

（二）把握当前面临的发展形势

当今世界，正经历百年未有之大变局，新冠肺炎疫情影响广泛深远，新一轮科技革命和产业变革深入发展，但和平与发展仍然是时代主题。中华民族伟大复兴战略全局统筹展开，我国已转向高质量发展阶段，制度优势显著，治理效能提升，经济长期向好，发展韧性强劲，社会大局稳定，继续发展具有多方面优势和条件。广东地处改革开放的前沿，随着“双区”（粤港澳大湾区、深圳建设中国特色社会主义先行示范区）“双城”（指广州、深圳）加快建设，“一核一带一区”（推动珠三角核心区优化发展；把粤东、粤西打造成新增长极，与珠三角城市串珠成链形成沿海经济带；把粤北山区建设成为生态发展区）区域发展格局加快构建，广东成为世界级制造业基地，区域创新能力跃居全国首位，经济实力、科技实力、综合实力得到重大提升。梅州在全省区域协调发展的强劲带动下，老区苏区振兴发展步伐加快，生态发展区建设取得扎实进展，服务融入“双区”“双城”建设态势越来越好。梅江随着“1158”“1+3+5”“一带三园四城五基地”工作思路举措的深入推进，基础设施日益完善，城市提质扩容成效显现，交通支撑能力明显提升，产业基础得到夯实，平台载体日益完善，高质量发展的动力不断增强、动能逐步转换，继续发展具有广阔空间。

与此同时，梅江面临的困

难和挑战也前所未有。国际环境日趋复杂，国际力量对比深刻调整，不稳定性不确定性明显增加，经济全球化遭遇逆流，世界进入动荡变革期，单边主义、保护主义、霸权主义对世界和平与发展构成威胁。我国发展不平衡不充分问题仍然突出，仍处于并将长期处于社会主义初级阶段的基本国情没有变，是世界最大发展中国家的国际地位没有变。广东虽然是经济大省，但珠三角与粤东粤西粤北地区发展不平衡问题十分突出，城乡之间差距仍然较大。梅州技术创新乏力，发展要素支撑不足，对外交通“通而不快”，公共服务水平总体较低。梅江经济总量小，产业基础薄弱，主导产业单一，先进制造业和战略性新兴产业发展相对滞后，农业产业化程度偏低，资源环境压力加重，城乡基础设施建设水平不高，基本公共服务水平与群众期望仍有不小差距。

总体上看，梅江发展仍然处于重要战略机遇期，危和机并存、危中有机、危可转机。只要我们准确识变、科学应变、主动求变、积极促变，苏区振兴发展将大有可为。我们要立足“两个大局”（一个是中华民族伟大复兴的战略格局，一个是世界百年未有之大变局），深刻认识我国社会主要矛盾变化带来的新特征新要求，深刻认识错综复杂的国际环境带来的新矛盾新挑战，深刻认识梅江加快高质量发展步伐面临的新形势新情况新问题，保持战略定力，办好自己的事，把握发展规律，发扬斗争精神，树立底线思维，努力在危机中育先机、于变局中开新局，开创梅江高质量发展新局面。

（三）把握好基本思路和远景目标

党的十九届五中全会对“十四五”规划和到2035年的远景目标作出统筹谋划，省委十二届十二次全会、市委七届十次全会对贯彻工作作出了全面部署，我们要认真学习贯彻，把中央和省委、市委的决策部署，全面贯彻到梅江各项工作之中。

要明确方向。纲举而目张。习近平总书记赋予广东的总定位总目标，省委、市委提出的“十四五”规划建议，一个是纲，一个是目，是愿景所在、是行动蓝图。我们要深刻领会两者之间的关系，找准梅江的历史方位，立足生态发展区定位，继续深化实施“1158”“1+3+5”“一带三园四城五基地”思路举措，建设生态发展区高质量发展示范区，为全市打造生态经济发展新标杆、建设生态发展区先行示范市贡献梅江力量。

要坚持原则。党的十九届五中全会提出，“十四五”时期我们的经济社会发展必须遵循五条原则，即坚持党的全面领导，坚持以人民为中心，坚持新发展理念，坚持深化改革开放，坚持系统观念。市委要求全市要在这“五个坚持”的基础上，还要坚持“发展第一要务”的原则。我们要认真落实好这“六大原则”，发挥中心城区优势，坚持走生态优先、绿色发展之路，守住“绿”的生态底色，厚植“红”的苏区本色，擦亮中心城区的成色，不断推动产业生态化、生态产业化，实现美丽与发展共赢。

要坚定目标。根据中央和省委、市委的远景目标安排：到二〇三五年，国家将基本实现社会主义现代化，进入发达国家行列；广东将走在全国前列、创造新的辉煌。全市发展条件将有力改善，发展质量持续提升，生态经济发展取得大突破。我们要综合考虑区内外发展趋势，围绕经济实力大提升、创新能力大增强、人民生活品质大提高，加快新型工业化、信息化、城镇化、农业现代化、治理体系和治理能力现代化，全力推动人的全面发展、全体人民共同富裕，努力实现发展质量越来越好，人均主要经济指标更加接近全国平均水平。

（四）把握“十四五”时期发展的重点任务

习近平总书记强调，“十四五”时期要以推动高质量发展为主题，经济、社会、文化、生态等各领域都要体现高质量发展的要求。省委书记李希指出，要把新发展阶段的重点任务理清楚，咬定青山不放，以扎实的步伐迈向社会主义现代化。市委陈敏书记强调，推动“十四五”时期发展，必须围绕建设现代化，把握好、解决好事关高质量发展的突出问题，努力实现更高质量、更有效率、更加公平、更可持续、更为安全的发展。对于梅江来说，我们要立足生态发展区和中心城区定位，认真贯彻落实中央和省关于推动老区苏区振兴发展的新部署，主动服务融入“双区”“双城”建设，积极参与构建“双循环”的市场体系，扎实推动共同富裕，真正实现高质量发展。主要做到“三个大、三个新”：

经济发展取得大突破。围绕加快发展步伐、优化经济结构、提升发展质量、激发增长潜力、促进协调发展等目标，加快建设现代化经济体系，推动经济发展质量效益明显提升，全区地区生产总值和人均水平在全市排名提档进位。实施深度工业化战略，紧盯打造电路板和铜箔“双百亿”产业集群目标，推进科技创新和电子信息产业发展深度融合。加快发展金融、现代物流等生产性服务业，提升康养医疗、文旅体育等生活性服务品质，培育发展互联网产业。做大做强茶叶、蔬菜等优势传统产业，做精做优花卉、水产等特色产业，发展“一村一品、一镇一业”，增强农业区域品牌影响力，实现联农助农带农。

改革开放迈出大步伐。产权制度改革和要素市场化配置改革取得重大进展，高标准市场体系基本建成，营商环境水平走在全市乃至全省前列。立足生态功能区定位，主动融入粤港澳大湾区、深圳先行示范区和广州老城市新活力建设，加强与大湾区产业协作和协同创新，与汕潮揭和海西经济区等沿海地区联动发展。高标准建设外贸转型升级基地，扩大梅江电子信息产业出口份额。推动与“一带一路”沿线国家及新加坡等客属地区开展多层次、多领域的经贸文化交流合作，对外开放水平不断提升。

生态文明实现大进步。推动绿色低碳循环发展，探索建立绿色金融体系。持续推进能耗“双控”（指能源和水资源消耗总量和强度）工作，国土空间开发保护格局更加优化，生态环境质量得到提升，生产生活方式绿色转型成效明显，资源配置利用效率大幅提高，环境质量主要指标保持优良。全面落实河（湖）长制，推行林长制，生态安全屏障更加牢固。

社会文明迈上新层次。加快创建全国文明城市，着力补齐公共服务短板，扩大优质公共服务供给。推动社会主义核心价值观深入人心，人民思想道德素质、科学文化素质和身心健康素质明显提高，公共文化体育服务体系和文体产业体系更加健全，优秀客家传统文化和红色革命文化影响力进一步提升，人民精神文化生活日益丰富。

民生保障达到新高度。实现更加充分更高质量就业，居民收入增长和经济增长基本同步，基本公共服务均等化水平明显提高，人民群众受教育程度不断提升，多层次社会保障体系更加健全，卫生健康体系更加完善，脱贫攻坚成果巩固拓展，乡村振兴战略全面推进，人民群众的幸福感更可持续。

治理效能得到新提升。党的领导和党的建设全面加强，社会主义民主法治更加健全，社会公平正义进一步彰显，行政体系更加完善。深化政法领域改革，完善信访制度，建设更高水平的平安梅江。加强安全风险预警、防控机制和能力建设，不断健全防范化解重大风险体制机制。应急管理体系和能力现代化建设不断推进，突发公共事件应急能力明显增强，发展安全保障更加有力。

三、2021 年工作安排

今年工作的总体要求是，以习近平新时代中国特色社会主义思想为指导，全面贯彻党的十九大和十九届二中、三中、四中、五中全会以及中央经济工作会议精神，坚决贯彻党的基本理论、基本路线、基本方略，深入贯彻习近平总书记系列重要讲话和重要指示批示精神，不断增强“四个意识”、坚定“四个自信”、做到“两个维护”，按照省委十二届十一次、十二次、十三次全会和市委七届十次全会的部署，认真落实省委“1+1+9”和市委“123456”工作部署，坚持稳中求进总基调，立足新发展阶段，贯彻新发展理念，构建新发展格局，以推动高质量发展为主题，以深化供给侧结构性改革为主线，以改革开放为根本动力，以满足人民群众日益增长的美好生活需要为根本目的，坚持系统观念，巩固拓展疫情防控和经济社会发展成果，更好统筹发展和安全，扎实做好“六稳”工作、全面落实“六保”任务，落实“1158”“1+3+5”“一带三园四城五基地”思路举措，推动梅江高质量发展，加快建设“诗画梅江、文明客都”，确保“十四五”开好局、起好步，以优异成绩庆祝建党100周年。

经区委常委会研究，今年发展的主要目标，就是全区地区生产总值增长5%，一般公共预算收入增长5%，全体居民人均可支配收入增速高于经济增速。这些指标，是在“深调研”基础上提出来的，是引导和稳定预期的需要。我们要撸起袖子加油干，继续打硬仗，啃硬骨头，确保全面完成任务。要重点抓好以下工作：

（一）大抓经济建设，打造优势产业集群

发展壮大实体经济。全力抓好工业经济，延续良好势头，突出电子信息产业这个引擎，下大力气推进博敏电子新一代电子信息技术产业、五株电路板整体搬迁、威华集团高端电子材料等项目投产达效，推动电子信息产业链快速发展。申报创建国家级经济开发区、国家火炬梅州电子电路特色产业基地、升级新一代电子信息产业（电子电路制造）特色产业园等工作。聚力工业互联网，推动实体经济与信息化的深度融合，加快梅州互联网产业园、阿里云创新中心等项目建设。继续实施园区“个十百千万”（指园区每年1个招商会，1个亿的财政资金投入；每年新入园10个项目，固定资产投资实现10%的增长；每年增加收储土地100亩以上，早日达到百亿元工业产值；达到几千亩总规模，每年新增税收1000万元以上；建成1万平方米以上标准厂房，实现1万人以上的就业）工程，加快园区提质增效，积极探索“企业建园”“点状园区”等新模式，破解园区发展难题。利用市区共建、市区一体的优质公共服务资源，壮大文体、家政、养老等服务消费供给能力。积极推进省全域旅游示范区创建，大力发展星级民宿、农家乐，举办更多诸如“金山圩日”、采茶节、杨桃节等展销活动，激活夜间经济、周末经济、舌尖经济等新业态。

实施创新驱动发展战略。坚持创新在现代化建设全局中的核心地位，实施高新技术企业提质增量行动，探索建立“总部+基地”“金融+产业”“研发+基地”“科技服务+产业园区”等产业协同发展机制，引领产业链上下游企业联合开展产业技术关键攻关和产业链上下游协同创新，推动产业链、创新链、资金链深度融合，培育创新型产业集群。鼓励企业与重点院校、科研机构开展产学研合作，全区规模以上企业研发机构覆盖率达40%以上。培育引进一批专业技术人才、高技能人才、创新创业人才和创新科研团队，完善人才服务体系，保障各类人才安心扎根梅江干事创业。

（二）大抓项目建设，大力改善发展条件

补齐基础设施短板。牢牢抓住国家扩大有效投资的政策“窗口”，加大交通、水利等重大基础设施建设。完成罗乐大桥至S333连接线项目和“四好农村路”年度建设任务，推进S223双黄至S333莆田和茶叶产业园周边道路基础设施等项目，优化路网结构。做好G205、G206梅州城区改线、梅州机场迁建、瑞梅铁路建设、龙（岩）梅（州）高铁建设等重大项目的服务保障工作。高质量建设梅江万里碧道，统筹抓好中小河流治理（二期）工程、中小型水库除险加固工程，实施城北镇全域自然村供水及西阳镇市政自来水供水工程。系统布局新型基础设施，加快5G基站、工业互联网、物联网、新能源汽车充电桩等建设，助力数字经济发展。

加快重点项目建设。健全

领导挂钩联系、挂图作战制度，监督协调重大项目、重点投资全过程，抓实项目报批、用地用林、征地拆迁等各环节，确保高质量完成18项计划投资总额41.27亿元的省、市重点项目建设任务。加快推进珠宝产业园标准厂房及配套基础设施、梅州昭华教育城等36个地方政府专项债项目。推动腾力科技研发中心、互联网智能服装基地等项目建设。

抓实项目谋划储备。发挥重大工程建设项目总指挥部的统筹协调作用，谋划“两新一重”（新型基础设施，新型城镇化，交通、水利等重大工程）和公共卫生、应急物资储备、老旧小区改造等补短板、利长远的项目。做足项目前期准备工作，用好中央预算内投资、政府专项债券和政策性金融，争取更多项目列入国家和省、市项目库，做到项目等政策、等资金。深入实施乡贤回乡投资兴业工程，通过以商招商、产业链招商、市场化招商，引进一批大项目、好项目。

（三）大抓精细管理，提升城市形象品位

做优中心城区。配合编制国土空间总体规划。加快江南新城南拓区域征地拆迁，完成梅州职业技术学院、市人民医院扩建等重点项目征收任务。协同推进新城建设和老城改造，完善江南新城建成区、芹洋半岛配套基础设施和公共服务，改造提升江北老城区。继续办好城区“十个一批”民生城建事项。加快推进老旧小区改造工作。深化户籍制度改革，加快农业转移人口市民化，推动城镇化率增长。

扮靓市容环境。继续推行城市管理“网格化+街长制”，用好数字化管理平台，打通社区末端，从细从实抓好市容环境管理，完成“美丽梅州·美好家园”三年行动任务。推进道路管廊、智慧停车场等配套设施建设，系统治理交通拥堵、停车难和城市内涝等“城市病”。全面铺开城区生活垃圾分类和铁皮瓦整治工作。实施重点路段、重点区域景观美化亮化工程。改造提升百岁山、清凉山郊野公园、林风眠艺术公园，因地制宜建设一批主题公园、小公园，打造公园里的城市。

提升文化内涵。全力创建全国文明城市，突出社会主义核心价值观宣传教育，实施铸魂立德工程，推进“三好一正”（讲述梅州好故事、传播梅州好声音、树立梅州好形象，传递梅州正能量）行动，大力提升市民文明素质和社会文明程度。保护开发利用嘉应古城和攀桂坊、望杏坊“一城两坊”，以及“一城两翼”（指嘉应古城、两翼指长沙、西阳镇）红色革命遗址、华南教育历史研学基地，修缮保护一批名人名居，挖掘宣传名人故事，提升文化名城品位。建好用好区级融媒体中心。深化客家文化（梅州）生态保护实验区建设，加大客家优秀传统文化的研究、传承和开发，统筹推进文艺创作和文化惠民。持续扩大林风眠120周年诞辰系列纪念活动的影响力，发展文化创意旅游产业，乘势而上打响文化品牌。

（四）大抓乡村振兴，做强农业做美农村

发展高质高效农业。以打造“农博城”为目标，完善海吉新城农副产品商贸物流园配套设施，扩大省级现代农业产业园的规模和效益，争取新增1个省级现代农业产业园。坚持质量兴农、科技兴农、品牌强农，推动农产品标准化生产，培养一批精勤农民，培育壮大一批新型农业经营主体、农业产业基地，打造一批名特优农产品品牌。落实最严格耕地保护制度，全力保障粮食生产。因地制宜发展畜牧、水产、茶叶、蔬果等特色种养产业，扩种梅州柚，以“菜篮子”“米袋子”“果盘子”“茶罐子”为主导对接融入“双区”“双城”大市场。

建设宜居宜业乡村。出台区生态宜居美丽乡村示范带建设实施方案，深化“三清三拆三整治”、农村“厕所革命”，推进生活垃圾处理和污水治理，实施河湖水系综合整治，开展“四小园”（小菜园、小果园、小花园、小公园）小生态板块建设，持续改善农村人居环境。深入实施乡村建设行动，实施新一轮农村电网改造升级工程，加快补齐水、电、路、网、通信、物流等基础设施短板，提升农村教育、医疗、就业等基本公共服务水平。制定客家民居外立面改造奖补方案，全域推进农房管控和乡村风貌提升，推进国道、省道、梅江河水系沿线的“画里西阳”“花海城北”“红色长沙”等美丽乡村连片示范项目建设，以绣花功夫打造生态宜居美丽乡村示范带。

深化农村综合改革。推进农村土地“三权分置”（所有权、承包权、经营权）改革，探索土地经营权有序流转模式，促进农业适度规模经营。巩固深化农村集体产权制度改革成果，规范农村集体经济组织运行机制，持续开展农村集体经济增收行动，推动5万元以下集体经济薄弱村清零。推进农村宅基地制度改革，规范农村建房，盘活利用闲置宅基地农房。推行“点状供地”，落实设施农用地政策。深入推进涉农资金统筹整合改革，提升财政支农政策效果和支农资金使用效益。

提升脱贫攻坚成果。在高质量完成脱贫攻坚任务的基础上，深化“万企帮万村”“千干扶千户”行动，推广消费扶贫，做强光伏扶贫、特色种养、文化旅游等产业帮扶项目，强化扶贫项目资金资产管理和监督，巩固拓展脱贫攻坚成果同乡村振兴有效衔接。严格落实“四个不摘”（指脱贫摘帽后不摘责任、不摘政策、不摘帮扶、不摘监管）要求，加强防止返贫动态监测，完善就业、农村社会保障和救助等机制，加大农村低收入人口和集体经济薄弱村帮扶力度，防止因疫因灾因病返贫致贫。

（五）大抓生态建设，深入建设美丽梅江

守住生态环境底线。坚持绿色发展理念，严守生态保护红线、环境质量底线、资源利用上线，实行最严格的生态环境保护制度。落实领导干部任期生态文明建设责任制，紧盯环保督察反馈问题整改，完善生态环境风险常态化管理体系，防范化解生态环境领域重大风险。

筑牢绿色生态屏障。实施山水林田湖草生态保护修复，推进崩岗、水土流失、“牛肝土”、入河排污口等系统治理、综合治理。全面实施林长制，开展大规模国土绿化行动，加强森林抚育、林分改造和生物防火林带建设，严防森林火灾。完成市下达86.67公顷水源涵养林造林任务，推进国家储备林项目建设。做好广东梅江清凉山省级自然保护区后续管护工作，继续申报一批省级森林小镇，提供高质量生态供给。

深入打好污染防治攻坚战。巩固提升生态建设成果，统筹推进大气、水、土壤等污染综合防治。实施新一轮打赢蓝天保卫战行动计划，深化工业源、移动源、面源三大源治污减排。全面落实河（湖）长制，统筹水资源、水生态、水环境治理，加快农村生活污水处理设施和配套管网建设。严控土壤污染风险，加强塑料污染治理，加快补齐固体废物处理处置能力短板，大力推进“无废城市”建设。

（六）大抓民生改善，不断增强群众福祉

抓实常态化疫情防控。始终坚持人民至上、生命至上，把疫情防控作为当前最大政治任务，把前期工作中形成的好经验、好做法坚持下去，严格执行“外防输入、内防反弹”防控策略，压紧压实属地、部门、单位、个人“四方”责任，严把“境外输入”“省外输入”“冷链输入”三个关口，突出“人物同防”，落实落细重点场所防控、应急准备、宣传引导等防控措施，稳妥有序推进疫苗接种工作，构筑起更加坚固的安全屏障，进一步巩固疫情防控成果。

加快教育事业发展。推动公办教育与民办教育相互促进、共同发展，满足人民群众多层次、多样化的教育需求。推进学前教育普惠发展、义务教育优质均衡发展、高中教育提质突破发展、职业教育产教融合发展，提高梅江教育整体水平。加快金山小学迁建、会文小学改扩建、梅州中学振兴工程等项目建设，力争元城小学、元城幼儿园年内建成开学，深化中小学教师“区管校聘”

管理改革，建设“四有”教师队伍，持续优化教育资源布局和配置。

全面加强民生保障。坚持把稳就业放在首位，加大援企稳岗力度，继续推进“粤菜（客家菜）师傅、广东技工、南粤家政”工程，突出抓好高校毕业生、农民工、退役军人等重点群体就业创业服务。稳妥推进社保制度改革，继续深入实施全民参保计划，落实企业职工养老、工伤、失业等险种的省级统筹。理顺医保经办机构体制机制，完善医疗保障体系。健全社会救助、社会福利、优抚安置等制度，提高城乡低保、特困人员供养、残疾人补贴和医疗救助标准，织密织牢兜底保障网。

提升公共卫生服务水平。深化医药卫生体制改革，建设卫生强区。完善公共卫生体系建设，加快推进区疾控中心新建、区妇幼保健院迁建等项目，谋划设立区人民医院，筹备建设江南新城、芹洋半岛社区卫生服务中心，深入开展城市医疗健康集团试点，提高基本医疗卫生服务均等化、同质化、一体化水平。以市第二中医医院为龙头，加快构建中医药服务体系，推动中医药事业发展。扎实开展爱国卫生运动，确保通过国家卫生城市复审。

推进社会治理提质增效。落实市域社会治理现代化试点工作，推动社会治理向基层放权赋能，提升基层治理水平，打造共建共治共享的社会治理新格局。开展“八五”普法，构建覆盖城乡的公共法律服务体系，着力提升法治梅江建设水平。巩固提升扫黑除恶成效，完善社会治安防控体系，加快应急体系和能力建设，全面提高公共安全保障能力，努力建设更高水平的平安梅江。

（七）大抓改革攻坚，激发振兴发展活力

深化行政体制改革。继续落实和承接市级下放的管理权限，压减一批区级职权事项，推动简政放权向纵深发展。统筹乡镇街道体制改革、事业单位改革和综合行政执法体制改革等，落实管理职权下放及配套保障。探索实施经济发达镇行政管理体制改革。深化东升工业园区体制机制改革，激活园区发展潜能。

深化经济体制改革。统筹做好财政预算编制执行监督管理改革，全面加强预算绩效管理。深化国资国企改革，优化调整国有资本布局，推动闲置低效国有资产盘活变现，提高国有资产配置效率。深化投融资体制改革，疏通企业融资堵点。深化户籍、土地等制度改革，促进要素自主有序流动。

深化营商环境改革。对标广州、深圳等先进地区，持续推进“放管服”改革和“数字政府”改革建设，推进政务服务事项下放，完善区、镇、村三级政务服务体系。推进“证照分离”改革全覆盖试点，扩大商事制度改革效应。放宽和规范市场准入，鼓励民间资本参与基础设施、公共服务等领域建设，激发市场主体活力。健全常态化政银企券座谈机制，帮助企业解决用地、融资等问题。构建亲清新型政商关系，维护企业合法权益。

四、全面加强党的建设

紧紧围绕新时代党的建设总要求，全面推进党的政治建设、思想建设、组织建设、作风建设、纪律建设，把制度建设贯穿其中，深入推进反腐败斗争，不断提高基层党的建设质量，推动各级党组织和广大党员干部奋力作为。

（一）抓紧抓牢政治建设。始终把党的政治建设摆在首位，认真贯彻落实习近平新时代中国特色社会主义思想，把政治标准和政治要求贯穿于党的各项建设之中，不断增强“四个意识”（政治意识、大局意识、核心意识、看齐意识）、坚定“四个自信”（道路自信、理论自信、制度自信、文化自信）、做到“两个维护”（坚决维护习近平总书记党中央的核心、全党的核心地位，坚决维护党中央权威和集中统一领导），在政治立场、政治方向、政治原则、政治道路上始终同以习近平同志为核心的党中央保持高度一致。持续坚决全面彻底肃清李嘉、万庆良恶劣影响，杜绝“七个有之”（搞任人唯亲、排斥异己的有之；搞团团伙伙、拉帮结派的有之；

搞匿名诬告、制造谣言的有之；搞收买人心、拉动选票的有之；搞封官许愿、弹冠相庆的有之；搞自行其是、阳奉阴违的有之；搞尾大不掉、妄议中央的有之）。全面落实意识形态工作责任制，掌握意识形态领域的领导权、管理权、话语权。严格尊崇党章，严格执行新形势下党内政治生活若干准则，认真执行民主集中制、“三会一课”（支部大会、支委会议、党小组会，党课）、民主生活会、领导干部双重组织生活等制度，发展积极健康的党内政治文化，切实增强党内政治生活的政治性、时代性、原则性、战斗性。

（二）打造过硬基层组织。树立大抓基层的鲜明导向，全力开展建党100周年系列活动，推进新一轮基层党建三年行动计划，积极创建城市党建品牌、智慧社区品牌、信仰先锋品牌，全面推进党建进基层、党员齐亮相，让“诗画梅江党旗红”贯穿于各领域、全过程，将党的领导、党的声音、党的形象覆盖到每一项工作、每一个角落。抓好“不忘初心、牢记使命”主题教育“后半篇”文章，持续实施为民服务“33110”工作法和“结对共建”“转比树”“双报到”等活动，推进模范党支部和“一支部一品牌”创建，推动基层党建全面进步全面过硬。实施一批思想铸魂培育工程，设计一批红色研学经典线路，选树一批克难攻坚先进典型，形成坚定理想信念、坚守初心使命、敢于担当作为的浓厚发展氛围。

（三）全面做好换届工作。坚持把党的领导贯穿于换届工作全过程。高质量完成村级换届选举工作，选好“头雁”，配强班子，夯实基层战斗堡垒。把区镇两级换届工作作为今年全区政治生活中的一件大事，不折不扣贯彻执行上级要求，加强领导、把准政策、严肃纪律、稳妥推进，确保“换届年”成为推动全区干部干事创业的“鼓劲年”。

（四）激励干部担当作为。健全完善干部担当作为的激励和保护机制，坚持在疫情防控、乡村振兴等重大工作第一线选用干部。突出政治标准，严把干部的政治关、作风关、廉洁关，用好职务与职级并行制度、绩效考核机制，真正实现“能者上、平者让、庸者下”。落实“三个区分开来”（把因缺乏经验、先行先试出现的失误与明知故犯而违纪违法的行为区分开来，把国家尚无明确规定的探索性试验与国家明令禁止后有法不依的行为区分开来，把为加快发展的无意过失与为牟取私利故意违纪违法的行为区分开来）要求，实现严管和厚爱结合、激励与约束并重，形成“组织为干部担当，干部为事业担当”的良性循环，促进广大干部在新时代展现新担当新作为。

（五）从严正风肃纪反腐。坚定不移把“严”的主基调长期坚持下去，一体推进不敢腐、不能腐、不想腐。保持反腐高压态势，聚焦“关键少数”，紧盯权力集中、资金密集、资源富集的部门、行业和领域，坚决打好反腐败斗争持久战。做实做细日常监督、作风建设，深化运用“四种形态”，抓早抓小、防微杜渐，对“慵懒散软”“推脱绕挡”“阳奉阴违”的干部，坚决查处、及时调整。发挥巡察利剑作用，持续形成强大震慑。

政府工作报告

——梅州市梅江区第八届人民代表大会第六次会议上

（2021 年 1 月 28 日）

梅州市梅江区人民政府区长　钟秀堂

一、2020 年工作回顾

2020 年是极具挑战、极不平凡的一年。面对艰巨繁重的改革发展稳定任务，面对新冠肺炎疫情冲击，我们坚持以习近平新时代中国特色社会主义思想为指导，认真贯彻落实省委“1+1+9”和市委“六争六补”（“六争”即创先争优、追赶一流，推动生态文明建设、乡村振兴、脱贫攻坚、文化名城建设、社会治理和基层党建六方面走在全省前列；“六补”即正视差距、下足功夫，补齐对外交通、实体经济、技术创新、发展平台、改革开放和民生事业六方面短板）“123456”工作部署，区委“1158”“1+3+5”“一带三园四城五基地”思路举措，统筹推进疫情防控和经济社会发展，扎实做好“六稳”工作、全面落实“六保”任务，打好打赢三大攻坚战，全面建成小康社会胜利在望。

——疫情防控成效显著。面对突如其来的新冠肺炎疫情，我们坚持人民至上、生命至上，迅速启动一级应急响应，形成统一指挥、全面部署、立体防控的战略布局，坚定信心、同舟共济、科学防治、精准施策，打响了疫情防控的人民战争、总体战、阻击战。17 天实现确诊、疑似病例清零；89 天建成 PCR 核酸检测实验室；至目前，全区无新增确诊病例，实现了“无死亡病例、无医院感染、无社区传播”的目标。因时因势调整防控策略，落实常态化防控措施，筑牢“外防输入、内防反弹”防线，坚决夺取疫情防控和经济社会发展双胜利。

——“六稳”“六保”落细落实。我们及早部署复工复产复学，严格落实中央资金直达机制，实施各类援企稳岗政策，推动全区经济企稳回升、生产生活秩序稳步恢复。2 月底，全区规上工业企业全面复工。全年共为辖区企业减免税费 8.5 亿元、降低社保费 6.16 亿元；新增城镇就业 2400 人，城镇登记失业率 2.36%。加大金融服务实体经济的力度，存贷比提高到 54.2%；争取抗疫特别国债 1.35 亿元、涉农资金 1.8 亿元，发行政府专项债 6 亿元、一般债 2.5 亿元，有力推动重点项目建设；完成外贸进出口总额 9.57 亿元；全区物价平稳、供给稳定。

——实体经济加快恢复。我们充分发挥工业经济的核心支撑作用，推动主要经济指标由负转正，全年地区生产总值实现 107.1 亿元、比增 0.5%，规上工业总产值 94.47 亿元、比增 5.6%，规上工业增加值 23.55 亿元、比增 6.1%。南京盛尊顺利落户并完成一级建筑资质迁移，阿里云、金山云、飞翔云“三朵云”成功入驻，博敏电子增资扩产、五株电路板整体搬迁等项目有序推进，绿色产业体系加快构建。出台《梅江区互联网产业园评定办法》《梅江区互联网产业园扶持措施》等扶持政策。共引进梅州中骏世界城、承宏环保新型建筑材料科技园等亿元以上项目 8 个，总投资达 157.11 亿元。京东京喜“梅州优品馆”建成开馆，“i 梅江”小程序上线运营，完成社会消费品零售总额104.96亿元，电商成交额45.79亿元、比增27.85%。

——基础设施不断完善。我们保持“打基础、利长远”的战略定力，加快补齐城乡基础设施短板。市人民医院“生命通道”新峰路、罗乐大桥至开发区一路等城区道路，以及玉水至干才、扎上至玉水等乡村公路竣工通车，成功创建省级“四好农村路”示范县。村村通自来水工程项目全面完成，全域自然村集中供水工程全面启动。建成416个5G基站，实现城区5G网络全覆盖。清凉山郊野公园、百岁山郊野公园建成开放，投入1.2亿元完成“十个一批”城建民生项目建设，新中苑、勤力苑等老旧小区改造取得阶段性成效。完成梅州海丝珠宝生态谷（一期）、梅州城区建筑废弃物综合利用等12个重点项目征收任务。

——文旅康体互促共融。我们成功举办林风眠120周年诞辰纪念活动、庆祝中国农民丰收节梅江区活动，赢得社会各界广泛赞誉。“金山圩日”重现民俗盛景，吸引游客超12万人次，拉动消费超千万元。林风眠纪念馆、朱云卿事迹陈列室建成开放，嘉应古城和攀桂坊、望杏坊“一城两坊”以及华南教育历史研学基地活化利用加快推进。全力创建足球特区，与巴西桑托斯足球俱乐部共同撰写青训大纲，向各级职业足球俱乐部梯队输送37名运动员。区武术散打队代表梅州在省锦标赛中斩获1金1银1铜，建成各类健身场所20个。梅州颐诚医养结合医院建成启用，区、镇、村居家养老服务中心（站）增至19家。

——乡村振兴全面起势。我们如期完成新时代脱贫攻坚目标任务，全区10个省定贫困村和1427名建档立卡相对贫困人口全部达到退出标准。建成省级现代农业产业园3个，新增特色专业村5个，梅江区清凉山茶、板盖坑雪莲果等4个农产品入选全国名特优新农产品名录。新增市级以上重点农业龙头企业9家、农民专业合作社示范社3家，省级家庭农场7家。建立区镇村三级电子商务服务网，建置村电商服务网点实现全覆盖。深入推进农村人居环境整治，全部行政村建成干净整洁村，55%的行政村达到美丽宜居村标准，推出“玉水古韵”“烟雨阁公岭”等一批精美农村，“诗画梅江美丽乡村行”入选广东省乡村旅游精品线路。全面完成农村集体产权制度改革国家试点工作，全面消除无收益村。

——生态优势巩固提升。我们实施山水林田湖草生态保护修复工程，优化提升自然保护地，成功申报广东梅江清凉山省级自然保护区，西阳镇创建广东省森林小镇通过省级验收，全区造林更新183.33公顷。打好蓝天碧水净土保卫战，城区空气质量优良率98.9%，饮用水水源水质达标率和国考、市考断面水质达标率均达100%，生活垃圾有效处理率、无害化卫生户厕普及率均达100%。周溪十里梅花长廊、梅江河长沙墟镇段碧道等工程加快推进，4座镇级生活污水处理设施投入使用。垃圾分类工作走在粤东西北地区前列。

——改革开放持续深化。我们深化“放管服”改革和“数字政府”改革建设，政务服务“好差评”综合评分和大厅推广度位列全市第一。推进东升工业园区体制机制改革，深化综合行政执法体制改革，完成镇街体制改革、公益三类事业单位改革等年度重点改革任务。梅江控股集团公司正式运营，市肉联厂、市第二食品公司改制顺利完成。强惠蔬菜种植基地通过省农产品出口示范基地评审。对标“双区”“双城”，深化外商投资管理体制改革，落实贸易便利化措施，提升对外开放水平。

——民生福祉更加殷实。我们深入践行以人民为中心的发展思想，财政民生支出占比88.5%，顺利实施年度十件民生实事、十件“微民生”实事。建成6所学校，新增学位4100个，“互联网+明厨亮灶”实现全覆盖。设立区疾控中心，全面完成村卫生站、镇卫生院标准化建设，创建全国基层中医药工作先进单位通过国家评审。深入实施“粤菜（客家菜）师傅”“广东技工”“南粤家政”三项工程，开展职业技能培训1.3万人次。实施医保补充保险“保尚保”。城乡低保和特困人员供养标准居全市第一。江南街道鸿都社区、长沙镇大密村成功创建省“民主法治示范村”。平安之乡建设成效明显，扫黑除恶专项斗争圆满收官，安全生产、食品药品安全和道路交通安全形势稳定。完成第七次全国人口普查入户登记工作。积极创建全国文明城市。国防动员、退役军人、打私打假、民族宗教、妇女儿童、志愿服务、工商联、港澳台、外事、侨务、禁毒、供销、残联、方志、档案等工作扎实开展。

过去一年，我们严明政治纪律、严格依法行政、严肃查处腐败，推进法治政府、廉洁政府和服务型政府建设。我们坚持向区委、区人大及其常委会报告工作，向区政协通报情况，全年办理人大代表建议16件、政协提案43件，办复率均为100%。我们严格落实中央八项规定及其实施细则精神，持续纠治“四风”（形式主义、官僚主义、享乐主义、奢靡之风），加强审计监督和整改，着力防范化解政府债务风险，全年无新增隐性债务。我们积极创建模范机关，涌现出一批抗疫先进个人、优秀共产党员等典型。我们深化政银企券“双月”沟通座谈机制，帮助企业解决了一批用地、融资、审批等困难和问题，风清气正的干事创业氛围更加浓厚。

二、“十三五”时期工作回顾

2020年各项工作任务的完成，标志着我区“十三五”规划顺利收官。“十三五”时期，虽然外部不确定不稳定因素明显增多，但我们以排除万难的担当，推动各项工作取得明显进步，高质量发展态势进一步形成。

*五年来，我们谋发展、求突破，综合实力迈上新台阶。*全区地区生产总值从2015年的75.8亿元增加到2020年的107.1亿元，年均增长4.0%；人均生产总值预计从53666元增加到65225元，年均增长3.6%。重大基础设施、重大产业项目和重大民生工程建设加快，固定资产投资总额年均增长8.1%。积极争取老区苏区振兴发展、对口帮扶等政策，共获得上级补助资金71.32亿元、各类政府债券资金25.59亿元。社会消费品零售总额从81.02亿元增加到104.96亿元，年均增长5.3%。三次产业比重由10.9∶37.3∶51.8调整为8∶29.8∶62.2，现代农业平稳发展，工业逐步向绿色低碳转型，服务业蓬勃发展。东升工业园区被认定为省级产业转移工业园。高新技术企业、众创空间数量位居全市前列。

*五年来，我们强弱项、补短板，基础设施实现新跃升。*全区综合交通基础设施完成投资11.37亿元，是“十二五”的4.37倍；公路通达里程增至1120.97千米，是“十二五”末的1.86倍，密度达1.87千米/平方千米。建成百岁山旅游公路、风眠大道等一批乡村公路，行政村实现100%路面硬底化，成功创建省级“四好农村路”示范县。枫林路、学富路、客都大桥东端连接线等城区道路建成通车。实施道路安防工程352.28千米，整治普速铁路隐患53处。建成碧道8.1千米，治理中小河流75.5千米，白宫河治理项目入选“广东省水生态与水文化结合示范点”名单。

*五年来，我们抓统筹、促协调，城乡发展取得新成效。*城市更新“微改造”精准实施，江北古城焕发新颜，江南新城、芹洋半岛日新月异，万达、保利等综合生活小区相继建成，产城融合全面提速，公共服务供给能力持续改善。村庄规划实现全覆盖，“三清三拆三整治”基本完成，城北“十村联动”、西阳“十村联动”连片示范工程建设成效初显。省级以上特色农产品增至41个，市级以上重点农业龙头企业增至50家，市级以上农民专业合作社示范社增至14家，省级家庭农场增至10家。圆满完成脱贫攻坚目标任务，2019年、2020年均获评全市“好”的优秀等次。

五年来，我们守底色、固本色，生态发展厚植新优势。大力实施造林绿化工程，全区森林覆盖率达72.16%，城区绿化覆盖率达63.9%，在粤北地区率先成功创建“国家森林城市”。坚决打好打赢污染防治攻坚战，全面完成中央环保督察及“回头看”、省级环保督察问题整改，城区空气质量优良率连续5年位居全省第一。河（湖）长制有名又有实，“五清”（清理非法排污口、清理水面漂浮物、清理底泥污染物、清理河湖障碍物、清理涉河湖违法违建）“清四乱”（乱占、乱采、乱堆、乱建）专项行动成效明显，城区黑臭水体基本消除，建成镇级生活污水处理设施4座、村级生活污水处理设施33座，完成崩岗侵蚀综合治理工程32宗，治理水土流失面积15.5平方千米。

五年来，我们深改革、赋动能，振兴发展增添新活力。“放管服”和“数字政府”改革建设多项指标走在全市前列。深化商事制度改革，市场主体从1.94万户增至4.94万户。成功组建梅江控股集团公司，区属国有“僵尸企业”全部出清。完成区级机构改革、镇街体制改革，事业单位改革、综合行政执法改革稳步推进。完成中小学教师“区管校聘”管理改革。完成农村集体产权制度改革国家试点工作和小型水利工程管理体制机制改革。有序承接东升工业园区管理职责。建成院士驿站、省级工程技术研发中心等平台。

五年来，我们办实事、惠民生，社会事业开创新局面。认真办好年度十件民生实事和十件“微民生”实事，落实“十个一批”城建民生事项。新增城镇就业1.45万人，劳动力培训2.55万人。低保、养老等各类补贴标准保持全市领先，基本养老保险和医疗保险参保率分别达98%和100%。在全市率先通过“广东省推进教育现代化先进区”验收，新建扩建迁建各类学校20所，增加学位21552个。加快建设卫生强区，市第二中医医院成功创建国家三甲中医医院，基层医疗卫生机构中医馆实现全覆盖，长沙、西阳成功创建“国家卫生镇”。公共文化服务体系基本建成。市足球文化公园投入使用，获评“全国青少年校园足球试点区”“全国群众体育先进单位”。平安梅江、法治梅江建设深入推进，圆满完成扫黑除恶三年专项斗争任务，市域社会治理现代化试点工作走在全市前列。“七五”普法顺利实施。稳妥应对强台风、强降雨等自然灾害，三级应急体系基本建成。食品和药品监管有力有效。

各位代表！过去五年，是机遇与风险叠加、挑战与发展并存的五年，是我们深化区情认识、找准优势领域、补齐短板弱项、增强发展后劲的五年，是全区营商环境持续优化、干事创业氛围日益浓厚的五年。这五年的变化真真切切、有目共睹，这五年的成绩实实在在、振奋人心。回顾五年来的实践，我们深深体会到中央和省委省政府、市委市政府、区委的一系列决策部署是正确的、科学的，我们深深体会到一切成就归功于全区上下的团结一心、艰苦奋斗，我们深深体会到建设“诗画梅江、文明客都”，必须深入贯彻新发展理念，必须坚持高质量发展，必须坚持改革开放创新，必须坚持以人民为中心，画出最大同心圆，汇聚强大正能量，坚定不移沿着科学发展道路奋勇前进。

各位代表！我区“十三五”时期改革发展成绩来之不易，这是习近平新时代中国特色社会主义思想科学指引的结果，是省委省政府和市委市政府以及区委正确领导，全区人民奋力拼搏，各方面大力支持的结果。我谨代表区人民政府，向全区人民，向人大代表、政协委员、各民主党派、各人民团体、无党派人士，向市属驻区单位、驻区部队、武警官兵，向关心支持梅江发展的港澳台同胞、海外侨胞和社会各界朋友，表示衷心的感谢并致以崇高的敬意！

同时，我们也清醒地认识到，发展不充分仍是当前最突出的短板。一是产业层次不高。创新能力不强，传统优势产业转型升级较慢，新兴产业尚未形成规模，经济发展的质量和效益有待提高。二是发展后劲不足。重大投资项目青黄不接、新旧动能转换源动力不足，大项目好项目储备不多，园区载体功能发挥不充分，固定资产投资增长乏力。三是财政收支矛盾突出。全区经济总量偏小，财政收入持续低位运行，而保工资、保运转、保基本民生等刚性支出不断增加，财政平衡压力巨大。四是城乡区域发展不平衡。农村基础设施仍有短板，教育、医疗、文化等基本公共服务历史欠账较多，民生保障水平与人民群众的期望还有一定差距。五是攻坚克难的精神不足。一些部门和工作人员贯彻新发展理念的自觉性、主动性不强，适应新常态、研究新问题、破解新难题的能力和水平亟待提升，服务效率有待改善，营商环境仍需持续优化，等等。对这些问题，我们将采取有力措施，切实加以解决。

三、“十四五”时期主要目标任务

“十四五”时期，是我们乘势而上、开启全面建设社会主义现代化国家新征程、向第二个百年奋斗目标进军的第一个五年。抓好“十四五”时期各项工作，事关长远，影响重大。根据区委提出的《中共梅州市梅江区委员会关于制定国民经济和社会发展第十四个五年规划和二〇三五年远景目标的建议》，我们编制了《梅州市梅江区国民经济和社会发展第十四个五年规划和二〇三五年远景目标纲要（草案）》，提请本次大会审议通过后实施。

“十四五”时期经济社会发展的指导思想是：高举中国特色社会主义伟大旗帜，坚持以习近平新时代中国特色社会主义思想为指导，深入贯彻党的十九大和十九届二中、三中、四中、五中全会以及中央经济工作会议精神，全面落实省委十二届十一次、十二次、十三次全会要求和“1+1+9”工作部署，市委七届十次全会要求和“六争六补”“123456”思路举措，区委“1158”“1+3+5”“一带三园四城五基地”具体举措，坚持稳中求进工作总基调，坚持系统观念，把握新发展阶段，贯彻新发展理念，构建新发展格局，以推动高质量发展为主题，以深化供给侧结构性改革为主线，以改革创新为根本动力，以满足人民日益增长的美好生活需要为根本目的，统筹做好稳增长、促改革、调结构、惠民生、防风险、保稳定各项工作，全力建设“诗画梅江、文明客都”，争当生态发展区高质量发展示范区，确保在社会主义现代化建设新征程中开好局、起好步。

“十四五”时期经济社会发展的主要目标是：到2025年，全区经济综合实力取得实质成效，城乡发展实现新突破，改革开放迈出坚实步伐，社会文明凸显梅江魅力，生态文明实现全面进步，民生福祉改善更有温度，治理效能得到综合提升，“诗画梅江、文明客都”、生态发展区高质量发展示范区建设取得明显成效。

实现“十四五”时期经济社会发展目标，我们必须：

——坚持绿色发展，构建现代产业体系。推动高端印制板、铜箔等优势产业创新发展，培育发展互联网、新材料等新兴产业集群，推进互联网与农业、工业、服务业融合发展，推动东升工业园区申报国家级经济开发区、国家火炬梅州电子电路特色产业基地、省级新一代电子信息产业（电子电路制造）特色产业园。

——坚持创新引领，集聚转型升级动力。深入实施创新驱动发展战略，完善科技人才激励机制，支持龙头企业设立新型研发机构。加大对知识产权保护力度。至2025年，区域创新能力达粤东西北地区中上游水平，R&D经费投入占规上工业主营收入的比例达到3.5%，高新技术企业超过75家。

——坚持基建先行，持续优化发展环境。统筹推进交通、水利、能源等基础设施建设，补齐发展短板。加快城乡道路规划建设，打通一批城区“断头路”、建好一批“四好农村路”、提升一批公路桥梁。推进梅江碧道建设，抓好中小河流治理和病险水库除险加固。完善新一代信息基础设施网络。

——坚持内需挖潜，打通经济循环脉络。探索城乡经济循环，提高消费供给能力，发展夜间经济、周末经济、舌尖经济，扩大消费规模。顺应消费升级变化新趋势，提升汽车、家电、建材等传统消费，培育线上教育、健康咨询等新型消费。建设现代商贸物流体系，畅通生产、分配、流通、消费各环节。

——坚持区域协调，优化空间布局结构。深入实施主体功能区和新型城镇化战略，统筹城乡规划、产业布局、基础设施建设、基本公共服务、环境保护等，不断增强城区综合承载和辐射带动能力，加快构建高质量发展空间布局，实现产城融合发展。

——坚持以点带面，推动乡村振兴发展。巩固拓展脱贫攻坚成果同乡村振兴有效衔接。培育水产、花卉省级现代农业产业园，推动现有产业园扩容提质增效，“一村一品”项目实现全覆盖。实施乡村建设行动，全域推进农房管控和乡村风貌提升，补齐农村基础设施和公共服务短板，建成生态宜居美丽乡村示范带。

——坚持生态优先，守护梅江碧水蓝天。做好森林抚育、林分改造、生物防火林带建设等工作。深化河（湖）长制。深入打好污染防治攻坚战，全面提升水环境质量，城区空气质量保持优良。全面推行垃圾分类，创建“无废城市”。

——坚持文化铸魂，加快文旅产业发展。推动精神文明与物质文明协调发展，全力创建全国文明城市。活化利用名人故居和传统村落，推出一批红色旅游景区和精品线路，创建国家全域旅游示范区。实施文化产业数字化战略，推动文化创作、生产、传播、消费各环节创新，打造全国知名的客家文化产业城。

——坚持为民宗旨，提升公共服务水平。持续加大民生投入，每年办好十件民生实事、十件“微民生”实事。强化就业保障，加快教育振兴，构建多层次社会保障体系，推进健康梅江建设，建立更广覆盖、更高质量、更加均衡的公共服务体系。

——坚持改革破题，激发市场主体活力。深化“放管服”改革和“数字政府”改革建设，打造一流营商环境。持续推进东升工业园区体制机制、政府投资管理和国资国企等改革。完善促进中小企业发展的政策，培育一批领军型、高成长型企业。

——坚持开放合作，拓宽区域发展空间。主动融入“双区”“双城”建设，深化增城—梅江对口帮扶，高标准建设东升工业园区，探索发展“飞地经济”、园区共建，实施“乡贤回乡投资兴业”工程，有效承接大湾区科技成果落地和产业梯度转移。

——坚持综合治理，深化平安法治建设。坚持总体国家安全观，把安全发展贯穿全区发展各领域和全过程，不断完善社会治理体系，强化安全风险预警、防控、应急能力，完成“八五”普法任务，全面推行行政执法“三项制度”（行政执法公示制度、执法全过程记录制度、重大执法决定法治审核制度），建设更高水平的平安梅江、法治梅江。

四、2021 年工作安排

2021 年是“十四五”规划开局之年，也是开启全面建设社会主义现代化国家新征程的第一年，做好今年政府工作意义重大。今年全区经济社会发展的主要预期目标是：地区生产总值增长 5%；地方一般公共预算收入增长 5%；固定资产投资增长 5%，社会消费品零售总额增长 8%，外贸进出口总额增长 2%；规模以上工业增加值增长 6%；全体居民人均可支配收入增速高于经济增速；城镇登记失业率控制在 3.5% 以内；居民消费价格涨幅控制在 3.5% 以内；完成上级下达能耗双控指标。

为实现上述目标，我们要重点抓好以下八个方面工作：

（一）以抓好疫情防控为前提，为梅江振兴发展保驾护航

把防疫举措抓得更精更准。按照“坚定信心、同舟共济、科学防治、精准施策”的总要求，坚持总体防控策略，压紧压实属地、部门、单位、个人“四方责任”，精准落实常态化防控措施。强化人物同防，持续加强境外和中高风险地区来梅江人员的排查检测和管理，做好物品监管检测，防范外部输入性风险。严格落实

隔离管理工作，持续加强医疗机构院感防控。

把防疫网格织得更细更密。坚持网格化管理，突出做好农村疫情防控，加强“两站一场”（火车站、汽车站、飞机场）等交通联合检疫点检测，充分发挥哨点监测作用，织细织密“横到边、纵到底、全方位、无死角”的疫情防控网络。多形式开展疫情防控和健康科普宣传，从严控制各类聚集性活动。

把防疫保障做得更足更实。强化应急保障，加强公共医疗设施建设和应急物资储备，优化完善应急预案，常态化开展人员培训和应急演练，提升科学指挥、快速处置、精准管控、有效救治的能力。稳妥有序开展新冠肺炎疫苗接种和重点人群核酸检测“应检尽检”工作。

（二）*以扩大内需为战略基点，推动加快构建新发展格局*

扩大有效投资。狠抓18项年度计划投资41.27亿元的省、市重点项目建设。完成149千米建置村单车道改双车道任务，推进罗乐大桥至S333连接线、西阳连接线等项目建设，做好G205、G206城区改线工程以及瑞梅铁路建设等项目保障服务工作，加快国、省道提档升级和美丽公路建设。提升充电桩等能源消费终端覆盖面。统筹推进梅江碧道长沙墟镇段、周溪十里梅花长廊、全域自然村集中供水等水利工程。抓好工业互联网、千兆家宽等设施建设，打造新型智慧城市。鼓励民间资本参与补短板项目建设。

激活消费需求。落实国家和省促消费政策措施，开展促消费活动，推动餐饮、商超、文旅、家政等生活服务线上线下融合。促进住房消费健康发展，规范发展住房租赁市场，拉动家电、建材、家具等消费。推动汽车由购买管理向使用管理转变，完善汽车产业综合服务。发挥北部商圈、梅水路商圈、东区商圈集聚效应，发展名品消费、特色消费。提升改造凌风东、西路等一批步行街，大力发展夜间经济。推出“红色周末”“郊野周末”“花海周末”等文化旅游品牌，活跃假日消费市场。用好京东京喜“梅州优品馆”平台，扩大电商规模，发展订单农业。

稳定外贸外资。落实国家和省稳外贸政策措施，加快推动梅州市互联网产业园、富临集团等项目落地建设，进一步扩大利用外资规模。积极申报国家级经济开发区。组织辖区企业参加广交会、进博会等展会，支持企业拓展“一带一路”沿线新兴市场。

（三）*以绿色产业体系为支撑，助推实体经济高质量发展*

做精制造业。建立完善新一代电子信息产业集群“五个一”（一张龙头骨干和隐形冠军企业清单、一份重点项目清单、一套创新体系、一个政策工具包、一家顶尖战略咨询支撑机构）工作体系，实施补链延链强链工程。落实事后奖补和企业技改政策，支持博敏电子、志浩科技等企业实施技改和增资扩产，推动格兰沃配套5G应用PCB等重点项目建设，力争全年完成工业投资7.88亿元以上、技改投资3.51亿元以上。支持“专精特新”中小企业、初创企业发展，积极开展“保规上”“育上规”，争取全年新增上规企业8家。

做强特色产业。围绕打造“云上东升”智慧物联基地，加快广东梅州经济开发区智慧园区、飞翔云大数据产业园建设，推动佳都智慧绿洲、阿里云创新中心（二期）等项目建设。积极创建“广东省全域旅游示范区”，整体规划建设清凉山高观音—泮坑景区、西阳艺术村落，培育一批精品民宿、乡村客栈。管理运营好足球文化公园，培育足球赛事、培训等服务市场。发展医疗、康体、养老产业，扩大梅片树等中药材种植规模，支持市第二中医医院自主研发中草药方，加快建设“健康西郊”医疗康养基地。

做优园区平台。实施产业园区提质增效“个十百千万”工程，继续实施环境综合治理，加快标准厂房和配套基础设施、生活污水中转站等重点项目建设，探索“园区+”“企业建园”等发展模式，推进城北特色产业园区建设，发展“总部经济”“飞地经济”。完善园区绩效评价，促进低效产业用地再利用。

做细招商引资。跟踪服务好中国茂隆、中航资本等央企意向项目，做好中环国际商贸城、梅州中骏世界城等项目的服务保障工作。强化驻外招商队“前哨+大本营”的协同合作，紧盯珠三角、长三角，开展精准招商、产业链招商，推动电子信息全产业链发展。深入实施“乡贤回乡投资兴业”工程，用好商会、展会、乡贤资源，推动“客商回归”工作常态化、项目化发展。

（四）以创新驱动发展为核心，点燃新旧动能转换助推器

建设创新载体。积极融入大湾区国际科技创新中心体系，深化与院士团队、高校、科研机构、知名企业合作，促进产学研深度融合发展。依托省科学院平台，做好科技项目的引进、孵化，推动创新链的有效嫁接，搭建“技术超市”供需平台。充分发挥“三朵云”和客商青年创业创新中心作用，构建更有效的孵化育成体系，培育一批省、市级小型微型企业创业创新示范基地，建设一批标杆性品牌孵化器和专业化众创空间。

提升创新能力。强化知识产权全链条保护。深入实施高新技术企业树标提质行动，规模以上工业企业设立研发机构的比例达到40%。探索建立印制电路板行业创新联盟，提升产业链协同创新水平。加大科研投入，争取R&D经费投入占GDP比重提高到0.4%。

集聚创新人才。落实“人才新政20条”和金融人才政策，培育引进一批专业技术人才、高技能人才、创新创业人才和创新科研团队，集聚更多博士人才到梅江工作。用好院士工作站和人才驿站，务实开展技术指导、项目合作和技术成果转换。完善人才服务保障体系，在医疗保障、子女入学和配偶安置等方面为创新创业人才提供优质服务。

（五）以城乡统筹融合为重点，全面加快新型城镇化建设

狠抓城市品质提升。完善江南新城、芹洋半岛公共服务基础配套设施建设，加快江南新城南拓区域征地拆迁，完成重点项目征收任务，力争年内开工建设梅州海丝珠宝生态谷、梅州昭华教育城综合体。提升改造江北历史文化街区，活化利用攀桂坊，推进望杏坊一期开发，加快打造“文博城”。优化清凉山郊野公园和百岁山郊野公园功能配套，推进龙上湿地公园、上坪公园、林风眠艺术公园等一批公园项目建设。实施城区“十个一批”城建民生事项，新增一批停车场、交通信号灯、社区菜市场等便民设施。推进城镇老旧小区改造。

提高城市管理水平。以绣花功夫推动城市智慧管理。继续推行城市管理“网格化+街长制”，加强城市执法，系统治理交通拥堵、停车难和废气、噪音扰民等“城市病”。全面铺开生活垃圾分类，扎实推进城区铁皮瓦整治工作，圆满完成“两美”（美丽梅州、美好家园）三年行动任务。加强经营性项目谋划，引导促进多元化投入支持新型城镇化建设。加快打造白马、梅南等一批精品示范社区。加强和改进住宅物业管理服务工作。

实施乡村建设行动。规范农村宅基地管理，加强农房管控和乡村风貌提升，重点在国省道沿线和梅江河水系沿线建设生态宜居美丽乡村示范带。深入推进“十村示范、百村整治”，深化“厕所革命”，因地制宜开展小菜园、小果园、小花园、小公园“四小园”小生态板块建设，完善乡村水、电、路、通信等基础设施。发展休闲农业和乡村旅游，加快农村景区化改造。实施河湖水系综合治理，打造滨水旅游线和梅江沿河经济带。强化涉农资金统筹使用，推进涉农项目实施。顺利完成村级换届选举。

推进现代农业发展。加快建设“农博城”。发展壮大现有省级现代农业产业园，积极申报水产、花卉产业园。开展粮食节约行动，加强种子库和粮食仓储建设，抓好高标准农田建设、水田垦造和拆旧复垦工作，坚决遏制耕地“非农化”、防止“非粮化”。完善溯源体系和农产品检测体系，推行标准化种养，推动茶叶、蔬菜、

稻米等特色农产品扩量提质塑品牌。完成2000亩梅州柚年度扩种任务，规划建设金丝楠木、红豆杉等名贵树木示范基地。强化屠宰监管，稳定生猪生产，加快市肉类联合加工有限公司升级改造。推进家禽“集中屠宰、冷链配送、生鲜上市”。

深化涉农领域改革。深化农村土地“三权分置”改革，探索土地经营权有序流转模式。推进农村宅基地制度改革，巩固深化农村集体产权制度改革成果。培育壮大新型农业经营主体，加快构建新型助农服务体系。深化“万企帮万村”、农村集体经济增收行动，确保5万元以下集体经济薄弱村全部清零。健全农村金融服务体系，发展农业保险。

坚决守住脱贫攻坚成果。做好巩固拓展脱贫攻坚成果同乡村振兴有效衔接。严格落实“四个不摘”要求，深化“千干扶千户”行动，保持过渡期内主要帮扶政策总体稳定。健全防止返贫动态监测和帮扶机制，重点监测收入水平变化和“两不愁三保障”（不愁吃、不愁穿，义务教育、基本医疗和住房安全有保障）巩固情况，加强扶贫项目资金资产管理和监督。积极推动特色产业可持续发展，促进农民增收。

（六）以生态文明建设为统领，提升环境保护和治理水平

筑牢生态安全屏障。严格落实城镇、农业、生态空间和生态保护红线、永久基本农田、城镇开发边界等“三区三线”。实施山水林田湖草生态保护修复工程，综合治理入河排污口，系统治理崩岗、水土流失、“牛肝土”等。全面实施林长制，开展大规模国土绿化行动，完成62千米生物防火林带建设、86.67公顷造林和生态修复任务，加快推进国家储备林项目建设，落实森林火源管理条例。做好广东梅江清凉山省级自然保护区管护工作。

加强环境保护治理。严格落实领导干部任期生态文明建设责任制。实行能源和水资源消耗等总量和强度“双控”。加大低效用地清理，配合做好闲置土地处置。积极创建“无废城市”，加快生活垃圾、建筑垃圾等废弃物资源化综合利用项目建设，加强塑料污染治理，实现工业源、移动源、面源“三大源”治污减排。加快农村生活污水处理设施和配套管网建设，完成8个行政村的农村生活污水治理。开展绿色生活创建活动，坚决制止餐饮浪费行为。

（七）以深化改革开放为关键，不断增强发展势能和后劲

持续深化“放管服”改革。推行“证照联办”改革，加快推进“证照分离”改革全覆盖试点，积极探索商事登记确认制试点。深化审批制度改革，优化企业投资项目、工程建设项目等审批流程。加强信用信息管理系统及数据资源建设，完善失信约束制度。全面落实减税降费等助企纾困政策，深化“暖企”“稳企”行动，继续实行政企“双月”沟通座谈机制，构建亲清新型政商关系。

持续加强“数字政府”建设。加快推进简证便民，构建整体联动、部门协调、一网通办的“互联网+政务服务”体系。深入推进政务信息资源共享平台建设和政务数据治理，建设政务大数据中心。持续推进“粤省事”“粤政易”“粤商通”等应用落地和本地特色事项上线。积极推动政务服务、乡村振兴、社会治理、公共服务、政府运行等领域数字化转型。

持续深化体制机制改革。深化镇街体制改革，做好综合行政执法职权和政务服务事项下放镇街工作。深化事业单位改革，推进政事分开、事企分开、管办分离。理顺东升工业园区体制机制。支持梅江控股集团公司发展壮大。

持续扩大对外开放。借力增城—梅江对口帮扶，在电子信息、农产品供给、休闲旅游、公共服务、青年创业等方面主动参与“双区”“双城”产业分工与合作，积极承接产业梯度转移。利用侨乡资源，加强与“一带一路”沿线国家和地区的交流合作，推动“三进一出”（指人要进来、新产业要进来、龙头企业要进来，货要出去），构建高层次的开放体系。

（八）以社会事业发展为抓手，用奋斗指数换取幸福指数

发展精神文明和文化事

业。实施文明创建“补短提质”工程，开展精神文明创建“1+9+N”行动，积极创建全国文明城市。优化区镇村三级公共文化设施网络，开展乡村文化、社区文化等基层文化活动。繁荣群众文艺创作。全力助推客家文化（梅州）生态保护实验区通过国家验收。积极申报各级文保项目，配合客家围龙屋申报世界文化遗产。活化利用一批名人名居和传统村落，谋划建设林风眠美术馆、梅州籍中国近代艺术名家展陈馆。举办更多如“金山圩日”、龙舟竞渡等民俗活动。

保障基本民生。千方百计稳定和扩大就业，加大援企稳岗力度，做好高校毕业生、农民工、退役军人等群体就业服务。高质量推进“粤菜（客家菜）师傅”“广东技工”“南粤家政”三项工程。加快医保支付方式改革，推进国医馆纳入定点医疗机构试点工作，理顺医保经办机构体制机制。全面完成广东兜底民生服务社会工作双百工程任务。扩大基本养老保险、基本医疗保险覆盖面，对城乡困难家庭应保尽保、动态管理。完善流浪乞讨人员救助工作机制。做好农村留守儿童、妇女、老年人，以及困境儿童、残疾人的关爱服务。

加快教育振兴。落实新时代教育评价改革总体方案，配合创建现代职业教育综合改革示范市。保障教育投入，加快元城小学和幼儿园、金山小学、会文小学等学校项目建设，力争新增学位 2770 个。推动区中小学综合实践活动教育基地建设。推进城区住宅小区配套教育设施“三同步”（同时设计、同时建设、同时交付使用）工作。扩大普惠性学前教育资源，提高办园保教质量。实施名师工程，培育一批名教师、名校长。深入推进梅州中学振兴工程，实现高中教育提质突破。

建设健康梅江。加快区妇幼保健院迁建、区疾控中心选址建设等工作，筹建江南新城、芹洋半岛社区卫生服务中心，建成市第二中医医院综合大楼。深化医药卫生体制改革，持续推进公立医院综合改革，扎实推进城市医疗健康集团建设。实施“中医馆”服务能力再提升工程。发展普惠型养老服务和互助性养老，鼓励社会力量参与养老服务。扎实开展爱国卫生运动，确保国家卫生城市通过复审。

创新社会治理。完善常治长效扫黑除恶机制，健全立体化社会治安防控体系。总结推广大密村基层社会治理经验做法，有序推进乡村治理体系建设。持续推进市域社会治理现代化试点工作。深入实施安全生产专项整治三年行动，积极做好国家安全发展示范城市创建工作，提高应急管理、抢险救援和防灾减灾能力。坚持领导带头下访包案制度，妥善解决一批历史遗留问题。支持社会组织、志愿服务、慈善事业等健康发展。加强和创新民族宗教事务管理，促进民族团结、宗教和谐。健全退役军人工作体系和保障制度，推动国防动员等取得新成果。

办好民生实事。我们坚持把人民群众对美好生活的向往作为政府工作的奋斗目标，将更多财力投入到群众需要的地方，持续办好十件民生实事、十件“微民生”实事。今年首次实行政府民生实事项目人大代表票决制，我们拟定了 2021 年区政府十件民生实事候选项目，现提交会议审议。同时，继续实施十件“微民生”实事，让改革发展成果惠及广大人民群众。

2020年梅江区十件民生实事

一、增加学前教育公办学位供给。新增公办幼儿园学位480个，保持普惠性幼儿园覆盖率（公办幼儿园和普惠性民办幼儿园在园幼儿占比）达80%以上的目标。

二、健全学前至普通高中个学段生均经费保障制度。全区学前教育生均经费补助最低标准由每生每年300元提高至400元，继续落实省定义务教育生均公用经费拨款标准，全市公办普通高中生均公用经费最低标准由每生每年500元提高到1000元。

三、深入实施“粤菜（客家菜）师傅”和“南粤家政”“广东技工”三大培训工程。①培训“粤菜（客家菜）师傅”100名，助力精准扶贫。②开展家政服务类培训610人次以上，重点实施居家（200人次）、母婴（250人次）、养老（60人次）和医护（100人次）四个培项目，满足新形势下“一老一小”对家政服务的需求。③支持广东技工终身持续提升发展，推行终身职业技能培训，按照市要求完成各类职业技能提升培训任务。

四、推进预防接种标准化建设。按照省预防接种单位建设标准，加强接种门诊的场地、人员、设施设备配置，实现9家预防接种门诊数字化，提升预防接种服务水平。

五、提高低保、特困人员、孤儿基本生活补贴和残疾人补贴等保障水平。①城、乡低保对象最低生活保障人均补差水平，分别从每月560元、380元提高到609元、390元；特困人员基本生活标准不低于当地最低生活保障标准的1.6倍；孤儿基本生活最低养育标准集中供养和分散供养水平，分别从每人每月1685元和1025元提高到1820元和1110元。②困难残疾人生活补贴、重度残疾人护理补贴标准，分别从每人每月165元和220元提高到175元、235元。③建档立卡贫困人员、最低生活保障家庭成员、低收入救助对象住院费用一次救助的救助比例从80%提高至85%；提高建档立卡贫困人员、最低生活保障家庭成员特定病种门诊费用一次救助的救助比例从80%提高至 85%。④开展肢体、智障两个康复项目服务。

六、新建和提升改造一批农村厕所、中小学厕所和城市厕所。农村无害化卫生户厕普及率达100%；支持6所以上中小学改造厕所；新建旅游厕所4座；完成5座城市公厕智能化提升改造工程。

七、进一步推进“四好农村路”建设。完成通200人以上自然村村道路面硬底化37千米、农村公路危桥改造2座。

八、推进重点区域饮用水工程。继续推进全域自然村集中供水工作，保障农村人口饮水基本安全。

九、加大食品抽检力度和食品安全信息透明度。食品检验量达到每千人5批次，及时公布食品抽检信息，不合格食品核查处置率达到100%，防控食品安全风险。实现全区学校食堂“互联网+明厨亮灶”全覆盖，强化关键节点风险防控，推进校园食品安全。

十、提升政务服务效能。全区政务服务事项80%以上实现“一窗”分类受理。推进政务服务“马上办、网上办、就近办、一次办”，面向自然人提供的现场办理事项比例力争达到50%。

2020 年梅江区十件“微民生”实事

一、实施江南街道新中苑、凤尾园老旧小区改造，改善群众居住环境和生活条件，投入资金 1640 万元。

二、实施江南街道居家养老服务项目，提高江南片区老年人的晚年生活质量，投入资金 300 万元。

三、建设三角镇情怀公园、外滩公园、宫前村乡村体育馆，为当地群众提供休闲娱乐健身的好去处，投入资金 1400 万元。

四、研发“i 梅江”小程序，为市民和游客提供在线认识梅江了解梅江的“移动窗口”，投入资金 400 万元。

五、实施金山街道龙丰村洋排坑、东岩背饮水工程和西阳镇白宫水净水设备更换工程，解决当地村民饮水难问题，投入资金 205 万元。

六、实施长沙镇墟镇排水系统疏通整治、镇级垃圾中转站升级改造工程，补齐城乡环境基础设施短板，投入资金 200 万元。

七、完成西郊街道黄泥墩综合文化服务中心改造、江南街道背街小巷道路提升工程，提升老城区人居环境水平，投入资金 450 万元。

八、实施城北镇 X018 县道整治改造、金山街道周溪村道提升改造工程，解决当地群众出行难问题，投入资金 335 万元。

九、建设江北民主路临时公共停车场，缓解江北老城停车难问题，投入资金 380 万元。

十、对全区范围内所有无名路段的门楼牌号进行补充安装，规范房屋建筑标识标牌管理，投入资金 150 万元。

大 事 记

1月

2日，区委书记朱国城主持召开梅江区新闻媒体座谈会。市委、市政府有关单位负责人，中央、省驻梅江新闻媒体负责人，梅州市新闻媒体单位负责人和记者等参加会议。

7日，广东作家客家文化体验行活动在梅花飘香的“诗画梅江”拉开序幕，并于当天上午召开座谈会。区委书记朱国城，区委常委、宣传部部长古熠等参加座谈会。广东省作家协会副主席、广州市作家协会副主席张梅，世界华文创意写作协会副会长、中国小说学会副秘书长、广东省中国文学学会副会长江冰，广东省文史研究馆馆员、省社会科学联合会顾问、享受国务院津贴专家戴伟华，著名作家黄茵，南方日报社主任编辑陈美华等应邀参加活动。

10日，梅江区召开全区“不忘初心、牢记使命”主题教育总结会议。区委书记朱国城、市委主题教育第一指导组组长黄庆福参加会议并作讲话，区领导巫繁星、赖经烈、张军等参加会议。

11日，梅江区召开企业座谈会。区领导朱国城、钟秀堂、赖经烈、王增文、程成芳等参加座谈会，与来自辖区范围的银行机构代表，各商会、协会代表及工业、农业、商业等各行业企业代表共聚一堂，共谋合作发展互惠共赢之道，共商共建共享振兴发展之计。

12日，中国共产党梅州市梅江区第八届委员会第十次全体会议在区委、区政府礼堂召开。区委常委会主持会议。区委书记朱国城代表区委常委会向全会作工作报告，区委副书记、区长钟秀堂就经济工作作专题讲话，区委常委会就党建工作向全会作专题报告。会议审议通过中共梅州市梅江区委贯彻落实、中共梅州市委贯彻落实《中共广东省委贯彻落实〈中共中央关于坚持和完善中国特色社会主义制度、推进国家治理体系和治理能力现代化若干重大问题的决定〉的实施意见》的行动方案的工作方案》《梅江区支持深圳建设中国特色社会主义先行示范区、支持广州市推动“四个出新出彩”的若干措施》。

14日，梅江区举办2020年春节团拜会，区领导朱国城、赖经烈、张军等与全区各界人士欢聚一堂，畅叙情谊，共话发展。

15日，区委书记朱国城主持召开梅江区振兴发展座谈会，市直相关单位负责人应邀与区领导欢聚一堂，共迎新春、共叙情谊、共商发展大计。区领导赖经烈等参加座谈会。

同日，区委书记朱国城率队慰问梅江区人武部、武警梅州市支队等驻区部队，共叙鱼水情谊深，共谋振兴发展计。区领导赖经烈、张军等参加慰问。

24日，区委书记朱国城、区长钟秀堂率队到市第二中医医院、五洲城汽车站、梅州梅县机场、梅州火车站等重点场所调研检查疫情防控工作。区领导王增文、刘伟球等参加调研检查。

27日，区委书记朱国城率队到江南汽车站和西阳镇卫生院、农贸市场等重点场所，看望一线工作人员，检查防控工作落实情况。

31日，深圳市梅县商会会长余锋光代表商会，把10万只口罩以及一批医疗用品捐赠给梅江区。区领导钟秀堂、罗红葆、刘伟球等参加捐赠活动。

同日，市委副书记、市长张爱军到梅江区督导检查社区疫情防控工作落实情况。市领导吴晓晖参加检查，区领导朱国城、钟秀堂、刘伟球陪同相关活动。

2 月

1 日，梅江区召开区委常委会议暨区防控新型冠状病毒感染的肺炎疫情工作领导小组会议，进一步研究部署全区疫情防控工作。区领导朱国城、钟秀堂、巫繁星、赖经烈、张军等参加会议。

3 日，副市长曾尚忠率队到梅江区梅新老年公寓、市福利院和东丽农贸批发市场检查疫情防控工作，区领导朱国城、刘伟球陪同检查。

同日，市委常委、市政府党组副书记黄文沐到梅江区督导检查社区、农村、建筑企业和农贸市场疫情防控及环境整治工作。区领导钟秀堂、王增文陪同检查。

5 日，市委副书记、市长张爱军率队到梅江区检查“菜篮子”生产供应情况。副市长温向芳，副市长、梅县区委书记吴泽桐，区长钟秀堂参加检查。

同日，区委书记朱国城、区长钟秀堂分别深入到扎上村、扎下村、水巷社区、小溪唇社区、五洲社区，华建市场、白马社区、金碧华府、客天下圣山湖、状元府等地，以及高速公路城北出口等相关交通关口检查疫情防控工作落实情况。区领导王增文、李政江、叶怀忠等参加检查。

9 日，市委书记陈敏率队到梅江区调研指导疫情防控工作。调研活动结束后，梅江区通过云视讯新媒体会议平台，以手机视频形式召开会议，迅速传达陈敏书记调研讲话要求，部署疫情防控工作。区领导朱国城、钟秀堂、张军、王增文、刘伟球等参加会议。

12 日，区委书记朱国城主持召开区委常委会会议暨疫情防控领导小组（指挥部）视频会议，研究部署全区疫情防控和企业复工复产工作。区领导张军等参加会议。

同日，区委书记朱国城率队到东升工业园、西阳高速出入口、线艺公司、西阳镇移民新村、江南社区卫生服务中心、美苑市场等地走访，看望慰问坚守在一线的工作人员，检查疫情防控和复工复产工作。区领导王增文参加检查。

16 日，梅江区召开全区新型冠状病毒肺炎疫情防控工作视频会议，对全区疫情防控和企业复工复产工作进行再部署、再明确。区领导朱国城、钟秀堂、张军等参加会议。

18 日，区委书记朱国城主持召开区委常委会会议暨疫情防控领导小组（指挥部）会议，研究部署疫情防控工作。区领导巫繁星、赖经烈、张军等参加会议。

19 日，区委书记朱国城到梅江区政务服务大厅检查应对疫情支持企业复工复产优化涉企事项审批流程工作情况和疫情防控工作。区领导王增文陪同检查。

21 日，区长钟秀堂率队到新峰桥至 205 国道建设项目、梅州海吉星城农副产品批发市场、乐得鲜（梅江）蔬菜产业园建设项目、风眠艺术小镇项目等建设现场督查重点项目复工复产情况。区领导王增文参加督查。

28 日，市委副书记、市长张爱军到梅江区保利江南苑、客天下旅游产业园、罗乐大桥西连接线、千佛塔寺停车场、周溪河水质净化厂、新峰桥至 205 国道、黄塘河水质净化厂施工现场，检查疫情防控和市政民生项目、房地产企业复工复产工作。市领导黄文沐、区领导钟秀堂参加检查。

3 月

2 日，梅江区举行支持新冠肺炎疫情防控工作捐款仪式。区领导朱国城、钟秀堂、巫繁星、赖经烈带头捐款，区四套班子领导和区法院院长、检察院检察长参加集中捐款，现场募得捐款 1 万多元。

5 日，区长钟秀堂主持召开 2020 年市重点项目建设工作推进会。区领导张军等参加会议。

6 日，市委副书记、市长张爱军到紫合（梅州）医院、市妇幼保健计划生育服务中心迁建项目、市实验小学、全域旅游服务中心、梅江区芹洋学校、梅州职业技术学院、梅江区元城小学等项目建设现场，对学校、医院等在建重点民生项目进行调研检查。副市长张晨、区长钟秀堂参加调研。

12日，区领导朱国城、巫繁星、赖经烈等带头参加义务植树活动，以实际行动践行绿色发展理念，共建生态文明。区委、区人大常委会、区政府、区政协全体领导，法、检两长，区纪委监委副书记（副主任）等参加活动。

13日，区委书记朱国城、区长钟秀堂率队调研罗乐大桥至开发区一路市政道路建设工程、罗乐大桥至S333连接线工程等交通基础设施项目建设工作。区领导张军、王增文等参加调研。

23日，梅江区召开决战决胜脱贫攻坚推进会。区委书记朱国城出席会议并讲话，区长钟秀堂主持会议，区委副书记张军等参加会议。

24日，区委书记朱国城率队到城北镇调研梅正路城北段提升改造、206国道环境整治和亮化工程，以及扎上村四清桥、玉水古村落六村联动、群益枇杷驿站等建设项目和美丽乡村建设工作。区领导王增文参加调研。

29日，梅江区组织收看收听省、市清明期间疫情防控和安全防护工作视频会议后，区委书记朱国城随即主持召开会议贯彻落实省、市会议精神，对全区相关工作进行再动员、再部署。区领导钟秀堂、张军、古熠、王增文、魏婷、刘伟球、李政江等参加会议。

30日，梅江区召开区纪委八届五次全会，深入学习贯彻习近平总书记重要讲话精神和中央纪委、省纪委、市纪委全会精神。区委书记朱国城出席会议并讲话，区委副书记、区长钟秀堂传达中央和省、市纪委全会精神，区领导巫繁星、赖经烈、张军出席会议，区委常委、区纪委书记、区监委代主任梁英浩作工作报告。

4月

1日，区委书记朱国城、区长钟秀堂分别率队到西阳镇白宫河莆蔚段、嶂下村和风眠大道建设项目、白宫圩镇人居环境整治、风眠艺术小镇项目建设现场，调研脱贫攻坚、疫情防控、安全防护和林风眠120周年诞辰纪念活动推进相关工作。区领导张军、王增文、钟建兵、罗涤权、丘颂霞、林勇军等参加相关活动。

5日，区委书记朱国城率队先后到梅江区应急指挥部、西阳镇龙坑村疫情防控和防火检查点以及地质灾害隐患点等地，检查梅江区清明期间疫情防控和安全防护工作。区领导罗红葆、丘颂霞等陪同检查。

8日，区委书记朱国城率队到嘉应学院就李国豪院士展览馆建设事宜与嘉应学院党委书记吴琦，党委副书记、校长杨洲，副校长廖志成等座谈交流。区领导张军、王增文等参加座谈交流。

10日，梅江区组织收听收看全国安全生产电视电话会议。会议结束后，区长钟秀堂随即召开会议，贯彻落实中央和省、市会议精神，对相关工作进行再部署再要求。

同日，区委书记朱国城率队到西郊街道瓜园路瓜园批发市场，开展“防疫有我，爱卫同行”第32个爱国卫生月统一行动日活动。区领导钟秀堂、古熠、王增文参加活动。

14日，区委书记朱国城率队到梅州中学检查初三、高三年级返校复课工作，到元城小学、幼儿园项目施工现场、富乐花园门楼、会文小学建设现场、金山小学拟迁建地块现场调研民生项目建设工作。区领导王增文、罗涤权参加检查。

同日，区委书记朱国城率队到新中苑老旧小区、勤力苑老旧小区、虹桥安全文明小区等地调研老旧小区改造工程。区领导王增文、钟建兵等参加调研。

15日，区长钟秀堂主持召开全区地方政府债券资金申报与项目管理工作协调小组工作推进会。区领导张军、王增文、魏婷、王爱峰、钟建兵、罗涤权、李政江、丘颂霞、林勇军等参加会议。

16日，区委书记朱国城率队先后到梅江河长沙段碧道建设现场、长沙墟镇、革命烈士纪念碑、大密村、澄滩村等地，实地调研碧道工程建设、墟镇人居环境整治和创文创卫、平安之乡以及美丽乡村建设等工作。区领导张军、王增文、丘颂霞等参加调研。

同日，北京金山云网络技术有限公司到梅江区考察。区委书记朱国城会见考察团一行，区领导张军、王增文等参加会见。

同日，梅江区召开林风眠纪念馆设计方案报告会。区长钟秀堂、嘉应学院美术学院院长张志祥，区领导张军、林勇军等参加会议。

21 日，全省统筹推进新冠肺炎疫情防控和经济社会发展工作视频会议在广州召开。省委书记李希主持会议并讲话，省长马兴瑞就经济工作作部署。区领导朱国城、钟秀堂、张军、罗红葆、魏婷、王爱峰、罗涤权、丘颂霞、刘伟球等在梅江区分会场收看会议。

22 日，区委书记朱国城到西郊街道朱云卿故居及革命事迹陈列馆、珍珠公园调研故居保护和人居环境整治工作。区领导巫繁星、赖经烈、王增文、张峥奇参加调研。

5 月

8 日，阿里云创新中心（梅州）挂牌揭幕暨 2020 阿里巴巴诸神之战全球创新创业大赛梅州赛区启动仪式在梅州客天下举行。市委书记陈敏、市长张爱军、省工信厅二级巡视员神志雄、省通信管理局一级巡视员李敏，梅州市领导吴晓晖、黄文沐、李远青、曾祥海，区领导朱国城、钟秀堂、王增文、王爱峰等参加启动仪式。

18 日，首批国有企业退休人员社会化管理工作移交签约仪式在梅江区举行。市国资委主任吴志洲，区领导钟秀堂、林勇军参加签约仪式。

20 日，“诗画梅江”系列推介活动——“花海城北”桐花节专场活动在城北镇桐花谷广场举行。区领导朱国城、巫繁星、赖经烈等参加活动。

同日，梅江区人民政府主办的“诗画梅江有好货 · 书记区长来直播”开播，区委书记朱国城、区长钟秀堂，以及 7 个镇（街道）书记、镇长（主任）和村书记（主任）一起做客直播室，代言特色产品，推介文化旅游，展示“诗画梅江”风采，讲述梅江苏区振兴故事。

27 日，政协第七届梅州市梅江区委员会第五次会议开幕。区领导朱国城、钟秀堂、巫繁星、赖经烈、张军等出席会议。赖经烈代表政协第七届梅州市梅江区常务委员会作工作报告。

28 日，梅州市梅江区第八届人民代表大会第五次会议开幕。区委书记朱国城出席会议并作讲话，区长钟秀堂代表区人民政府向大会作《政府工作报告》，区人大常委会主任巫繁星作《梅州市梅江区人民代表大会常务委员会工作报告》。

29 日，梅州市梅江区第八届人民代表大会第五次会议在区委区政府礼堂闭幕。区领导朱国城、钟秀堂、巫繁星、赖经烈等参加大会。大会表决通过《关于梅州市梅江区人民政府工作报告的决议（草案）》《关于梅州市梅江区 2019 年国民经济和社会发展计划执行情况与 2020 年国民经济和社会发展计划草案报告的决议（草案）》《关于梅州市梅江区 2019 年预算执行情况和 2020 年预算草案报告的决议（草案）》《关于梅州市梅江区人大常委会工作报告的决议（草案）》《关于梅州市梅江区人民法院工作报告的决议（草案）》和《关于梅州市梅江区人民检察院工作报告的决议（草案）》。大会选举葛雅玲为梅江区人大常委会副主任，梁英浩为梅江区监察委员会主任。

同日，梅江区召开党政领导班子警示教育专题民主生活会。区委书记朱国城主持会议，区领导钟秀堂、巫繁星、赖经烈、张军等参加会议，市纪委第九监督检查室副主任林小中、市委组织部二级主任科员韩建锋到会指导。

6 月

1 日，区委书记朱国城率队到儿童福利院、困境儿童家庭看望慰问少年儿童。区领导钟秀堂、张军、王增文、罗涤权等参加活动。

4 日，梅江区召开 2020 年

度征兵宣传工作会议。区领导钟秀堂、古熠、李俊、李政江参加会议。

9日，梅江区在区委、区政府礼堂召开2020年实施乡村振兴战略暨创建“广东省全域旅游示范区”工作现场推进会。区委书记朱国城主持会议，区领导巫繁星、赖经烈、张军等参加会议。

10日，2020年梅江区渔业资源增殖放流活动在归读公园渔政码头举行。市委常委、宣传部部长陈晓建，嘉应学院党委书记吴琦，区领导朱国城、钟秀堂、巫繁星、赖经烈等参加活动。

13日，梅江区在收看省、市“三防”工作视频会议后，立即召开全区“三防”工作会议，对“三防”工作进行再部署、再落实。区领导朱国城、钟秀堂、丘颂霞、陈启泰等参加会议。

17日，梅江区召开疫情防控工作电视电话会议并开展疫情防控检查。区领导朱国城、钟秀堂、张军、古熠、王增文、罗涤权、林勇军、刘伟球、叶怀忠等参加相关活动。

18日，省人大常委会委员、农村农业委主任委员温捷香率队到梅江区调研粮食安全和高标准农田建设工作。市人大常委会农村农业工委主任张小奎，区领导朱国城、王增文、管文杰、丘颂霞等陪同调研。

19日，增城区—梅江区对口帮扶党政联席会议在梅江区召开，两地领导共聚一堂研究深化开展对口帮扶工作，共商产业共建，共议共赢发展。增城区领导赵国生、何鎏辉、陈小华，梅江区领导朱国城、钟秀堂、赖经烈、张军、王增文、王爱峰、林勇军等参加会议。

28日，梅江区举行2020年广东扶贫济困日活动启动仪式。区领导朱国城、钟秀堂、巫繁星、赖经烈、张军等参加启动仪式并现场捐款。

29日，梅江区开展“七一”慰问活动，区委书记朱国城、区长钟秀堂等区领导分赴各镇、街道，走访慰问在疫情防控和复工复产过程中表现突出的一线党员和老党员，并送上党和政府的温暖关怀和节日问候。

30日，梅江区举行“七一”系列活动，梅州市城建一批重点项目建成开放，区一批重点民生项目动工或揭牌开放。梅州市委书记陈敏，市委副书记、市长张爱军，市委常委、市政府党组副书记黄文沐，市委常委、宣传部部长陈晓建等出席活动，梅江区领导朱国城、钟秀堂、巫繁星、赖经烈、张军等参加活动。

同日，梅江区融媒号启动仪式在区融媒体中心举行。区委书记朱国城、梅州市广播电视台台长杨延庆、梅州日报社社长罗金良、省广电网络梅州分公司总经理潘文胜、南方日报驻梅州记者站站长汤凯锋，区领导古熠、王增文、林勇军等参加活动。

7月

4日，梅江区首届“遇见红杏坊”摄影大赛启动仪式在西郊街道黄泥墩社区珍珠公园举行。区领导朱国城、古熠、王增文、林勇军，南方数据传媒研究院院长戴学东出席活动仪式。

14日，区委书记朱国城、区长钟秀堂会见中骏集团控股有限公司项目代表一行。区领导王增文、钟建兵等参加座谈。

15日，梅江区西阳镇双黄村举行“串串葡萄甜，浓浓帮扶情”葡萄园开园采摘仪式。区领导朱国城、王增文、丘颂霞，市广播电视台台长杨延庆等参加仪式。

17日，广东省精神文明建设工作推进会在广州召开，研究部署全省精神文明建设工作。省委书记李希出席会议并讲话，省长马兴瑞主持会议。区领导朱国城、张军、古熠、王增文等在梅江区分会场收听收看会议。

22日，市委书记陈敏到梅江区检查疫情防控和“创文”工作。市领导吴晓晖、曾尚忠、张晨，区领导朱国城、钟秀堂参加活动。

24日，2020年梅州市梅江区文明委第一次会议暨精神文明建设和创建全国文明城市工作推进会在区委、区政府礼堂召开。市委副书记王庆利，区委书记朱国城，区长钟秀堂，市委副秘书长邓冠明，嘉应新区党工委书记、管委会主任李思平等参加会议。

27 日，副市长温向芳到梅江区督导“创文”工作。区领导朱国城、李政江等参加。

29 日，在全省全民禁毒工程总结会暨整治突出毒品问题部署电视电话会议后，梅江区随即召开 2020 年禁毒工作会议。区领导钟秀堂、李政江等参加会议。

31 日，梅江区开展 2020 年“八一”慰问活动，走访慰问区人武部、武警梅州市支队等驻区部队官兵。区领导朱国城、钟秀堂、巫繁星、赖经烈、张军、王增文、李俊参加慰问。

同日，“2020 年梅江区工业互联网论坛”在梅州联通大厦举行。区领导钟秀堂、魏婷参加活动。

8 月

3 日，梅江区召开林风眠 120 周年诞辰纪念活动筹备工作协调会。区领导朱国城、钟秀堂、张军、王增文、林勇军、陈启泰等参加会议。

5 日，区委书记朱国城、区长钟秀堂在西郊街道召开“创文”工作约谈会。区领导古熠、王增文、陈启泰等参加会议。

7 日，广东开放大学党委书记罗海鸥率队到梅江区考察调研。区领导朱国城、王增文、张峥奇陪同调研。

8 日，区委书记朱国城率队到城北镇拜访梅州乡贤、方正控股有限公司董事局主席张旋龙。区领导钟秀堂、罗红葆、王增文参加。

10 日，市委常委、政法委书记陈俊钦到梅江区调研指导“创文”指挥部法治环境工作部、社会环境工作部和挂点单位“创文”工作。区领导朱国城、王增文、钟建兵陪同调研。

13 日，梅江区召开家禽“集中屠宰、冷链配送、生鲜上市”工作推进会。区领导朱国城、王增文、罗涤权参加会议。

同日，区长钟秀堂率队赴上海市拜访江欢成院士并走访相关企业，联络乡情，寻求合作，共谋发展。

14 日，省妇联副主席杨佳率调研组到梅江区就深化妇联组织建设改革“破难行动”开展调研，区委书记朱国城、市妇联主席蔡雪嫦陪同调研或参加会议。

15 日，梅江区新冠肺炎疫情防控指挥部召开会议，对梅江区疫情防控工作进行再部署、再落实。区委书记、区指挥部总指挥朱国城主持会议，区领导钟秀堂、张军、曾江林、罗涤权、林勇军、刘伟球等参加会议。

18 日，梅江区在长沙镇召开全区加快推进市域社会治理现代化试点工作会议。区委书记朱国城、区长钟秀堂、市委政法委常务副书记李庆明、区人大常委会主任巫繁星、区政协主席赖经烈等参加会议。

同日，梅江区召开新的社会阶层人士联合会成立大会。区委书记朱国城，市委统战部常务副部长丘晓红，区领导巫繁星、赖经烈、王增文、丘元强、徐莉，市新的社会阶层人士联合会会长刘榆厚等参加大会。区委常委、统战部部长罗红葆主持会议。

19 日，梅江区召开 2020 年全区中医药大会暨第 3 个中国医师节庆祝表彰大会。区领导朱国城、巫繁星、赖经烈、张军、王增文、林勇军、刘伟球、陈启泰等参加会议。

27 日，区委书记朱国城调研垃圾分类工作并参加爱心企业为环卫工人送温暖的捐赠仪式。区领导王增文、钟建兵参加调研和捐赠仪式。

28 日，“抢险救援英雄中队”授称十五周年纪念活动暨新时代文明实践站挂牌、志愿服务队授旗仪式活动在梅江区消防救援大队营区训练场举行。区委书记朱国城、区长钟秀堂，市消防救援支队支队长段建国、政治委员郑海生、政治部主任李绍苇以及区领导古熠、王增文出席活动。

29 日，梅江区联合中学举行 2020 年锡昌、群昌奖教奖学、助学金颁奖仪式。省政协常委、香港昌盛集团有限公司董事局主席邹锡昌，香港昌盛集团有限公司副总裁邹群昌，区领导朱国城、王增文、罗涤权、陈启泰及 200 多名学生代表、教师代表参加颁奖仪式。

9月

2—4日，区领导用3天时间集中学习研讨《习近平谈治国理政》。区委书记朱国城参加集中学习研讨并发表讲话，区领导钟秀堂、赖经烈等参加集中学习研讨。

3日，梅江区举行“铭记烽火历史 传承红色基因”——走进华南教育历史研学基地办学纪念活动，市委常委、副市长孙春明，中山大学对口帮扶嘉应学院工作队队长陈建存，市文化广电旅游局局长谢钦文，区领导朱国城、古熠、林勇军、陈启泰等参加活动。

同日，梅江区举行2020年“阳光征兵”现场定兵会。梅州军分区司令员和区领导钟秀堂、李俊、李政江等参加定兵会。

8日，梅江区召开庆祝2020年教师节表彰大会，热烈庆祝第36个教师节，隆重表彰一年来在教育工作中取得突出成绩的集体和个人。区领导朱国城、钟秀堂、巫繁星、赖经烈等参加大会。

同日，由浙江省中医药管理局二级调研员吴建锡率领的评审专家组一行对梅江区创建全国基层中医药工作先进单位进行现场评审。区领导钟秀堂、曾江林、林勇军等参加会议。

11日，国务院召开全国深化“放管服”改革优化营商环境电视电话会议。区领导钟秀堂、梁飞、罗涤权、丘颂霞、林勇军、陈启泰等在梅江分会场参加会议。

16日，区委书记朱国城、区长钟秀堂调研梅江区嘉应老街和夜间经济、周末经济、特色经济建设工作。区领导古熠等参加调研。

19日，区委书记朱国城、区长钟秀堂出席深圳市梅县商会第三届理事会议第一次会议，并走访乡贤企业。区领导罗红葆等参加。

22日，梅江区庆祝2020年中国农民丰收节系列活动在城北镇玉水村开幕。广东省农业农村厅副厅长高庆营，梅州市委常委、常务副市长吴晓晖，梅州市人大常委会副主任曾小华，嘉应学院党委书记吴琦，梅州市政协副主席马志元，美国、印尼国际日报报业集团总裁、印尼熊氏集团董事会主席、印尼中华总商会主席熊德龙，梅江区委书记朱国城，梅江区委副书记、区长钟秀堂，梅州市农业农村局局长黄增国，梅州市广播电视台台长杨延庆等参加活动。

23日，梅州市委常委、兴宁市委书记余其豹，兴宁市委副书记、市长洪国华率兴宁市党政代表团到梅江区考察乡村振兴工作，区委书记朱国城、区长钟秀堂等陪同考察。

30日，中国共产党梅州市梅江区第八届委员会第十一次全体会议召开。区委常委会主持会议。区委书记朱国城代表区委常委会向全会作报告，区委副书记、区长钟秀堂就经济工作作专题讲话。

同日，梅江区举行企业家座谈会，区委书记朱国城、区长钟秀堂与梅江区企业家代表欢聚一堂，畅叙浓浓桑梓情，共话梅江新发展。区领导罗红葆、魏婷等参加。

10月

1日，梅江区金山圩日活动在梅州市足球文化公园“鸣锣开圩”。梅州日报社党委书记、社长罗金良，梅州日报社总编辑黄山松，梅州日报社党委副书记梁庚，市农业农村局副局长陈爱东，区领导朱国城、钟秀堂、巫繁星等参加启动仪式。

2日，区委书记朱国城调研家庭农场建设工作，并参加丽园农场舌尖上的健康基地揭牌暨产品上线仪式。区领导巫繁星、曾小喜、罗涤权、张海辉等参加相关活动。

3日，区委书记朱国城会见小熊电器股份有限公司考察组一行。区领导王增文参加座谈。

14日，梅江区组织集中收听收看深圳经济特区建立40周年庆祝大会的直播实况。区领导朱国城、钟秀堂、巫繁星、赖经烈、曾小喜等在梅江区收看收听大会。

18日，梅江区组织集中收听收看全省传达学习贯彻习近平总书记出席深圳经济特区建立40周年庆祝大会和视察广东重要讲话重要指示精神干部大会。区领导朱国城、钟秀堂、巫繁星、赖经烈、曾小喜等在梅江区分会场收看收听会议。

21日，市委常委、组织部部长罗盛芬到梅江区开展社区服务活动，并调研单位党组织和在职党员到社区“双报到”工作。区领导朱国城、钟秀堂、王增文、张峥奇陪同调研或参加座谈会。

25日，梅江区政府与中国经济信息社、京东集团共同签订“梅州优品馆”战略合作备忘录。区领导朱国城、钟秀堂、王增文、梁飞等参加座谈会。

26日，梅江区举行庆祝第27个广东省环卫工人节大会。区领导朱国城、钟秀堂、王增文参加大会。

27日，梅江区召开全区干部大会，传达学习贯彻习近平总书记出席深圳经济特区建立40周年庆祝大会和视察广东重要讲话、重要指示精神，及全省干部大会、省委书记李希到梅州调研讲话精神和全市干部大会精神，对全区学习宣传贯彻工作进行全面动员部署。区委书记朱国城主持大会并讲话，区领导钟秀堂、巫繁星、赖经烈、曾小喜出席大会。

28日，省交通运输厅到梅江区开展2020年广东省“四好农村路”省级示范县实地复核工作。区领导钟秀堂、魏婷参加活动。

30日，区委书记朱国城主持召开区人民法院巡察整改工作专题部署会。区领导梁英浩、王增文、钟建兵等参加会议。

11月

3日，梅江区组织收看收听全国疫情防控工作电视电话会议，区领导朱国城、钟秀堂、王增文、魏婷、钟建兵等在梅江区分会场收看收听会议。

5日，区长钟秀堂主持召开“十四五”规划编制工作专题会议。区领导王增文、魏婷、王爱峰、钟建兵、梁飞、丘颂霞、林勇军等参加会议。

8日，梅江区组织集中收听收看中央宣讲团中共十九届五中全会精神宣讲报告会。区领导朱国城、钟秀堂、巫繁星、赖经烈、曾小喜，区委、区政府、区人大常委会、区政协、区副处级以上老干部代表、区法院、区检察院主要负责人，区纪委监委副书记（副主任），区各民主党派代表，区直有关单位主要负责人等在梅江区分会场收看收听会议。

13日，区长钟秀堂到东升工业园调研梅州市互联网产业园、梅江控股标准厂房、罗乐大桥连接线等重点项目建设情况。区领导王增文，魏婷参加调研。

18日，全市县处级干部专题研讨班在市委礼堂开班，深入学习贯彻习近平总书记出席深圳经济特区建立40周年庆祝大会和视察广东重要讲话、重要指示精神。市委书记陈敏作动员讲话暨主题报告，市长张爱军主持开班式。区领导朱国城、钟秀堂等在区分会场收听收看。

21日，梅江区举行实体经济项目签约动工仪式。市委书记陈敏，市委副书记、市长张爱军出席活动。市领导吴晓晖、曾小华、马志元，区领导朱国城、钟秀堂等参加活动。

22日，林风眠纪念馆在梅江区西阳镇落成揭幕。

12月

3日，梅江区科级干部学习贯彻习近平总书记出席深圳经济特区建立40周年庆祝大会和视察广东重要讲话重要指示精神暨学习贯彻中共十九届五中全会精神专题研讨班开班。区委书记朱国城作动员讲话暨主题报告，区长钟秀堂主持开班仪式并传达全市处级干部专题研讨班精神

4日，梅江区“12·4”国家宪法日宪法宣誓活动暨“百名法学家百场报告会”民法典专题讲座在区委、区政府礼堂举行。区领导朱国城、钟秀堂、赖经烈、曾小喜等参加活动。

9日，梅江区召开全区打击治理电信网络新型违法犯罪工作部署会。区领导朱国城、钟秀堂、王增文、罗涤权、郑荣丰、陈启泰等参加会议。

10日，梅江区召开全区妇女第七次代表大会。区委书记

朱国城、区长钟秀堂、市妇联主席蔡雪嫦、区人大常委会主任巫繁星、区政协主席赖经烈、区委副书记曾小喜等出席大会开幕式。

同日，市委书记陈敏到梅江区江北历史文化街区等地进行调研。市领导孙春明、张晨，区领导朱国城、钟秀堂、巫繁星、王增文、魏婷、林勇军参加调研。

15日，区长钟秀堂率队到深圳市走访企业并召开政银企券座谈会，与在深圳企业家共叙乡情、共谋发展。

19日，梅江区召开安全生产工作会议。区领导钟秀堂、魏婷、郑荣丰、陈启泰等参加会议。

24日，梅江区召开望杏坊历史街区提升改造项目汇报会。区领导朱国城、曾小喜、王增文、林勇军以及中国美术学院综合二院院长周勇一行参加会议。

同日，梅江区组织收看收听全省工程建设项目审批制度改革暨房屋市政工程安全生产管理、农村房屋安全隐患排查整治工作电视电话会议。区长钟秀堂在梅江分会场参加会议。

25日，区委书记朱国城率队到梅州市公安局梅江分局实地参观公安机关开展扫黑除恶专项斗争、打击治理电信网络新型违法犯罪，以及“坚持政治建警全面从严治警”教育整顿活动等工作情况。区领导罗红葆、赖经烈、曾小喜、古熠、王增文、魏婷、梁飞、丘颂霞、郑荣丰等参加活动。

同日，梅江区举行广东盛尊建筑揭牌暨一级建筑资质落户梅江签约仪式。区领导朱国城、钟秀堂、罗红葆、赖经烈等出席并见证签约。

26日，区委书记朱国城应邀率队参加深圳市梅县商会第三届第二次会员大会暨乡情通报会，共叙乡情、同谋发展。其间走访乡贤企业，与企业家联络乡情，共商发展。区领导罗红葆、王增文、魏婷、罗涤权、林勇军、陈启泰等陪同。

29日，梅江区组织领导干部参观梅州市扫黑除恶专项斗争成果展。区领导朱国城、钟秀堂、罗红葆、赖经烈等参加。

31日，省、市重点项目——时光梅州举行开业庆典活动。区领导朱国城、钟秀堂、罗红葆、赖经烈、王增文、魏婷、钟建兵等参加活动。

（罗雄昌）

梅 江 概 貌

基本区情

【建置、沿革】 梅州城区原是程乡县（今梅江区）县治所在地，向称梅城。南朝齐置程乡县至宋初设梅州约500年间，州、县皆无城。

清雍正十一年（1733），程乡县升为直隶嘉应州。

清末，嘉应州城区扩大。辖东街、西街2堡。宣流三年（1911），嘉应州复名梅州。

民国元年（1912），梅州改为梅县，县城仍辖东街、西街2堡。民国20年（1931），由堡改为区乡。民国26年（1937），梅县整编区乡，县城称为梅城镇。

1949年5月梅县解放，在设置新政区时，县城仍称梅城，政区则称城内区。1950年3月，复称梅城镇。

1958年9—11月，实行公社化，梅城镇改称梅城卫星人民公社。1959年1月改名梅城人民公社。

1975年8月，梅城镇改为梅州镇（仍隶属梅县）。1979年3月，梅州镇从梅县分出，由区级升格为县级，改称梅州市，隶属梅县地区管辖。1982年，梅州市基层政区设东区、中区、西区、南区4个办事处和东郊、西郊、江南、梅江4个公社，下辖32个居民委员会。

1983年6月，梅县和梅州市合并，称梅州市，同年9月改称梅县市。县市合并后，江南公社撤销，并入南区，在城区设南区、东区、中区、西区。

1987年4月，区、小乡建置撤销，改设乡（镇）制。全县共设10个乡22个镇4个市区街道办事处（8月增设北区，共5个市区）。

1988年1月，广东实行市管县体制，梅县地区改为梅州市；3月，梅县市建置撤销，原梅县市的行政区分设为梅县和县级梅江区，梅江区由原梅县市城区5个办事处（金山、东山、黄塘、五洲、江南）和城郊5个乡镇（城北、东郊、西郊乡和长沙、三角镇）组建而成，为梅州市直辖县级区，治所在梅城江北仲元东路51号。

1999年，经省政府批准，撤销城北乡、东郊乡、西郊乡建置，设立城北镇、东郊镇、西郊镇。

2002年7月，经省政府批准，梅江区部分镇、办事处行政区划进行调整。撤销东山街道办事处、东郊镇将其行政区域并入金山街道办事处。撤销西郊镇、城西街道办事处，设立西郊街道办事处。撤销五洲街道办事处，将其行政区域并入城北镇。调整后，梅江区辖长沙、三角和城北3个镇和金山、西郊、江南3个街道办事处，下辖54个村民委员会和38个社区居民委员会。

2012年9月23日，经省人民政府同意，省民政厅印发《广东省民政厅关于同意梅县西阳镇划归梅州市梅江区管辖的批复》，同意梅县西阳镇划归梅州市梅江区管辖。

2020年，梅江区辖长沙、三角、城北、西阳4个镇和西郊、金山、江南3个街道办事处，下辖81个村民委员会和48个社区居民委员会。

【位置、面积】 梅江区位于广东省东北部，梅江中游，梅州市中部。地理位置介于北纬23°27′～23°95′、东经115°72′～115°97′之间。东邻梅县区雁洋镇和大埔县银江镇，南与梅县区梅南镇交界，西连梅县区程江镇和大坪镇，北接梅县区石扇镇和城东镇。是梅州市政治、经济、文化、交通中心。全区总面积570.61平方千米。

【地质、地貌】 梅江区属中

国东南部华夏古陆的一部分，构成古陆的基底为前泥盆系变质岩。从晚古生代到新生代，几经海陆变迁，出现一系列沉积建造，区境泥盆至第四纪地层均有出露。

梅江区地势东南高，逐渐向东北、西北倾斜。区境为梅江河流经莲花山中部山谷而形成的河谷盆地。地形可分为3个类型，即河谷盆地、丘陵和山地。

区境内较高的山峰有明山嶂、鬼忽岩顶、鳄鱼嶂、清凉山、黄沙嶂5座，其中位于西阳镇的银窿顶，海拔1357米，为梅江区第一高峰。

【水文、气候】 梅江区境内主要河流有梅江、程江、周溪水、扎田水、古田水、明扬水、大密水、小密水、白宫水、龙坑水10条，其中梅江为主干流，源自广东省陆丰、紫金两县交界处的武顿山七星崇，沿莲花山北麓自西南向东北穿流，在五华县河口汇五华河，至兴宁水口称琴江，汇宁江后称梅江。在梅县区畲江镇流经梅江区长沙镇入梅城市区，在金山芹黄村口流向西阳镇出境，经梅县区丙村、雁洋、松口，在大埔县三河坝衔接韩江，流经潮州，在汕头入海。梅江全长307千米，集雨面积1.41万平方千米；流经梅江区境域30多千米，集雨面积300多平方千米。

梅江区地理位置靠近北回归线，东近太平洋，属亚热带季风气候区。夏季日照长、冬季日照短，气候温和，阳光充足，雨量充沛。但易旱易涝，偶有奇热和严寒，四季宜耕宜牧。年平均气温21.5℃，年平均日照时数1824.0小时，年平均降雨量1525.6毫米，年平均无霜期304天。主要灾害天气有：春季低温阴雨、倒春寒，5—6月间的龙舟水和春秋间的台风雨，秋季寒露风和冬季霜冻等。

【自然资源】 梅江区矿产资源主要有煤炭、石灰石、稀土、铅锌矿、花岗岩等，主要分布在城北和长沙镇。旅游资源主要有国家AAAAA级旅游景区客天下、国家AAA级旅游景区泮坑旅游度假村、千佛塔旅游风景区，梅城风光、黄遵宪故居“人境庐”等。

【行政区划】 2020年，梅江区辖长沙、三角、城北、西阳4个镇和西郊、金山、江南3个街道办事处，下辖81个村民委员会和48个社区居民委员会。

2020年梅江区行政区划一览表

表1

镇（街道）	村、社区（居委）名称	村民委员会（个）	社区（居民）委员会（个）
长沙镇	小密、长沙、大密、上罗、下罗、澄滩村，圩镇居委会	6	1
三角镇	大塅、三乡、塅明、新塘、东升、泮坑、龙上、上坪、湾下、三龙、梅塘、宫前、三角村，圩镇、美景、三乡、同心、龙东、客天下社区	13	6
城北镇	五里亭、古洲、中村、上村、新田、杨文、三村、塔下、银营、扎下、扎上、千光、干才、群益、玉水、黄留、黄明、明阳、岭上、玉西村，五洲、车站、小花园、白围、城北社区	20	5

续表 1

镇（街道）	村、社区（居委）名称	村民委员会（个）	社区（居民）委员会（个）
西阳镇	莆田、莆蔚、龙坑、罗乐、申渡、双黄、塘青、北联、秀竹、笙竹、新田、溪田、清凉、四平、太平、新联、江子山、龙岗、阁公岭、直坑、赛仁、将军阁、鲤溪、明山、嶂下、白水、桃坪村，移民、西阳、白宫社区	27	3
江南街道	红光、梅南、大园、鸿都、白马、中心坝、梅龙、路心、榕树塘、怡乐、新中、凤尾、梅江、江南社区		14
金山街道	东街、东厢、福长、黄坑、龙丰、芹洋、月梅、周溪、金丰、东郊村，金山、小溪唇、杨桃墩、虹桥、水巷、凌西、中山、梅石、凌东、盘龙、群福、碧桂园社区	10	12
西郊街道	西郊、西区、寨中、黄塘、桃西村，更楼下、长巷、程江、黄泥墩、月影塘、三角塘、马石社区	5	7
合　计		81	48

【人口、语言】 2020 年，梅江区年末总人口 35.83 万人，其中，男性 17.74 万人，女性 18.09 万人；户籍人口出生率 9.65‰，户籍人口自然增长率 3.30‰。梅江区为梅州市的中心区域，客家人集中的聚居地，使用标准客家方言为主要传统语言。中华人民共和国成立后，随着经济社会发展，外来人员不断增多，普通话交流较为普遍。

【文物、人文】 梅江区是国家历史文化名城，有众多名胜古迹和丰富的文化遗产。至 2020 年，区境内有人境庐、荣禄第、千佛铁塔、东山书院、林风眠故居、凌风路骑楼式传统商业建筑群、福禄岌民居群、梅江桥、梅州学宫、八角亭、朱云卿故居等各级文物保护单位 39 处；有太平天国康王指挥部旧址（仁风楼）、泮坑公王庙、梁氏义孚堂、长沙革命烈士纪念碑等不可移动文物 121 处；有嘉应大学、东山中学、梅州中学等名校；有中山路、凌风路、仲元路、元城路等名街；还有历史人文聚集地攀桂坊和望杏坊；有席狮舞、铙钹花、打莲池、客家娘酒、清凉山茶制作技艺、五句板、梅城山歌、闹八音、舞龙、升龙转火、拜孔圣人、三杯鸡等各级非物质文化遗产保护项目 74 项。

梅江区人杰地灵，英才辈出。清代有嘉应州入翰林院之第一人李象元，进士李黼平，外交家、教育家、杰出爱国诗人黄遵宪，20 世纪中国美术界的一代宗师林风眠，岭东著名女诗人叶碧华；近代有中华苏维埃共和国中央军事委员会总参谋部代部长朱云卿；祖籍梅江区的将军有叶松盛、张建等 24 位，大学校长（书记）有刘复之、杨简、黄友谋、薛尚实、吴道钧等 16 位，“两院”院士有李国豪、黎尚豪、梁伯强、江欢成 4 位，其中李国豪为中国科学院和中国工程院“双院士”。

梅江区是原中央苏区县、国家园林城市、国家森林城市、国家卫生城市、全国义务教育发展基本均衡区、全国青少年校园足球试点区、是著名的文化之乡、华侨之乡、足球之乡。

政治建设

【思想理论武装】 2020 年，

梅江区深入学习贯彻习近平中国特色社会主义思想和中共十九届五中全会精神，制定印发《2020年全区各党委（党组、党总支、党支部）理论学习中心组学习计划暨学习型党组织建设工作计划》，并对全区各单位理论学习中心组学习情况进行督查考核。学好用好讲好《习近平谈治国理政》第三卷，按照省、市委要求成立区委宣讲团，到基层各单位进行宣讲。充分利用“梅江讲坛”新时代文明实践中心（站、所）等平台，举办专题讲座，推广、建设、应用“学习强国”学习平台，全年上传学习强国平台相关新闻稿件629篇，被采纳371篇，其中中央学习总平台采纳15篇、广东学习平台采纳356篇。完成与省平台“南粤云”的对接和建立区融媒体智指挥中心、采编平台、内容大数据展示平台，完成“梅江融媒”客户端应用市场上线工作，加强与市电视台、《南方日报》、《梅州日报》等省、市媒体的合作，完成市广播电视台“新闻媒体+融媒体”团队的进驻。开展形式多样、主题鲜明的党日活动，组织党员干部到西阳镇北联村、丰顺县李坚真纪念馆红色教育基地参观学习，“不忘初心、牢记使命”，提高党员干部的思想政治觉悟和战斗力。

【党的组织建设】 2020年，梅江区严格执行区委常委会“一月一研判”党建工作制度，区委领导带头挂钩联系党支部，持续传导工作压力。印发区委党的组织建设工作领导小组2020年工作要点，设置党建工作“积分量化”考评指标，推动区、镇（街道）、村（社区）三级党组织建设。梅江区全面建成“1+7+N”区级党群服务中心矩阵，实现10分钟党群服务圈。开展百个小区党支部、百家党员先锋店“双百”创建，全区建小区党支部56个，授牌“党员先锋店”26家。扎实推进非公有制企业、社会组织“双同步”工作开展，党的组织建设全区覆盖率100%。全年全区有党（工）委74个，党总支48个，党支部604个，党员18443人，其中正式党员18275人、预备党员168人。

【党风廉政建设】 2020年，梅江区推动落实《党委（党组）落实全面从严治党主体责任规定》，通过发出纪检监察建议书、巡察整改建议书、提醒函等方式，压实管党治党责任。探索建立定期分析监督工作机制，编制印发《梅江区党风政风情况分析》，为区委、区政府领导把握全区政治生态提供参考。发挥党内监督谈话作用，全年全区各单位党员领导干部开展党内谈话2736人次，其中提醒谈话140人次，警诫谈话9人次。严肃查处扶贫领域、集体资金资产、征地拆迁、强农惠民等领域的不正之风和腐败问题，全年全区立案查处相关案件24件63人，给予党纪政纪处分29人、诫勉14人、批评教育18人。查处涉黑涉恶腐败和“保护伞”3件3人，督促落实整改措施，健全完善制度72项。查处违反中央八项规定10件35人，给予党纪政纪处分21人，通报曝光典型案例5起。对违规收送礼品礼金、餐饮浪费等开展明察暗访84次，提出整改意见193条，促进社会风气进一步好转。坚决查处不收敛不收手不知敬畏的腐败案件，全年全区纪检监察部门共受理信访举报265件，立案80件80人，给予党纪政纪处分70人，挽回经济损失金额135.67万元。加强与公检法机关协作配合，积极发展反腐败协调小组作用，全年向检察机关移送审查起诉2件2人，受理公检法部门移送问题线索13件，充分彰显梅江区法治反腐力量。

【疫情防控】 2020年，梅江区面对突如其来的新冠肺炎疫情，区委、区政府坚持人民至上、生命至上，启动一级应急响应，统一指挥、全面部署、主体防控的人民战争、总体战、阻击战，用17天时间实现本地疑似病例清零，唯一一例确诊患者治愈出院。开展“亮党旗、亮党徽、亮身份”行动，抓好常态化疫情防控，完善防控措施，强化重点人员排查、重点场所检测和重点环节管理，巩固疫情防控成果。至年末，全区未发生新的疫情，实现“无死亡病例、无医院感染、无社区传播”的目标。

经济社会发展

【国民经济】 2020年，梅江区充分发挥工业经济的核心支撑作用，推动主要经济指标由负转正，全年全区生产总值（当年价）实现107.10亿元，比上年增长0.5%；其中第一产业完成8.53亿元，比上年下降7.7%；第二产业完成31.95亿元，比上年增长1.9%；第三产业完成66.62亿元，比上年增长1.1%。三次产业比重调整为8.0∶29.8∶62.2。全年完成规模以上工业增加值23.55亿元，比上年增长6.1%；社会消费品零售总额104.96亿元，比上年下降7.9%；全体常住居民人均可支配收入3.76万元，比上年增长3.0%；城镇常住居民人均可支配收入3.83万元，比上年增长2.2%；农村常住居民人均可支配收入2.24万元，比上年增长4.2%；居民消费价格指数（CPI）102.1%，比上年增长2.1%。

【农业】 2020年，梅江区继续深化农业供给侧改革，着力优化农业产业结构，现代农业平稳发展。全年建成省级现代农业产业园3个，省级以上特色农产品增至41种，市级以上重点农业龙头企业增至50家，市级以上农民专业合作社示范社增至14家，省级家庭农场增至10家。全年实现农林牧渔业总产值13.56亿元，比上年下降15.25%。全年全区粮食作物播种面积3829.67公顷，总产量2.17万吨，其中水稻播种面积2697.93公顷，总产量1.62万吨；水果种植面积2387.47公顷，总产量3.99万吨；蔬菜播种面积4551.67公顷，总产量11.02万吨。大力实施造林绿化工程，全年全区森林碳汇造林面积183.33公顷，幼林抚育面积490公顷；商品林采伐量2.07万立方米，公益林采伐量429立方米；森林覆盖率72.16%，梅州城区绿化覆盖率63.9%，在粤北地区率先成功创建“国家森林城市”。畜牧业推行“高效、生态、安全”发展，全年全区生猪饲养量4.35万头，生猪年末存栏量2.44万头，其中能繁母猪3150头，出栏肥猪1.91万头；家禽全年饲养量104万羽，肉类总产量4145万吨。水产养殖业稳中有进，全年全区水产养殖面积816.33公顷，水产品总产量7472吨，比上年增长8.76%；总产值8065万元，比上年增加1111万元，增长15.98%。2020年，梅江区清凉山茶、板盖坑雪莲果、梅江白宫苦瓜、梅州客家米粉4个农产品入选全国名特优新农产品名录。

【工业】 2020年，梅江区规模以上工业企业67个，实现工业总产值94.47亿元，比上年增长5.6%；完成规模以上工业增加值23.55亿元，比上年增长6.1%；完成规模以上工业销售产值93.47亿元，比上年增长5.9%；五大支柱工业产值86.67亿元，比上年增长8.8%；电子设备制造业产值80.04亿元，比上年增长10.9%；电器机械制造业产值1.18亿元，比上年下降8.9%；医药制造业产值1.67亿元，比上年下降4.3%；水电行业产值1.17亿元，比上年下降14.8%；农副食品加工业产值2.62亿元，比上年下降14.5%。全年梅江区规模以上工业企业亏损企业11个、亏损额2059万元，比上年下降32.3%；主营业务收入95.99亿元，比上年增加5.7%；实现利润总额5.45亿元，比上年增长36.8%。规模以上工业主要产品产量：全年熟肉制品409.62吨，中成药1143吨，商品混凝土55.61万立方米，电子元件9963万只，印制电路板1343.5万平方米。

【招商引资】 2020年，梅江区积极开展招商引资工作，努力降低招商成本，扎实提高招商效率，全年完成签约合同项目6个，计划总投资152.21亿元，实际总投资16.8亿元。坚持以优质资源“吸商”、以产业共建“引商”、以产业园区“载商”、以高效服务“融商”，出台一系列招商扶持政策，成立招商服务中心和驻外招商工作队，区领导亲自带队赴北京、上海、广州、深圳等地开展招商活动，全年跟进梅州市互联网产业园、梅州市肉联厂升级改造等亿元以上项目 8 个，计划总投资 336.08 亿元，并与中国茂隆、中骏集团、中燃集团等 7 家知名企业签订投资框架协议。全年实际利用外资 31.96 万美元，比上年增长 220%。

【城乡建设】 2020 年，梅江区保持“打基础、利长远”的战略定力，加快补齐城乡基础设施短板，提升城市品位。完善江南新城、芹洋半岛基础配套设施，投入 1.2 亿元完成“十个一批”（规划提升一批老旧社区人居环境、连通一批道路、完善一批交通信号灯、建设一批人行天桥、建设一批停车场、提升一批生态公园、实施一批亮化工程、设置一批社工服务站、升级改造建设一批公厕和垃圾中转站、升级一批集贸市场）城建民生项目建设。村村通自来水项目全面完成，建成 5G 基站 416 个，实现城区 5G 网络全覆盖。深入开展美丽梅州、美好家园“两美”行动，积极创建全国文明城市，持续抓好市容环境、市场秩序、交通秩序整治。完成江北历史文化街区修缮保护工程，城区公共机构 228 个实现垃圾分类全覆盖，江南街道建成垃圾分类示范片区，城市形象和风貌焕然一新。建设清凉山郊野公园、百岁山郊野公园，完善提升归读公园、文化公园等中心城区公园，建成外滩公园、八一广场社区体育公园等一批村居公园、“口袋公园”，打造“四季有花、全年有景”的花园城市。2020 年，成功申报广东梅江清凉山升级自然保护区，城区空气质量优良率 98.9%，饮用水水源地水质达标率保持 100%。深入推进农村人居环境整治，全区行政村建成干净整洁村，55%的行政村达到美丽宜居村标准，10 个省定贫困村全部建成社会主义新农村示范村。开展乡村风貌提升，打造“玉水古韵”“桃园笙竹”“烟雨阁公岭”等精美农村。2020 年，西阳镇北联村入选省文化和旅游特色村，“诗画梅江美丽乡村行”入选广东省乡村旅游精品线路，白宫河治理项目入选“广东省水生态与水文化结合示范点”名单。

【环境卫生】 2020 年，梅江区精细化抓好城市范围 491.3 万平方米道路日常清扫保洁，住户、门店 13 万多户生活垃圾上门收运，管理城区 20 座垃圾中转站、公共厕所 44 座，城区每天生活垃圾约 580 吨保持日产日清。结合“创文”和“两美”行动，扎实做好迎春花市、金山圩日、嘉应老街·步行街、农民丰收节等重大活动、重要节日的卫生保障工作。对城乡薄弱环节和重点场所加大清扫保洁力度，累计出动 4500 多车次、5 万多人次，清理卫生死角 3 万处。新冠肺炎疫情期间，加强对农贸市场等重点区域的清扫保洁，做好环卫设施设备消毒消杀，每天对城区公厕、中转站、收运车辆等消洗消杀 2 次以上。强化设备建设，完成凌风东路、文化公园等首批 5 座试点公厕的智能改造工程。建立环卫车辆 GPS 视频监控平台，实现行车动态实时监控，运力调度科学高效，确保城市卫生清洁。

【环境保护】 2020 年，梅江区全面贯彻习近平生态文明思想和生态环境保护法律法规，提高环境质量，打赢污染防治攻坚战，突出环境问题整改，加强执法监督。全年梅江区饮用水源地水质达标率和主要河段水质达标率保持 100%；实现减少排放化学需氧量 1019.47 吨、氨氮 370.41 吨、二氧化硫 147.18 吨、氮氧化物 70.58 吨，完成主要污染物总量减排目标。生态环境状况良好，呈现稳中有进的态势。狠抓工业污染防治，开展散、乱、污企业整治。加快污水处理设施建设，镇级 4 个污水处理厂及管网完成建设并投入使用，完善东升工业园区生活废水收集管网建设中转站，将园区企业生活废水纳入市政污水厂处理。开展农村生活污水治理，完成全区自然村农村生活污水治理率 50.3%，收集率 80.1%。推进农业农村污染防治，开展畜禽禁养区清理、限养区畜禽污染防治整治。开展地面扬尘污染治理，全年发现和清理清扫道路撒漏 700 多宗，出动检查人员 300 多人次，发出整改通知书 22 份。全年完成城乡生活垃圾处理工程建设并投入使用，生活垃圾处理率 100%，梅江区环境保护、生态文明建设水平明显提升。

【财政】　2020 年，梅江区持续推进预算改革，提升财政治理能力，全方位抓好开源节流、增收节支工作。全年区级一般公共预算收入总计 30.28 亿元，一般公共预算支出总计 29.38 亿元，全年一般公共预算收支平衡；区级政府基金预算收入总计 14.36 亿元，政府性基金预算支出总计 14.36 亿元，全年政府性基金执行收支平衡。收入预算管理，全年清理收回各预算单位实有账户沉淀资金 4767 万元和结余结转资金 1.35 亿元，安排用于冲减赤字、化解政府债务和重点民生支出。全年获得中央直达资金和新增债券资金 11.84 亿元，有效支持罗乐大桥 S333 连接线、昭华教育城配套基础设施项目、珠宝产业园标准厂房及配套基础设施建设项目等 13 个重点工程项目建设，保障抗疫防疫、城乡居民医疗保险补助、食品安全检测、援企稳岗等 43 个重点民生项目投入。重点民生领域资金，全年筹集拨付 6180 万元，推进元城小学、幼儿园和会文小学教学楼及配套设施建设；统筹整合涉农资金 1.73 亿元，分解落实到农村人居环境整治、新农村示范建设、中小河流治理、基本农田保护等 41 个项目；筹集拨付扶贫发展和脱贫攻坚引导资金 741 万元，确保如期完成脱贫攻坚目标任务；筹集拨付 1229 万元，支持污水处理管网改造、设施运行维护和生活垃圾分类处理、无害化处理等；同时，筹集拨付 1116 万元，推进老旧小区改造项目建设。

【税务】　2020 年，梅江区扎实推进各项税收工作，更好地服务地方经济社会发展，全年累计组织税费收入 120.59 亿元，其中总税收收入 94.03 亿元（税务部门组织税收收入 93.03 亿元、海关代征 1 亿元）、社保费收入 22.74 亿元、非税收收入合计 3.64 亿元、其他收入合计 1.8 万元。把减税降费和保市场主体摆在首位，加大减税降费政策措施执行力度，1—11 月，累计减税降费 8.5 亿元，其中 2020 年新出台支持疫情防控和经济社会发展的税费优惠政策新增减税降费 5.6 亿元。推进所得税汇缴工作，充分利用互联网思维，引导纳税人“跑网路”，全年完成 1 万多户企业所得税汇缴任务，小型微利企业受惠企业 3610 户，减免税额合计 8523.71 万元，户场减免 2.36 万元。强化税收风险管控，全年委托协查定性虚开发票 1855 份，挽回税款损失共计 522 万元；查非入库税费 1804.28 万元，移送涉嫌虚开偷骗税企业 39 户，其中立案侦查 10 户。

【教育】　2020 年，梅江区有各级各类学校 138 所（公办学校 54 所），其中幼儿园 92 所（公办 12 所）；完全小学 28 所（公办 25 所）；初级中学 5 所，九年一贯制学校 5 所（公办 3 所）；完全中学 4 所，职业中学 3 所（公办 1 所），区教师进修学校 1 所，特殊教育学校 1 所。各级各类在校学生 75349 人，全区教职工 6021 人；中小学适龄儿童小年人学率 100%，小学巩固率 100%，初中巩固率 99.96%，高中阶段毛入学率 100.98%。2020 年高考本科线以上 1022 人，比上年增长 4.4%。2020 年，梅江区通过“广东省推进教育现代化先进区”验收，新建学校 6 所，新增学位 4100 个。

【文化】　2020 年，梅江区投入 1000 万元优化区、镇（街道）、村（社区）三级公共文化服务体系，完成区博物馆建设，建成 21 个村（社区）服务点、3 座图书馆和 1 个基层综合性文化服务中心试点。全年开展文化下乡、群众文化活动、文艺演出共 100 多场次，保障公共文化设施免费开放运行，服务群众 30 多万人次。开办外来务工人员子女舞蹈免费培训班和客家山歌班、合唱班、书法班、美术班、古筝班等特色培训班 20 班次，培训未成年人 2000 多人次。位于梅江区江南街道归读公园“芷湾瀚墨”综合性传习中心建成使用，“梅城腌面”“梅塘梅菜”申报第九批市级“非遗”项目，侯文芳、李雅平等12人获评第四批县级非物质文化遗产代表传承人。省级文物保护单位林风眠故居修缮工程和林风眠纪念馆建设工程竣工并投入使用，碧芳精庐（卢耕父故居）抢修工程完工，红军名将朱云卿革命事迹陈列室建成开放，启动李国豪院士故居修缮工程，“禄善堂”公布为县级文物保护单位。全年举办群众性法治讲座、法治文艺宣传活动25场次。

【体育】 2020年，梅江区新增足球场6块、健康小广场17个、社区体育公园2个，完成梅江区全民健身中心建设。全年注册各项目青少年运动员1170人，其中省注册541人、市注册629人；各项目输送市体育学校运动员180多人，省体育学校1人，向职业足球俱乐部梯队输送32人。全年组队参加各项目各级别体育赛事，共取得省级冠军1个、亚军2个、季军6个，市级冠军2个、亚军7个、季军6个；武术散打队参加省锦标赛，取得1金1银1铜的奖项。全年全区有单项体协会18个、俱乐部10个，社会体育指导员1689名；晨晚练点140多个，每周参加体育锻炼人数达到16.5万人。全年全区体育彩票销售额4184.94万元。

【卫生】 2020年，梅江区有医疗卫生机构12个，其中县（区）级医院2个、专科医院2个、公共卫生事业单位基层医疗卫生机构8个；全区病床位数803张，其中县级以上医院545张、基层卫生院（含社区服务中心）208张。卫生技术人员1498人，其中执业医师405人、执业助理医师116人、注册护士569人、药剂人员194人、技师（士）85人、其他人员129人。

精神文明建设

【文明创建】 2020年，梅江区精神文明建设工作以习近平新时代中国特色社会主义思想为指导，深入学习中共十九大，中共十九届二中、三中、四中、五中全会精神和习近平总书记出席深圳经济特区建立40周年庆祝大会讲话精神，坚持围绕中心、服务大局，以培育和实践社会主义核心价值观为根本，以创建全国文明城市为龙头，以提高公民素质和社会文明程度为目标，广泛开展群众性精神文明建设活动，为全区经济社会发展提供强有力的思想保证和精神动力。调整充实精神文明委员会领导架构，将人大、政府、政协分管领导充实到区委文明委班子，把精神文明建设工作和其他工作一起部署、一起检查、一起落实，各镇（街道）党委、政府高度重视，精心部署，召开会议专题研究精神文明创建工作，形成有组织、有领导、有督促，健康有序开展精神文明创建工作的良好局面。

【创建服务】 2020年，梅江区印发文明委成员单位和工作职责，制订新时代实践工作方案，明确工作任务和要求。保障经费，将文明创建部分经费纳入年度预算，同时保障日常办公经费。落实人员，采取抽调业务骨干、临时聘用人员等方式配备人员，不断充实文明创建队伍力量。坚持创建为民、创建靠民、创建惠民，高标准严要求全力推进“创文”工作。成立由区委主要领导挂帅的“创文”指挥部，明确指挥部组成人员及各创建部门职责，树立“一盘棋”思想，实施“一把手”工程，梳理“一系列”清单，坚持“一竿子”到底。制订创造工作方案，全面铺开文明创建工作。构建区、镇（街道）、村（社区）三级文明实践体系，成立以区委书记担任主任的新时代文明实践中心领导机构，发挥“一线指挥部”的作用。同时，统筹推进新时代文明实践中心（所、站）建设和“学习强国”“梅江融媒”平台推广作用，探索打造“中心+平台”实践模式，促进文明实践活动线上线下融合，把理论宣讲、政策解读等送进千家万户，扩大社会覆盖面和影响力。全年全区共注册志愿者5.18万名，志愿服务组织团体 275 个，开展各类文明实践活动 7520 场。

【创先争优】 2020 年，梅江区作为梅州市创建全国文明城市主战场，主动作为，奋力推进创造全国文明城市工作取得新突破，实现步步高。2019—2020 年度梅州市精神文明建设先进集体有梅江区人民政府办公室、梅江区委组织部、梅江区委纪委监委机关、梅江区委宣传部、梅江区委机构编制委员会办公室、梅江区税务局、梅江区金山消防救援站、梅江区长沙镇墟镇居民委员会、梅州市臻尚食品有限公司 9 个单位；梅州市文明村镇有梅江区长沙镇大密村、梅江区西阳镇龙岗村 2 个村；梅州市精神文明建设先进工作者有卢小敬（梅江区江南街道工委书记）、李智（梅江区教育局德育和安全管理股负责人）、张聪（梅江区西郊街道工委副书记、办事处主任）、黄琦（梅江区长沙镇党委委员、武装部部长）4 人。2020 年，梅江区西阳中学等 6 所中小学获评第四届梅州市文明校园，获评梅州市新时代好少年 6 人，广东省新时代好少年 1 人。

（梅江年鉴编辑部）

中共梅州市梅江区委员会

主要会议

【区委八届十次全会】 2020年1月12日，中国共产党梅州市梅江区第八届委员会第十次全体会议在区委、区政府礼堂召开。全会总结2019年的工作，过去一年，区委常委会坚持以习近平新时代中国特色社会主义思想为指导，认真履行把方向、管大局、作决策、保落实职责，积极推进全区党的建设和经济社会发展取得明显进步。部署2020年重点工作任务，区委常委会要求全区上下开足马力，力争在党建、经济、民生、文化等各个领域创出一批新模式、打造一批新范例、树立一批新标杆，以一心一意谋发展、一以贯之抓落实的决心和韧劲，干出“梅江速度”、释放“梅江活力”，走出一条切合梅江实际的苏区振兴发展之路。

【区委八届十一次全会】 2020年9月30日，中国共产党梅州市梅江区第八届委员会第十一次全体会议在区委、区政府礼堂召开。全会主要任务是坚持以习近平新时代中国特色社会主义思想为指导，全面贯彻落实习近平总书记关于促进区域协调发展，加快形成以国内大循环为主体、国内国际双循环相互促进的新发展格局的重要论述和对广东重要讲话、重要批示精神，认真贯彻落实省委十二届十次全会、市委七届九次全会精神。全会总结梅江区生态发展区建设情况，要求进一步发挥主体功能区的作用，深入践行新发展理念，坚持生态优先、绿色发展，打造“一带三园四城五基地”，争当生态发展区高质量示范区，加快建设“诗画梅江、文明客都”。

【区委常委会会议】 2020年，中共梅州市梅江区委书记朱国城主持召开区委常委会会议40次。

1月7日，区委常委会会议，传达学习贯彻习近平总书记在庆祝澳门回归祖国20周年大会暨澳门特别行政区第五届政府就职典礼上的重要讲话精神、省委常委叶贞琴在梅州市实行“六个一”工作机制上的批示精神以及市委书记陈敏对梅江工作的几点要求的精神，传达学习贯彻省委办公厅、省政府办公厅和省纪委办公厅有关通报文件精神，审议通过区委八届十次全会会议方案，研究区委、区政府领导工作分工和有关人事事宜。

1月12日，区委常委会会议，听取区委八届十次全会分组讨论情况，传达市纪委办公室文件精神，部署近期相关工作。

1月22日，区委常委会会议，传达学习贯彻习近平总书记在十九届中央纪委四次全会上的重要讲话，在中央政治局“不忘初心、牢记使命”专题民主生活会、在“不忘初心、牢记使命”主题教育总结大会上的重要讲话，关于新型冠状病毒感染的肺炎疫情防控的重要指示精神和李克强总理批示精神，传达学习贯彻省委十二届九次全会、市委七届八次全会、省妇女第十三次代表大会、省工会第十四次代表大会、《中共广东省委印发〈关于深化乡镇街道体制改革完善基层治理体系的意见〉的通知》等上级有关会议和文件精神，审议同意区纪委八届五次全会报告及会议议程、《广东梅江控股集团有限公司组建方案》、《2020年梅江区预算草案》，部署近期工作并研究有关干部任免事宜。

2月1日，区委常委会会议，传达学习贯彻习近平总书记关于疫情防控工作的重要批示，《中共中央关于加强党的领导、为打赢疫情防控阻击战提供坚强政治保证的通知》《中共广东省委关于深入贯彻落实习近平总书记重要批示精神加强党的领导团结带领人民群众构筑群防群治严密防线的通知》，省委书记李希有关批示，以及省新冠肺炎防控领导小组（指挥部）电视电话会议和市委常委会会议精神，部署全区疫情防控工作。

2月6日，区委常委会会议，传达学习贯彻习近平总书记在中央政治局常委会会议上的重要讲话精神，中央应对新型冠状病毒感染肺炎疫情工作领导小组有关会议精神，省委常委会暨省疫情防控工作领导小组有关会议精神，全市新型冠状病毒感染的肺炎疫情防控有关工作会议精神，以及《省疫情防控指挥部转发〈中央应对新型冠状病毒感染肺炎疫情工作领导小组关于做好春节后错峰返程加强疫情防控工作的通知〉》精神，通报梅江区疫情防控工作情况和督查情况，研究部署疫情防控工作。

2月18日，区委常委会会议，传达学习贯彻习近平总书记在中央政治局常委会会议上的重要讲话精神、李希书记在省委常委会会议暨省新冠肺炎防控领导小组（指挥部）会议上的讲话精神，以及市委常委会会议精神，通报梅江区疫情防控工作情况和督查督办工作情况，研究部署疫情防控工作。

2月26日，区委常委会会议，传达学习贯彻习近平在中央全面依法治国委员会第三次会议上的讲话精神，中央政治局会议精神、中央统筹推进新冠肺炎疫情防控和经济社会发展工作部署会议精神、中央全面深化改革委员会第十二次会议精神，中央农村工作会议精神、中央1号文精神以及全国春季农业生产工作电视电话会议精神，传达学习贯彻省委常委（扩大）会议精神以及市委常委会议精神，通报疫情对梅江区经济影响和推进经济社会发展工作情况，审议通过《梅江区2020年新增债券使用分配方案》《梅江区2020年新增债券使用分配方案》，对已征收不具备收储条件的土地由镇（街道）管理事宜，部署近期疫情防控和经济社会发展工作。

3月2日，区委常委会会议，传达学习贯彻中央政治局常委会议精神、省委常委会会议暨省新冠肺炎防控领导小组（指挥部）会议精神、市委常委会会议精神和市委副书记、市长张爱军到梅江区调研有关精神，部署近期有关工作。

3月6日，区委常委会会议，传达学习贯彻习近平总书记在北京考察新冠肺炎防控科研攻关工作时和在中央政治局常委会会议上的重要讲话精神，省委常委会议精神，省委、省政府《关于统筹推进新冠肺炎疫情防控和经济社会发展工作的若干措施》精神，以及中央审计委员会办公室《关于深入推进审计全覆盖的指导意见》精神，研究干部任免有关事宜。

3月12日，区委常委会会议，研究干部任免有关事宜。

3月16日，区委常委会会议，传达学习贯彻习近平总书记在湖北武汉考察新冠肺炎疫情防控工作时的重要指示精神，省委常委会暨广东省新冠肺炎防控领导小组（指挥部）会议精神，以及市委常委会议精神，通报市委书记陈敏对区委主要领导开展谈心谈话活动内容主要精神，部署清明期间相关工作，研究干部任免有关事宜。

4月3日，区委常委会会议，传达学习贯彻中央政治局常委会议、中央决战决胜脱贫攻坚座谈会、省委常委会暨省新冠肺炎防控领导小组（指挥部）会议、市委常委会会议精神，省市决战决胜脱贫攻坚推进会精神以及《中共广东省委实施〈中国共产党农村工作条例〉办法》等上级有关会议和文件精神，通报全区春季农业生产情况，审议通过区委领导班子“不忘初心、牢记使命”专题民主生活会整改措施，区委、区政府领导工作分工安排，部署清明期间疫情防控和值班值守工作，研究干部任免有关事宜。

4月10日，区委常委会会议，传达学习习近平总书记出席二十国集团领导人应对新冠肺炎特别峰会的重要讲话、在浙江考察时的重要讲话、对四川西昌市经久乡森林火灾作出的重要指示精神和李克强总理作出的批示精神，传达贯彻中央政治局常委会会议、全国安全生产电视电话会议、省委常委会暨省新冠肺炎防控领导小组（指挥部）会议，以及中央和全省、全市抓党建促决战决胜脱贫攻坚会议精神，听取区财政运行情况汇报，部署有关工作。

4月15日，区委常委（扩大）会议，传达学习贯彻省委常委会暨省新冠肺炎防控领导小组（指挥部）会议、全省2020年春季学期学生返校工作部署电视电话会议精神，听取各镇（街道）党（工）委书记和区民政局、司法局、财政局、人社局等单位党组书记以及各系统党委书记抓基层党建工作述职，部署工作任务并研究有关人事事宜。

4月17日，区委常委会会议，研究干部任免有关事宜。

4月20日，区委常委会会议，研究有关人事事宜。

4月29日，区委常委会会议，传达学习中央政治局会议，省委常委会暨省新冠肺炎防控领导小组（指挥部）会议，全省统筹推进新冠肺炎疫情防控和经济社会发展工作会议，全省、全市科技创新大会，全省、全市打赢污染防治攻坚战工作推进会，市委常委会议和《中国共产党党校（行政学院）工作条例》等有关会议和文件精神；通报全区疫情防控工作情况，2019年度区管党费收支、结存情况，安全生产全面排查隐患整改工作情况，研究部署常态化疫情防控工作，研究增补党代表相关事宜。

5月15日，区委常委会会议，传达学习习近平总书记在陕西考察时的重要讲话精神、中央政治局常委会会议精神、中共中央党外人士座谈会精神、省委常委会暨省新冠肺炎防控领导小组（指挥部）会议精神，以及市委常委会会议精神，通报2019年度区委书记抓基层党建工作述职评议考核结果，审议2019年度区委书记抓基层党建工作述职查摆和反馈问题整改清单，审议通过2020年区委常委会“一月一研判”基层党建工作安排以及《关于建立区政府向区人大常委会报告国有资产管理情况制度的实施意见》《梅江区土地房屋征收工作管理办法》等文件，研究审议区两会有关事宜。

5月22日，区委常委会会议，传达学习贯彻中央政治局常委会会议、中央政治局会议、省委常委会暨省新冠肺炎防控领导小组（指挥部）会议精神，审议同意梅州市梅江区《政府工作报告》《梅州市梅江区2019年国民经济和社会发展计划执行情况与2020年计划草案的报告》，研究有关人事事宜，部署近期有关工作。

6月5日，区委常委会会议，传达学习贯彻习近平总书记在全国两会期间参加内蒙古代表团审议、湖北代表团审议、解放军和武警代表团全体会议、政协经济界委员联组会的重要讲话，以及在中央政治局第二十次集体学习的重要讲话精神，传达贯彻全国两会、全省传达贯彻习近平总书记重要讲话精神暨全国两会精神干部大会，省委常委会会议、市委常委会会议，以及《党委（党组）讨论决定干部任免事项守则》《党政领导干部选拔任用工作条例》等有关会议和文件精神，通报2019年度党委（党组）书记抓基层党建述职评议情况、梅江区2020年地方政府专项债券项目工作情况以及贯彻落实全市柚产业发展工作会议精神情况，审议同意区委党的建设工作领导小组2020年工作要点和区领导分工调整事项，研究部署近期工作。

6月18日，区委常委会会议，传达学习贯彻习近平总书记在山西、宁夏考察时和在专家学者座谈会上的重要讲话精神，省委常委会暨省新冠肺炎防控领导小组（指挥部）会议，省新冠肺炎防控领导小组（指挥部）全省视频会议，以及马兴瑞省长在当前“直播带货”等网红经济发展情况及对策建议上作出的批示精神，通报区政协关于梅江区新冠肺炎疫情防控和公共卫生防控机制建设工作的考察情况，审议同意《梅江区文联改革实施方案》《梅江区作协深化改革实施方案》《关于2020年新增地方政府债券使用分配方案的报告》《梅江区2020—2021年“四好农村路”建设项目库》《梅江区“七一”系列活动方案》等文稿，研究有关干部人事事宜。

6月24日，区委常委会会议，传达学习贯彻习近平总书记在主持召开中非团结抗疫特别峰会的主旨讲话精神以及省委常委会暨省新冠肺炎防控领导小组（指挥部）会议、市委常委会会议精神，审议同意《梅江区2019年区、镇（街道）机关绩效考核方案》《梅江区2019年事业单位绩效考核方案》《梅江区2019年区、镇（街道）机关绩效考核奖金及离退休人员慰问金发放办法》《梅江区2019年事业单位绩效考核奖金及离退休人员慰问金发放办法》等，部署近期工作，研究有关干部人事事宜。

7月10日，区委常委会会议，传达学习中央政治局会议、中央政治局第二十一次集体学习会、中央全面深化改革委员会第十四次会议、省委常委会暨省新冠肺炎防控领导小组（指挥部）会议精神以及市委常委会会议精神，学习贯彻《中共中央办公厅印发〈关于持续解决困扰基层的形式主义问题为决胜全面建成小康社会提供坚强作风保证的通知〉》《中共广东省委办公厅关于印发〈贯彻落实中央办公厅关于持续解决形式主义问题八条措施的分工安排〉的通知》精神，通报全区农村集体产权制度改革工作进展情况以及全区全面推行河长制湖长制工作情况，审议同意《2020年梅江区抗疫特别国债、特殊转移支付资金以及新增一般债券使用方案》《梅江区全面实施预算绩效管理的实施意见》，研究干部人事有关事宜。

7月24日，区委常委会会议，传达学习贯彻习近平总书记对进一步做好防汛救灾工作作出的重要指示、在企业家座谈会上的重要讲话精神，传达贯彻中央政治局常委会会议，省委常委会暨省新冠肺炎防控领导小组（指挥部）会议，市委常委会会议，7月22日市委书记陈敏到梅江区调研疫情防控和“创文”工作时的讲话，市委常委、组织部部长罗盛芬到梅江区调研时的讲话及《中共广东省委关于认真学习宣传贯彻〈习近平谈治国理政〉第三卷的通知》《广东省委贯彻落实〈2019—2023年全国党员教育培训工作规划〉若干措施》等有关会议和文件精神，通报区人大常委会开展全区疫情防控和检查野生动物保护管理条例实施的情况，审议同意《梅州市梅江区新的社会阶层人士联合会成立大会方案》。

8月11日，区委常委会会议，传达学习贯彻习近平总书记在吉林考察、党外人士座谈会、中央政治局第二十二次集体学习时的重要讲话精神以及对“十四五”规划编制工作作出的重要指示精神，传达贯彻中央政治局会议、省委常委会暨省新冠肺炎防控领导小组（指挥部）会议、2019年度广东省推进乡村振兴战略实绩考核情况通报暨督促整改视频会议，全省组织部长学习贯彻新时代党的组织路线座谈会、市委常委会议，以及全国市县巡察办主任提级培训班精神和王鸿津在全国市、县巡察办主任提级培训班上的讲话精神，通报全区2019年食品安全工作评议考核情况和全区未成年人思想道德建设工作情况，审议同意《梅江区全面推进村（社区）党组织书记“一肩挑”工作实施方案》，研究有关干部任免事宜。

8月27日，区委常委会会议，传达学习贯彻习近平总书记在安徽考察、扎实推进长三角一体化发展座谈会、经济社会领域专家座谈会上的重要讲话精神以及对制止餐饮浪费行为作出的重要指示精神，传达贯彻中共广东省委十二届十次全会、省委常委会暨省新冠肺炎防控领导小组（指挥部）会议、市委常委会议，以及《中共梅州市委办公室印发〈关于组织市直和中央、省属驻梅单位党组织和在职党员到社区报到开展服务的方案（试行）〉的通知》等有关会议和文件精神，通报梅江区2020年7月农村人居环境整治工作情况和涉农资金统筹整合工作进展情况，审议同意《2020年梅江区新增专项债券使用分配方案（最后一批）》《梅江区清理盘活存量资金纳入预算安排使用方案》，审议同意机构改革、人居环境综合整治建设项目事宜。

9月7日，区委常委会会议，研究干部有关事宜。

9月25日，区委常委会会议，学习《习近平谈治国理政》第三卷文章《全面打好脱贫攻坚战》，传达学习贯彻习近平总书记在湖南考察、在中央全面深化改革委员会第十五次会议、纪念中国人民抗日战争暨世界反法西斯战争胜利75周年座谈会、全国抗击新冠肺炎疫情表彰大会、科学家座谈会、教育文化卫生体育领域专家代表座谈会上的重要讲话，以及在第三个“中国农民丰收节”到来之际作出的重要指示精神，传达贯彻省委常委会暨省新冠肺炎防控领导小组（指挥部）会议、全省决战决胜脱贫攻坚电视电话会议、市委常委会会议精神，以及省委办公厅、省政府办公厅印发的《关于坚决贯彻习近平总书记重要指示精神切实制止餐饮浪费行为的通知》精神，通报赴桂林市对接联系工作情况、“不忘初心、牢记使命”主题教育期间集中整顿软弱涣散党组织评估验收情况、嘉应桥头公园升级改造工作情况、梅州市第九届运动会筹备工作情况，审议同意《中国共产党梅州市梅江区第八届委员会第十一次全体会议工作方案》《梅江区2020年国庆系列活动工作方案》《深入推进区直事业单位改革工作方案》《2020年梅江区抗疫特别国债特殊转移支付资金项目调整方案》《2020年梅江区新增政府债券项目调整方案》《梅州市梅江区2019年部门决算草案的报告》《梅州市梅江区2019年决算草案的报告》等文稿，研究干部任免有关事宜。

9月30日，区委常委会会议，审议同意《中国共产党梅州市梅江区第八届委员会第十一次全体会议决议（草案）》，研究有关人事事宜。

10月14日，区委常委会会议，研究有关人事事宜。

10月16日，区委常委会会议，学习《习近平谈治国理政》第三卷文章《胸怀两个大局，做好自己的事情》，传达学习贯彻习近平总书记在广东考察和深圳经济特区建立40周年庆祝大会、中央政治局会议、2020年秋季学期中央党校（国家行政学院）中青年干部培训班开班式上的重要讲话，关于安全生产和应急管理工作的重要讲话和重要指示批示，对做好新时代民营经济统战工作作出的重要指示、对做好“十四五”规划编制工作网上意见征求活动作出的重要指示、对供销合作社工作作出的重要指示和李克强总理作出的批示精神，传达贯彻省委常委会暨省新冠肺炎防控领导小组（指挥部）会议、市委常委会会议、市委七届九次全会，以及省委书记李希、市委书记陈敏在省老区建设促进会及《贯彻落实〈关于进一步推动我省革命老区和原中央苏区振兴发展的意见〉的调研报告》上的批示精神，通报梅江区城市基层党建工作情况，审议同意区党政领导“一带三园四城五基地”任务分工事宜。

10月20日，区委常委会会议，学习《习近平谈治国理政》第三卷文章《中国开放的大门只会越开越大》，传达学习贯彻习近平总书记在中央政治局第二十三、二十四次集体学习，中央政治局会议上的重要讲话精神；以及习近平总书记对脱贫攻坚工作作出的重要指示和李克强总理作出的批示精神；传达贯彻省委常委会会议、全省传达学习贯彻习近平总书记出席深圳经济特区建立40周年庆祝大会和视察广东重要讲话重要指示精神干部大会、全省村（社区）“两委”换届筹备工作会议、全省支持深圳开展建设中国特色社会主义先行示范区综合改革试点工作部署推进会和市委常委会会议精神，研究干部任免有关事宜。

11月13日，区委常委会会议，学习《习近平谈治国理政》第三卷文章《新时代要有新气象，更要有新作为》，传达学习贯彻习近平总书记在中央政治局常委会会议、中共中央党外人士座谈会、纪念中国人民志愿军抗美援朝出国作战70周年大会上的重要讲话，习近平总书记在参加第七次全国人口普查登记的重要指示，习近平总书记对新时代推进农村土地制度改革、做好农村承包地管理工作作出的重要指示精神和李克强总理作出的批示，以及中国共产党第十九届中央委员会第五次全体会议精神，传达贯彻省领导李希、王荣、张义珍和张虎到梅州调研精神，全省传达学习贯彻中共十九届五中全会精神干部大会，省委常委会（扩大）会议暨省委理论学习中心组专题学习会及市委常委会（扩大）会议和《中共广东省委办公厅、广东省人民政府办公厅印发〈关于贯彻实施民法典进一步加强法治政府建设的意见〉的通知》等有关会议和文件精神，审议同意《关于习近平总书记出席深圳经济特区建立40周年庆祝大会和视察广东重要讲话重要指示精神宣传工作方案》《梅江区机关与村级党组织结对共建建议调整方案》《林风眠120周年诞辰系列纪念活动梅江区工作方案》等文件，研究补选区八届人大代表事宜。

11月23日，区委常委会会议，研究有关人事事宜。

11月27日，区委常委会会议，研究有关人事事宜。

12月3日，区委常委会会议，学习《习近平谈治国理政》第三卷文章《开放合作，命运与共》，传达学习贯彻习近平总书记在浦东开发开放30周年庆祝大会、江苏省考察、中央军委军事训练会议、中央政治局会议、中央政治局第二十五次集体学习、中央全面依法治国工作会议、全国劳动模范和先进工作者表彰大会上的重要讲话，习近平总书记对平安中国建设作出的重要指示和就做好关心下一代工作作出的重要指示精神，传达贯彻中央全面依法治国委员会第三次会议、省委十二届十一次全会、省委常委会会议、市委常委会会议等有关会议精神，通报梅江区学前教育有关情况，审议同意《梅江区妇女第七次代表大会工作方案》《2020年梅江区新增政府债券项目调整方案》《梅江区2020年第二次预算调整方案》《梅江区长者助餐服务工作实施方案》《梅州市嘉应桥头公园体制改革实施方案》等方案，部署近期相关工作，研究有关人事事宜。

12月9日，区委常委会会议，听取征收义化路八角亭旁小楼工作的情况汇报，研究有关人事事宜。

12月18日，区委常委会会议，学习《习近平谈治国理政》第三卷文章《坚持党对国家安全工作的绝对领导》，传达学习习近平总书记在中央政治局常委会会议、中共中央党外人士座谈会、中央政治局会议、中央政治局第二十六次集体学习上的重要讲话，李克强总理在政协第十三届全国委员会常务委员会第十四次会议开幕会上的报告精神，传达贯彻省委十二届十二次全会、省委常委会会议、全省市厅级主要领导干部学习贯彻习近平总书记出席深圳经济特区建立40周年庆祝大会和视察广东重要讲话重要指示精神暨学习贯彻中共十九届五中全会精神专题研讨班、省委常委会暨省新冠肺炎防控领导小组（指挥部）会议、省新冠疫苗接种工作电视电话会议等有关会议精神，审议同意调整梅江区社区居民委员会职数，研究有关区领导工作分工调整和干部人事任免事宜。

12月24日，区委常委会会议，学习《习近平谈治国理政》第三卷文章《我国经济已由高速增长阶段转向高质量发展阶段》，传达学习贯彻中央经济工作会议、《中共中央办公厅、国务院办公厅关于做好2021年元旦春节期间有关工作的通知》、全市节前安全生产工作和重大活动筹备情况汇报会，以及市委办公室《提醒函》等有关会议和文件精神，审议同意《关于召开梅州市梅江区文学艺术界联合会第五次代表大会的请示》《梅江区政务服务事项职权下放目录清单（第一批）》《梅江区互联网产业园评定办法》《梅江区互联网产业园扶持措施》《关于理顺医疗保障经办机制体制工作方案》，以及区政府与广东盛尊建筑工程有限公司的《项目协议书》等文稿，部署有关工作。

12月31日，区委常委会会议，学习《习近平谈治国理政》第三卷文章《增强推进党的政治建设的自觉性和坚定性》，传达学习贯彻习近平总书记在中央政治局民主生活会、中央农村工作会议上的重要讲话精神，传达贯彻国务院应对新型冠状病毒感染肺炎疫情联防联控机制综合组《关于做好2021年元旦和春节期间新冠肺炎疫情防控工作的通知》、《中共广东省委办公厅 广东省人民政府办公厅关于贯彻落实中办国办通知精神做好2021年元旦春节期间有关工作的通知》、省委常委会暨省新冠肺炎防控领导小组（指挥部）会议、广州·梅州对口帮扶联席会议暨脱贫攻坚工作座谈会、市委常委会会议暨市新冠肺炎防控领导小组（指挥部）会议等有关会议和文件精神，通报《中共梅州市委、梅州市人民政府关于表彰梅州市抗击新冠肺炎疫情先进个人和先进集体的决定》《中共梅州市委关于表彰梅州市优秀共产党员和梅州市先进基层党组织的决定》，审议同意《梅州市梅江区交通运输局职能配置、内设机构和人员编制规定》，研究干部人事任免和领导职数有关事宜，部署有关工作。

（罗雄昌）

区委办公室

【概况】 2020年，中共梅江区委办公室（以下简称区委办）紧紧围绕区委的工作部署，坚持“严谨、务实、高效”的工作原则，积极完成各项工作任务的落实，工作水平不断提升。认真履行“参谋、综合、协调、服务”的工作职责，干出“梅江速度”、释放“梅江活力”，为推进“诗画梅江、文明客都”建设做出贡献。

【办文办会】 2020年，区委办发挥“上情下达、下情上报”的纽带作用，认真做好收文办文登记、传阅、报送等工作,全年完成上级各类文件364件。严格按照《党政机关公文处理工作条例》的要求，规范办文程序，严把出文关口，确保公文格式规范、用词准确、逻辑严谨。按照上级发文只减不加的要求,严控超规格发文，全年发出文件242件，比上年压减5%。严格贯彻执行中央八项规定精神及上级各项规定，从简从实从细做好各类型会议，全年共办理各项会务活动490场（次），其中区委常委会83场、全区性会议4场、电视电话会48场、专项工作会议165场、调研工作166次、举办活动24场次。全区性会议比上年压减33%。圆满完成区委八届十次、十一次全会和林风眠120周年诞辰纪念活动等工作任务。

【督查督办】 2020年，区委办坚持把国家和省、市、区的重大决策、重要部署贯彻落实情况作为督查工作重点，紧盯《区委全会报告》和《政府工作报告》中确定的101项梅江区重点工作、24项区10件民生实事和10项“微民生”实事进展情况，慎终如始抓好督查督办，全年共办理各类督办事项111项，办理领导批示件60件次，专项督办5件次，开展实地督查44次，印发督查通报2期。区级督查检查考核由上年的38项压减至30项，比上年压减21%。

【政务接待】 2020年，区委办坚持“务实、创新”，认真贯彻落实习近平总书记关于制止餐饮浪费行为的重要指示精神，一切从实际出发，既不摆阔气、不讲排场，又做到精心布置、优质服务，不断提高接待水平，全年接待各级领导和嘉宾共80批1016人次，其中各级领导检查、调研、考察等58批599人次，客商22批417人次。

【保密工作】 2020年，区委办不断夯实保密工作，坚决落实习近平总书记关于保密工作的重要指示批示精神，完善党管保密制度机制，稳步推进涉密领域国产化替代工程，持续加强“数字政府”建设保密监督指导和服务保障能力。大力推进保密法制建设，制定涉密载体销毁、涉密电视电话会议活动等保密管理制度，规范保密行政执法行为，工作人员2名通过执法考试。坚持宣传助指导、检查促落实，推动各单位规范保密室建设，严格执行密件传阅和销毁处理标准，协调推进区互联网监管平台建设，提升保密管理能力，全年未发生失泄密事件。

【机要工作】 2020年，区委办扎实做好机要密码通信保障，始终把机要密码安全放在重要位置，为党政领导和区直各单位、各部门传输大量对外联络信息。稳步推进区党政机关电子政务内网项目建设，大力宣传《中华人民共和国密码法》法律法规知识，进一步增强密码安全意识。全年共收到上级下发的明传电报486份、密码电报854份（其中中央级密电1份），发出明密电报535份，累计传输办理电报数5158份，没有发生任何失泄密和窃密事故，没有出现任何拖延、压误和错办、漏办电报的现象，确保梅江区机要密码传真通信“机密、快速、准确、安全”。

【档案工作】 2020年，区委办严格有序做好档案管理，扎实开展档案行政执法检查，重点监督指导涉机构改革单位做好档案处置、整理、移交工作。完成档案行政执法和政务服务事项系统平台建设，推进档案行政执法常态化。围绕疫情防控、脱贫攻坚等工作，协助有关单位做好档案整理、归档工作。积极开展“6·9”国际档案日、“档案见证小康路、聚焦扶贫决胜期”等活动，宣传贯彻新修订的《中华人民共和国档案法》，进一步增强公民档案法治观念。突出区档案馆、各单位档案室的风险隐患排查，定期开展档案安全专项督查，严格执行档案保管保密制度，确保档案保管安全。

【新闻工作】 2020年，区委办新闻宣传亮点纷呈，聚焦中国农民丰收节、林风眠120周年诞辰纪念活动等重大活动、重点项目，联合中国记者协会组织15家中央媒体对乡村振兴、脱贫攻坚、文化旅游等方面进行全方位宣传报道，充分展示梅江好形象。全力做好政府网站梅江要闻，协助《梅江新闻》《梅江视窗》《梅江周末》等做好宣传报道，全面宣传梅江区在经济、社会、文化、民生、党建等方面取得的成绩，广泛传播梅江正能量。2020年在《南方日报》《梅州日报》、梅州电视台等国家、省、市级以及本地新闻媒体刊（播）新闻报道共计700多篇（条）次，在《梅州日报》县域新闻专版刊登19期专版新闻，及时在梅江政务网《梅江要闻》栏目发布区委、区政府重要会议、重大活动和党政主要领导工作调研、新闻报道等各类消息400多条、图片100多张，多角度展现梅江区经济社会发展新亮点。

（区委办公室）

组　织

【概况】 2020年，梅江区有党（工）委74个（其中镇党委4个、街道党工委3个、系统党委10个，单位党委4个，社区党委30个，村党委18个和梅江区委员会、离退休干部党工委、梅江区北部商圈党委、梅江区东升工业园区非公有制企业党委、梅江控股集团有限公司党委），党总支48个，党支部604个。全年全区中共党员18443人，其中正式党员18275人、预备党员168人；男党员11083人、女党员7360人；汉族党员18430人、少数民族党员13人；文化程度大专及以上8890人，中专、高中5962人，初中及以下3581人。全年办理党员组织关系转入3001人，转出693人。

【疫情防控】 2020年，中共梅江区委组织部面对突如其来的疫情，积极组织全区广大党员开展亮党旗、亮党徽、亮身份“三亮”行动，注重一线动员，在疫情防控一线成立临时党支部29个，组建党员先锋队7个，设立党员志愿服务站306个，安排451名党员干部联系服务808家工业企业全覆盖。做实做牢网格化防控措施，织密疫情防控网，不留死角、不留盲区，助推企业复工复产。全区1.4万多名党员累计捐款170多万元，划拨专项党费72万元，解决基层经费紧张之急，让党的温暖直达抗“疫”一线。

【教育培训】 2020年，区委组织部坚持落实“三题”（学习研讨第一议题、教育培训第一主题、调查研究第一课题）制度，把学习贯彻习近平总书记出席深圳特区建立40周年庆祝大会和视察广东重要讲话、重要指示精神作为首要政治任务，作为“三题”内容之一，第一时间组织40多名科级业务骨干赴深圳学习，举办全区科级干部学习贯彻习近平总书记出席深圳经济特区建立40周年庆祝大会和视察广东重要讲话、重要指示精神暨学习贯彻中共十九届五中全会精神专题研讨班,并形成调研报告17篇。创新开展“四微”（微诵读、微心得、微党课、微竞赛）活动，把基层实际与学习《习近平谈治国理政》第三卷需求紧密结合，全区各级党组织参与“微诵读”2373人次，收集“微心得”748篇，开展专题辅导或宣讲共80场、3800多人次参与。抓实常态学习，坚持把习近平新时代中国特色社会主义思想作为全区党员干部教育培训的核心内容和区镇两级党校的主课程，发挥区镇党校、党群服务中心、北联“红色村”等资源平台作用，推广“榕树下·渡口边”红色讲堂，全年区镇两级党校共举办培训班50多期，培训党员干部1.2万人次；各级党组织累计讲党课2100多场次，举办党日活动3700多次；红色讲堂接待机关、学校等群体280多场次，接受红色革命传统教育4万多人次。

【村（社区）“两委”换届】 2020年，区委组织部在村（社区）“两委”（支部委员、村委或社区委员）换届中，坚持“五动”（上下联动、左右互动、难点触动、依法推动、督查调动）工作法，依法依规、稳妥有序完成村（社区）党组织选举129个，全区当选“两委”干部671名，新干部198人，实现“一肩挑”100%；交叉任职率98.77%，其中大专及以上学历571人，占比85.09%，比增34.3%；女性干部329人，占比49.03%，比增3.59%；35岁以下年轻干部254人，占比37.85%，比增18.56%；平均年龄40岁，下降4.6岁，实现“三升两降”（大专及以上学历干部、女性干部、35岁以下年轻干部比例上升，超龄留任干部比例和平均年龄下降）的目标，梅江区村（社区）“两委”换届选举工作全面完成。

【基层组织建设】 2020年，区委组织部严格执行区委常委会“一月一研判”基层党建工作制度，完成研判事项16项。区委领导带头挂钩联系26个党支部工作联系点，持续传导工作压力。印发区委党的建设工作领导小组2020年工作要点，设置基层党建“积分量化”考评指标，推动形成区镇村三级大抓基层党建的鲜明导向。全面建成“1+7+N”区级党群服务中心矩阵，实现10分钟党群服务圈。持续开展百个小区党支部、百家党员先锋店“双百”创建，建小区党支部56个、授牌“党员先锋店”26家。扎实推进非公有制企业、社会组织“双同步”工作，符合条件的非公有制企业、社会组织党组织建设覆盖率100%。全年接收国有企业退休党员组织关系转入2010人，打造以东区商圈、梅水路商圈、碧桂园党建联盟、北部商圈为主的城市党建“四驾马车”，成立餐饮协会行业党委、芹洋半岛区域党委、人才驿站党支部，活化城区老屋资源成立老屋党支部，“党支部建在网格”，在老旧小区改造、重点项目一线成立临时党支部，实现党的组织和工作在行业、网格、市场、小区、项目等领域全覆盖。全面实施党员评星定级管理和“共产党员户”挂牌，深化机关与村级党组织结对共建，全面铺开区直机关企事业单位和在职党员到社区报到开展服务活动。全面推广为民服务“33110”工作法，全年累计办理“微民生”实事3500多件。脱贫攻坚全面推广“三强一补”（强思想、强堡垒、强队伍和补短板）工作法。在“创文”、厉行节约、垃圾分类等各项中心工作，开展党员“四带头”（带头开展学习贯彻、带头开展志愿服务、带头引领节俭新风、带头践行光盘行动）、“双联双带”（机关联基层、支部联网格，党员带好头、党员带群众）等主题活动，引导各级党组织和党员发挥战斗堡垒和先锋模范作用。举办党务知识“练兵比武”大比拼竞赛，推进模范机关创建。不定领域、不限行业全面开展基层党建微品牌创建，西郊街道试点开展“全域党建”，城北镇积极打造“党委主责、支部担当、党员示范”乡村振兴新模式，金山街道月梅村探索建立“支部吹哨、党员报到”一线工作机制，推动形成“一村（社区）一特色、一支部一品牌”，加快“整镇推进、整区提升”。

【干部队伍建设】 2020年，区委组织部深化“转作风比奉献树形象”主题活动，常态化开展“向组织部长说句心里话”活动，发扬“敢拔硬钉子、敢啃硬骨头”的新峰路精神，鼓励干部转变作风、破难攻坚。落实干部标准，建立完善干部一线考察、干部能上能下、差异化绩效考核“三项机制”。全年在脱贫攻坚、疫情防控、重点项目一线中提拔重用、晋升职级干部50多人次，提拔重用年轻干部11名，对个别落实重点中心工作不力、重形式轻落实的干部给予调整处理。选派45名干部到“三类村”（省定贫困村、软弱涣散村、经济薄弱村）担任第一书记、党建指导员，选派17名选调生到村挂职锻炼。着眼区镇换届，重点对梅江区科级领导干部状况、“三类”（年轻干部、妇女干部、党外干部）干部和镇（街道）党政班子配备情况、选调生等进行专题调研，明确班子调整优化的初步方向，为换届工作做好准备。开展《关于执行党委（党组）讨论决定干部任免事项守则》有关问题专项治理，全面自查近年讨论决定任免干部情况，对发现四方面五种情形的问题，制定整改方案，扎实整改。结合巡察，开展选人用人专项检查工作，对部分巡察后的单位开展专题研判。围绕常态化疫情防控、“创文”、“巩卫”、征地拆迁等中心工作重点项目开展督查，以实地察访等方式，详细了解干部在落实重大部署、完成急难险重任务、应对突发事件时的政治立场，考准考实干部政治素质。

【公务员队伍建设】 2020年，区委组织部共办理公务员调动手续176人次（其中办理调出区外41人次、区外调入53人次、区内调动82人次），办理科级以下公务员退休审批手续10人，共审批全区职级职数申请7批次、职级职数235个。认真开展全区公务员信息更新采集工作，确保公务员信息库和统计数据各项指标完全一致（即做到数库一致），高质量完成全区1327名公务员的信息更新采集工作。做好法检新招录公务员2名，急需紧缺专业公务员2名（区财政、区审计局各1名），办理优秀村、社区支部书记3人进入乡镇公务员队伍手续工作。

【人才队伍建设】 2020年，区委组织部引进急需紧缺人才9人。联合市人才驿站举办“智汇梅州·人才基层行”走进梅江活动，推动成立梅州首个人才驿站党支部，与仲恺农业工程学院合作举办梅江区农业管理硕士双证班，成功申报梅州市星园文化管理有限公司陈泽换技能大师工作室为2020年省级“粤菜师傅”大师工作室。常态化开展人才企业挂钩联系走访，推进扬帆计划《梅州梅江台创园产业人才培育工程》项目落实。加强教育、医疗、专业技术等人才培养，推动粤菜（客家菜）师傅、广东技工、南粤家政“三大工程”，培养社会技工人才。

【老干部工作】 2020年，区委组织部建成完善“三机制一档案”（健全完善离休干部医药费统筹标准正常增长机制、特困离退休干部帮扶机制、离休干部生活待遇正常增长机制和建成离退休干部救助档案），开展“两到家、两上门”（亲情服务做到家、思想工作做到家，学习材料送上门、报纸杂志送上门）活动，全年共普访慰问离退休干部102人次。坚持举办离休干部阅文日和原五套班子老领导早茶日等活动，重阳节期间，联合区直10

家单位及“一委四老”（区关工委，区离退休干部联谊会、区老年人体育协会、区老区建设促进会、区乐耆老干部大学）涉老组织举办第二十九届老年人体育运动会，共有15支代表队参加，100多名运动员参加中国象棋、麻将、定点投篮等比赛项目。邀请市第二中医医院在市福利院举办“弘扬养老孝老敬老传统，共建共享老年友好社会”健康知识讲座及义诊活动。

（邓 立 侯锐淞）

宣 传

【概况】 2020年，梅江区委宣传部深入学习习近平新时代中国特色社会主义思想，全面贯彻落实《中国共产党宣传工作条例》，统筹新冠肺炎疫情防控和宣传思想文化工作，自觉承担举旗帜、聚民心、育新人、兴文化、展形象的使命任务，为推进梅江区打造“一带三园四城五基地”，加快建设“诗画梅江、文明客都”提供坚强思想保证和强大精神力量。

【理论学习】 2020年，区委宣传部深入学习宣传贯彻习近平新时代中国特色社会主义思想和中共十九届五中全会精神，制定印发《2020年全区各党委（党组、党总支、党支部）理论学习中心组学习计划暨学习型党组织建设工作计划》，开展区委中心组学习18次，组织人员对全区各单位理论学习中心组学习情况进行督查考核。学好用好讲好《习近平谈治国理政》第三卷，按照省、市要求成立区委宣讲团，到基层各单位宣讲80多场次。充分利用“梅江讲坛”、新时代文明实践中心（站、所）等平台，举办4场“梅江讲坛”专题讲座。持续推广、建设、应用“学习强国”学习平台，不断巩固覆盖率、提高活跃度、增加上稿率。全年由区委宣传部端口上传“学习强国”平台相关新闻稿件共629篇，被采纳371篇，其中被中央学习总平台采纳15篇、广东学习平台采纳356篇。

【意识形态】 2020年，区委宣传部全面压实意识形态工作责任制，区委与全区7个镇（街道）党（工）委和区直10个系统党委签订梅江区落实党委（党组、党总支、党支部）意识形态工作责任书。区委常委会多次专题学习研讨意识形态工作，定期集中学习习近平总书记关于意识形态工作系列重要讲话精神。牵头召开全区意识形态工作联席会议4次，每季度通报全区意识形态工作重大情况，及时研究解决全区意识形态领域存在的苗头性、倾向性问题。做好2020年全国两会、中共十九届五中全会、纪念林风眠120周年诞辰、“客商银行·2020世界客都长寿梅州马拉松赛”、村（社区）“两委”换届等重点活动期间的舆情监控工作，全年有效防止和处置涉梅江区的负面舆情10宗，编发《半月舆情》24期，向公安部门提供涉黄网站线索15条，协助处理假新闻事件1宗，有力维护梅江区意识形态领域安全。

【舆论引导】 2020年，区委宣传部在市广播电视台支持下，完成与省平台“南粤云”的对接和建立区融媒体指挥中心、采编平台、内容大数据展示平台，完成“梅江融媒”客户端应用市场上线工作，加强与市电视台、《南方日报》、《梅州日报》等省、市媒体的合作，完成市广播电视台“新媒体+融媒体”团队的进驻。2020年全国两会期间，打造学习贯彻习近平总书记重要讲话和全国两会精神专栏，各平台累计发布信息数量共68条。做好习近平总书记出席深圳经济特区建立40周年庆祝大会和视察广东重要讲话重要指示精神宣传报道，兴起学习宣传贯彻习近平总书记重要讲话、重要指示精神热潮。做好梅江区庆祝“中国农民丰收节”系列活动、2020脱贫攻坚收官之年、扫黑除恶专项斗争、“林风眠120周年诞辰纪念活动”、“客商银行·2020世界客都长寿梅州马拉松赛”、村（社区）“两委”换届等宣传报道，全面展现梅江区“三农”（农业、农村、农民）新成果新面貌新变化，展示梅江区乡村振兴和脱贫攻坚工作的新思路、新举措。

【疫情防控】 2020 年，区委宣传部全面开展辖区影院、印刷企业大检查、大排查、大整改，疫情发生后，共检查企业 120 家，出动检查人员 256 人次。做好疫情防控和复工复产宣传，通过网格化精细管理、多部门联动等多种方式落细落实防疫宣传工作，在“梅江发布”“无线梅州 · 梅江直播”“掌上梅州 · 梅江区”“南方+ · 梅江区”等平台累计发布信息数量 5618 条，被市级媒体平台采用 227 条。针对疫情期间农产品销售受影响状况，开展《诗画梅江有好货 书记区长来直播》活动。鼓励文化文艺民间爱好者为抗疫英雄创作书法、诗词、美术等作品 30 余件，创作凝心聚力抗击疫情相关文艺作品 111 篇（件）。组织红色文艺轻骑兵下基层，开展 2020 年“我们的中国梦”文化进万家等文艺志愿者服务活动，推出“品读经典，全民战‘疫’”听书打卡活动、“防疫知识挑战赛”、“防疫知识公开课”等专题活动。

【“创文”工作】 2020 年，梅江区作为全市“创文”工作的主战场，紧扣市委、市政府及市“创文”大会、文明委全会的部署要求，牢固树立以人民为中心的发展思想，坚持创建为民、创建靠民、创建惠民，坚持问题导向、时间导向、结果导向，以决战决胜的攻坚姿态，高标准、严要求，全力推进“创文”工作。成立由区委主要领导挂帅的“创文”指挥部，明确区“创文”指挥部组成人员及各创建工作部职责，树立“一盘棋”思想，实施“一把手”工程，梳理“一系列”清单，坚持“一竿子”到底。与 79 个责任单位签订“创文”责任书，构建“1（指挥部）+1（信息实时报送中心）+12（工作部）+13（专班）+79（区直责任单位）”“7（镇、街道）+45（社区）+228（网格）”的“创文”工作枢纽调度体系。成立 3 人督查小组，组织明察暗访督导，对月度测评排名靠前和靠后镇（街道）、社区、学校组织媒体专访，分享经验或表态发言。加强“创文”资金保障，下拨 45 个社区各 10 万元创建工作经费。9 月，梅江区召开精神文明创建“1+9+N”行动专题会议和专题工作部署会议，对各项工作进行研究部署，要求成立专项行动领导小组，制订创建工作方案，全面铺开文明创建工作。

针对短板弱项，坚持问题导向、标准导向和目标导向，实施“五大提升工程”（即公益广告提升工程、环境改造提升工程、交通秩序提升工程、市民文明素质提升工程、市场环境提升工程），逐项整改落实，补足“失分点”。按照市委、市政府开展“三好一正”活动的工作部署，结合传统节日和重要时间节点，举办梅江区“金山圩日”系列活动，启动梅江区“嘉应老街 · 步行街”参与开展“全民志愿行 · 美丽迎华诞”等活动。讲述梅江好故事、传播梅江好声音、树立梅江好形象、传递梅江正能量。召开多次专题会议听取汇报，研究部署未成年人思想道德建设工作，积极构建家庭、学校、社会“三位一体”德育体系。2020 年秋季，梅江区 5 间新学校开学，共增优质学位近 5000 个。组织举办“扣好人生第一粒扣子”系列活动、“新时代好少年”先进事迹发布会等，表彰 2019 年梅州市“新时代好少年”和 2020 年广东“新时代好少年”。2020 年，梅江区西阳中学等 6 所中小学获评第四届梅州市文明校园，获评梅州新时代好少年 6 人，广东省新时代好少年 1 人。

构建“1+7+160”（一个新时代文明实践中心、7 个新时代文明实践所、160 个新时代文明实践站）区、镇（街道）、村（社区）三级文明实践体系，成立以区委书记担任主任的新时代文明实践中心领导机构，发挥“一线指挥部”的作用，以群众需求为导向，开展理论宣讲、教育文化、医疗健康、科技科普、生产发展、法律知识、“创文”宣传等各类文明实践活动。同时，统筹推进新时代文明实践中心（所、站）建设和“学习强国”“梅江融媒”平台推广运用，探索打造“中心+平台”实践模式，促进文明实践活动线上线下融合，把理论宣讲、政策解读等送进千家万户，扩大社会覆盖面和影响力。在全市率先挂牌成立区志愿服务促进中心，成立梅江区新时代文明实践志愿服务总队，下设23个分队。至年末，全区共注册志愿者5.18万名，志愿服务组织及团体275个，开展各类文明实践活动7520场，累计志愿服务时长138万小时。

【文化事业】 2020年，区委宣传部建立完善以图书馆、文化馆、博物馆和镇（街道）综合文化站以及村（社区）文化室、农村（社区）文化俱乐部、行政村综合文化服务中心、文体活动广场等为主阵地，满足群众就近开展和参与各类文化活动需求的区、镇（街道）、村（社区）“三级”公共文化设施网络体系，进一步优化“十分钟文化圈”。全年开展群众文艺会演， 戏曲进农村、“非遗”进校园、送戏下乡和主题文艺演出、图片巡展、廉洁读书等活动100多场次。开展“千年古村展新貌 诗画梅江庆丰年”和“嘉应老街·步行街活动”启动仪式、“金山圩日”以及“纪念林风眠120周年诞辰”等大型文化盛事活动。编制《梅江区文化建设发展改革“十四五”规划纲要》，积极推进梅江区“一城两翼”红色资源保护利用开发项目和梅江区“一城两坊”历史文化街区保护利用开发项目的落实。全年完成梅江区81个行政村共计972场农村公益电影放映任务，联合教育部门开展“我的书屋·我的梦”农村少年儿童阅读实践活动。

【新闻出版】 2020年，区委宣传部全面完成梅江区178个“扫黄打非”基层站点规范化标准化建设，开展“护苗”“秋风”“净网”“清源”“固边”“剑网”“扫黄打非·新风”等专项行动。推进区直属机关及相关企业计算机软件正版化建设，加强全区印刷企业、出版物市场及电影院管理，全年完成辖区电影院换证工作，受理出版物零售业务（书店）许可事项9项和电影放映单位设立审批事项2项。

【网信工作】 2020年，区委宣传部开展网络安全宣传周活动，积极开展弹窗广告、网络占卜、网络谣言和虚假信息、网络恶意营销账号、网络直播、涉未成年人网课平台、移动应用程序信息内容乱象等专项整治行动，营造网络安全人人有责、人人参与的社会氛围。加强对各类文艺作品、对外文化交流活动的管理。健全舆情监测及应对机制，畅通舆情反馈渠道，对属地1000多个网站拉网式摸排违法信息。

（刘　蓉）

统一战线

【概况】 2020年，中共梅江区委统一战线工作部（以下简称区委统战部）坚持以习近平新时代中国特色社会主义思想为指导，深入学习贯彻习近平总书记关于加强和改进统一战线工作的重要思想，围绕区委“1158”思路举措和“1+3+5”工作部署，紧扣凝聚人心力量、厚植执政基础这个根本，突出思想政治引领、巩固扩大共识这条主线，奋力推动统战工作提质增效，为全区夺取疫情防控和脱贫攻坚、经济社会高质量发展的全面胜利作出应有的贡献。

【思想政治建设】 2020年，区委统战部深入学习贯彻习近平新时代中国特色社会主义思想，中共十九大和中共十九届二中、三中、四中、五中全会精神，习近平总书记出席深圳经济特区建立40周年庆祝大会的重要讲话精神等系列重要讲话和重要批示指示精神，深刻领会习近平总书记关于加强和改进统一战线工作的新理念新思想新战略的丰富内涵和精神实质，积极掀起学习《习近平谈治国理政》第三卷的热潮。在各民主党派、无党派人士中深入开展“不忘合作初心、继续携手前进”主题教育活动，在新的社会阶层人士中深入开展“凝聚新力量、筑梦新时代”主题教育活动，引导广大统战成员牢固树立“四个意识”，坚定“四个自信”，践行“两个维护”，巩固和发展最广泛的爱国统一战线，聚焦全区中心工作和重点任务，真正做到“脚踏梅江爱梅江”，为建设“诗画梅江”提供政治保证。

【民主政治建设】 2020 年，区委统战部认真落实党外人士情况通报机制，多次召开情况通报会、座谈会和见面会，向各民主党派、工商联、无党派人士和各界人士代表通报区委有关情况，引导党外人士立足全区经济社会发展大局，发挥自身独特优势。落实“党委出题、党派调研、政府采纳、部门落实”的调研机制，引导各民主党派聚焦重点精准选题，全年共立项课题 8 个，各民主党派共提交提案、建议 30 件，其中，《打好“生态牌”，建设“医康养地”，融入粤港澳大湾区建设》被列为市政协大会书面发言材料，《加强基层卫生院软硬件建设，切实解决群众看病难看病贵问题》和《关于整治城北中学校园周边环境的建议》获重点督办。推进区委常委会与党外代表人士联谊交友制度，根据工作需要和人员变化情况，及时更新调整交友对象，不断拓宽党外代表人士参政议政、建言献策渠道。加强党外代表人士队伍建设和推荐工作，2020 年有 2 名党外干部提拔任用。

【民族工作】 2020 年，区委统战部民族工作，依托省级团结进步模范社区小溪唇社区，深化民族团结进步教育，广泛宣传民族团结进步模范事迹，开展“与时俱进谋发展，携手并肩奔小康”民族团结进步座谈会，发放民族宗教普法宣传资料，引导少数民族群众不断增强法律意识和公民意识。

【宗教工作】 2020 年，区委统战部宗教工作，扎实推进“中华人民共和国国旗、宪法和法律法规、社会主义核心价值观、中华优秀传统文化”进宗教场所活动，积极引导宗教与社会主义社会相适应。开展宗教界政策法规学习月普法宣传活动，加强对宗教活动场所和宗教教职人员的法律法规宣传，全年印发民族宗教普法宣传资料 1000 份。深入开展防范和打击境外宗教渗透和非法宗教活动专项行动，全面排查全区农村基督教情况，做好防范和抵御境外宗教向农村渗透打下坚实基础。扎实推进中央宗教工作督查“回头看”反馈意见整改工作，制定具体整改措施和职责分工，建立一套行之有效的体制机制，明确任务和时间，切实推动梅江区宗教工作由治标向治本深化。依法规范宗教场所及民间信仰场所管理，选定 2 个民间信仰试点场所，开展民间信仰场所普查和试点管理。建立 2 个“扫黄打非”基层站点，坚决抵制各类非法宗教出版物和宣传品以任何形式进入场所。

【民营经济统战】 2020 年，区委统战部加强民营经济人士理想信念教育和社会主义核心价值观教育，开展习近平新时代中国特色社会主义思想进企业宣传活动，向民营经济人士宣讲《习近平谈治国理政》第三卷。开展“暖企行动”，通过走访调研民营企业，深入了解民营经济人士学习贯彻习近平新时代中国特色社会主义思想的情况，传递习近平总书记和党中央对广大民营企业和民营经济人士的高度重视和亲切关怀，传达党中央和省委、市委、区委关于做好当前经济工作和加强新时代民营经济统战工作的最新政策精神，宣传推送税费优惠政策，搭建法企常态化沟通联络平台，开展“服务‘六稳’‘六保’护航民营企业发展”主题开放日活动等，切实帮助企业解决复工复产和疫情防控常态化生产过程遇到的问题。2020 年，梅江区工商联被评为广东省“五好”（领导班子好、会员发展好、商会建设好、作用发挥好、工作保障好）县级工商联，全年新增会员 12 人。大力推进基层商会建设，成立西阳镇商会，三角镇商会正在筹建中。落实工商联执委企业和所属商会会长

“两个覆盖”工作，建立党组织的企业14家。引导动员企业家弘扬新时代企业家精神，踊跃投身疫情防控工作、“广东扶贫济困日”活动、“万企帮万村”行动，全年有15家会员企业参与梅江区“万企帮万村”行动，其中3家企业获评梅州市乡村振兴“万企帮万村”示范企业称号。

【新的社会阶层人士统战】 2020年，成立梅江区新的社会阶层人士联合会，发展会员138名，推进梅江区新的社会阶层人士统战工作实践创新基地建设，进一步擦亮梅江区新的社会阶层人士统战工作品牌。加强对新的社会阶层人士的教育、团结和引导，组织新的社会阶层人士参加学习《习近平谈治国理政》第三卷宣讲会和观看爱国主义电影《金刚川》，引导新的社会阶层人士在各自岗位上建功立业，并有序参与政治。引导区新阶联发挥专业优势，开展公益活动，制订梅江区新阶联律师同心服务团三年工作计划，充分利用律师专业队伍开展送法进学校、进企业、进社区普法活动。探索推进梅江区网络人士统战工作，召开全区网络人士统战工作会议，制定印发《梅江区贯彻落实〈关于加强网络人士统战工作的意见〉重要举措分工方案》，统筹协调相关单位开展网络人士摸底调查调研，推动建立一支网络人士统战队伍。

【港澳台及海外统战】 2020年，区委统战部认真推进、圆满完成乡亲乡情普查工作任务，健全完善各级社团网络体系，探索推动有条件的镇、村成立港澳同乡社团，不断发展壮大爱国爱港爱澳力量。开展“暖企”行动，加强走访调研，与企业负责人深入座谈，了解掌握港澳台资企业疫情防控和复工复产方面的困难，宣传落实国家和上级相关税费优惠政策，鼓励企业坚定信心、用好政策，并为企业送上防疫口罩。积极推进港澳台统战工作，加强感情联络，利用电话、微信等线上方式，保持与港澳台同胞日常联系和感情沟通，关注关心关怀防疫情况，帮助解决防疫实际困难，并通报家乡经济社会发展情况。同时，对春节前回到梅江区的港澳台同胞做好关心和服务工作，发动广大港澳台同胞为家乡经济社会建设和防控疫情捐款捐物，全年共为梅江区防控疫情、教育医疗、老人福利等事业捐款800万多元。

2020年，区委统战部圆满完成海外华侨华人普查工作，完善海外华侨社团网络体系，不断发展壮大爱国力量。积极发挥基层侨联工作，西阳镇龙岗村成功创建梅州市首批“侨胞之家”建设示范点，积极推进华侨华人普查工作，共录入50个海外华侨社团，39个国家和地区34.2万名海外华人华侨，为全面涵养侨务资源，拓宽海外联谊渠道，推进海外统战工作发展提供新的依据。开展“暖企”行动，加强走访调研并与侨资企业负责人座谈，了解掌握侨资企业在疫情防控和复工复产的困难，宣传落实国家和上级相关税费优惠政策，鼓励侨资企业坚定信心、用好政策，为企业送上防疫用品。同时，对春节前回到梅江区的海外侨胞做好关心和服务工作，先后拜访侨贤熊德龙、熊琳祥等，协助组织在梅江区部分侨胞侨眷到西阳镇和城北镇开展“梅州市侨胞侨眷美丽乡村行”活动。发动海外侨胞为家乡经济社会建设和防控疫情捐款捐物，全年共为梅江区防控疫情、老人福利事业等捐款200多万元。大力开展《中华人民共和国归侨侨眷权益保护法》（以下简称《侨法》）的宣传和政策解读，发放《侨法》小册子500多份。加强侨务工作行政效能，提升服务水平，全年为231户困难归侨发放扶贫救助资金共41.88万元，发放爱心棉背心500件，接待来信来访和咨询25人次，处理信访案件2宗。结案率100%。

【疫情防控】 2020年，区委统战部第一时间做好全区宗教和民间信仰场所“双暂停”对外开放工作，做好常态化疫情防控宗教场所恢复开放的指导支持工作。主动承担区防控疫情指挥部外事港澳组的牵头协调责任，做好防控疫情的涉外及涉台港澳事务，开展相关人员入境情况和在梅江区的港澳台与海外乡亲情况排查、跟踪、关怀工作，参与防控境外疫情输入工作专班，做好境外人员回梅江区专车接送工作。动员全区统战成员充分发挥各界别优势，为“抗疫”献计献力献资源，踊跃捐款捐物，全力支持防疫工作，全区统战成员共捐款捐物价值约450万元。全区各民主党派和无党派人士积极发挥专业优势，主动投身抗疫前线，各界人士积极配合防疫工作，宗教教职人员主动暂停宗教场所对外开放和暂停一切宗教活动，樱花谷、阿里廊等台资企业主动暂停景区开放。

【意识形态】 2020年，区委统战部先后召开3场统一战线意识形态工作相关会议，通报、研判和部署统一战线意识形态工作，明确促进社会关系和谐稳定、凝聚港澳台侨人心力量、守护意识形态安全“南大门”等工作和任务，牢牢掌握意识形态工作的领导权、主动权、话语权。通过理论学习、专题党课和观看教育警示片等形式切实提升党员领导干部做好意识形态工作的思想意识和业务水平。

（谢舒悦）

机构编制

【概况】 2020年，梅江区委机构编制委员会办公室（以下简称区委编办）始终坚持党对机构编制工作的集中统一领导，坚持“党管机构编制、优化协同高效、机构编制刚性约束、机构编制瘦身与健身相结合”四大原则，抓好《中国共产党机构编制工作条例》贯彻落实。积极落实区委编办归口区委组织部管理，将机构编制工作置于党管干部、党管组织的全流程中统筹谋划，不折不扣地把党管机构编制、党对机构编制工作集中统一领导的具体要求落到实处，各项改革按要求稳步推进，落地见效。加大机构编制工作宣传力度，全年撰写上报机构编制信息11篇，其中在市委编办网站刊登2篇。

【党政机构改革】 2020年，区委编办积极开展机构改革“回头看”调研工作，组织3个调研组，通过召开座谈会、查阅资料、实地调研等方式，到区发展和改革局、住房和城乡建设局、市场监管局等16家单位查看机构改革、职能调整落实情况，“三定”（定部门职责、定内设机构、定人员编制）规定执行情况。从调研情况看，各部门“三定”规定落实执行基本到位，职能运行基本顺畅。根据上级统一部署，印发区发展和改革局、区交通运输局的“三定”文件，全区党政机构“三定”和机构编制调整工作全面完成，达到改革明确职能定位、厘清职责边界、规范权力运行的目的。

【综合行政执法体制改革】

2020年，区委编办积极推进区住建局执法大队、自然资源所、市场监管所实行属地管理，配合镇（街道）综合行政执法办公室（综合行政执法队）整合设置。坚持“属地管理，人随事走”原则，统筹编制资源，下达行政编制27名、行政执法专项编制215名至各镇(街道)。同时，把7个区住建执法大队73人和7个自然资源所14人以及10个市场监管所108人全部下沉到镇（街道），有效充实基层综合行政执法工作力量，确保队伍不乱、工作不断。

【乡镇街道体制改革】 2020年，区委编办制定《梅州市梅江区深化乡镇街道体制改革完善基层治理体系实施方案》，按照“实际需要、宜放则放”的原则，把政务服务事项303项向西郊街道作试点并逐步延伸至各镇（街道）的基础上，按上级统一部署，把区级政务服务事项190项及综合行政执法468项职权全面下放各镇（街道）实施。优化设置乡镇街道党政机构，各镇设置党政机构10个、街道设置党政机构9个。规范设置乡镇街道事业单位，全区镇（街道）统一规范设置经济发展和财政服务中心、公用事业社会保障服务中心等6个事业单位。建立乡镇街道“五大工作平台”(应急管理委员会、公共服务委员会、规划建设委员会、综合治理委员会、综合行政执法委员会)，一个服务中心(党群服务中心)和一个技术支撑保障(政务数据技术支撑保障)工作运行机制。至12月，完成全区镇(街道)体制改革工作任务。

【公益三类事业单位改革】 2020年，区委编办稳步推进公益三类及相关事业单位改革，结合梅江区实际，制定《深入推进区直事业单位改革工作方案》，不断盘活机构编制资源，着力解决制约梅江区事业单位发展的体制机制障碍。至12月，全区4个公益三类事业单位全部完成改革，其他22个事业单位改革有序推进。

【机构编制监督检查】 2020年，区委编办对标省、市要求，认真抓好问题整改，因改革造成超编的13个机关和事业单位，全部列入“政策性超编问题”整改台账，按月度、季度、年度进行追踪更新管理。随机对12个单位开展机构编制监督检查，防止违规违纪问题发生，切实维护机构编制的严肃性和权威性。

【事业单位登记管理】 2020年，区委编办扎实推进事业单位登记管理工作，全年共办理设立登记5个，变更登记事项106项，报送年度报告的事业单位125个，报送率100%。督促14个应注销未办理注销登记的事业单位办理注销登记手续，对资产比较单一、债权债务明晰或无债权债务的事业单位，以简易注销方式办理注销登记手续9件，事业单位登记管理水平大幅提升。开展事业单位“双随机、一公开”抽查工作，对区妇幼保健计划生育服务中心等6个事业单位进行实地核查。

【政务和公益域名注册管理】 2020年，区委编办扎实做好政务和公益域名注册登记与续费管理工作，通过简化工作环节，集中办理党政机关、事业单位中文域名批量注册，由中央编办网上名称管理中心批量审核。至12月15日，全区注册单位共258个(其中政务域名51个、公益域名207个)，注册率100%、续费率100%。批量续费到期域名210个，新增单位域名33个，清理过期及因机构改革撤销单位域名26个。

【巡视巡察】 2020年6月17日—7月16日，区委第一巡察组对区委编办进行为期1个月的集中巡察，区委编办认真做好巡察工作的协调联络和服务保障，完成巡察组交办的各项任务，及时成立整改落实领导小组，对巡察组反馈的问题照单全收。研究制定《中共梅州市梅江区委编办关于落实八届区委第六轮巡察反馈意见的整改方案》，对巡察指出六方面存在的21个问题，经梳理细化分解为27个具体整改问题，明确具体整改措施、责任领导、责任股室、责任人、整改期限，完成整改问题27个。建立健全完善规章制度、工作计划、方案共13项，其中规章制度9项、工作计划1项、方案3项。

(倪　鹏)

政策研究

【概况】 2020年，梅江区委政策研究室(以下简称区委政研室)坚持以习近平新时代中国特色社会主义思想为指导，聚焦主责主业，当好参谋助手，服务大局、履职尽责，积极参与区委、区政府重要文稿起草，深入开展调查研究，全力服务支持全区中心工作，较好地完成各项工作任务和领导交办事项。

【理论武装】 2020年，区委政研室把学习贯彻习近平新时代中国特色社会主义思想作为一项长期坚持的政治任务抓紧抓实，依托理论中心组学习、支部“三会一课”等，全年组织集中学习30多场次。学习中共十九大和中共十九届五中全会精神、《习近平谈治国理政》第三卷、习近平总书记出席深圳经济特区建立40周年庆祝大会和视察广东重要讲话重要指示精神，以及习近平总书记系列重要讲话和重要指示批示精神，积极开展学习研讨，撰写心得体会，不断提升党员干部的政治理论修养，增强“四个意识”、坚定“四个自信”、做到“两个维护”。

【意识形态】 2020年，区委政研室落实意识形态工作责任，贯彻落实区委有关意识形态工作各项部署，成立领导小组，制定工作规则，坚持意识形态工作和业务工作同部署、同落实，加强干部意识形态学习教育，筑牢意识形态“防火墙”。

【调查研究】 2020年，区委政研室积极配合市委政研室、市政府研究室开展名人名居保护开发利用、望杏坊活化利用等专题调研，参与区党政领导到镇（街道）、区直单位的各项重要调研活动，同时着眼全区经济社会发展大局，到三角镇开展约亭顶古民居建筑群保护利用开发等专题调研，积极探索推动梅江苏区振兴发展的好经验、好做法，为区委领导科学决策提供参考。

【撰写文稿】 2020年，区委政研室实行文稿集体讨论和层层把关制度，狠抓文稿质量提升。完成区委八届十一次、十二次全会、区两会等重要会议各项文字材料以及区委全会报告、区政府工作报告的起草、组稿、审核任务。完成林风眠120周年诞辰系列活动、中国农民丰收节梅江区系列活动等相关文稿起草工作。全年共撰写各类文稿1100多篇，整理起草区委常委会会议纪要92期，区政府党组会议纪要27期、常务会议纪要21期，各类专题会议纪要66期。

【信息报送】 2020年，区委政研室认真做好全区经济社会发展动态收集和报送工作，确保区委领导及时掌握基层实际情况，基层领会上级决策部署，有效发挥信息工作的桥梁纽带作用。全年共编印《每周梅江》48期，向市委办、市府办报送专题信息和工作动态40多篇，报送《客都论坛》专稿4篇。

【深化改革】 2020年，区委政研室严格履行区委改革办职责，协调召开区委全面深化改革委员会会议，起草区委全面深化改革委员会2020年度改革工作安排，确保全区改革工作有序推进。加强与市委改革办的沟通对接，起草相关改革文件，加快推进东升园区管理体制机制改革。

【结对共建】 2020年，区委政研室选派优秀党员干部到城北镇玉西村任第一书记，克服各种困难，帮助结对共建村逐步完善涉及群众切身利益的基础设施建设。全面开展“33110”工作法，采取有力措施，基本完成年度工作任务。落实日常帮扶措施，“七一”、春节走访慰问结对帮扶建档立卡贫困户15户。全力做好疫情防控工作，选派党员干部下沉社区一线，协助完成人员摸排、体温测量等疫情防控。

（罗雄昌）

梅州市梅江区人民代表大会

主要会议

【概况】 2020年，梅江区人民代表大会常务委员会（以下简称区人大常委会）组织召开区八届人大五次会议，听取和审议“一府一委两院”和各类工作报告17项。全年组织召开常委会会议6次、主任会议7次，组织人大代表考察、调研活动8次，依法作出决议决定13项，任免国家机关工作人员41人次。

【区八届人大五次会议】 2020年，区人大常委会根据区八届人大常委会第二十七次会议决定，梅州市梅江区第八届人民代表大会第五次会议于2020年5月27—29日在区委、区政府礼堂召开。会议听取和审议梅江区区长钟秀堂所作的《梅州市梅江区人民政府工作报告》、区人大常委会主任巫繁星所作的《梅州市梅江区人民代表大会常务委员会工作报告》、区发展和改革局局长周煊戈所作的《梅州市梅江区2019年国民经济和社会发展计划执行情况与2020年计划草案的报告》、区财政局局长梁旅所作的《梅州市梅江区2019年预算执行情况和2020年预算草案报告》、区人民法院院长赖昌仁所作的《梅州市梅江区人民法院工作报告》、区人民检察院检察长黄明仰所作的《梅州市梅江区人民检察院工作报告》。

【区人大常委会会议】 2020年，区人大常委会主任巫繁星主持召开区八届人大常委会第二十六次至三十一次会议，全年共召开区八届人大常委会会议6次。

4月3日，区八届人大常委会第二十六次会议，审议通过人事任免和个别代表资格的审查报告、个别代表辞去市七届人大代表职务的议案、个别代表辞去区八届人大代表职务的议案。

5月15日，区八届人大常委会第二十七次会议，审议通过关于八届人民代表大会代表资格的审查报告和关于召开区八届人大五次会议有关事项的议案。会议审议通过一批人事任免议案，书面报告区八届人大四次会议建议处理情况。

7月30日，区八届人大常委会第二十八次会议，审议通过人事任职和个别区八届人大代表辞去代表职务的议案，审议通过《2019年度梅江区环境状况和环境保护目标完成情况报告》《村庄规划建设管理情况报告》，对村庄规划建设管理工作情况进行现场询问。

10月22日，区八届人大常委会第二十九次会议，审议通过调整代表资格审查委员会成员的议案、人事任免事项，审议通过梅江区清理盘活存量资金纳入预算安排使用方案报告、2019年决算草案报告、2019年部门结算草案报告、2019年国有资产管理综合报告、2019年企业国有资产（不含金融类企业）管理情况报告、2019年行政事业性国有资产管理情况报告、2020年上半年预算执行情况报告、2020年新增债券和直达资金使用分配方案及预算调整方案报告、2018年度区级预算执行和其他财政收支审计查出突出问题整改落实情况的报告以及区政府关于2019年区级预算执行和其他财政收支的审计工作报告等10项报告。

12月4日，区八届人大常委会第三十次会议，审议通过人事任免和个别区八届人大代表辞去代表职务的议案。

12月30日，区八届人大常委会第三十一次会议，听取规范性文件备案审查情况报告，审议通过《关于梅江区2020年预算第二次调整方案的报告》和人事任免事项。

【区人大常委会主任会议】

2020年，区人大常委会主任巫繁星主持召开区八届人大常委会第44次至第50次主任会议，全年共召开区八届人大常委会主任会议7次。

1月3日，区八届人大常委会第44次主任会议，研究召开区八届人大五次会议相关工作事宜，讨论“不忘初心、牢记使命”主题教育相关工作及2019年度工作选编工作事宜，并进行集体学习。

4月2日，区八届人大常委会第45次主任会议，通报市纪委有关干部处分决定和宣读区委组织部有关干部任职文件，讨论区八届人大第二十六次常委会会议议程，讨论区人大常委会机关部分人员工作分工调整事宜和人大常委会机关其他工作事务。

5月15日，区八届人大常委会第46次主任会议，研究有关召开区八届人大五次会议工作事项，讨论区八届人大第二十七次常委会会议议程和人大常委会机关部分人员提前退休申请事项。

6月1日，区八届人大常委会第47次主任会议，宣布葛雅玲当选区人大常委会副主任，讨论区人大常委会领导工作分工事宜，部署近期人大常委会机关其他工作并进行集体学习。

7月22日，区八届人大常委会第48次主任会议，传达学习贯彻有关文件会议精神，进行集体理论学习，讨论区八届人大第二十八次常委会会议议程，通报和讨论人大常委会机关有关工作事项。

10月19日，区八届人大常委会第49次主任会议，讨论区八届人大第二十九次常委会会议议程，编写2020年度人大工作选编工作事宜。

12月4日，区八届人大常委会第50次主任会议，传达学习有关文件会议精神，进行集体理论学习，讨论区八届人大第三十次常委会会议议程和人大常委会机关其他工作事项。

主要工作

【依法履职】 正确政治方向 2020年，区人大常委会深入学习贯彻习近平新时代中国特色社会主义思想以及习近平总书记出席深圳经济特区建立40周年庆祝大会和视察广东重要讲话重要指示精神、中共十九届五中全会精神，进一步增强“四个意识”，坚定“四个自信”，做到“两个维护”。坚持常委会党组向区委请示报告制度，及时向区委报告监督、重大事项决定、人事任免等工作，确保人大工作正确政治方向。

重大决策部署 2020年，区人大常委会围绕预算调整、批准决算等重大事项，依法作出决议决定13项，审议通过政府民生实事项目人大代表票决制。依法任免国家机关工作人员41人次。围绕区委“一带三园四城五基地”思路举措，组织代表开展考察、调研等履职活动8次。

服务疫情防控 2020年，区人大常委会领导班子深入到挂钩联系企业开展“暖企”服务，组织机关力量坚守防控一线，向代表发出战“疫”倡议书，号召各级各界代表积极建言献策，主动捐款捐物，推动复工复产，以实际行动践行“人民代表为人民”的初心使命。

【监督问效】 社会民生监督 2020年，区人大常委会组织开展疫情防控和野生动物保护管理条例检查活动，望杏坊保护利用工作及清凉山郊野公园建设工作专题调研活动，“农博城”推进工作考察活动，召开《广东省促进革命老区发展条例》贯彻实施工作座谈会，督促、引导、支持相关工作紧扣区委要求，不断改进工作作风，助推区委重大决策部署落地见效。

经济运行监督 2020年，区人大常委会听取和审议预算执行情况及预算草案报告、预算调整方案、决算草案报告，审查和批准区级预算、预算调整、决算，推进积极财政政策落实。听取和审议国民经济和社会发展计划执行情况及计划草案报告，助推经济社会科学规划、健康发展。听取和审议

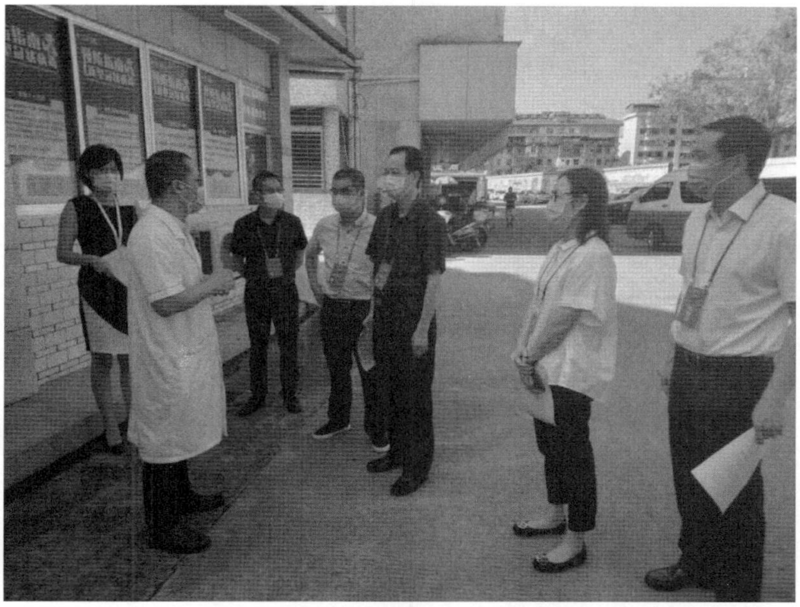

2020年6月11日，梅江区人大常委会主任巫繁星（右三）、副主任葛雅玲（右二）率人大代表对广东省人大常委会《关于依法防控新型冠状病毒肺炎疫情，切实保障人民群众生命健康安全的决定》和《野生动物保护管理条例》实施情况进行检查

新增债券、直达资金使用分配方案及国有资产管理情况报告，要求部门正确使用新增债券和直达资金，加强国有资产规范管理，实现国有资产保值增值。

民主法治监督　2020年，区人大常委会支持和推进“一府一委两院”（梅江区政府，梅江区政法委员会，梅江区检察院、法院）依法行政、公正司法。全年组织宪法宣誓3场次，对13名拟任命人员进行任前法律知识考试。听取和审议法院、检察院工作报告，调研刑事诉讼制度改革工作。开展国家机关“谁执法谁普法”履职报告评议活动，组织代表参加旁听庭审活动、刑事案件公开听证会、观摩庭审等活动，推进司法公正。依法对区政府报备《梅州市梅江区节地生态安葬奖励办法（试行）》等4份规范性文件进行备案审查。

社会民生监督　2020年，区人大常委会对群众反映强烈的学前教育和城区园林绿化问题，开展专题调研，向区委和市人大提出意见建议，提交调研报告。审议全区环境状况和环境保护目标完成情况，就村庄规划建设管理情况向国土部门进行专题询问。围绕城乡人居环境整治，结合“创文”工作，全年组织代表开展调研、考察、检查等活动218人次，收集问题21件，形成代表建议15件。

【服务民生】　因地制宜开展活动　2020年，区人大常委会将“三百”主题活动和“更好发挥人大代表作用”主题活动结合起来，开展丰富的履职活动。三角镇对农贸市场和无物业小区存在的问题开展考察活动，并创新监督方法，由镇人大主席团对站所进行工作评议。城北镇对县道环境脏乱差、无物业小区环境卫生等问题开展专题考察调研。长沙镇组织

2020年12月15日，梅江区人大常委会主任巫繁星（前排中）率市人大梅江区代表到西阳镇开展集中考察活动

代表考察调研“十里碧道”改造工程、生活垃圾分类运营等情况。西阳镇和西郊、金山、江南街道以行业代表小组、村（社区）代表小组的形式开展活动，协调相关部门解决用水难、停车难、老旧小区改造等问题。

抓实打造履职平台　2020年，区人大常委会规范化建设代表联络站，围绕反映社情民意、帮助群众解决问题、监督支持政府工作、提升代表履职能力4个功能定位开展活动。全区建成镇（街道）代表中心联络站7个，代表小组联络站12个，村（社区）片区代表联络站4个。全年联络站共接待选民群众214人次，收集群众意见建议59件，推动解决问题44件。

高效办结代表建议　2020年，区人大常委会加强对各承办单位的跟踪督办，推动代表建议开花结果。区八届人大五次会议期间收到建议16件，代表提出城区共享单车和电动车管理、百岁山郊野公园便民设施改善等问题均得到办结，办理满意率100%。同时，高度重视闭会期间代表建议办理工作，环境卫生整治、交通基础设施项目建设等一批与群众息息相关的民生实事顺利实施。

（范惠兰）

梅州市梅江区人民政府

主要会议

【区政府党组会议】 2020年，中共梅州市梅江区人民政府党组书记钟秀堂主持召开区政府党组会议18次，委托区政府党组成员罗涤权主持召开区政府党组会议1次（1月9日），全年召开区政府党组会议19次。

1月9日，区政府党组会议，传达市纪委办公室有关文件精神，通报干部违法违纪情况。

1月22日，区政府党组会议，传达学习习近平总书记在中共中央政治局“不忘初心、牢记使命”主题教育总结大会、十九届中纪委四次全会等会议上的重要讲话，传达学习省十三届人大三次会议、省政协十二届三次会议以及中共中央办公厅有关文件精神，研究有关人事任免事宜。

2月14日，区政府党组会议，传达学习习近平总书记在中央政治局常委会会议分析新冠肺炎疫情形势研究加强防控工作时的重要讲话、在中央全面依法治国委员会第三次会议的重要讲话、中央政治局常委会会议上的重要讲话，以及李希书记在省新冠肺炎防控领导小组视频会议上的讲话精神，研究有关人事任免事宜。

2月21日，区政府党组会议，传达学习习近平总书记在中央全面深化改革委员会第十二次会议上的重要讲话、就关心爱护参与疫情防控工作的医务人员专门作出的重要指示，中央应对新冠肺炎疫情工作领导小组会议、国务院常务会议，以及中央和省、市近期关于疫情防控工作有关会议精神，审议《梅江区应对新型冠状病毒肺炎疫情分区分级防控工作指引（试行）》，部署下一阶段疫情防控和复工复产工作。

3月16日，区政府党组会议，传达学习习近平总书记赴湖北武汉考察新冠肺炎疫情防控工作时的重要讲话、习近平总书记在决战决胜脱贫攻坚座谈会上的重要讲话、李克强总理在研究部署“十四五”规划编制专题会议上的讲话以及省委办公厅有关文件精神。

4月10日，区政府党组会议，传达学习习近平总书记在中央政治局会议、二十国集团领导人应对新冠肺炎特别峰会等会议上的重要讲话以及中央应对新冠肺炎疫情工作领导小组会议、全省工业和信息化工作会议等精神。

4月30日，区政府党组会议，传达学习习近平总书记在中央政治局常委会会议、中央政治局会议上的重要讲话，李克强总理在国务院常务会议上的重要讲话，李希书记在省委常委会会议暨省新冠肺炎防控领导小组（指挥部）会议上的讲话和省委办公厅有关文件精神，研究有关人事任免事宜。

5月9日，区政府党组会议，传达学习习近平总书记在中央政治局常委会会议和打好精准脱贫攻坚战座谈会上的重要讲话，全国、全省民政系统脱贫攻坚兜底保障动员会议等精神。

5月20日，区政府党组会议，审议《政府工作报告》《梅州市梅江区2019年国民经济和社会发展计划执行情况与2020年计划草案的报告》。

6月9日，区政府党组会议，传达学习全国两会、中央政治局常委会会议，习近平总书记在山西考察调研以及在5月29日中共中央政治局第二十次集体学习时的重要讲话，省、市信访工作联席会议等精神。

6月24日，区政府党组会议，审议《梅江区2019年区、镇（街道）机关绩效考核方案》《梅江区2019年事业单位绩效考核方案》《梅江区2019年区、镇（街道）机关绩效考核奖金及离退休人员慰问金发放办法》《梅江区 2019 年事业单位绩效考核奖金及离退休人员慰问金发放办法》等文件。

7 月 10 日，区政府党组会议，传达学习习近平总书记在宁夏考察调研时和在专家学者座谈会等会议上的重要讲话，中共中央政治局会议，中共中央办公厅有关文件等精神，研究部署下一阶段工作。

7 月 21 日，区政府党组会议，同意将梅州市足球文化公园建设项目（一期）办理不动产权登记有关事宜提交区委常委会审议，同意梅江控股集团提交的经营性资产划转有关事宜，同意梅江控股集团提交的城北干才水库、长沙小密水库土地及地面附着物资产划转有关事宜。

8 月 11 日，区政府党组会议，传达学习习近平总书记在吉林考察时的重要讲话、在企业家座谈会和党外人士座谈会上的重要讲话、对“十四五”规划编制工作作出的重要指示、对领导干部个人有关事项报告工作的重要指示批示精神，以及中共中央政治局常委会会议、中共中央政治局会议、中共中央政治局第二十二次集体学习、国务院第三次廉政工作会议、省政府廉政工作会议以及《中共广东省委关于认真学习宣传贯彻〈习近平谈治国理政〉第三卷的通知》《贯彻落实新时代党的组织路线，不断把党建设得更加坚强有力》等会议和文件精神。

8 月 25 日，区政府党组会议，学习习近平总书记重要文章《不断开拓当代中国马克思主义政治经济学新境界》，传达学习习近平总书记在安徽考察时和在扎实推进长三角一体化发展座谈会上的重要讲话精神，以及对餐饮浪费行为作出的重要指示精神，传达学习《中华人民共和国职业病防治法》《保障农民工工资支付条例》《娱乐场所管理办法》。

9 月 24 日，区政府党组会议，学习《习近平谈治国理政》第三卷中《决胜全面建成小康社会夺取新时代中国特色社会主义伟大胜利》文章，传达学习习近平总书记在全国抗击新冠肺炎疫情表彰大会上的重要讲话、在中央全面深化改革委员会第十五次会议上的重要讲话、在经济社会领域专家座谈会上的重要讲话精神，传达学习中共中央政治局会议、李克强总理对社会救助工作的批示，胡春华副总理在东西部扶贫协作稳岗就业工作座谈会上的讲话，以及省委十二届十次全会精神，传达学习《中华人民共和国民办教育促进法》《广东省河道管理条例》《广东省社会救助条例》。

10 月 16 日，区政府党组会议，学习《全面把握中国特色社会主义进入新时代的新要求》，传达学习习近平总书记在深圳经济特区建立 40 周年庆祝大会、中央财政委员会第八次会议等相关会议上的重要讲话，中办国办有关通知、市委七届九次全会等精神，研究有关人事任免事宜。

12 月 2 日，区政府党组会议，学习《习近平谈治国理政》第三卷文章《全面贯彻新时代中国特色社会主义思想和基本方略》，传达学习中共十九届五中全会，习近平总书记在广东视察时的重要讲话、在中央政治局会议上的重要讲话、对脱贫攻坚工作的重要指示精神，研究有关人事任免事宜，部署有关工作。

12 月 23 日，区政府党组会议，学习《习近平谈治国理政》第三卷文章《新时代要有新气象，更要有新作为》，传达学习习近平总书记在中央全面深化改革委员会第十六次会议，在浦东开发开放 30 周年庆祝大会，在江苏考察，全国劳动模范和先进工作者表彰大会，中共中央政治局会议，中共中央政治局常委会会议，中共中央党外人士座谈会，中共中央政治局第二十五次，二十六次集体学习上的重要讲话精神，以及对新时代推进农村土地制度改革、做好农村承包地管理工作、平安中国建设、做好关心下一代工作作出的重要指示精神，传达学习中央经济工作会议、省委十二届十二次全会、全省市厅级主要领导干部学习贯彻习近平总书记出席深圳经济特区建立 40 周年庆祝大会和视察广东重要讲话重要指示精神暨学习贯彻中共十九届五中全会精神专题研讨班精神。审议同意《梅江区互联网产业园评定办法》《梅江区互联网产业园扶持措施》《关于理顺医疗保障经办机制体制工作方案》《梅江区政务服务事项职权下放目录清单（第一批）》等事项，研究有关人事任免事宜，部署有关工作。

【区政府常务会议】 2020年，梅州市梅江区区长钟秀堂主持召开区政府常务会议17次。

1月22日，区政府常务会议，传达学习中央和省、市新型冠状病毒疫情防控工作暨开展爱国卫生运动视频会议精神，审议《关于放开梅江区户籍政策落户实施细则（试行）的通知》《2020年梅江区预算草案》《广东梅江控股集团有限公司组建方案（草案）》等有关工作方案，研究部署安全生产、治欠保支、春运、精准扶贫精准脱贫等有关工作。

2月4日，区政府常务会议，传达学习2020年全省民政工作和全市民政系统干部职工会议精神。听取安全生产、财政收支、城乡人居环境综合整治建设项目贷款资金使用等情况汇报，审议《梅江区企业复工和学校开学前后防控新型冠状病毒感染肺炎疫情的工作措施》。

2月14日，区政府常务会议，传达学习2020年全省生态环境保护工作会议精神，听取学校及周边安全防范工作情况汇报，审议房屋征收补偿事宜。

2月21日，区政府常务会议，传达学习全省节后复产复工安全生产工作视频会议、全省推动企业复工复产暨重大工程建设指挥部第二次会议、市新冠肺炎疫情防控指挥部专题会议等精神，审议《梅州市梅江区畜禽养殖区划分方案》等有关工作方案，研究部署疫情防控、企业复工复产和重点项目建设等工作。

3月16日，区政府常务会议，听取应急管理和安全生产、财政收支、涉农资金统筹整合等工作情况汇报，研究部署近期重点工作。

4月10日，区政府常务会议，研究部署财政收支、重点项目建设等工作。

5月9日，区政府常务会议，传达省长马兴瑞在全省推进重大项目建设和积极做好稳投资工作电视电话会议上的讲话、全国和全省防汛抗旱防风工作电视电话会议、安全生产工作会议等精神，听取疫情防控期间消防工作、2020年新增债券使用、重点项目谋划和建设等有关情况汇报，通报债券资金筹备项目前期工作情况，审议《梅江区土地房屋征收工作管理办法》等有关工作方案。

5月20日，区政府常务会议，审议《政府工作报告》《梅州市梅江区2019年国民经济和社会发展计划执行情况与2020年计划草案的报告》，研究部署有关工作。

6月9日，区政府常务会议，传达学习《广东省财政厅关于规范库款管理的通知》，全国、全省打击侵权假冒工作电视电话会议等精神，听取应急管理和安全生产工作、财政收支、食品药品安全形势评估等有关情况汇报，通报债券项目有关工作情况，审议《2020年新增地方政府专项债券使用分配方案》《梅江区中小学生综合实践活动教育基地建设方案》等有关工作方案。

6月24日，区政府常务会议，审议《梅江区2019年区、镇（街道）机关绩效考核方案》《梅江区2019年事业单位绩效考核方案》《梅江区2019年区、镇（街道）机关绩效考核奖金及离退休人员慰问金发放办法》等有关工作方案。

7月10日，召开区政府常务会议，传达市“十四五”规划编制工作领导小组会议等精神，听取应急管理和安全生产工作、“十四五”规划编制工作、专项债券项目工作等情况汇报，通报2019年度安全生产责任制考核、乡镇生活污水处理设施建设等有关情况，审议《2020年梅江区抗疫特别国债、特殊转移支付资金以及新增一般债券使用方案》《全面实施预算绩效管理的实施意见》等有关工作方案。

8月11日，区政府常务会议，听取东升园区环境综合整治、低效用地整治、园区环评、博敏电子环评等有关工作进展情况汇报，研究部署有关工作。

8月25日，区政府常务会议，传达全国安全生产电视电话会议、全省第三季度防范重特大生产安全事故暨消防工作视频会议、全省农业抗旱调度会议等精神，通报2019年度消防安全责任制考核检查、梅江区2019年食品安全工作评议考核等情况，听取秋冬季新冠肺炎疫情防控工作情况汇报，审议《2020年梅江区新增专项债券使用分配方案（最后一批）》《梅江区清理盘活存量资金纳入预算安排使用方案》等有关工作方案。

9月24日，区政府常务会议，学习习近平总书记关于安全生产的重要指示批示精神和市安委会《关于落实国务院安委会省安委会对2019年安全生产和消防工作考核巡查发现问题整改的通知》，传达学习省新冠肺炎防控指挥办电视电话会议、全省地质灾害三年行动推进视频会议、全省决战决胜脱贫攻坚视频会等相关会议和文件精神，听取近期安全生产和应急管理工作、人口普查工作、“四好农村路”决胜攻坚项目建设等情况汇报，通报梅江区2019年行政复议和行政应诉工作、2020年新增债券使用等有关情况，审议《2020年梅江区抗疫特别国债特殊转移支付资金项目调整方案》等有关工作方案，部署有关工作。

10月16日，区政府常务会议，传达学习全省部署国务院第七次大督查相关工作电视电话会议，全国、全省、全市安全防范工作会议等精神，听取应急管理和生产安全形势、应对秋冬季疫情防控、全区“四好农村路”建设攻坚等有关情况汇报，通报2020年前三季度全区重点项目投资完成等情况，审议《关于研究将芹洋半岛、江南新城安置区规划为卫生站、村、居委会用房移交金山街道办事处、三角镇人民政府使用管理》的有关事宜。

12月2日，区政府常务会议，传达学习省新冠肺炎防控指挥办第245次工作例会、全国疫情防控工作电视电话会议等精神，通报梅江区松材线虫病防治工作情况，听取梅江区新增债券使用、财政收支执行等有关情况汇报，审议《梅江区长者助餐服务工作实施方案》《梅州市嘉应桥头公园体制改革实施方案》等有关事宜。

12月23日，区政府常务会议，传达全市节前安全生产工作和重大活动筹备情况汇报会精神，研究部署梅州马拉松赛梅江区筹备工作，退役军人事务工作，全区食品药品安全形势评估等有关工作，审议《梅江区互联网产业园评定办法》《梅江区互联网产业园扶持措施》等有关事宜。

（罗雄昌）

区政府办公室

【概况】　2020年，梅江区人民政府办公室（以下简称区政府办）坚持把干事创业当作一种责任、一种使命，充分发挥参谋助手、政务服务等职责，开拓进取，扎实工作，为加快建设“诗画梅江、文明客都”、推动梅江苏区振兴发展全力服务保障。

【撰文办文】　2020年，区政府办严把文稿政策关、文字关和格式关，高质量起草政府工作报告、经济形势分析等大型综合性材料，全年撰写区政府党组会议、区政府常务会议等各类专题会议纪要77期，向市府办报送请示报告、工作动态72篇。在《人民日报》、人民网、新华社、央视网、《南方日报》、《梅州日报》等新闻媒体编发新闻稿件700多条（篇）次，协助《梅江新闻》《梅江发布》等新闻媒体采写或组织采访新闻稿件400多条。严把发文程序，保证行文的严肃性和时效性，全年制发本级文件400多件。严格落实保密管理制度，公文处理效率不断提高，全年办理各类来文6200多件。

【金融工作】　2020年，区政府办加大金融服务实体经济力度，推动降低企业融资成本，督促有关金融机构贯彻落实应对新冠肺炎疫情的政策措施，支持企业复工复产。加强企业上市培育工作，充实上市后备资源，推动一一五科技、飞翔云、国威电子、龙宇电子等企业向资本市场发展。加强推进农村普惠金融建设，统筹实施

"村居E支付"工程，实现行政村全覆盖。继续推广政策性小额信贷，建档立卡贫困户扶贫小额信贷获贷率100%。加强小额贷款公司监管，理顺典当行业监管职能，完善对典当企业的监督管理。加强防范金融风险，全面开展非法集资风险排查整治，妥善处置涉众金融矛盾纠纷。

【外事工作】 2020年，区政府办统筹做好涉外疫情防控，有效防范化解对外工作领域重大风险。加强领导干部出访管理和在梅江区外国人管理工作，外事工作水平不断提高。

【武装工作】 2020年，区政府办抓实直属机关企事业人民武装部工作，加强武装队伍建设，完成人武部门专攻精练协同集训任务。大力整顿民兵队伍，全年完成上级下达的基干民兵年度整组工作任务。

【会务接待】 2020年，区政府办严格贯彻落实中央八项规定及其实施细则精神，高质量承办会务，确保会议秩序和质量，办理各类会务活动424场，全区性会议比上年压减33%。严格执行党政机关公务接待规定，全年接待内外来宾80多批1000多人次。

【事务服务】 2020年，区政府办机关后勤管理、服务和保障工作有序开展，严把新冠肺炎疫情防控关口，落实政府大院"四防"（防聚集、防流动、防蔓延、防盲区）措施，安全形势稳定。公务用车用房、办公设备等管理有序，保障办公正常运作。实行"周末卫生日"制度，办公环境明显提升。政府采购规范高效，全年完成政府采购事项49项共164.5万元。

【政务公开】 2020年，区政府办政务服务便民高效，提升服务质量，健全完善政府信息公开审核、办理、答复等工作机制。全年办理依申请公开案件12宗，网民留言答复满意率100%；区级以上人大建议34件、区级政协提案83件均按时办结，办理满意率均100%。

【督查督办】 2020年，区政府办坚持从严治政、真抓实干，确保政令畅通。强化督查督办，建立月月更新、季度对账、半年检视、年底盘点的动态跟踪督查工作台账，实行督查事项登记、销号和归档制度。围绕常态化疫情防控、党内政治要件、民生实事落实情况等重点督查任务，全年共办理各类督办事项111项，领导批示件和交办事项60件，开展实地督查44次，编发督查通报2期，区级督查检查考核事项压减率21%。

【信访工作】 2020年，区政府办坚持和发展新时代"枫桥经验"，全力推行信访工作新模式，扎实开展领导带头接访下访，让群众"最多访一次"，全区信访形势呈现到省进京越级访、到市到区重复访、信访积案存量同比下降，网上信访同比上升和信访秩序明显好转"三降一升一好转"态势。全年共受理群众来信来访网信1556件，比上年减少5.4%；全区初信初访按时办结率100%。全年区领导对信访工作作出批示和指示124件次，接访下访群众265批311人次，化解信访突出问题46宗。开通网上信访快车，办结23宗涉疫信访事项，做到"接诉即办"。推进信访工作制度改革，推动西郊街道西区村创建文明村（社区）试点。开展"千名法律顾问解千案"活动，全年化解疑难复杂信访问题13宗，引导通过法律途径解决1宗、程序办结4宗。

（区政府办公室）

政务服务数据管理

【概况】 2020年，梅江区政务服务数据管理局坚持以习近平新时代中国特色社会主义思想为指引，贯彻落实习近平总书记视察广东重要讲话和对广东的系列重要指示批示精神，以深化"数字政府"建设为抓手，不断深化政务服务改革，在持续优化营商环境、强化部门政务协同上精准发力，推动全区"互联网+政务服务"

改革不断向纵深发展，政务服务水平显著提升。

【“数字政府”建设】 2020年，区政务服务数据管理局编制梅江区数字政府“十四五”发展规划，出台《梅州市梅江区政务信息化项目管理办法（试行）》，组织开展2021年度区信息化项目入库申报，其中15个项目纳入2021年区政务信息化项目库。推进全区政务外网升级改造工作，实现千兆到区、百兆到镇（街道），50兆到村。推进非涉密信息系统迁移上云，梅江区有6个系统部署在市政务云，其中4个系统上线运行。推进区级政务信息资源共享平台建设，依托区政务信息资源共享平台完成政务数据归集、实时更新，实现相关部门的资源共享与交互，并通过与市政务信息资源共享平台对接，实现与省、市政务信息资源交换和共享。开展政务信息系统梳理，加快消除“僵尸”系统。推动政务数据的治理工作，建立完整的、科学的、安全的、高质量的数据治理流程体系，建立梅江区政务数据集成以及融合能力。构建数据局大数据资源中心，形成区级数据资产。推动政务网络和信息系统安全建设，完善网络安全应急预案，建立应急响应机制和信息安全协调工作机制。在区政府大院内部署终端安全管理系统，实现终端准入、管控、审计、运维一体化管理。加强政务信息系统安全，落实政务信息系统安全等级保护措施，强化政府网站制度管理，规范信息发布，加强政府网站监测和人工巡查，每季度开展一次全区政府网站检查，组织各单位做好网站整改工作。做好政府网站安全防范工作，积极开展区政府网站信息安全二级等保建设，不定时对网站进行安全隐患排查，及时修复漏洞。完成区政府门户网站集约化建设，对网站进行IPV6升级改造。推进电子证照和电子印章建设，整理900多项国家政务服务一体化平台的电子证照清单，完成营业执照“免证办”的政务服务事项133项。大力推广“粤政易”移动办公平台的应用，至年末，全区开通“粤政易”政务微信账号5503个，激活率99.54%。

【政务服务环境优化】 2020年，区政务服务数据管理局积极推进政务服务事项标准化建设，实现与国家基本目录对接率100%，依申请类事项标准化完成率100%，统筹清单完成率100%，实施清单完成率100%。进一步提升政务服务事项办理能力，至年末时限压减率65.98%，平均跑动次数0.1896，四级网办深度占比65.38%，可网办事项数978项，一窗受理事项数1018项，预约办理事项数926项，零跑动事项842项。积极协调全区各单位做好政务服务事项指标考核，行政许可类事项时限压缩率94.25%，平均跑动次数0.0092，即办程度95.38%；依申请六类事项综合窗口受理率97.46%，跨域通办率96%，就近办率96%，自助办率92%，预约办率98.61%。推进“证照联办”改革试点建设，梅江区作为市场准入“证照联办”改革试点县（区），积极会同区市场监管局对市级梳理出的“开办便利店”等28项“证照联办”改革事项清单，实行“照后审批”“照后备案”“告知承诺”的许可审批事项纳入“证照联办”改革实施范围，实现一次告知、同步受理、资料共享、精简流程、同步发证的审批模式。指导各有关审批单位对“证照联办”改革涉及的办事情形、审批和办理流程等进行梳理细化，实现“一窗受理”“一网通办”“一次申请”“一次办结”。推动政务服务事项延伸建设，推动区级政务服务事项303项下沉至西郊街道党群服务中心办理，实行“一窗式”综合受理工作模式，构建完善互联网+监管体系，实施清单完成率100%。提升监管数据事项覆盖率，剔除无监管对象只有行政处罚或强制子项的事项，有数据汇聚监管事项390项，数据汇聚率100%。

【“放管服”改革深化】 2020年，区政务服务数据管理局优化提升政务大厅综合服务功能，对区级大厅进行扩容提质，推动区科工商务局、应急管理局等30个单位进驻大厅，全区政务服务事项1003项，进驻区政务服务实体大厅服务事项949项，进驻率94.61%。优化政务服务事项办理流程，面向自然人提供现场办理事项518项，即办率51.64%，完成省规定即办率达到50%左右的目标。进一步优化办事流程，行政审批事项达到100%可就近办和全流程网上办理，“一窗受理”比率达89.45%，“网上办”比率达79.43%，“马上办”比率达68.98%，“就近办”比率达90.50%，“一次办”比率达84.71%。简化流程优化服务提升企业开办便利度，实现企业开办“即来即办”和全流程免费。全年新设立企业1548户，减免23.22万元。开设工程建设项目专窗，实现多部门技术审查整合并入施工图设计文件审查，实行“一张表单，并联审批，一次办理”进行。2020年，区发展和改革局办理行政审批业务194宗，区住房和城乡建设局办理行政审批业务72宗，区水务局办理行政审批业务6宗。推进政务服务“四免”（免收邮寄费、免收复印费、免收公告费、免收刻章费）流程优化，对1003项依申请类政务服务事项的办理材料和业务表单数据项、电子证照和共享数据、需使用印章和签名的环节进行梳理，完成全部政务服务事项“四免”优化底数梳理和首批39项事项“四免”优化。推动政务服务事项自助办，在区综合政务服务大厅、西郊党群服务中心办事大厅部署政务服务一体机，可办理政务服务事项138项，国省垂事项65项。

梅江区惠民信息平台升级改造建成上线启动仪式

【政务服务效能提升】 2020年，区政务服务数据管理局提升政府服务热线承办水平，全年共接到市派发工单5249件，工单量在全市各县（区）排第二位，占全市工单总数（2.92万件）的17.95%。回访工单5163件，群众满意工单5158件，服务满意率99.90%，按时办结率100%。完成惠民信息平台升级改造，成立工作领导小组，印发《梅江区推进惠民信息平台建设工作方案》，明确各单位职责和细化工作措施，投入140多万元对平台进行升级改造。健全工作机制，建立《梅江区惠民信息平台绩效考核办法》，保障平台规范运行。完善公开项目，实现监管范围全覆盖，升级后，惠民信息公开项目增至62项，新上线基层公开事项34项。2020年累计发布惠民补贴信息43.57万条，监管资金总额累计1.26亿元，受益人群38.49万人次。加大宣传推广力度，制作宣传画册海报到村、社区投放，提高群众对惠民平台的知晓率和使用率。推广使用政务服务“好差评”，全区政务服务“好差评”系统依托省一体化在线政务服务“好差评”系统，涵盖全区所有依申请政务服务事项，同时在区、镇（街道）、村（社区）三级全面推广应用。至年末，政务服务质量9.9分，差评整改率100%，大厅推广度91.7%，办事评价覆盖率28.1%，“好差评”综合评分7.6分。

（古梦瑶）

应急管理

【概况】 2020年，梅江区

应急管理局以习近平新时代中国特色社会主义思想为指导，深入学习贯彻习近平总书记关于安全生产重要论述、对广东重要讲话和重要指示批示精神，树牢安全发展理念，坚持问题导向、目标导向和结果导向，以保障人民群众生命财产安全为根本出发点，以治理事故隐患为核心，在防灾减灾、宣传教育培训、坚持依法行政、深化专项整治、强化监督检查、排查治理隐患等方面做了大量的工作，为梅江区构建文明客都、诗画梅江新格局提供安全保障。

【责任落实】 2020年，区应急管理局组织开展全区2019年度安全生产责任制考核工作，并将考核情况进行全区通报。层层签订《梅江区安全生产责任书》《梅江区森林防灭火工作责任书》《梅江区地区防洪安全责任书》，促进各镇（街道）、区直和市直有关单位相关工作责任落实。牵头起草《中共梅州市梅江区委办公室梅州市梅江区人民政府办公室关于印发〈梅江区加强基层应急管理建设实施方案〉的通知》，加强对镇（街道）应急管理建设工作的督促指导，确保基层应急管理建设工作有人抓、抓得实，有人管、管得住。

【监管执法】 2020年，区应急管理局紧紧围绕安全生产专项整治三年行动实施计划，以非煤矿山、危险化学品、烟花爆竹等行业（领域）为重点，深入开展安全生产隐患排查治理和“打非治违”。落实所有非煤矿山、危险化学品企业及冶金、有色、机械、建材、轻工、纺织、烟草、商贸等行业规模以上企业主要负责人，全部安装使用“广东应急一键通”移动客户端。落实企业安全承诺制度，要求全区非煤矿山、烟花爆竹、危险化学品企业签订安全承诺书。制定印发《梅江区工矿商贸行业全面推行“一线三排”工作方案》，深化安全隐患排查治理，强化企业“生命至上、安全第一”的发展理念。每月报区政府常务会研究选取3处重点隐患进行挂牌督办，并报市安委办，加强动态分级管控，落实各行业部门责任，督促企业坚决做到隐患整改全面落实，将事故隐患消除在萌芽状态，为梅江区各项建设提供安全保障。全年共检查企业1504家次，排查一般隐患1532处，整改1532处，整改率100%；排查重点隐患36处，整改36处，整改率100%；办结行政处罚案件17宗（其中简易程序案件7宗、一般程序案件10宗），罚款总金额87.37万元。全年全区工矿商贸发生安全责任事故3起，死亡3人，办结生产安全事故调查3起。结合安全生产月活动，组织开展安全生产执法警示活动，强化部门联动机制，加强与镇（街道）、相关职能部门的协调联动，开展安全生产乡镇委托执法工作，扩大打非治违覆盖面，注重源头治理，对发现违反安全生产法律法规行为，严格进行查处。

【防灾减灾】 应急指挥工作到位 2020年，区应急管理局及时调整梅江区森林防灭火指挥部、防震抗震救灾工作领导小组、突发事件应急委员会、减灾委员会、防汛防旱防风指挥部等议事协调机构成员名单，修订印发《梅州市梅江区森林火灾应急预案》，进一步提高森林火灾应急处置和协调救援能力。组织各镇（街道）及相关单位先后开展梅江区轻舟机动队、综合防汛抢险、森林防灭火等演练及培训，制定印发《梅江区应急管理局值班工作制度》《梅江区应急管理局领导带班制度》和《梅江区应急管理局值班信息报告制度》，进一步规范和强化应急值班值守工作。组织人员对辖区内20家城区应急避难场所进行全面梳理检查，结合“创文”工作，经请示上级同意保留13家城区避难场所标识。联合区人武部制定《梅江区军地联合应急处置方案》，提高军地协调联动机制。

灾害风险防范 2020年，梅江区汛期为3月底至10月中，较常年提早半个月进入，迟半个月结束，全年降雨量为983毫米，比上年减少606毫米。区“三防”（防汛、防旱、防风）办先后组织隐患点排查3次和防汛工作督查4次，共排查出风险隐患901起，均落实防控措施。进入防火期后，区森林防火办组织隐患点排查3次和森林防火工作督查3次，有效制止野外用火行为146宗，共排查出隐患点402处，均落实防控措施。

防灾减灾救灾 2020年，区应急管理局积极开展创建综合示范社区工作，按照《广东省自然灾害防治能力建设行动方案》，全面完成每个镇、街道至少有1个村（社区）开展综合减灾示范区创建工作，至年末，按要求成功创建综合减灾示范社区9个。印发《梅州市梅江区应急管理局 梅州市梅江区民政局受灾群众基本生活保障工作实施方案》，强化部门协作配合，加强受灾人员救助政策与临时救助等相关社会救助政策有效衔接。组织开展梅江区第一次全国自然灾害综合风险普查工作，成立区级普查领导小组，初步完成自然灾害综合风险普查清查表。扎实做好防灾减灾救灾宣传工作，结合每年防灾减灾宣传月和森林防火宣传月，向广大群众宣传防灾避险知识，推动避险教育进学校、进农村、进社区。及时更新梅江区气象灾害应急责任人信息，并组织开展气象灾害防御重点单位名录梳理工作，经5名市相关领域专家评审论证，拟定博敏电子、清凉山供水公司、西阳水电站、梅雁吉祥4家单位为2020年梅江区气象灾害防御重点单位。规范各镇（街道）应急管理（三防）标准化建设，推进行政村、社区防灾减灾救灾能力建设。

重点项目建设 2020年，区应急管理局积极推进梅江区应急指挥中心平台建设，将可研性报告提交区发改部门完成立项审批，并对具体实施方案做进一步调整。筹建梅江区综合应急仓库，制定项目建议书并交区发改部门备案，待仓库选址确定，将按要求进行建设。联合区委宣传部和广东广电梅州分公司在全区各村（社区）建设“天翼大喇叭”智慧广播平台，安装地点全部选定，并将配合广东广电梅州分公司前往各村（社区）安装应急广播终端。推广村村通应急卫星电话，2020年购置7部卫星电话下拨长沙镇7个村（社区）。向区政府请示，成立梅江区综合应急救援队伍，由区应急管理局统一管理，负责全区综合应急抢险工作。

【疫情防控】 2020年，区应急管理局及时召开局党组专题会议，传达学习上级对疫情防控工作讲话精神和文件要求，研究部署局疫情防控工作。成立防控新型冠状病毒感染的肺炎疫情工作领导小组，明确责任分工，确保疫情防控各项工作有人抓、抓得实。印发《梅州市梅江区安委会办公室 梅州市梅江区应急管理局关于企业推迟复产复工时间的通知》，指导全区各企业安全有序进行复产复工，指导督促辖内加油站和重点工贸企业做好疫情期间安全生产、疫情防控工作。联合区科工商务局、区卫生健康局、区人力资源和社会保障局等单位到企业检查复工复产和疫情防控工作情况，对申请提前复工报备的规模以上企业进行现场核查。根据区委组织部《关于报名参与全区党员先锋队深入一线做好疫情防控工作的通知》要求，派出3名党员干部（其中副局长2人、科员1人）分别深入到金山街道金丰村、西阳镇秀竹村、北联村协助开展疫情防控工作。加强应急值班值守工作，严格落实领导带班24小时在岗值班值守，确保疫情防控期间紧急事项及时处理，各项工作正常运转，工作信息联络畅通，并对疫情自查等值班情况实行“日报告”“零报告”。加强干部职工疫情防控宣传力度，将上级预防新型冠状病毒感染的肺炎疫情卫生清洁消毒指引传达到每一名干部职工，并做好局办公场所的卫生清洁消毒工作。同时，抽调3名工作人员参与疫情防控隔离点的值班值守工作。

【安全宣教】 2020年，区应急管理局组织开展以“消除事故隐患，筑牢安全防线”为主题的安全生产宣传服务咨询活动，通过摆设咨询台、设置

"安全生产月"宣传墙、LED大屏播放安全生产短视频、开展知识问答、悬挂横幅、张贴海报、发放各类宣传资料等形式进行，现场活动通过答题抽奖方式取得广大群众的喜爱，营造良好的宣传氛围，参与人数约500人次，累计发放宣传资料8000份，网络直播线上参与人数约20万人。为扩大宣传力度、创新宣传渠道，定期在梅州市梅江区安全主题公园户外LED大屏播放安全生产、应急管理等宣传口号和宣传视频，并积极协调区委宣传部，在区政府户外LED大屏投放相关宣传片和影音资料，全年投放宣传口号标语18条，宣传视频5部。此外，通过微信群和创建梅江融媒号等自媒体渠道推送应急和安全知识，并要求具备宣传条件的企业在经营场所和公众场所进行宣传。坚持开展安全宣传"五进"（进校园、进乡村、进社区、进家庭、进商铺）活动，把安全生产和应急管理知识常识带给社会各层各界，全年共组织安全宣传"五进"活动11场。

（蔡建梅）

消防救援

【概况】 2020年，梅江区消防救援大队全体指战员上下同欲、勠力同心、铿锵同步，精准对标"主力军、国家队"职能定位，严格执行"两严两准"（严格的纪律、严密的组织，按照准现役、准军事化标准）建设标准，圆满完成年度各项工作任务，实现火灾形势和队伍的"两个稳定"。

【思想武装】 2020年，区消防救援大队深入学习中共十九届五中全会和习近平总书记系列重要讲话精神，严格落实党委"第一议题"制度，规范党委"七必议"（议教、议训、议管、议防、议廉、议财、议审）制度，全年中心组学习20多次，召开党委会36次，研究重大议题100多项，发表高质量调研文章3篇。扎实开展"五个不动摇"（始终坚持"四句话方针"不动摇、坚持"两严两准"建设标准不动摇、坚持战斗力标准不动摇、坚持24小时驻勤备战不动摇、坚持走中国特色消防救援队伍建设新路子不动摇）主题教育实践活动，落实从严治酒"九条铁规"（严禁工作日饮酒，严禁在值班、执勤、备勤、出差及重大安保期间饮酒，严禁在消防监督、执法办案、参加会议、学习培训、检查督导、考察调研、请示报告、走访慰问等公务活动期间饮酒，严禁以提拔、晋级晋衔、调动、退休、表彰奖励、庆典庆功或与地方党委政府领导接触等为理由聚众饮酒，严禁参与可能影响公正执行公务、影响消防救援队伍形象的聚餐和饮酒，严禁在工作场所、单位执勤备勤宿舍和内部食堂等营区内以及着制服在公共场所饮酒，严禁在任何时间、任何场合酗酒，严禁饮酒不报备，严禁值班执勤期间外出吃夜宵），到东山书院、北联村等红色场所开展主题党（团）日活动。携手嘉应体育学院、东山书院、梅州日报搭建队校共

2020年，梅江区消防救援大队组织全体指战员到西阳镇北联村"红色村"开展"践行训词精神 担当神圣使命"主题党（团）日活动

2020 年 11 月，金山消防救援站开展“小手拉大手”进消防站活动

同参与职业教育平台，推动形成职业院校成为消防人才的“供给者”和提高毕业生就业数量“促进者”的教育双赢格局，先后组织开展“新闻媒体教学”“苏区文化讲解员”“消防宣传志愿者”培训 100 多人次。2020 年，区消防救援大队被授予第六届“全国文明单位”“广东省文明单位”“五四红旗团支部”称号，梅江区消防救援大队成功挂牌“新时代文明实践中心”，全年有 5 人获三等功专项奖励，3 个集体 9 人分别获评省、市、区党、团表彰。

【安全监管】 2020 年，区消防救援大队向区委、区政府主要领导汇报工作 8 次，先后召开会议专题研究部署消防安全工作 6 次，推动出台工作实施方案 7 个。抽调成员单位轮流跟班学习，全年区消防救援大队先后组织开展消防安全联合检查 7 次，督导检查 2 次，并在区政府常务会议通报相关情况。全年检查社会单位 9207 家，发现火灾隐患 2860 处，督促整改隐患 2547 处，火灾形势持续平稳可控。借助创建全国文明城市契机，推动区委、区政府开展老旧小区消防安全专项整治行动发动基层网格力量开展“敲门行动”，共排查“三小”（小档口、小作坊、小娱乐）场所 7238 家，发现隐患 1321 处，整改隐患 937 处。2020 年通过网络直播、面对面授课等方式开展消防安全培训和疏散演练等消防宣传“五进”（进企业、进农村、进社区、进学校、进家庭）活动 140 多场，“队站开放”活动 40 多场，受益群众 6 万多人。

【救援训练】 2020 年，区消防救援大队严格落实议训参训，每月主官带头开展月考核制度，大队干部每周至少组织消防站开展一次辖区“六熟悉”（熟悉辖区交通道路、消防水源情况，熟悉消防安全重点单位数量、分类和分布情况，熟悉消防安全重点单位建筑结构和使用情况，熟悉消防安全重点单位重点部位情况，熟悉消防安全重点单位内部消防设施

2020 年 12 月 25 日，金山消防救援站指战员参与梅州市扫黑除恶专项斗争成果展开馆仪式消防安保工作

和消防组织情况，熟悉辖区主要灾害事故类型和处置对策、基本程序），同时对辖区485个市政消防栓开展全面排查，利用广东智慧新消防企业微信对所有消防栓的位置、水压、完好情况等进行标注。全年组织4期共283个重点单位微型消防站队员开展初期火灾扑救能力轮训，组织修订重点单位灭火救援预案60多份、开展高层建筑、普通居民火灾随机演练10多次。

【扑火救援】 2020年，区消防救援大队在疫情期间，积极响应区委、区政府号召，不等不靠、主动作为，承担辖区定点医院防火、转运、演练等任务，全体指战员取消探亲休假，24小时坚守岗位，完成处置辖区各类社会救助20起。全年先后成功处置“9·9”梅江区月梅东厢村纺织厂车间火灾、“12·2”城北汽修厂火灾、“12·18”梅江碧桂园火灾等多起救援难度高、社会影响大的灭火救援任务。同时，圆满完成深圳经济特区建立40周年、林风眠120周年诞辰等10多场次重大消防执勤、安保任务。

【基础建设】 2020年，区消防救援大队投入72万多元购置装备器材960多件（套），配齐配强基层队站专业装备。全年先后投入59万多元升级改造大队荣誉室、江南站健身房及公寓房装修项目，改善队站工作生活环境，提升全体指战员的凝聚力、战斗力。

（赖映玲）

2020年12月2日，金山消防救援站成功处置梅江区联合中学门口汽车烤漆房火灾

退役军人事务

【概况】 2020年，梅江区退役军人事务局坚持以习近平新时代中国特色社会主义思想为指导，深入学习贯彻习近平总书记关于退役军人工作的重要指示，紧紧围绕区委、区政府的中心工作，守初心、担使命、求实效，奋力开创全区退役军人事务工作新局面，为梅江苏区振兴发展做出积极贡献。

【疫情防控】 2020年，区退役军人事务局面对突如其来的新冠肺炎疫情，按照上级部署要求，迅速行动，扎实开展疫情防控工作。及时发布公告，区退役军人服务中心大厅和各镇（街道）及村（社区）服务站暂停对外服务，并引导广大退役军人通过来电、来信及网上信访等方式反映诉求。通过政府网站、微信工作群、LED电子显示屏向全区退役军人发布“退役不褪色，坚定信心打赢疫情防控阻击战”倡议书。同时对帮扶挂钩的城北镇五里亭村做好疫情防控，脱贫攻坚工作进行全面梳理，做好安排，狠抓落实，防止松劲懈怠，绷紧弦、再加压，有序推进相关挂钩扶贫工作，2020年城北镇五里亭村全部建档立卡贫困户达到脱贫退出标准。

【服务体系建设】 2020年，区退役军人事务局加强党对退役军人工作的集中统一领导，及时调整区委退役军人事务工作领导小组，涵盖多个职能密切相关的成员单位。区级服务中心、7个镇（街道）退役军人服务站全部按照“五有”（有机构、有编制、有人员、有经费、有保障）全覆盖要求完成建设，村级服务站全面落实“两委”专人负责。2020年区退役军人服务中心（站）星级示范创建工作全面铺开，梅江区8个镇级以上退役军人服务中心（站）全部通过省级五星中心（站）建设评审验收。

【拥军优抚】 2020年，区退役军人事务局进行采集全区工作对象数据，经省军人事务厅审核通过，完成全区悬挂光荣牌工作。退役军人纳入各级党政班子“八一”、春节期间走访慰问对象，优秀退役军人代表作为一个群体参加区委、区政府春节团拜会。区退役军人服务中心，镇（街道）退役军人服务站全面开展退役军人“大走访”活动，至年末开展走访慰问1万多人次，走访率96.8%。配合梅州市复退军人医院开展“关爱功臣，送医送药”专题活动，全区优抚对象免费送药品约3.8万元。

【就业安置】 2020年，区退役军人事务局对符合政策安排条件的转业士官全部安排到公益一类事业单位，稳妥有序完成部分退役士兵保险接续工作，累计完成符合补缴条件退役士兵的录入和初审工作及养老保险和医疗保险的二级审核，缴费工作全面完成。组织全区部分退役军人参加梅州市退役军人全员适应性培训。为符合条件的退役士兵进行中等职业技能培训，全年举办退役军人专场招聘会2场，线上线下各1场，吸引80家企业参与，提供就业岗位。

【纪念园管理】 2020年，区退役军人事务局加强烈士纪念园地设施管理保护工作，对梅江区长沙革命烈士纪念园、梅江区西阳白宫纪念碑等纪念设施进行修缮保护。同时组织开展清明节、烈士纪念日祭扫英烈活动，“八一”建军节期间召开座谈会，搭建拥军平台，引导退役军人为社会做出新贡献。

（王捷俊）

侨 联

【概况】 2020年，梅江区归国华侨联合会（以下简称区侨联）坚持以习近平新时代中国特色社会主义思想为指导，围绕区委、区政府中心工作，积极发挥职能优势，团结和服务广大海外侨胞和归侨侨眷，推动侨联工作稳健发展。

【疫情防控】 2020年，区侨联在新冠肺炎疫情期间，机关党员干部第一时间到社区开展入户摸排、重点人员信息登记，宣传防疫知识、设岗测体温登记等工作。按照区委统一部署，协调组织党员干部参加防控境外疫情输入专班，到入境口岸接转多批次境外回梅江区人员，跟进服务滞留在梅江区的华侨、外籍人员、留学生群体的生活情况。及时掌握海外、港澳地区抗疫物资捐赠情况，

2020年6月18日，梅江区侨联陪同梅州市侨联组织的泰国、加拿大、英国、澳大利亚、印度尼西亚、马来西亚等在梅州部分海外侨胞侨眷和梅州市东南亚归侨联谊会、梅州市华侨历史学会、梅州市留学人员发展联合会、梅州市新的社会阶层人士联合会侨眷分会会员代表等40多人到城北镇干光村参观华侨民居联辉楼和侨资企业广东裕丰食品股份有限公司

2020 年 12 月 24 日，印度尼西亚新侨李满意引进“广东撒哈拉娜娜传媒有限公司”和“广东天伯公足球俱乐部”落户东汇城

打通捐赠渠道，用于抗疫一线，至 3 月 30 日，梅江区共收到海外、侨资企业抗疫捐款约 40 万元，防疫物品多批。同时向 90 多名海外侨胞发出倡议，引导支持遵守防疫规定及延缓回乡计划。2020 年，梅江区侨联获得“全国侨联系统抗击新冠肺炎疫情先进集体”荣誉称号。

【联谊联络】 2020 年，区侨联协助组织泰国、印度尼西亚、马来西亚、加拿大、英国、澳大利亚等国在梅江区侨胞 40 多人，开展“梅州市侨胞侨眷美丽乡村行”活动，参观梅江区文旅项目和优质侨资企业，让侨胞感受家乡发展变化。拜访在梅江区海外社团负责人，整理梅江区华侨华人海外社团情况台账，登记主要侨团、侨领及海外华侨华人信息，为联谊联络夯实基础。协助组织印度尼西亚华裔天伯公铁狼足球队与西阳镇足球队开展“一带一路”友好足球联谊活动，协助印度尼西亚客属联谊总会顾问、印度尼西亚中国中小企业联盟 KYDX 公司董事长李满意赞助梅江区 8 间小学 19 支球队参加梅州市东辉足球俱乐部第一届三年级足球邀请赛暨沙哈拉娜娜品牌系列亲子活动。

【桥梁纽带】 2020 年，区侨联发挥侨界人才荟萃、联系广泛、融通中外的优势，主动引导、争取海外侨贤侨商支持参与“诗画梅江、文明客都”建设规划以及家乡慈善事业，先后促成印度尼西亚工商会馆中国委员会执行主席、印度尼西亚、美国国际日报报业集团总裁熊德龙分别与华南康复医院、泽山口腔医院签订战略合作协议，中国侨联海外委员、广州半岛投资集团执行董事王文康与梅州甄尚食品有限公司在中国农民丰收节现场签订消费扶贫协议，王文康组团考察广东裕丰食品股份有限公司计划推广区内优质企业的产品到粤港澳大湾区，印度尼西亚新

2020 年 12 月 4 日，梅江区侨联在江北文化公园开展国家宪法日普法宣传活动

侨李满意引进“广东撒哈拉娜娜传媒有限公司”和“广东天伯公足球俱乐部”落户东汇城，促进“一带一路”沿线国家与梅江区的交流合作。2020年，梅江区收到海外侨胞、侨团捐赠的慈善物资折款共计465.17万元，用于梅江区新冠疫情防控、医疗卫生、教育等事业。

【归侨侨眷服务】 2020年，区侨联依法维护侨胞和归侨侨眷的合法权益，听取侨胞和归侨侨眷反映意见和建议，与相关部门积极沟通协调，提供政策咨询和法律服务。宣传侨法，上门发送《广东省华侨权益保护条例》，通过“12·4”宪法宣传日活动为侨界群众提供法律政策咨询，提高涉侨法规的普及和依法维权意识。慰问西阳镇高龄困难归侨，并送去侨团捐赠的慰问品。协助广东省侨界仁爱基金会向梅江区3名优秀侨眷学生颁发“慈爱基金·侨界奖教奖学金”，激励学生刻苦学习，发奋图强。帮扶困难归侨群体，向困难归侨233户发放广东省贫困归侨扶贫救助补助金42.28万元。

（陈璐璐）

台创园

【概况】 2020年，广东梅州梅江台湾农民创业园管委会（以下简称梅江台创园管委会）坚持以习近平新时代中国特色社会主义思想为指导，紧紧围绕区委、区政府的中心工作，深入实施乡村振兴发展战略，促进产业融合创新发展，加强党建引领，优化园区服务管理，扎实推进疫情防控，推动产业融合创新发展。

【疫情防控】 2020年，梅江台创园管委会把突如其来的新冠肺炎疫情防控工作作为头等大事来抓，迅速成立领导小组，制定防控工作方案，建立值班值守、应急处置机制，明确防控工作各项要求。做好疫情防控知识宣传，全力抓好佩戴口罩、测量体温、办公场所消毒消杀等工作，时刻掌握员工最新动向，确保疫情防控工作安全有序开展。制订园区防控措施，以网格化管理模式深入园区各企业宣传、指导和检查疫情防控工作，及时摸排台商、台农在梅江区人员情况，建立人员信息档案，严格执行及时报告制度，帮助园区企业解决防疫物资需求，为缺乏防疫物资的台农台企提供口罩、消毒用品等物品。开展爱心捐赠活动，动员园区企业自愿捐赠物资，据统计，园区企业共捐赠水果、茶叶、酒精、消毒液、洗手液等价值约30万元的物资。助力园区企业复工复产，一手抓防控，一手抓生产，贯彻落实省、市、区关于有序推进企业复工复产的相关措施，为台企防控“划重点”“列清单”。摸清台企在复工复产遇到技术需求、用工需求、防疫物资不足及肥料购买等问题，及时联系相关专家及相关部门帮助解决，确保台企复工复产顺利开展。

【园区产业】 2020年，梅江台创园管委会围绕省级现代茶叶产业园、蔬菜产业园项目建设要求，全力协助企业做好项目建设质量、资金使用合规性把关和建设进度推进工作，

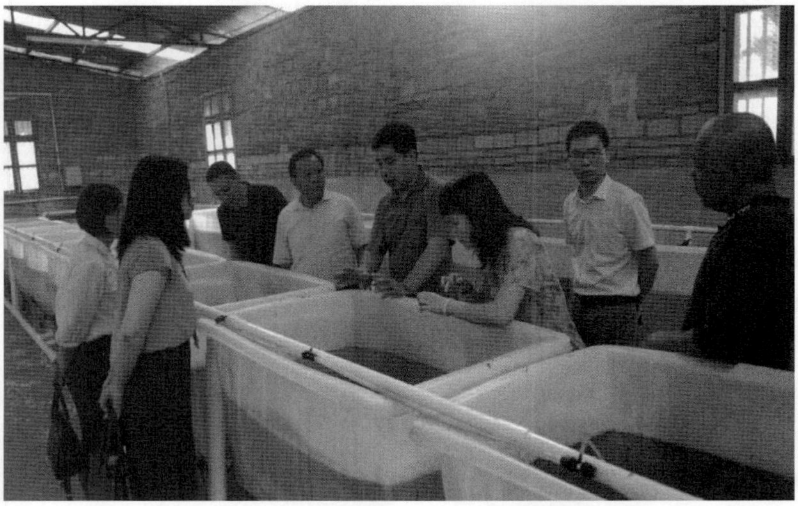

2020年6月12日，梅州市台港澳事务局局长王忠豪（右二）到台资企业梅州市龙源农业科技有限公司澳洲淡水龙虾养殖基地调研

协调解决建设中遇到的难点、问题。至年末，园区7家企业的现代产业园项目建设基本完成。组织专业技术人员深入园区台资企业，开展澳洲淡水龙虾养殖技术交流，指导企业培育自有品牌，大力推动园区新产业发展，示范繁育澳洲淡水龙虾苗10多万尾。引导台资企业加大台湾优良新品种引进、示范、推广力度，优化园区农业品种结构，全年园区新引进品种主要有台湾凤梨释迦、台湾红心巴乐、台湾水果木瓜、台湾芒果等7个，新品种蜜雪梨、释迦果开始投产，新品种水果深受消费者喜爱。引导园区企业积极参与“短视频+主播带货”网络直播带货营销新模式，指导企业产品上线本来生活网、微商等销售平台，借助新业态营销模式，进一步提高产品知名度，助力园区农产品走向全国市场。2020年园区企业通过“直播带货”+电商平台共销售产品500多万元。深入挖掘、保护、传承、活化和利用台创园休闲农业资源，进一步促进园区休闲农业产业精品化、特色化、效益化发展，积极引进具有台湾休闲农业打造提升丰富经验的技术团队，帮助爱丽丝庄园提升功能和定位。实施“扬帆计划”人才工程培育工程项目，培训技术人才300多人，为园区发展提供人才保障和智力支撑。联合区农业农村局举办梅江区特色农产品电商网红培训会，推进网销新模式发展。全年支付贷款贴息及担保费补助43.8万元，撬动社会资金730万元投入园区发展产业。

【品牌培育】 2020年，梅江台创园管委会积极加强园区农产品宣传推广，引导园区企业加强产品品牌培育及农产品包装策划设计，提升产品包装文创意、精美度和吸引力，进一步提高产品知名度和市场竞争力，助推产品“走出去”。2020年，梅州市源自然农业发展有限公司、梅州市明山嶂茶业有限公司获得茶叶生产SC认证，“柏宫源”绿茶栽培与制作技术规程企业标准通过审定，系列茶产品采用彩书创意包装，提高茶产品档次。绿道兰花与金山创意设计合作，启用彩书国学花盆，走向“文化+兰花”创意之路。组织园区企业参加农交会、绿博会、种博会、广博会等展会，参展产品近40个，展销金额约16万元，签订销售订单300多万元。

【企业发展】 2020年，梅江台创园管委会围绕园区建设发展需求，扎实提高服务理念、服务质量、服务效能。实行“1+1”服务企业模式，园区49家企业落实联系责任人和挂点领导，定期每月实地走访企业，及时了解园区企业、台农、台商的实际需求，积极帮助企业解决困难和问题。同时做好最新政策的宣传解读，切实做好台商、台农的信息员、服务员和宣传员，努力提升服务效能。引导企业转型升级，帮助企业实现效益化发展。努力为新落户西阳镇新联村的梅州市龙源农业科技有限公司解决场地使用纠纷等困难，协助企业办理外资银行账户。为园区台资企业广东瑞民农业科技有限公司协调解决设施农用地问题，增强企业发展信心。2020年，园区新增2家省重点农业龙头企业、1家省重点林业龙头企业、

2020年1月18日，梅江台湾农民创业园管委会召开梅江台创园台资企业代表迎春座谈会

1家省“菜篮子”基地和1家市重点农业龙头企业。

（丘瑜宝）

土地房屋征收安置

【概况】 2020年，梅江区土地房屋征收安置中心坚持以习近平新时代中国特色社会主义思想为指导，主动增强“四个意识”，坚定“四个自信”，做到“两个维护”，深入学习贯彻落实习近平总书记重要指示批示精神和习近平总书记视察广东重要讲话精神，全面贯彻中共十九大和中共十九届历次全会精神，紧紧围绕区委、区政府工作计划，大力推进城市扩容提质，全力做好土地房屋征收，确保征收工作依法依规、阳光透明、科学高效运行，推动各项工作迈上新台阶、实现新发展。

【土地房屋征收】 2020年，梅江区土地房屋征收安置中心围绕区委、区政府的工作部署，全力推进34个（2020年新增项目19个）重点项目征收工作，全面完成珠宝生态谷项目（一期）、梅江区义化路八角亭边小楼及周边用地建设等12个项目征收任务。全年共征收房屋363座，集体土地142.1公顷，向市土地储备中心移交土地104.09公顷。

一、三角镇在征项目情况：实施项目5个。

1. 江南新城首期任务：江南新城首期征收集体土地全部征收完毕。该项目累计房屋签约5313座，占任务总数5327座99.74%；未完成征收房屋14座，其中独立栋7座、老祖屋7座。按照7月15日市政府工作会议决定事项通知书停止征收。

2. 客都大桥东端连接客都大道道路工程：该项目累计签约房屋214座，占任务总数223座的95.96%；签约集体土地14.14公顷，占任务总数19.44公顷的72.74%，签约附着物15.27公顷，占任务总数20.57公顷的74.23%，坟墓全部完成签约。

3. 富奇路至正兴路“生命通道”项目：需征收面积0.7公顷。该项目红线范围内大部分土地房屋均为国有资产，由市土地储备中心负责收回；剩余1座房屋未签约。

4. 梅州昭华教育城综合体项目：该项目累计签约房屋55座，占任务总数122座的45.08%；签约土地47.17公顷，占任务总数48.45公顷的97.37%，签约附着物34.48公顷，占任务总数48.45公顷的71.16%。

5. 华苑路提升改造工程项目：该项目需征收房屋1座，土地0.32公顷，地面附着物17户，坟墓7座，完成测量未签约。

二、金山街道在征项目情况：完成征收项目4个，实施项目5个。

1. 芹洋半岛品牌战略发展区：该项目土地房屋征收工作基本完成，重点做好维稳工作和解决历史遗留征拆问题。

2. 芹洋半岛内环路与S223连接线半幅道路（芹洋加油站旁）：该项目完成1075平方米国有土地签约。

3. 金山教育及配套用地项目（市高职一、二期）：该项目集体土地完成签约；累计签约房屋257座，占任务总数268座的95.90%；签约附着物30.93公顷，约占任务总数31.87公顷的97.05%；签约坟墓372座，占任务总数376座的98.94%。

4. 梅江区碧桂路南侧学校用地及城镇建设用地项目：该项目集体土地完成签约；累计签约房屋70座，占任务总数71座的98.59%；签约附着物0.72公顷，占任务总数0.9公顷的80.00%；签约坟墓23座，占任务总数33座的69.70%。

5. 东山文旅康养小镇建设用地项目（一期）：该项目累计签约房屋109座。占任务总数110座的99.09%；集体土地暂未签约；签约附着物14.47公顷，占任务总数20公顷的72.35%；签约坟墓225座，占任务总数285座的78.95%。

6. 学子大道延长线项目（学子大道至梅松路）：该项目累计签约房屋6座，占任务总数10座的60%；签约土地2.13公顷，占任务总数3公顷的71.00%；签约附着物2.47公顷，占任务总数2.93公顷的

84.30%；签约坟墓 1 座，占任务总数 2 座的 50%。

7. 梅江区水产产业园项目：该项目完成征收任务，向市土地储备中心移交土地 1.04 公顷。

8. 梅州百岁山森林生态科普馆项目：该项目完成征收任务，暂未移交土地。

9. 梅江区义化路八角亭边小楼及周边用地建设项目：该项目完成征收任务，向区住建局移交土地 0.11 公顷。

三、江南街道在征项目情况：实施项目 1 个。

1. 堤下路（江南路至剑英体育馆）建设用地项目：该项目累计签约房屋 29 座，占任务总数 32 座的 90.63%。

四、西郊街道在征项目情况：实施项目 3 个。

1. 西郊街道黄塘村四五组城镇建设用地项目：该项目需征收集体土地、房屋、坟墓完成签约；附着物签约 0.59 公顷，占任务总数 0.62 公顷的 95.16%，附着物剩 1 户未签约。

2. 西郊城镇建设用地项目（黄塘医院扩建）：该项目房屋、集体土地完成签约；签约附着物 5.13 公顷，占任务总数 5.4 公顷的 95.00%，签约坟墓 24 座，占任务总数 27 座 88.89%。

3. 梅州市人民医院扩建项目：该项目集体土地完成签约；累计签约房屋 59 座，占任务总数 72 座的 81.94%；签约附着物 2.1 公顷，占任务总数 2.55 公顷的 82.35%，签约坟墓 37 座，占任务总数 50 座的 74.00%。

五、西阳镇在征项目情况：完成征收项目 4 个，实施项目 5 个。

1. 西阳镇莆田城镇建设用地：该项目需征收土地 0.63 公顷，房屋 2 座，完成测量未签约。

2. 西阳镇龙坑老年公寓项目：该项目需征收房屋 3 座，集体土地 6.93 公顷，地面附着物户主 104 户，坟墓总数 7 座，完成测量未签约。

3. 西阳镇塘青村 2019 年度第三批次城镇建设用地项目：该项目完成征收任务，向市土地储备中心移交土地 10 公顷。

4. 西阳镇龙坑村 2019 年度第十批次城镇建设用地项目：该项目完成征收任务，向市土地储备中心移交土地 0.51 公顷。

5. 西阳派出所拟用地项目：该项目完成征收任务，向市土地储备中心移交土地 0.47 公顷。

6. 西阳镇秀竹村城镇建设用地项目（云湖顶“清隐十里”康旅生态城）：该项目土地完成签约；累计签约附着物 0.91 公顷，剩余 7.10 公顷附着物面积属自然林无其他附着物及设施。房屋 1 座未签约；坟墓 15 座未签约。

7. 西阳镇莆蔚村 2019 年度第二批次城镇建设用地项目（康养项目）：该项目总征收 2.24 公顷，房屋 2 座，土地 2.24 公顷，附着物 3.13 公顷，坟墓 1 座，测量未签约。

8. 西阳镇罗乐村 2006 年第六批次城镇建设用地项目：该项目完成征收任务，向市土地储备中心移交土地 13.71 公顷。

9. 西阳镇龙坑村城镇建设项目（观塘湖）：该项目总征收面积 4.61 公顷，房屋 3 座，土地 4.61 公顷，附着物 4.61 公顷，测量未签约。

六、城北镇在征项目情况：完成征收项目 1 个，实施项目 2 个。

1. 现代农产品物流中心项目：该项目集体土地全部签约，剩余 5 户房屋未签约，移交土地 28.80 公顷。对未征收房屋、坟墓暂缓征收。

2. 梅江区中小学生劳动实践基地项目：该项目完成征收任务，向市土地储备中心移交土地 2.4 公顷。

3. 梅州市殡仪馆扩建项目（首期）：该项目首期征收面积 2.72 公顷，集体土地全部签约。

七、长沙镇在征项目情况：完成征收项目 3 个，实施项目 1 个。

1. 海丝珠宝生态谷（一期）项目：该项目完成征收任务，向市土地储备中心移交土地 37.27 公顷。

2. 梅州城区建筑废弃物紫竹院化综合利用项目：该项目完成征收任务，向市土地储备中心移交土地 10 公顷。

3. 客家大观园项目：该项目总征收面积 1.54 公顷，签约未补偿。

4. 珠宝生态谷道路建设项目：2020 年第十二至十四批次完成项目风险评估报告及项目评估、测绘公司遴选等工作，开展用地规划红线的勘测定桩工作。

【客连线安置区（一期）建设】

客连线安置区（一期）位于三角镇上坪村，是梅州市委、市政府用作安置客都大桥东连接线项目被征收群众建设的安置区。客连线安置区（一期）于 2019 年 4 月正式动工建设，至 2020 年 12 月，完成 11 栋安置房的主体建设，进行内外装修和设备安装。

（廖爱芬）

位于梅江区三角镇上坪村客连线安置区

政协梅州市梅江区委员会

主要会议

【区政协七届五次会议】 中国人民政治协商会议第七届梅州市梅江区委员会第五次会议，于2020年5月27日至28日在区委、区政府礼堂召开。会议审议通过中国人民政治协商会议广东省梅州市梅江区委员会（以下简称区政协）主席赖经烈代表政协第七届梅州市梅江区常务委员会所作的工作报告、区政协副主席张海辉代表政协第七届梅州市梅江区常务委员会所作的提案工作报告，听取和讨论区委书记朱国城在区两会上的讲话。区政协常委列席区第八届人民代表大会第五次会议，听取并讨论钟秀堂区长所作的政府工作报告以及其他报告。会议选举刘伟球、陈启泰为政协第七届梅州市梅江区委员会副主席，选举陈纪擎、黄敏、梁卫中为政协第七届梅州市梅江区委员会常务委员。会议期间，区政协全体委员参观考察区重点项目建设，围绕区委、区政府的中心工作，紧扣基础设施建设、打赢三大攻坚战、改善重点民生、乡村振兴发展等工作，认真协商议政，踊跃建言献策，提出许多意见建议，为区委、区政府科学民主决策提供重要参考。会议强调，区政协要以习近平新时代中国特色社会主义思想为指导，深入贯彻中央和省委政协工作会议精神，全面落实梅江区委决策部署，进一步提高履职能力和水平，充分发挥社会主义协商民主重要渠道和专门机构作用，为全区经济发展和社会进步多进诤言、多谋良策、多出实招。要坚持正确的政治方向，牢固树立“四个意识”，坚定“四个自信”，坚决践行“两个维护”，坚定不移走中国特色社会主义政治发展道路。要坚持围绕统筹做好新冠肺炎疫情防控常态化形势下梅江经济社会发展的中心任务，围绕全区“六保”“六稳”工作，聚焦基础设施投资、产业优化升级、加快老旧小区改造、建设美丽乡村、推进脱贫攻坚等重点工作，加强调查研究，广泛协商议政，更好地服务全区振兴发展大局。要坚持以人民为中心，关注民生热点问题，为改善民生鼓与呼。要坚持凝心聚力，搭建有效平台，深化合作共事，不断增进共识、促进团结。要加强和改进民主监督工作，明确监督内容，完善监督形式，规范监督程序，健全监督机制，提高监督实效。

2020年5月27日至28日，在梅江区委、区政府礼堂召开区政协七届五次会议

【区政协主席会议】 2020年，区政协主席赖经烈主持召开区政协七届第31次至第39

次主席会议。

2月24日，区政协七届第31次主席会议，会议传达学习习近平总书记关于疫情防控工作有关讲话精神，研究区政协疫情防控工作、七届五次会议筹备及近期有关工作。

3月31日，区政协七届第32次主席会议，会议传达有关会议和文件精神，研究近期工作。

4月17日，区政协七届第33次主席会议，审议七届五次会议有关事项。

5月18日，区政协七届第34次主席会议，传达学习习近平总书记关于疫情防控常态化工作的有关讲话精神，研究区政协七届五次会议有关工作。

6月4日，区政协七届第35次主席会议，专题考察梅江区新冠肺炎疫情防控和公共卫生防控机制建设工作。

6月10日，区政协七届第36次主席会议，传达学习全国两会期间习近平总书记的重要讲话精神及市委政协工作会议精神，研究近期有关工作。

8月5日，区政协七届第37次主席会议，传达学习习近平总书记重要讲话精神、省委关于学习贯彻《习近平谈治国理政》第三卷通知精神及上级有关会议精神，研究区政协有关工作。

11月3日，区政协七届第38次主席会议，传达学习中共十九届五中全会精神、习近平总书记出席深圳经济特区建立40周年庆祝大会和视察广东重要讲话、重要指示精神等，研究区政协有关工作。

2020年6月4日，区政协主席、副主席一行专题考察梅江区疫情防控工作

12月29日，区政协七届第39次主席会议，传达学习习近平总书记重要讲话精神和上级有关会议精神，总结区政协2020年工作，研究近期有关工作。

【区政协常委会会议】 2020年，区政协主席赖经烈主持召开区政协七届第十四次至第十七次常委会会议。

4月21日，区政协七届第十四次常委会会议，协商讨论区政府工作报告征求意见稿，审议区政协七届五次会议有关事项。

5月27日，区政协七届第十五次常委会会议，听取区委组织部关于增补区政协副主席、常委建议人选名单的说明。

5月28日，区政协七届第十六次常委会会议，审议通过增补区政协副主席、常委建议人选名单。

8月26日，区政协七届第十七次常委会会议，围绕“加强城区小区物业管理，提高小区管理水平”进行专题议政。

主要工作

【提案工作】 2020年5月，区政协七届五次会议共收到提案44件，经提案委员会审查，立案43件，其中集体提案10件、委员个人或联名提案33件。至年末，经区直18个单位主办、24个单位协办，七届五次会议提案全部办复完毕。七届五次会议提案内容丰富，涉及促进城市经济发展、完善基础设施建设、推动乡村振兴发展、加强基层社会治理、提升教育教学质量、弘扬客家传统文化等方面，有较强的针对性，经有关部门认真办理，很多意见建议被吸纳并落实到相关决策、规划和工作措施中，对推进梅江区乡村振兴、促进经济持续健康发展、推动“诗画梅江、文明客都”建设等方面发挥积极作用。

【协商建言】 2020年，区政协积极开展各种形式、各种层次的协商，组织委员以政协各类会议、活动为载体开展政治协商、建言献策，协商建言的质量和效果有新提高。七届五次会议期间，委员对区委主要领导讲话、政府工作报告等进行充分协商讨论。区委、区政府召开重要会议、作出重大部署后，及时召开政协主席会议、常委会会议研究贯彻落实，找准政协工作服务中心大局的切入点，主动有效开展履职活动，凝聚委员的共识，推动区委、区政府决策部署落实见效。发挥政协各专委会、民主党派、工商联的集体优势，在充分协商的基础上提出一批选题好、立意深的集体提案，为区委、区政府中心工作和重点民生实事鼓与呼。针对新冠疫情暴露出的社区物业小区管理存在的短板问题，确定专题议政课题，在深入开展调查研究的基础上召开常委会进行专题议政，形成《加强城区小区物业管理，提高小区管理水平》专题议政报告，报送区委、区政府进一步加强和规范区辖范围的小区物业管理，提升小区管理水平和基层社会治理能力建言献策。

【民主监督】 2020年，区政协进一步加强和改进民主监督工作，实现民主监督与政协提案、调研考察等履职活动的有机结合。发挥提案监督，七届五次会议共收到提案44件，立案43件，涉及文化教育、医疗养老、环境卫生、基础设施建设等经济社会各项事业发展，通过办理或督办，很多建议意见被吸收并落实到相关决策、规划和工作措施中。围绕新冠肺炎疫情防控、基层社会治理等工作开展专题考察活动，通过现场考察、座谈听取汇报和会议建言，发挥民主监督作用。发挥政协委员担任各类特约监察员、监督员的作用，组织委员参加法院案件庭审、检察院听证会、村级换届选举等活动，扩大民主监督范围。调研督导创建全国文明城市工作，全力支持挂钩社区做好“创文”工作，推动解决“创文”工作遇到的困难和问题。

【参政议政】 2020年，区政协将调研考察作为政协委员履行职责、建言献策的重要形式，围绕区委提出“一带三园四城五基地”建设目标和梅江“十四五”规划编制，聚焦保护活化利用嘉应古城和攀桂坊、望杏坊“一城两坊”，名人名居修缮保护，提升文化名城品位等工作，认真选题，组织各专委会、界别活动小组开展调研、考察活动。组织区政协委员赴潮州、汕头、揭阳考察学习历史文化资源的保护和开发利用，为梅江区做好“侨”和“历史文化保护”文章，科学谋划“十四五”规划建言献策。组织区政协委员到福建长汀、武平考察学习苏区文化建设，围绕梅江区开发利用红色文化资源和用好用活苏区政策等方面提出意见建议。

【关注民生】 2020年，区政协紧紧围绕区委、区政府民生实事、“微民生”实事制定履职工作计划，组织委员开展调研考察活动，助推民生工程落到实处，提升群众幸福感。围绕农产品质量提高，组织农业和农村委委员开展专题调研，建议进一步加强农产品质量监管和防控机制建设，提升农产品安全风险防控水平。组织经济委委员调研交通基础设施建设，提出高起点规划建设、高标准升级改造、高水平养护管理的意见建议。围绕学校周边交通安全、物业服务管理、基层医疗卫生机构建设等人民群众关心的热点难点问题，组织区政协委员积极撰写提案并推动解决相关问题，为人民群众办实事、解难事、做好事。区委书记朱国城、区长钟秀堂亲自率队督办加强小区物业管理以及基层医疗卫生机构建设方面的提案，推动民生实事工作提质增效。

【团结合作】 2020年，区政协坚持政协党组成员联系民主党派制度，加强与各民主党派及无党派人士合作共事。注重发挥工、青、妇等各界别、各团体作用，关注残疾人、老年人、青少年等群体的权益问题。加强同新经济组织和新社会组织等各阶层、各领域代表人士联系，关注和反映代表人士的利益诉求。持续开展“走访委员、走入群众、走进基层”主题活动，鼓励区政协委员及时反映各阶层、各界别的意愿诉求，做好理顺情绪、化解矛盾、增进共识的工作。

【交流联谊】 2020年，区政协组织服务好省、市政协考察组到梅江区考察，加强与各县（区）政协的交流联系，接待服务珠海市斗门区、佛山市三水区、阳江市阳西县、梅州市大埔县等地政协到梅江区开展考察活动，进行深入学习交流，积极宣传介绍梅江区经济社会发展情况和客家历史文化。加强与工商、经济、港澳等界别区政协委员群众的沟通联系，推动发挥港澳区政协委员在维护特区长期繁荣稳定和促进家乡经济社会发展的积极作用。

【宣传报道】 2020年，区政协牢牢把握党对意识形态工作的领导权，加强区政协理论和宣传阵地建设，发挥区政协网站、《梅江政协》会刊、政协委员群等平台作用，充分利用《梅州日报》《梅江新闻》及“梅江发布”等新闻媒体，及时报道政协履职动态，深入挖掘区政协委员先进典型，讲好政协故事，传播梅江好声音，扩大政协朋友圈。2020年编撰出版《筑梦梅江——梅江政协30年印记》，系统总结梅江政协成立30年的发展历程，为做好新时代政协工作提供有益借鉴。

（卓饶燮）

2020年6月28日，梅江区召开区委政协工作会议

中共梅州市梅江区纪律检查委员会

主要会议

2020 年 3 月 30 日，梅江区纪委八届五次全会主会场在区政府 18 号楼 6 楼电视电话会议室召开

【概况】 2020 年，中共梅州市梅江区纪律检查委员会（以下简称区纪委）以习近平新时代中国特色社会主义思想为指导，深入学习贯彻习近平总书记重要讲话和重要指示批示精神，增强“四个意识”、坚定“四个自信”、做到“两个维护”，认真贯彻落实中纪委四次全会、省纪委五次全会、市纪委六次全会精神，紧紧围绕服务保障全区疫情防控和经济社会发展大局，忠诚履职、砥砺奋进，坚定不移推进全面从严治党，不断推动纪检监察工作高质量发展，各项工作取得新进展新成效。

【区纪委八届五次全会】 2020 年 3 月 30 日，中国共产党梅州市梅江区第八届纪律检查委员会第五次全体会议召开。区委书记朱国城参加会议并作讲话，强调要坚持“严”的基调，全面加强党的政治建设；要强化“铁”的措施，持续推进正风肃纪反腐；要坚持“硬”的要求，锻造执纪执法坚强铁军。区委副书记、区长钟秀堂主持会议。区人大常委会主任巫繁星、区政协主席赖经烈、区委副书记张军出席会议。会议传达中央、省、市纪委全会精神及省、市纪委 3 份通报。会上，区委常委、区纪委书记、区监委代主任梁英浩代表区纪委常委会作题为《聚焦主责主业 敢于担当作为 为梅江全面建成小康社会提供坚强纪律保证》的工作报告。接着举行的第二次会议，区纪委委员、区监委委员，区委组织部、区审计局、区巡察机构负责人对 8 位镇、区直和区属学校党委（党组、党支部）书记述责述廉情况进行评议。会议审议表决通过全会报告和决议。全会以电视电话会议形式召开，区委、区人大常委会、区政府、区政协全体领导，区法院、区检察院主要负责人，区纪委监委副书记（副主任），区纪委常委、区监委委员，不是区纪委常委、区监委委员的区纪委委员，各镇（街道）党（工）委书记、纪（工）委书记、副书记，区直正科级以上单位主要负责人参加会议。

【区纪委常委会会议】 2020 年，区委常委、区纪委书记梁英浩主持召开梅江区纪律检查委员会常委会会议 43 次。

1 月 8 日，区纪委常委会会议，听取各镇（街道）纪（工）委汇报 2019 年工作开局情况，研究案件工作及调入干部事宜。

1 月 17 日，区纪委常委会会议，传达学习习近平总书记在十九届中央纪委四次全会上的重要讲话精神和十九届中央纪委四次全会精神，以及省纪委施克辉书记到梅州调研座谈会上讲话精神和市纪委黄建固书记在市纪委常委扩大会上讲话精神，传达相关通报、通知，研究审理报告和其他工作。

1月31日，区纪委常委会会议，传达学习习近平总书记在中央政治局常委会会议研究新型冠状病毒感染的肺炎疫情防控工作的重要讲话和中共中央印发《关于加强党的领导、为打赢疫情防控阻击战提供坚强政治保证的通知》文件精神以及省委、省纪委、市纪委相关文件精神。

2月3日，区纪委常委会会议，传达学习省防控疫情工作领导小组电视电话会议、市委常委扩大会议和市防控新型冠状病毒感染的肺炎疫情工作领导小组会议、区委常委会会议暨区防控新型冠状病毒感染的肺炎疫情工作领导小组会议精神及市纪委相关文件精神，并听取疫情防控工作情况会报。

2月6日，区纪委常委会会议，传达学习贯彻习近平总书记在2月3日中共中央政治局常委会会议上的重要讲话精神和中央、省、市、区有关疫情防控工作会议精神。通报梅江区疫情防控工作督查情况并研究问责方案。研究调整防御新型冠状病毒工作领导小组事项及其他事项。

2月15日，区纪委常委会会议，传达学习贯彻习近平总书记在中央全面依法治国委员会第三次会议上的重要讲话精神及北京调研指导新型冠状病毒疫情防控工作的重要讲话精神、中央政治局常委会会议上重要讲话精神。研究案件工作及其他工作。

2月17日，区纪委常委会会议，研究案件工作。

2月27日，区纪委常委会会议，传达学习中央、省委、省纪委和市新冠肺炎防控指挥部有关会议、文件精神。研究案件工作和其他事项。

3月19日，区纪委常委会会议，传达学习习近平总书记相关重要指示精神和中央政治局常委会会议精神、省委常委会暨省新冠肺炎防控领导小组（指挥部）会议精神、市委常委会有关会议精神及市纪委常委（扩大）会议暨市纪委监委新冠肺炎疫情防控工作领导小组会议精神。传达学习市纪委相关通知、通报精神，研究其他事项。

4月2日，区纪委常委会会议，研究人事工作。

4月7日，区纪委常委会会议，传达学习习近平总书记在浙江考察重要讲话精神和中共中央政治局有关会议精神及省市区相关会议精神。传达学习市纪委七届六次全会精神，研究案件工作及其他事项。

4月14日，区纪委常委会会议，研究讨论机关科室副主任考察人选对象。

4月15日，区纪委常委会会议，研究讨论区委巡察组组长考察人选。

4月17日，区纪委常委会会议，传达学习中央政治局常委会议精神，以及省委常委会暨省新冠肺炎防控领导小组（指挥部）会议、市纪委常委（扩大）会议暨市纪委监委防控工作领导小组会议和区委常委会议等上级有关会议精神。传达学习中纪委、省纪委、市纪委相关文件精神，研究案件工作及其他事项。

4月27日，区纪委常委会会议，传达学习中央政治局会议精神、习近平总书记在陕西调研考察重要讲话精神，以及中纪委书记赵乐际在甘肃调研讲话精神、省委常委会暨省新冠肺炎防控领导小组（指挥部）会议、市纪委常委（扩大）会议暨市纪委监委防控工作领导小组会议和区委常委会等上级有关会议精神。传达学习中纪委、省纪委、市纪委相关文件精神，研究案件及其他工作。

5月11日，区纪委常委会会议，传达学习中央全面深化改革委员会第十三次会议精神、中央政治局常委会会议精神及全国巡视工作会议暨十九届中央第五轮巡视动员部署会议精神和省委、市纪委、区委常委会等上级有关会议精神。研究案件工作及其他事项。

5月25日，区纪委常委会会议，传达学习习近平总书记在山西考察重要讲话精神、中央政治局常委会议精神、中央政治局会议精神、习近平总书记参加十三届全国人大三次会议内蒙古代表团和湖北代表团审议的重要讲话精神，以及杨晓渡在中国纪检监察学院2020年度春季学期开学典礼的讲话精神和省委常委会、区委常委会等上级有关会议精神。传达学习中纪委、省纪委相关文件精神和市纪委蒋万军书记讲话精神，研究部署案件工作及其他工作。

6月12日，区纪委常委会会议，传达学习贯彻习近平总书记在全国两会、中央政治局第二十次集体学习的重要讲话精神，以及省委、市委、区委常委会和全省贯彻大会精神。传达学习省委巡视办相关文件精神和梅江区两会精神，研究案件工作及其他事项。

6月19日，区纪委常委会会议，传达学习贯彻习近平总书记在宁夏考察和在专家学者座谈会上的重要讲话精神，以及省委常委会暨省新冠肺炎防控领导小组（指挥部）会议、区委常委会等会议和文件精神。传达市纪委办公室相关文件精神，研究案件工作、审理报告及其他工作。

6月28日，区纪委常委会会议，研究审理报告。

7月2日，区纪委常委会会议，传达学习贯彻习近平总书记在中非团结抗疫特别峰会、中央全面深化改革委员会第十四次会议和中央政治局第二十一次集体学习的讲话精神，以及省委常委会暨省新冠肺炎防控领导小组（指挥部）会议精神。传达学习市纪委监委蒋万军书记在梅江区纪委监委调研座谈会上的讲话精神，研究其他工作。

7月8日，区纪委常委会议，讨论人员晋升工作。

7月20日，区纪委常委会会议，传达学习习近平总书记对进一步做好防汛救灾工作的重要指示精神、中央政治局常委会会议精神和杨晓渡在河北调研讲话精神、省委巡视办相关通报精神。会议研究审理报告和案件工作。

7月31日，区纪委常委会会议，传达学习习近平总书记在吉林考察的重要讲话精神、国务院第三次廉政工作会议和省政府第三次廉政工作会议精神、中纪委书记赵乐际在江苏调研的讲话精神以及省纪委施克辉书记相关会议讲话精神。研究审理报告及其他相关工作。

8月6日，区纪委常委会会议，研究案件工作。

8月13日，区纪委常委会会议，研究案件工作，审理报告和人事工作。

8月27日，区纪委常委会会议，深入学习《习近平谈治国理政》第三卷、习近平总书记在中央政治局第二十二次集体学习的重要讲话精神及对“十四五”规划编制工作、制止餐饮浪费行为作出的重要指示精神。传达学习省、市扫黑除恶专项斗争“六清”（线索清仓、逃犯清零、案件清洁、伞网清除、黑财清底、行业清源）行动推进会暨领导小组全体成员会议精神及省委巡视工作领导小组相关文件精神。研究审理报告及其他工作。

9月4日，区纪委常委会会议，研讨公务员职级晋升考察人选、区监委委员考察人员和区纪委常委考察人选。

9月9日，区纪委常委会会议，研究公务员职级晋升考察人选和机关人事工作及其他事项。

9月16日，区纪委常委会会议，传达学习习近平总书记在中央政治局会议、中央全面深化改革委员会第十五次会议、纪念中国人民抗日战争暨世界反法西斯战争胜利75周年座谈会、全国抗击新冠肺炎疫情表彰大会等会议上的重要讲话精神。传达学习省纪委、市纪委相关文件精神，研究案件工作，审理报告及其他事项。

9月18日，区纪委常委会会议，研究人事工作。

9月29日，区纪委常委会会议，传达学习习近平总书记在中央财经委员会第八次会议、科学家座谈会、基层代表座谈会、第三次中央新疆工作座谈会和湖南考察的重要讲话精神，以及习近平总书记对新时代民营经济统战工作重要指示精神，传达学习中纪委书记赵乐际在贵州调研的讲话精神，学习贯彻省、市、区相关会议精神和省委巡视办、市纪委办相关文件精神。研究案件工作及其他工作。

10月10日，区纪委常委会会议，传达学习习近平总书记在第七十五届联合国大会一般性辩论、教育文化卫生体育领域专家座谈会、中央政治局等会议上的重要讲话精神，以及传达学习市委、区委全会精神。传达学习中纪委书记赵乐际在十九届中央第六轮巡视工作动员部署会上的讲话精神和杨晓超在相关会议讲话精神，研究案件工作，审理报告及其他工作。

10月19日，区纪委常委会会议，传达学习习近平总书记出席深圳经济特区建立40周年庆祝大会和视察广东重要讲话、重要指示精神，以及10月15日省委常委（扩大）会议精神。研究案件工作。

10月21日，区纪委常委会会议，传达学习习近平总书记在中央政治局第二十三、二十四次集体学习、中央党校（国家行政学院）中青年干部培训班开班式等会议上的重要讲话精神和习近平总书记对脱贫攻坚工作作出的重要指示精神，以及传达学习省纪委办公厅相关文件精神。研究案件工作及其他工作。

10月26日，区纪委常委会会议，研究案件工作及其他工作。

11月2日，区纪委常委会会议，研究讨论班子成员分工调整事宜及其他工作。

11月12日，区纪委常委会会议，研究人事工作。

11月25日，区纪委常委会会议，传达学习市纪委相关专题培训班内容及研究人事工作。

12月2日，区纪委常委会会议，传达学习习近平总书记在纪念中国人民志愿军抗美援朝出国作战70周年大会上的重要讲话精神和中央纪委相关文件精神及省委、省纪委、市纪委、区委相关文件和会议精神。研究案件工作及其他工作。

12月7日，区纪委常委会会议，研究案件工作。

12月17日，区纪委常委会会议，研究案件工作及其他工作。

12月21日，区纪委常委会会议，研究案件工作及其他工作。

主要工作

【理论武装】 思想锤炼 2020年，区纪委坚持把学懂弄通做实习近平新时代中国特色社会主义思想作为首要政治任务，学习习近平总书记关于疫情防控、决胜全面建成小康社会、决战脱贫攻坚、全面依法治国等重要讲话和重要指示批示精神，提出具体落实措施，进一步提高政治站位。通过集中学带动个人自学、班子成员示范带动干部，学习《习近平谈治国理政》第三卷，坚定理想信念。深入学习中共十九届四中、五中全会精神和习近平总书记出席深圳经济特区建立40周年庆祝大会以及视察广东重要讲话、重要指示精神，准确把握总书记赋予广东使命的丰富内涵。落实“两个维护”十项制度机制，落实“大学习、深调研、真落实”工作部署，做实立项课题调研和日常调研，把调研成果转化为推动工作的具体举措。

政治监督 2020年，区纪委强化政治监督，保障制度执行，增强“两个维护”政治自觉，以“马上办”“三人督查组”为重要抓手，聚焦“国之大者”落实情况，加强监督检查，以监督促落实。围绕打好三大攻坚战，做好“六稳”“六保”工作的重大决策部署，开展专项督查74次，督查单位212个次，发现问题192个，追责问责15人；督促相关职能部门按期整治拆除违建别墅20栋；督促脱贫攻坚问题整改42个，确保梅江区代表梅州市通过省扶贫开发成效考核，并获得“好”的最高评价等次。巩固肃清流毒恶劣影响成果，积极协助区委做好上级《监察建议书》整改工作，推动政治生态持续向好。严把干部提拔任用、个人评先评优党风廉政意见回复关，共回复党风廉政情况1592人次，提出意见建议35人次，有效防止“带病提拔”“带伤评优”。

疫情防控 2020年，区纪委组建2个专项督查组，科学精准稳慎对防控点、重点人员排查情况开展有效监督，给予党纪政务处分5人，其他处理

10人。立足疫情防控常态化要求，继续加强对农贸市场、海鲜产品、进口冷链等重点领域开展督查45次，发现问题109个。抓牢抓实自身防控，加强机关日常防护、干部外出请示报告和办案安全管理，牢牢守住纪检监察系统疫情防控阵地。

【责任担当】　“关键少数”监督　2020年，区委组织部安排8名党组织一把手向区纪委全会述责述廉，对综合评议排名靠后的2位，分别进行谈话提醒。每季度梳理汇总区管干部检举控告情况并抄送区委主要领导，结合日常监督、查办案件、巡察、警示教育等情况，探索建立定期向区委提交谈话人员名单建议机制，及时提请区委主要领导开展党内谈话。全年向区委主要领导提交党内谈话建议7次11人，区委组织部17名新任一把手开展任前廉政谈话，督促“关键少数”抓好班子、带好队伍。

“两个责任”落实　2020年，区纪委贯彻落实《党委（党组）落实全面从严治党主体责任规定》，通过发出纪检监察建议书、巡察整改建议书、提醒函等方式，压实管党治党责任，推动区直相关单位和镇、街道建立健全182项制度。强化协助职责，推动党委（党组）主体责任、书记第一责任人和纪委监委监督责任贯通协同、形成合力。探索建立定期分析监督工作机制，编制印发《梅江区党风政风情况分析》2期，为区委、区政府把握全区政治生态提供参考，发挥党内监督谈话提醒作用，全年区直各单位党员领导干部开展党内谈话2736人次，其中提醒谈话140人次、警诫谈话9人次。

监督贯通融合　2020年，区纪委推进纪律监督、监察监督、派驻监督、巡察监督统筹衔接，制定“区委巡察机构与区纪委监委相关室、派驻纪检监察组工作协作机制”，加强纪检监察室、派驻纪检监察组、巡察机构之间的信息互通、监督互动，汇聚监督合力。大力推进检举举报平台建设及应用管理，不断提升纪检监察工作信息化规范化水平。发挥“大数据+监督”作用，推动区惠民信息平台升级改造，惠民公开项目由51项增至62项，新上线项目34项，全年发送各类惠民政策及惠民信息43.5万条。以公开促公平，以透明保廉洁。

【惩治腐败】　正风反腐　2020年，区纪委严肃查处扶贫领域、集体“三资”（资金、资产、资源）、征地拆迁、强农惠民等领域的不正之风和腐败问题，全年全区立案查处腐败案件24件63人，给予党纪政务处分29人、诫勉14人、批评教育18人。开展扫黑除恶“六清”行动，查处涉黑涉恶腐败和“保护伞”案件3件3人，督促落实整改措施，健全完善制度72项。全力护航村（社区）“两委”换届，严肃换届纪律，以走访入户、座谈调查、明察暗访等方式深入开展专项监督检查29次，约谈和组织谈话党员干部12人14次，有力保障梅江区全面完成村级换届选举工作。

整治“四风”　2020年，区纪委整治形式主义、官僚主义，大力整治“四风”问题中的“低级红”“高级黑”，深入治理贯彻党中央决策部署只表态不落实、维护群众利益不担当不作为等突出问题，抓典型促整改。全年查处违反中央八项规定10件35人，给予党纪政务处分21人，通报曝光典型案例5起。对违规收送礼品礼金、餐饮浪费等开展明察暗访84次，提出整改意见193条，促进社会风气进一步好转。

【标本兼治】　保持高压态势　2020年，区纪委坚决查处不收敛不收手不知敬畏的腐败案件，持续减存量、遏增量。全年全区纪检监察系统共受理信访举报265件，立案80件80人，其中乡科级干部12件12人，采取留置措施6人，结案86件86人，给予党纪政务处分70人，挽回经济损失金额135.67万元。认真执行各项审查调查安全制度，突出抓好“走读式”谈话安全工作，保持审查调查“双安全”（既要保证审查对象安全，也要保障涉案人员安全）“零事故”。

惩前毖后　2020年，区纪委综合运用“四种形态”（经常开展批评和自我批评、约谈函询，让“红红脸、出出汗”成为常态；党纪轻处分、组织调整成为违纪处理的大多数；党纪重处分、重大职务调整的成为少数；严重违纪涉嫌违法立案审查的成为极少数），落实监督执纪“七个看”（看违纪情节、看危害程度、看时间节点、看动机原因、看认错态度、看一贯表现、看群众口碑）和问责“六字诀”（严、准、适、通、扩、用）要求，把握具体案件中的权重和应用，做到严而有格、宽而有度，惩前毖后、治病救人。全年全区纪检监察系统共运用“四种形态”批评教育帮助和处理223人次，其中运用第一种形态谈话函询、提醒批评153人次，占68.6%；运用第二种形态给予轻处分、组织调整58人次，占26%；运用第三种形态给予重处分、职务调整6人次，占2.7%；运用第四种形态处理严重违纪违法、触犯刑律6人次，占2.7%。对落实从严治党主体责任、监督责任履行不力问题的严肃问责，全区问责党组织2个，问责党员领导干部9人。

以案治本　2020年，区纪委针对案件中暴露的管理、监督等方面存在问题，向相关单位发出纪检监察建议书、提醒函，抓住实质要害，敢于指出问题，推动问题解决。深入开展纪律教育学习月活动，办好

2020年4月30日，梅江区纪委监委召开全区纪检监察系统纪律教育学习会

领导干部党章党规党纪培训班，通过完善三角镇上坪村梁义章系列案件警示教育基地、制作暗访片、“一月一警示”通报曝光典型案例等方式，用身边事教育身边人，努力做到查处一案、警示一片、治理一域。对近两年受党纪政务处分的66名党员干部开展回访教育，帮助“跌倒”的干部“再出发”。

【综合治理】　派驻机构　2020年，区纪委研究制定派驻机构改革措施，强化对区管企业纪检监察工作的领导，将新成立的国有企业梅江控股集团纳入驻区财政局纪检监察组监督范围。强化派驻机构干部队伍建设，完善派驻纪检监察报告工作制度和派驻组长向区纪委监委述职制度。全年各派驻纪检监察组立案查处14人，比上年上升133%。结合镇、街道体制改革，各镇（街道）设立纪检监察办公室，进一步完善镇（街道）纪检监察组织建设，不断提升基层纪检监察组织履职能力。

法治建设　2020年，区纪委强化流程管控，确保依规、依法、审慎、合理运用审查调查措施，不断推进反腐败工作规范化、法治化。规范问题线索管理，及时跟踪督办落实情况，问题线索得到及时有效处置。加强与公检法机关协作配合，积极发挥反腐败协调小组作用，全年向检察机关移送审查起诉2件2人，受理公检法部门移送问题线索13件，充分彰显法治反腐力量。

（范科登）

巡察工作

【概况】　2020年，中共梅江区委巡察工作领导小组办公室（以下简称区委巡察办）深入贯彻落实中央、省委、市委

和区委巡视巡察工作方针政策，认真履行职责，科学谋划部署，突出政治巡察定位，不断完善机制，打造一支政治强、作风硬、业务精、纪律严的巡察队伍，助推区委巡察工作高质量发展。

【巡察使命】 2020年，区委巡察办为确保完成市委提出“2020年年底前常规巡察和对村巡察全覆盖完成率不低于85%”的要求，制定《2020年度工作计划》，明确巡察时间、巡察任务、巡察方式和工作要求。全年开展常规巡察2轮、交叉巡察1轮、对村巡察2轮，巡察区委政法委等单位党组织17个和三角镇东升村等村级党组织40个，对西阳镇党委等2个单位党组织开展巡察“回头看”，发现问题710个，线索14条，立案1宗，党纪政务处分1人，移送司法机关查处1人。至年末，完成常规巡察覆盖率93%，对村巡察覆盖率100%。区委巡察重点关注被巡察党组织履行职责使命、领导班子和干部队伍建设等方面情况，并作为区委改革发展和干部任免的重要依据，区委根据巡察情况调整科级干部3名，撤并职能严重弱化、虚化的区二轻集体企业联社。着力发现和整治群众身边的不正之风和腐败问题，帮助解决群众“揪心事、烦心事、关心事”，全年共解决民生实事22件。

【巡察机制】 2020年，区委巡察办积极推进梅江区巡察工作，按照上级有关巡视巡察文件要求，研究、探索和创新巡察工作机制和制度规范。印发《中共梅州市梅江区委巡察组巡察质量考核评估实施办法（试行）》，强化巡察干部监督管理，督促巡察干部遵守巡察工作纪律，客观公正、实事求是、依纪依规依法开展巡察，助推巡察质效提升。

【整改督查】 2020年，区委巡察办积极督促被巡察单位党组织抓好巡察反馈问题的整改工作，确保巡察反馈问题条条有整改、件件有着落。3月，梳理巡察发现的共性问题，推动全区62个单位开展自查自纠，发现问题369个，提出整改措施491条，并将自查自纠情况向区委报告。10月，联合区纪委监委派驻纪检监察组对梅州市县级交叉巡察第六轮和八届区委第六轮巡察单位开展整改督查，并发出《巡察工作建议书》，推动问题整改落实到位。

【巡察服务】 2020年，区委巡察办周密筹备、精心组织，不断提升后勤服务保障。巡察前从区纪委、区委组织部、区审计局等13个协作单位收集被巡察单位相关情况147条，提供巡察组参考。巡察中，将上级文件和领导讲话精神传达到巡察组学习贯彻。巡察后，审核巡察组提交的巡察报告及文稿材料710份，提出巡察报告修改意见91条，向区直职能部门移交整改意见21条，向区委、区政府7位分管领导提交被巡察单位约谈意见，落实区委领导批示件34件。同时，做好巡察数据系统录入工作，全年共录入20个单位党组织、61个村级党组织的问题线索1450条。

（李文达）

民 主 党 派

民革梅江区总支

【概况】 2020年，中国国民党革命委员会梅州市梅江区总支委员会（以下简称民革梅江区总支）以习近平新时代中国特色社会主义思想为指导，毫不动摇坚持中国共产党的领导，坚定不移走中国特色社会主义道路。深入学习中共中央总书记习近平重要讲话精神，进一步把思想和行动统一到总书记、党中央的决策部署上来，紧紧围绕梅江区委、区政府工作部署，认真落实“一带三园四城五基地”工作思路举措，积极履行参政议政、民主监督、政治协商职能，与党委政府同心同力、同频共振、同向同行，凝聚共识，凝聚力量，助推“诗画梅江、文明客都”建设。

【思想建设】 2020年，民革梅江区总支通过召开系列会议和开展学习、调研活动，学习贯彻中共十九大、中共十九届五中全会精神，贯彻落实中共中央总书记习近平出席深圳经济特区建立40周年庆祝大会和视察广东重要讲话、重要指示精神。按照“新时代多党合作要有新气象、思想共识要有新提高、履职尽责要有新作为、参政党要有新面貌”“做中国共产党的好参谋、好帮手、好同事”的总要求，全面加强党派自身建设，努力提高履职能力和水平。强化民革党史教育和优良传统传承，增进共识，凝聚人心，从思想建设、组织发展、参政议政、班子建设、支部活动等方面着手，明确组织发展、组织建设、开展活动目标，以感恩奋进之心，知恩图报之志，引导民革党员立足本职岗位，做好本职工作，领会特区精神，借鉴特区经验、贯通特区使命，发扬“闯”的精神、保持“创”的劲头、养成“干”的作风，为全力打造梅江之新、梅江之特、梅江之好奉献绵薄之力。

【参政议政】 2020年，民革梅江区总支坚持中国共产党领导，共同致力于国家富强、民族复兴、人民幸福，在新时代中国特色社会主义建设进程中积极建言献策，画好“同心圆”。全年梅江区民革骨干党员积极参与各种参政议政、专题调研活动，区两会期间，提交《建议种植有利于环境卫生和人体健康的城市绿化植物》（钟梅君）、《深化村民自治能力，助力乡村振兴发展》（钟梅君）、《关于加强城市道路规划，完善非机动车道建设的建议》（钟梅君）、《加快养老服务业发展 助推和谐梅州建设》（李碧兰）、《关于用好新的宣传手段积极推动经济向好发展的建议》（李绮琼）、《关于关注并逐步解决高楼层用水难的建议》（李绮琼）6条提案建议。李碧兰撰写的《关于壮大乡镇产业经济，助推梅州乡村振兴的提案》评为市优秀提案，为民革市委会提交提案《加快养老服务业发展，助推和谐梅州建设》为市政协领导重点办理提案。

【组织建设】 2020年，民革梅江区总支积极组织调研学习和开展形式多样的主题活动，提高党派凝聚力。召开总支会议，集中学习中共中央总书记习近平在全国两会的重要讲话精神及省民革十三届四次全会精神，在梅江区长沙镇开展“红色长沙 绿色家园”乡村振兴建设工作现场调研活动。组织党员发挥特色优势，提高党派影响力，1月4日，民革书画家挥春送福到社区暨“挥春送祝福、喜迎吉祥年”免费送福送春联活动在梅江区碧桂园社区举行，民革党员古永青创作的《花开富贵》新春祝福年画赠送市民，深受喜爱。组织党员参加重要节庆和纪念活动，加强爱国主义教育，8月30日，组织党员观看电影《八佰》，以影视作品进行爱国主义教育、革命传统教育。9月26日，联合区文联在新华丰酒店举办“传承文明颂中秋”经典诗文诵读活动，通过经典诗文诵读、传唱，进一步了解祖国优秀传统文化，激发爱国爱乡感情。开展“不忘合作初心、继续携手前进”主题教育活动，12月5日，组织骨干党员赴江西省于都县、兴国县，参观中央红军长征第一渡、中央红军长征出发地纪念园、兴国将军广场、兴国苏区干部好作风纪念馆等，学习革命先烈和革命前辈为民族解放和人民幸福前仆后继、英勇不屈的革命精神，激励民革党员为实现中华民族伟大复兴中国梦做贡献。通过系列活动的开展，民革党员进一步筑牢共同的思想政治基础，同心同德、齐心协力、携手共进。开展创优争先活动，建设优良支部。结合民革市委会组织工作会议和区委统战工作要求，加强基层组织建设，积极参与民革省委、市委的“创先争优”活动，将党派组织建设工作和日常业务工作深度结合。组织开展“关爱自然 植绿护绿 共建梅花之城”活动，组织部分党员到梅州学宫进行种植梅花活动，将党派工作融入、“诗画梅江、文明客都”的建设，进一步增强组织活力和凝聚力。

【博爱牵手】 2020年，民革梅江区总支坚持发扬党派优良传统，积极回报社会。“疫病无情，人间有爱”，疫情就是命令，防控就是责任。为表达对基层村委干部和公安干警上下一心、齐心协力、夜以继日战斗在抗击疫情最前线，用实际行动守护一方平安的无私精神，区民革党员叶小生到梅江区三角镇三乡村、城北镇黄明村和明阳村、城北镇派出所等单位送上支持抗疫善款共1万元，通过网络给武汉抗疫前线捐款2000元。梅江区民革其他党员积极参与抗击疫情行动，捐款捐物支持基层抗疫累计约2000多元。受疫情影响，梅江区三角镇梅塘村5万多公斤杨桃滞销，镇党委、政府在梅塘村召开杨桃推介会，区民革党员叶小生亲自前往梅塘村购买几百斤杨桃，并带领民革党员宣传促销，为果农排难解忧。贯彻落实中共中央总书记习近平对新型冠状病毒肺炎疫情作出重要指示精神，民革广东省孙中山书画院发出“爱我中华，同舟共济”打赢疫情防控阻击战网络书画作品展倡议书，区民革党员古永青创作的《武汉加油》宣传画参加网络展，通过正能量作品宣传坚定社会大众打赢这场没有硝烟战役的信心。开展民革“博爱牵手”活动，关心关爱困难群体。充分调动、发挥社会各界力量和资源，民革梅江区一支部主委钟梅君带领党员开展“梅江民革助力困难学子防疫复学”慰问活动，为3名即将返校开学的单亲家庭困难学生送去慰问金、防疫口罩、牛奶和食用油等物资。在长沙镇小密村开展“农村留守儿童和困境儿童关怀慰问活动”，向长沙镇22名贫困留守儿童赠送一批课外书籍和笔记本等学习用品，让留守儿童、困境儿童感受到社会大家庭的关爱与温暖，鼓励留守儿童、困境儿童勇于战胜困难，珍惜学习机会，奋发努力，积极进取，报效祖国。

【岗位建功】 2020年，民革梅江区总支第二支部被民革梅州市委员会评为市先进支部，民革党员钟梅君、曾晓凤、叶小生、李碧兰、古永青被评为先进党员。民革党员钟蔚玲被提拔乐育中学副校长，她在2020年全市英语教学资源评比活动中获二等奖、撰写《平凡的一天》在全市工会组织劳动最光荣征文评比活动中获优秀奖，民革党员张建明被评为全区教学先进，民革党员李碧兰的多篇教学论文获市或区奖励。

（李绮琼）

民盟梅江区总支

【概况】 2020年，中国民主同盟梅州市梅江区总支委员会（以下简称民盟梅江区总支）以习近平新时代中国特色社会主义思想为指导，深入学习中共十九大和中共十九届二中、三中、四中、五中全会精神，全面贯彻中共中央关于加强中国特色社会主义参政党建设的意见，着力加强自身建设，提升履职能力，为建设“诗画梅江、文明客都”贡献梅江民盟的智慧和力量。

【思想建设】 2020年，民盟梅江区总支以凝聚政治共识为目标，筑牢思想基础。组织盟员线上与线下、集中与分散相结合的方式传达学习中共中央总书记习近平重要讲话和重要指示精神。铭记历史，不忘合作初心跟党走，民盟总支课题《挖掘红色统战文化资源，坚定传承红色基因》通过市社科联结题，“不忘合作初心、继续携手前进”主题征文活动评出优秀作品9篇。组织盟员到长沙镇革命历史纪念馆、古大存故居、李坚真纪念馆参观学习，弘扬苏区精神，传承红色基因。

【组织建设】 2020年，民盟梅江区总支以优化盟员层次结构为方向，推进组织建设。全年发展盟员3人，完成7个支部的换届工作，各支部班子年龄降低，成员更具代表性。派出骨干盟员参加盟省委、区委统战部举办的培训班学习，先后与民盟博罗支部、黄埔区基层委员会开展盟务交流，接待民盟高明区总支、龙门县支部到梅江区开展盟务交流与专题调研。增强组织凝聚力，传承民盟优良传统，组织盟员到李国豪故居、李伯球故居、林风眠纪念馆等参观学习，向盟省委提交参政党理论研究文稿《试论民盟东南干部会议在梅县召开的意义》。加强盟务宣传，树立党派形象，编辑出版《梅江盟讯》（2020年）。

【参政议政】 2020年，民盟梅江区总支以增强履职能力建设为重点，积极建言献策。全年向盟市委提交提案4件，调研报告《关于我市普通高中教育改革发展情况》在市政协七届四次会议上作为书面发言材料，被市委统战部评为民主党派调研报告优秀奖；张珍妮撰写的提案《关于推动我市志愿者工作健康发展的建议》获评优秀提案；区政协七届五次会议提交提案4件。重点课题《实行垃圾分类·改善人居环境》，调研组先后赴惠州市、广州市、平远县开展专题调研，并形成调研报告《关于加快梅州生活垃圾分类处理的建议》，提交盟市委。对梅江区乡村振兴建言献策，先后组织盟员赴五华县、丰顺县、梅县区以及区内长沙、城北、西阳镇考察调研，积极配合盟省委《农村环境综合整治，健全长效管护机制》调研课题调研并提出建议。

【服务社会】 2020年，民盟梅江区总支以奉献爱心为己任，强化社会服务。年初，疫情期间，教育界盟员坚守教育岗位，协助区卫生部门，每天统计学生家庭健康卫生情况，区机关支部盟员配合收集疫情信息，协助构筑农村疫情防线，为共同抗击疫情做出努力，全区盟员抗疫捐款8120元。2020年扶贫济困日，全区盟员捐款6580元。扶贫扶智助学出成果，全年2名帮扶对象考上本科。助力梅州市创建全国文明城市，教育界盟员采取线上线下同步向学生、家长宣传垃圾分类知识，区机关支部盟员积极协助社区工作人员打扫卫生、入户发放倡议书和调查问卷等。2020年，民盟梅江区总支委员张珍妮被民盟中央授予“民盟社会服务工作先进个人”荣誉称号。

【岗位建功】 2020年，民盟梅江区总支以双岗建功为要求，立足本职创佳绩，盟员郭展明、刘忠强、曾兴获评梅江区优秀教育工作者，曹敏获评梅州市青少年校园足球优秀教练员，陈森宏、张宏、谢瑞芬撰写的论文在省、市及教学技能展示活动获奖，陈小丹、曾碧珍、吕林泰、张美华、温运梅、张瑜、邹锦春、梁东在梅州市线上教学评选中分获一、二等奖，刘文贞、蔡虹获梅江区中小学音乐课例交流活动一等奖，谢瑞芬、张丽云在梅州市中小学各类评选活动中获得优秀指导奖。

（徐　莉）

民建梅江区总支

【概况】　2020年，中国民主建国会梅州市梅江区总支委员会（以下简称民建梅江区总支）坚持中国共产党领导的多党合作和政治协商制度，坚持以习近平新时代中国特色社会主义思想为指导，紧紧围绕区委、区政府的重大决策，坚持民建特色，发挥民建优势，加强自身建设，积极参政议政，创新社会服务，各项工作取得好成绩，为梅江区经济社会发展做出贡献。

【思想建设】　2020年，民建梅江区总支不断加强思想建设，认真组织会员开展理论学习，提高思想觉悟。通过召开会议、微信群发布、“学习强国”等平台自学的形式学习有关理论知识，深入学习贯彻习近平新时代中国特色社会主义思想和中共十九大以及中共十九届二中、三中、四中、五中全会精神，学习贯彻落实民建中央十大、十一大及民建广东省委员会有关会议、文件精神。加强广大会员对多党合作政治协商制度的认识，促使会员更加自觉、坚定地接受中国共产党的领导，坚定走中国特色社会主义道路的信念，让每个会员成为政治上信得过、工作上靠得住的合格“民建人”，展现新时期“民建人”的精神风貌。

【组织建设】　2020年，民建梅江区总支不断加强组织建设，努力提高整体素质。贯彻落实中央八项规定，完善总支财务等各项制度，增强“四个意识”，坚定“四个自信”，做到“两个维护”。组织骨干会员参加市委会和区委统战部组织的学习培训班，参加区委统战部、区委党校主办《梅江区夯实共同思想政治基础加强新时代民主政治建设专题研讨班》培训学习，提高骨干会员思想政治觉悟。加强后备干部队伍建设，有计划发展会员，坚持“注重质量、注重数量、保持特色、优化结构”的原则，高质量发展会员。2020年，民建梅江区总支会员有1名市政协委员、区政协常委，有3名区政协委员，1名市人大代表。

【参政议政】　2020年，民建梅江区总支通过培训组建一支政治敏锐度高、写作能力强、工作热情高的调研队伍，夯实参政议政的人才基础。积极动员会员关注社会热点和难点并主动向民建市委会和区两会提交提案。全年召开两次参政议政工作座谈会，研究和部署参政议政工作。会员围绕市、区中心工作，认真调研，积极参政议政，民建梅江总支向市委会提交《关于推动我市电子信息产业高质量发展的调研报告》得到认可，被选为市政协大会发言材料。区两会期间，提交《让梅江制造为诗画梅江插上腾飞的翅膀》提案，为区政协大会发言材料。不断提升社情民意工作水平，加强信息员队伍建设，做好社情民意信息收集、整理、报送、跟踪工作。加强对口单位联系，积极参加民主协商，充分利用民主协商渠道，主动联系区财政局、区发展和改革局等部门，参加政党协商、政协协商和政府协商谏诤言，出实招。

【服务社会】　2020年，民建梅江区总支积极响应市委会《关于发动会员自愿捐款支持新冠肺炎疫情防控工作的倡议书》，为中华思源基金会捐款3000元。会员企业梅州市晟邦科技有限公司为梅州市嘉应附属医院、蕉岭广福省际高速检查站共捐赠6400个口罩和额温枪2支。民建会梅江总支主委曾思敏到东升工业园疫情防控一线，指导园区企业做好复工复产和疫情防控，积极发动园区企业捐款及捐赠口罩、酒精等医疗抗疫物资一批，价值超500万元。协助园区企业快速转型生产口罩、测温仪等抗疫物资，不少会员尽心尽力、尽职尽责、默默奉献，立足本职，为落实贯彻疫情防控措施，抗击疫情贡献“民建人”的力量。同时，积极参与脱贫攻坚工作，全年动员会员扶贫捐款捐物累计近2万元。

（曾思敏）

民进梅江区总支

【概况】 2020年，中国民主促进会梅州市梅江区总支委员会（以下简称民进梅江区总支）以习近平新时代中国特色社会主义思想为指导，认真履行参政议政、民主监督职能，以民进中央2020年履职能力建设主题年为契机，紧扣大局履职、深入调查研究，紧紧围绕加快建设“诗画梅江、文明客都”总体目标，打造“一带三园四城五基地”，认真落实市委“六争六补”和“123456”的思路举措，为加快构建“5311”（烟草、电力、建材、电子信息、机电制造五大传统产业转型升级；加快培育三个新兴产业：文旅产业、体育产业和互联网产业；着力打造大健康产业；壮大特色现代农业）绿色产业体系，打造生态经济发展新标杆，争当生态发展区建设先行示范市，不断开创新时代梅州梅江改革发展新局面体现新干劲、新作为。年末，民进梅江区总支有支部12个，会员138人。

【理论学习】 2020年，民进梅江区总支加强学习、提高素质，不断加强自身建设。10月，组织总支委员和各支部主委专题学习习近平总书记出席深圳经济特区建立40周年庆祝大会和视察广东重要讲话重要指示精神，要求各支部尽快组织起来，兴起学习贯彻热潮。进一步坚定“四个自信”，做到“两个维护”，把思想和行动统一到中共中央决策部署上，永葆“闯”的精神、“创”的劲头、“干”的作风，在工作中展现新担当、实现新作为、做出新贡献。与本职工作相结合、与履行职能相结合，不断提高履职能力和服务大局水平。11月，组织总支委员、支部主委、骨干会员及退休会员代表前往大埔进行“不忘合作初心、继续携手前进”主题教育活动，传达学习贯彻中共十九届五中全会精神。要求各支部把学习贯彻中共十九届五中全会精神作为巩固和深化“不忘合作初心、继续携手前进”主题教育活动的重要内容，牢牢把握坚定政治立场、凝聚政治共识的出发点，适应“十四五”时期形势任务的变化，更加注重开拓创新，更加注重提高实效。紧密围绕“十四五”时期和2035年远景目标任务，围绕市委“123456”和区委“1158”思路举措及区委全会提出打造“一带三园四城五基地”决策部署，深入开展专题调研，建睿智之言、献务实之策，凝聚最广泛力量服务改革开放、乡村振兴、社会治理、脱贫攻坚等中心工作，履职尽责。

【组织建设】 2020年，民进梅江区总支狠抓队伍、规范有序，注重组织建设。对全体青年会员进行培训，充分调动年轻会员的积极性和创造性，更好地引导和培养青年会员开展各项活动，增强民主促进会活力，加强后备队伍的培养，从中发现和选拔人才，发挥骨干带头作用。开展形式多样的活动，不断增强组织凝聚力，春节前慰问80岁以上老会员，送去组织的关怀与温暖；“五四”青年节来临之际，组织会员到青年会员开设的“小涂鸭艺术教育中心”参观调研；重阳节之际，组织老会员走进城北镇玉水古村落开展敬老爱老活动。

【参政议政】 2020年，民进梅江区总支围绕中心、发挥优势，参政议政取得新突破。紧紧围绕区委、区政府的中心工作和人民群众普遍关心的热点难点问题，鼓励民进会员谋长远之道、建有用之言、献务实之策，在市、区两会期间，共提交提案12件，所提建议很具针对性，取得较好的社会影响，为梅江区振兴发展摇旗呐喊，其中《打好“生态牌”，建设“医康养地”，融入粤港澳大湾区建设》被列为市政协大会书面发言材料，《加强基层卫生院软硬件建设，切实解决群众看病难看病贵问题》被列为区长督办提案，《关于整治城北中学校园周边环境的建议》被列为政协主席督办提案。根据民进中央和民进省委会相关文件部署和要求，民进梅江区总支以民进中央2020年“提升基层治理效能，促进社会和谐稳定”为调研主题，于6月分别赴梅江区三角镇人民政府和金山街道办事处开展调研。调研组一行不仅深入当地实地考察调研，还与基层的村委和社区干部进行深入座谈交流，并将交流的意见建议进行研究汇总，形成调研报告，争取中央、省、市相关部门的政策支持，助力梅江区社会治理工作发展迈上新台阶。

【岗位建功】 2020年，民进梅江区总支会员爱岗敬业、勤奋工作，岗位建功开创新局面。会员立足本职、爱岗敬业，树立自己在本职工作部门良好形象。2020年，谢芳被民进中央授予“民进全国履职能力建设先进个人”，刘敏、张惠霞评为梅江区优秀班主任，李志梅、俞丽容、叶英英、童文蓉被评为梅江区优秀教师，吴秋芳被评为梅江区优秀少队辅导员，张映红被评为梅江区教学先进教师，杨秀春指导学生参加梅州市第二届“闪闪红星”故事电视大赛获金奖，熊宇香荣获梅州市英语趣配音比赛优秀指导奖，李志梅荣获广东教育杂志社优秀指导老师奖，俞丽容荣获梅州市“双融双创课”课例小学组一等奖，熊宇香荣获梅州市3A课堂教学设计评比一等奖，刘敏荣获梅州市“双融双创”行动小学组三等奖，梁瑜在梅州市中小学音乐学科实践活动课堂教学转化优秀课例评比中获小学组二等奖，张映红荣获梅江区教学论文优秀奖，李志梅荣获梅江区小学教师培训优秀学员，叶英英荣获梅江区优质课评比一等奖，童文蓉、温梅清荣获梅江区硬笔书法三等奖等。

【社会服务】 2020年，民进梅江区总支关注民生，不断丰富社会服务内容和形式。面对突如其来的新冠肺炎疫情，民进梅江区总支把合作初心写在抗疫行动中，迅速动员、凝心聚力为助力疫情防控和经济社会发展贡献力量，体现民进与中国共产党同心同德、休戚与共的优良传统，充分彰显新时代参政党的使命担当和为民情怀。梅江区医卫界会员放弃节假日，坚守一线岗位，并在民进微信群里科普医学知识。梅江区教育界会员每天排查上报学校学生去向和身体状况，通过网络加强家校联动，开展宣教工作。梅江区企业界会员向慈善会捐款，捐消毒液、酒精、测温仪、口罩等防控物资，全区民进会员在疫情期间共捐款、捐物（折款）10.57万元。在扶贫济困日，全区民进会员捐款3870元。城北中学支部积极开展社会服务，定期到城北镇红南村看望孤寡失明老人李叔，上门做家务，献上爱心物品和捐款。

（谢　芳）

农工党梅江区总支

【概况】 2020年，中国农工民主党梅州市梅江区总支委员会（以下简称农工党梅江区总支）高举中国特色社会主义伟大旗帜，坚持以习近平新时代中国特色社会主义思想为指导，开展“不忘合作初心、继续携手前进”主题教育活动，同心聚力，紧紧围绕梅江苏区振兴发展，建设“诗画梅江、文明客都”积极履职，做新时代中国特色社会主义参政党。

【思想建设】 2020年，农工党梅江区总支坚持以政治学习和思想教育为根本，深化政治认同，牢牢把准政治方向。组织党员认真学习贯彻中共十九届五中全会精神、中共中央总书记习近平系列重要讲话精神和上级各项会议精神，学习《习近平谈治国理政》第三卷。学习全国两会精神、习近平总书记在深圳经济特区建立40周年庆祝大会和视察广东重要讲话精神以及习近平总书记对抗疫的指示精神。全体在职农工党员交纳“特殊党费”，支持抗疫工作。丘元强主委参加农工党梅州市委会和中共梅江区委、区政协、区委宣传部、区委统战部等部门组织的各类学习，练伟东副主委参加区人大常委会有关学习，农工党梅江总支委员参加区委统战部学习。通过学习，不断提高接受中国共产党领导的坚定性，提高政治站位，遵循多党合作的政治准则，坚定不移高举中国特色社会主义伟大旗帜，严格遵守政治纪律和政治规矩，执行新形势下政治生活若干准则，提高政治觉悟，增强政治定力、政治担当，不忘合作初心，始终与中国共产党同心同德、同心同向、同心同行，坚定不移地沿着中国特色社会主义道路前进。2020年是中国农工党成立90周年，结合建党90周年系列活动,深入开展“不忘合作初心、继续携手前进”学习实践和党史学习教育活动，组织农工党梅江总支党员到福建古田会议纪念馆开展革命传统教育。

【组织建设】 2020年，农工党梅江区总支把自身建设和组织建设发展作为一项长期战略任务，鼓励党员加强学习，不断提高政治素质，关注党员学习、工作、生活。加强组织建设，开展形式多样的活动，注重政治思想素质，严格按照入党要求和程序，物色、培养优秀人才加入农工党，壮大队伍力量，全年培养党员对象2人。至年末，农工党梅江总支有党员44人，其中男25人、女19人；医卫界25人、教师17人、其他技术人员2人；在职21人、退休23人。高级职称14人，其中正高4人。

【参政履职】 2020年，农工党梅江区总支积极履行职能，围绕区委、区政府中心工作，认真开展调研，为梅江苏区振兴发展，建设“诗画梅江、文明客都”建言献策。2020年担任市政协委员1人，区政协委员3人（其中1人为区政协副主席），区人大常委1人。积极参加市、区政协的学习和履职活动，丘元强主委参加区政协各项考察、专题议政及市委会学习调研活动，带领区政协文化和卫生委员赴福建省龙岩市长汀县、武平县考察学习苏区文化建设，并形成梅江区苏区文化资源保护和建设意见、建议报告，围绕“文旅融合”、乡村振兴发展、老区苏区建设、委员企业建设、精准扶贫专题开展调研活动；参加市政协考察、专题调研和科教卫体委员会工作交流会，在市政协七届四次会议联名提交“关于加大梅州公交优先推行力度的建议”“关于提升农村饮用水安全，助力脱贫攻坚巩固提升的建议”提案等学习履职活动。副主委黄庆康、委员钟素娟参加区政协港澳台侨外事专委会的调研活动，练伟东副主委参加区人大常委会各项会议活动，区政协七届五次会议提交《关于加快我区社会力量新办养老机构的建议》提案。

【岗位建功】 2020年，农工党梅江区总支党员在做好本职工作的同时，充分发挥专业特长服务社会。广大党员立足本职工作，爱岗敬业，积极投身抗击疫情，在各自工作岗位上取得一定的成绩。2020年，丘元强、练伟东被评为全市卫健系统抗击新冠疫情先进个人，黄庭瑜、谢美兆年度考核优秀，熊佳瑜获评梅江区优秀团干部，黄凯达当选梅州市青年书画家协会主席。全年农工党员在各级刊物发表论文6篇（其中国家级1篇），黄凯达在《梅州日报》《梅州宣传》《梅州侨乡月报》《梅州社会科学》《学习笃行专辑》发表作品12篇,科研课题立项2项。

【服务社会】 2020年，农工党梅江区总支主委丘元强作为全国基层名老中医、省中医名科学科带头人，带领骨干力量练伟东、谢美兆、谢子龙、叶建明、钟浩、王苹、徐慧萍、刘佳丽、谢满香、赖维华突出中医特色、充分发挥优势，为中医药事业和人民健康努力贡献力量。全年农工多位党员参加梅州市第二中医医院“送医送药”扶贫义诊活动共30人次。积极参加扶贫济困助学等活动，农工党梅江总支党员各项捐款共计5000多元，其中抗疫捐款2500元。

（丘元强）

致公党梅江区总支

【概况】 2020年，中国致公党梅州市梅江区总支委员会（以下简称致公党梅江区总支）高举习近平新时代中国特色社会主义思想伟大旗帜，紧紧围绕梅江经济社会发展大局，认真落实“一带三园四城五基地”工作部署，积极履职尽责，发挥参政党应有的作用。年末，致公党梅江总支有支部3个（区直支部、梅州中学支部和水白中学支部），党员48人。

【思想建设】 2020年，致公党梅江区总支坚持中国共产党的领导，遵守政治纪律和政治规矩，增强政治定力、政治担当，加强自身建设，提升党员素质，努力建设适应新时代要求的参政党。通过各种会议和活动，开展政治思想教育，增强党员在中国共产党的领导下坚定地走新时代中国特色社会主义道路的信念。学习贯彻中共中央总书记习近平系列重要讲话精神，学习《习近平谈治国理政》第三卷，传达学习《中国共产党第十九届中央委员会第五次全体会议公报》，学习贯彻中共中央、省委、市委党外人士座谈会的重要讲话精神，准确把握当前形势和任务，凝聚共识、汇聚力量，用心用情用功推动梅州苏区振兴发展。组织党员参加致公党市委会到梅县区大坪镇开展纪念中国致公党成立95周年暨“不忘合作初心、继续携手前进”主题教育活动，加强党派成员革命传统教育。选派骨干党员参加致公党市委会组织赴湖南长沙、韶山开展主题教育学习调研活动，组织部分党员参加省、市、区举办的党外干部培训班。

【参政议政】 2020年，致公党梅江区总支把参政议政工作列入重要议程，认真写好提案和大会发言。主委罗向明、副主委邱梅、彭燕平、党员朱双琴参加梅州市人大、政协会议和梅江区政协会议，提交《关于大力发展普惠性幼儿园，解决学前儿童“入园难、入园贵”问题的建议》《关于挖掘乡土人才的作用，助推经济发展的建议》《关于加强精装修房质量监管的建议》《关爱脊柱，防治青少年脊柱侧弯》《关于在全市中小学开展生命教育的建议》提案。同时承担《发挥新乡贤在梅州乡村振兴工作中作用》和《擦亮梅州富硒长寿品牌，推动农业产业转型升级》调研课题任务，并将调研报告提交致公党市委会。致公党梅江总支的人大代表、政协委员，积极参加各自委员会的考察调研工作。

【服务社会】 2020年，致公党梅江区总支全体党员积极参与公益项目，在中国致公“西好货”脱贫攻坚网上购买扶贫农产品，进行消费扶贫活动，在抗疫期间和扶贫济困日踊跃捐款，捐助帮扶资金合计3.6万元。自2月以后，全国上下举力抗击疫情，全区致公党员积极响应倡议，在各自岗位上投入到抗击疫情战斗中。梅州市第二中医医院针灸二科主任宋锋、检验科副主任钟文晖、放射科医师梁杰和张聪参与一线医疗救治，担负疑似病例和发热门诊的筛查和转送工作。罗向明分别向梅州市红十字会、梅江区慈善会捐款共1万元。邱梅奋战在“三农”防疫一线，保障百姓“舌尖上的安全”到三角地农贸市场、百花洲农贸市场进行巡查，到城北镇乐得鲜杨文蔬菜基地、明阳蔬菜基地进行疫情防护知识宣传，进行蔬菜抽检，为企业解决技术难题，提升蔬菜生产能力，确保“菜篮子”产品有效供给和质量安全。梁佳榈在区市场监督管理局协助做好处理各类投诉举报、稳定市场价格、严查商品和医疗用品质量、严禁活禽宰杀等法律保障工作。彭雄飞、侯文萍按照学校的要求，逐一联系学生，时刻保持与本班学生及其家长联系，向学生宣传防疫相关知识。钟俊峰为支援医院做好疫情防控工作，坚守岗位，努力开展传输电缆铺设、接电布线、设备安装等工作，为梅州市人民医院、第三人民医院实现4G、5G同步开通，为医疗防疫系统提供5个4G小区、3个2G小区和12个5G小区的信号覆盖。梁杰、余玲玲、江海达、何荣锌等积极响应献血号召，纷纷参与无偿献血，用实际行动为爱接力。按照致公党中央和致公党省委的部署，全体致公党员参加“致公爱心小包裹”专项捐款活动，关爱海外侨胞，共同抗击新冠疫情。

【岗位建功】 2020年，致公党梅江区总支全体党员爱岗敬业，勤奋工作，立足本职创佳绩，区直支部彭雄飞获评致公党广东省委会优秀党员。宋锋参加文化公园、长沙镇、客都汇等义诊，通过广东省卫生系列中医药专业高级资格评审委员会职称评审，晋升为副主任中医师，作为项目负责人完成广东省中医药局科研项目《穴位埋线结合火针治疗痤疮的临床研究》的验收，发表论文《穴位埋线结合火针治疗痤疮的临床研究》在2020年2月《大医生》第5卷第4期刊载。2020年，洪苏强获评单位优秀员工，获得单位奖励；廖义生学年年度考核优秀，参加梅州市中学物理实验教学设计比赛获一等奖；冯海英学年年度考核优秀；刘蕴平学年年度梅江区三角镇奖教金，获学校罗凤昭名师奖；陈雷英获学校罗凤昭名师奖；梁映华作品《阿基米德原理演示器》在梅江区优秀自制教具评选活动获得一等奖。

（梁佳榻）

九三学社梅江区支社

【概况】 2020年，九三学社梅州市梅江区支社（以下简称九三学社梅江区支社）坚持高举爱国主义和社会主义伟大旗帜，自觉接受中国共产党领导，坚持以习近平新时代中国特色社会主义思想指导，深入学习贯彻习近平总书记出席深圳经济特区建立40周年庆祝大会和视察广东重要讲话、重要指示精神，深入学习贯彻中共十九大及中共十九届二中、三中、四中、五中全会精神，紧紧围绕区委、区政府的决策部署，积极履职尽责，不断加强自身建设，动员全体社员立足本职，发挥岗位优势，为建设“诗化梅江、文明客都”贡献力量。全年发展新社员2人，至年末共有社员16人，其中副高职称4人、中级职称3人、博士生1人、研究生3人、其他5人。

【参政议政】 2020年，九三学社梅江区支社参加省、市、区人大、政协会议期间，积极撰写提交提案。主委江冬梅提交人大会议《关于我省实施“三清三拆治三整治”中维护农民合法权益的建议》《关于对省道333线进行提升改造或沿白宫河改道建设的建议》《关于将西阳镇自来水纳入市政供水范围的建议》《关于梅江区206国道城北镇扎上村至群益村段安装路灯的建议》4条提案建议，支社副主委刘俊方提交政协会议《调动社会力量参与文化建设，全力创建客家特色文化》的提案。

【岗位建功】 2020年，九三学社梅江区支社立足本职做好各项工作的同时，积极发挥个人专长服务社会，其中刘俊方在九三学社中央第二届《九三教育论坛》征文《浅谈初中学段科学教育现状及探索其发展出路——培养学生科学素养》获得二等奖，九三学社广东省委庆祝经济特区建立40周年理论研讨论文《经济特区40周年经济建设与文化创新发展——以深圳经济特区为例》获得优秀奖，2020年评为梅江区“优秀教练员”，积极参与无偿献血及扶贫助学捐款等活动。2020年温春梅获广东省中学生物教学设计与教学论文评选二等奖，教学课例《DNA分子的结构和复制》在梅江区防疫期间线上教学优质课评选活动获得二等奖，第九届梅州市教育系统教育教学成果奖获得二等奖。社员叶阮灶被推选为梅江区第八批区管拔尖人才。

【思想建设】 2020年，九三学社梅江区支社通过各种形式对社员进行政治思想教育，及时传达学习中国共产党各级各类会议精神，组织社员学习社中央和社省委文件，贯彻落实九三学社广东省委关于开展“不忘合作初心、继续携手前进”主题教育活动，学习贯彻习近平新时代中国特色社会主义思想和中共十九大精神，开展革命传统教育和爱国主义教育，提高接受中国共产党领导的坚定性。

（江冬梅）

人 民 团 体

工 会

【概况】 2020年，梅江区总工会把学习宣传贯彻习近平新时代中国特色社会主义思想、习近平总书记重要讲话精神和中共十九届五次全会精神，以及中国工会十七大精神作为首要政治任务，坚持管党治党，加强和改进意识形态工作，着力把牢政治方向，坚持深化工会改革，提升职能服务水平，引导全区职工积极参与疫情防控阻击战，充分发挥工会在全面建成小康社会脱贫攻坚之年的积极作用。

2020年7月1日，梅江区总工会组织党员参观红军名将朱云卿事迹陈列室，引导党员干部铭记光辉历史，传承红色基因

【思想政治建设】 2020年，区总工会深入学习贯彻习近平新时代中国特色社会主义思想、习近平总书记在全国两会的重要讲话精神、习近平总书记关于疫情防控工作的重要讲话精神，学习市委七届八次全会和区委八届十次全会精神。建立政治要件台账，在认真传达、深刻领会、认真贯彻、狠抓落实上下功夫，确保习近平总书记重要批示指示精神落到实处。推动“不忘初心、牢记使命”主题教育常态化制度化，通过干部网络学院、学习强国、学法考试等平台引导党员干部日常学习，抓好政治理论学习和读书活动。全年开展中心组集中学习14次，机关党支部每月集中学习1次。全体党员干部完成2020年度干部网络学院学习任务，机关党支部“学习强国”平台活跃度100%。严肃认真听取巡察反馈意见，端正态度、立行立改，将整改落实作为一项重要的政治任务，确保“条条有整改、事事有回应、件件有落实”。召开专题会议研究整改方案，逐级详列整改清单、细化整改措施。严格按照清单将整改任务和责任落实到个人，以人民群众满意度和上级部门考核评价为标准，如期完成整改落实。召开专题民主生活会，党组班子、个人对照检查，切实落实“主体责任”和“一岗双责”（既要抓好分管业务工作、又要抓好党风廉政建设），强化责任意识，推动建章立制，巩固巡察整改工作成果。加强领导干部的政治理论学习，坚持学习日制度，写学习心得、开研讨交流会、学习《党委（党组）落实全面从严治党主体责任规定》《习近平新时代中国特色社会主义思想》及《习近平谈治国理政》第三卷等重要文选资料，深入学习习近平总书记视察广东重要讲话和对广东工作重要指

示、批示精神以及对工人阶级和工会工作重要论述，集中观看庆祝深圳经济特区建立40周年庆祝大会直播，开展爱国主义教育。对标学习各级劳模先进事迹，深入开展先进典型教育。组织观看《廉政映青云》《敲门》等6部微电影，以案示警、以案明纪，让领导干部坚定信念，坚定政治立场。参观朱云卿事迹陈列馆，重温入党誓词，参观历史人文片区红杏坊一角及人文环境改造项目，用梅江苏区深厚的革命文化和红色资源，引导党员干部传承红色基因，践行苏区精神。

【意识形态】 2020年，区总工会根据人员变动和工作需要，及时调整意识形态工作小组，认真落实党组意识形态工作主体责任，健全意识形态工作机制。对巡视巡察反馈问题中“关于落实意识形态工作责任制不到位”的具体情况，以鲜明的态度和有力的措施落实整改工作。修订完善中心组理论学习制度，设立学习秘书1人，制定全年学习计划、学习内容，丰富理论学习形式，夯实理论基础，重视学习效果。加强意识形态研判，召开意识形态工作专题会议，研究《2020年梅江区总工会意识形态工作方案》，对全区工会意识形态工作的总体形势、存在的问题和风险点、加强和改进意识形态工作等方面进行研判，对全区工会意识形态工作作出明确的指引。制定《基层工会意识形态工作监管方案》，加强基层工会尤其是企业工会开展意识形态工作的监管力度。

【法治建设】 2020年，区总工会注重干部职工学法普法用法工作，组织学习《中华人民共和国公职人员政务处分法》《中华人民共和国反间谍法》《中华人民共和国保密法》等法律法规，开展《中华人民共和国民法典》专题党课，督促全体干部职工完成年度学法考试平台学习任务。开展“12·4”户外普法宣传活动，组织开展《中华人民共和国工会法》《中华人民共和国劳动合同法》和禁毒等宣传进基层、进园区、进企业活动。以集体合同、职代会、厂务公开等平台，以工会法律顾问、法律援助等形式，促进企业依法经营，依法维护职工合法权益。

【疫情防控】 2020年，区总工会深入学习贯彻习近平总书记关于新冠肺炎疫情防控工作的重要讲话精神和区委、区政府关于新冠肺炎疫情防控工作的决策部署，加强组织领导，成立疫情防控领导小组，抓好工会机关和“结对共建”村两个党组织的防控工作。充分发挥工会的桥梁纽带作用，全力支持疫情防控，向全区工会组织和广大职工发出倡议，让广大职工充分认识疫情联防联控的重要性，立足岗位、听从指挥、科学防控、担当作为。动员党员干部支持城乡社区一线疫情防控工作，选派3名党员干部参加指挥部和社区防控工作，下拨疫情防控专项经费21万元，用于慰问疫情防控一线人员和购置防控物资。结合工会工作实际，采取有力措施，开展务工人员“平安返乡”“平安返岗”交通补助，减免工会出租店铺3个月店租，向生产防疫应急用品的企业发放工会防控专项资金等方式推动全区

2020年10月22日，梅江区总工会在博敏电子股份有限公司多媒体室举办学习贯彻《习近平谈治国理政》第三卷宣讲进企业活动

2020 年 12 月 11 日，梅江区总工会联合梅州市第二中医医院志愿者服务队走进西阳镇新联村广场为村民“送医送药”

复工复产复学，敦促基层工会做好复工复产复学后的新冠肺炎疫情防控工作。

【服务社会】　2020 年，区总工会开展义务植树活动，工会干部在西阳镇丙白公路两旁种植梅花 200 余株。组织学习垃圾分类知识，在办公大楼各层设置垃圾分类专用桶，宣传推广垃圾分类，倡导干部职工自觉践行生活垃圾分类，培养良好生活习惯。每周五开展“两美行动 · 整洁工会”活动，机关办公楼及周边进行打扫、清洗，营造整洁的办公环境。举行反对餐饮浪费宣誓暨创建无烟党政机关承诺签名活动，同时向全区基层工会发出“厉行勤俭节约，杜绝餐饮浪费”倡议书，营造浪费可耻、节约为荣的良好氛围。通过“粤工惠”APP 等形式开展公益活动，开展“庆五一”有奖知识问答、“品端午送安康抢粽活动”“庆国庆、迎中秋”有奖知识问答等活动。联合网易房产粤东站开展“助农义购，橙心致礼”活动，给 63 个单位赠送扶贫产品橙子礼盒 2000 份。通过开展系列活动，密切工会与职工的联系，加强职工的思想引领。

【结对共建】　2020 年，区总工会委派党建指导员驻守西阳镇新联村和鲤溪村，帮助村“两委”（支委、村委）开展日常工作，协助两村做好“两委”换届选举。组织机关全体党员干部进村入户开展“千干扶千户”“两美”志愿服务活动，同村“两委”干部座谈，了解疫情防控、脱贫攻坚、新农村建设等情况，同贫困户拉家常、问冷暖，帮助清扫房前屋后及整理家中物件，引导贫困户争当“干净整洁之家”。支持 2 户贫困户安全饮水工程改造经费 9000 元、1 户贫困户改厕经费 3000 元，国庆、中秋走访慰问贫困户 40 户。组织机关工会会员为贫困户购买农产品 1500 元，配合市第二中医医院在新联村开展“送医送药”活动，支持两村抗疫工作经费 2 万元，美丽乡村建设和“三清三拆三整治”经费 4 万元。

【脱贫帮扶】　2020 年，区总工会召开城市困难职工解困脱困工作业务培训会，学习贯彻广东工会决战决胜城市困难职工解困脱困工作推进会精神，做实做细困难职工解困脱困工作。通过第三方评估，进一步引导全区工会帮扶工作规范化、常态化，实现帮扶系统动态管理，完成城市困难职工解困脱困工作目标任务，助力全区决战决胜脱贫攻坚做出新贡献。召开党组会议、解困脱困培训会、政府联席会议，成立困难职工解困脱困攻坚工作专班，制定《梅江区 2020 年决战决胜城市困难职工解困脱困工作方案》，不断推动困难职工解困脱困工作，助力全区坚决打赢脱贫攻坚战。采取“一户一策”方式，走访摸底制订解困脱困对策，全面做实做细脱贫工作。为困难职工 103 名发放抗疫救助金 6.18 万元，困难职工 101 户发放 2000 元疫情期间生活补贴。全年帮扶困难职工 245 人次、51.58 万元，其中生活救助28.53万元、医疗救助10.4万元、助学帮扶12.65万元。元旦、春节送温暖80名共计4万元。

【工会建设】 2020年，区总工会调研东升工业园区企业建会情况，加大工会联合会吸收会员入会力度，抓好百人以上企业工会组建工作，加快完善东升园区工会联合会，确保年末全区各类法人单位建会率、职工入会率80%以上。全年新组建基层工会22家（含12家事业单位、1家国有控股公司、9家非公有制企业），其中百人以上非公有制企业3家，发展会员1982人，其中农民工1131人。餐饮服务行业、货运行业，建会工作不断推动。开展“大走访”活动，深入东升工业园等基层一线了解职工意愿，反映职工诉求，帮助解决困难。健全完善劳动争议预警机制，完善政府和工会联席会议制度，完善“法院+工会”工作机制，聘请9名律师担任18家企业工会、工联会法律顾问。加强“律师在线”工会法律服务和法律监督，对可能引发群体性事件的劳动关系隐患，做到发现在早、防范在先、处置在小。指导和支持基层工会开展工作，下拨专项工会经费26万元，驻企业工会律师顾问津贴费用9万元。2020年新签订集体合同2个，覆盖职工283人；续签7个企业集体合同，覆盖职工1405人；续签1个民办学前教育行业集体合同，覆盖幼儿园63家、职工6533人。完善“三个一批”〔建设一批社区（村）、园区工会联合会，建设一批职业化工会工作者，建设一批“会、站、家”一体化的职工之家〕社会化工会工作者选聘管理，抓好社工队伍职业化、专业化建设，全年向社会公开招聘社会化工会工作者7名。加强对园区工联会、镇（街道）工委会工作的指导，用好200人以上非公有制企业工会主席津贴机制，加强对规模以上企业工会主席的管理。

2020年7月21日，梅江区人民政府、梅江区总工会召开联席会议，研究解决困难职工解困脱困

【关爱劳模】 2020年，区总工会做好劳模选树、先进集体推荐及管理工作，自下而上民主推荐广东省劳模1人、先进集体（班组）1个，推荐梅州市劳模5人、先进工作者1人、先进集体3个。落实劳模待遇，组织全国、省劳模到梅州市第二中医医院进行体检，关爱和帮扶困难劳模，教师节走访慰问在岗劳模教师8人，为劳模订阅《工人日报》《梅州日报》《南方工报》等报刊、赠送工会“二次医保”互助保障活动。全年创建梅江区“技师创新工作室”2个、梅州市“劳模创新工作室”1个，通过典型示范引领，弘扬劳动精神、劳模精神和工匠精神，增强新时代工人阶级和广大劳动者的自豪感和使命感。

【权益维护】 2020年，区总工会积极推进区域性、行业性职工（代表）大会制度建设，探索推广适合各类非公有制企业实际的民主管理形式，督促企业制定实施科学合理的劳动定额定员标准，依法保障职工休息休假权益，及时回应“工会在线”网站反映的各类诉求，受理职工线上信访5宗，均妥善处置。开展“送清凉”活动，为高温一线作业职工送上6000

2020 年 7 月 28 日，梅江区人大常委会副主任、梅江区总工会主席罗尚君（中）为高温一线作业职工送清凉饮品

多份的清凉饮品。开展“安康杯”竞赛活动，着力提高“安康杯”竞赛参与面，发动 37 家单位 161 个班组 5932 名职工参赛，获得全国安康杯竞赛优秀班组称号单位 1 个。推广工会“二次医保”活动，解决职工后顾之忧，为基层工会 1.64 万人次职工办理四种保障；为 466 人次赔付互助金 66.19 万元，配套帮扶报销 313 人次 8.64 万元。与省工人医院合作，为 300 多名女职工免费“两癌”（乳腺癌和宫颈癌）筛查。2020 年，新建“爱心妈妈小屋”3 家，获得省总工会表彰女职工先进个人 2 名、先进集体 1 名。组织参加“南粤家政”服务业职业技能大赛，获得省级养老护理员技能竞赛三等奖 1 人。

【文体活动】 2020 年，区总工会联合区文广旅体局举办第四届“志浩杯”职工篮球赛，有 35 支队伍 350 多名篮球爱好者参赛。参与主办全区老年人运动会等活动，开展“广东扶贫济困日”献爱心活动，区总工会机关单位和个人共捐款 2740 元。同时，倡议基层工会参与爱心行动，收到捐款 9387 元，全部用于西阳镇新联、鲤溪村新农村建设。

【经费管理】 2020 年，区总工会建立健全的工会经费管理制度，制订《财务管理及审批制度》，加强工会经费收支管理。开展全区基层工会经费自查，委托梅州正信合伙会计师事务所（普通合伙）为区总工会审计服务，完成全区 31 个基层工会经费审计工作。

（黄志雄）

共青团

【概况】 2020 年，中国共产主义青年团梅江区委员会（以下简称团区委）坚持以习近平新时代中国特色社会主义思想和习近平关于青年工作的重要思想为指导，坚持党建带团建，团结带领广大团员，扎实做好控疫情、强自身、促成长、推志愿等各项工作，团结带领全区广大团员青年为建设“诗画梅江、文明客都”贡献青春力量，推动共青团工作迈上新台阶。

【疫情防控】 2020 年疫情期间，团区委党员干部勇于担当、冲锋在前，充分发挥党员先锋模范作用，成为梅江区第一批疫情防控党员先锋队队员。招募青年突击队员 23 名、疫情防控应急志愿者 69 名成立梅江区团员青年战疫突击队和梅江区疫情防控应急志愿服务队，发动 100 多名青年志愿者就近就便到村（社区）协助开展各项疫情防控工作。联合脉克玛美容美发连锁机构，开展“理”尚往来，同心战“疫”——爱心义剪志愿服务下基层活动，到 7 个镇（街道）、园区办和区住建局为 600 多名基层疫情防控一线工作者免费剪发。号召青年志愿者投身到热血战“疫”中，做最美“逆行者”，招募 12 名青年志愿者参与无偿献血 2400 毫升。发动 100 多名志愿者到梅江区 13 所中学进行排班制文明交通志愿服务，帮助梅州中学、乐育中学的学生家长成立文明交通护航志愿服务队。深入开展文明教育，努力把“抗疫战场”作为德育课堂，弘扬社会主义核心价值观。在线上开展“防控疫情 梅江少先队在行动”活动8期，引导全区中小学少先队员积极参与“梅江少年说”主题宣传活动，在家录制宣传视频，用视频传播正能量。联合区教育局、区少工委在全区中小学少先队组织中开展梅江区红领巾“致敬逆行先锋”手抄报和绘画比赛，以“致敬逆行先锋”为主题，向奋战在疫情防控一线的先锋致敬，共收集绘画作品154份和手抄报作品148份。开展“邻里守望，爱在身边——梅江区红领巾学雷锋志愿服务活动”，少先队员108名通过手抄报、手工艺品向1000多户邻居宣传防疫知识。

【团组织活动】 2020年，梅江区发展团员900名。全年开展省、市、区“优秀团干”和“优秀少先队员”“最美南粤少年”“向上向善青年”等评选活动，梅江区有1个团组织获得国家级“五四”表彰，1个团组织、3名团员获得省级“五四”表彰，4个团组织、21名团员获得市级“五四”表彰。

【关爱困境儿童】 2020年，团区委在“六一”国际儿童节来临之际，联合区民政局到城北镇中心小学开展浓情“六一”关爱困境儿童慰问活动，联合团市委等单位到西阳镇龙坑小学、惠东小学、飞英小学开展“两帮两促”——“情暖童心·特别的爱”儿童节关爱活动。至年末，关爱慰问困境儿童18名，发放慰问品、慰问金共计4000元。区青少年文化宫面向困境儿童、留守儿童开办暑期公益福彩培训班，惠及困境儿童、留守儿童135名。

【青少年思想道德教育】

2020年，团区委利用队课团课积极开展主题教育，推动习近平新时代中国特色社会主义思想在青少年中入耳入心，弘扬社会主义核心价值观。全年全区各小学开展“致敬逆行先锋”“勇战疫情，守护绿色”“童心向党 健康成长”“垃圾分类知识我积累”等主题少先队课累计78场次，参与学生约14.6万人次。全年全区各中学开展“五四精神、传承有我”“不忘初心，做合格共青团员”“战疫情，奏响新时代青春之歌”“凝集青春正能量，众志成城抗疫情”“党建带团建，明确中心跟党走”等主题团课累计54场次，参与学生约8.3万人次。积极开展寻找“最美南粤少年”活动，2020年评选表彰“梅江区优秀少先队员”303名。

【志愿服务活动】 2020年，团区委紧扣“创文”“两美”行动、邻里互助、垃圾分类、禁毒、安全教育、“文明健康，有你有我”等重点主题组织开展亲子学雷锋志愿服务活动，助力各项工作有效开展。全年组织亲子志愿者开展“邻里守望，爱在身边”“邻帮邻、心连心”“河小青”巡河护河、垃圾分类、文明出行等志愿服务活动共214场，吸引亲子志愿者2109名参与，覆盖梅江区33个住宅小区。11月21—22日，林风眠120周年诞辰纪念活动在梅江区举行，发动组织志愿者参与活动筹备工作，并在活动期间为嘉宾和游客提供多方面的志愿服务，助力活动

2020年7月19日，共青团梅江区委员会组织开展“‘河’我一起，共护母亲河”志愿服务活动

2020 年 12 月 27 日，共青团梅江区委员会组织 300 余名志愿服务者助力“梅马”圆满成功

圆满成功。12 月 27 日，“客商银行·2020 世界客都长寿梅州马拉松赛”（以下简称“梅马”）在梅州开跑，组织 300 余名志愿者服务保障梅州马拉松赛事，助力“梅马”圆满成功。

【打造服务品牌】 2020 年，团区委依托区校外青少年心理辅导中心开展心理健康教育志愿服务，通过心理沙盘游戏、积极教育、父母学习小组、亲子朗读、心理健康讲座等线上线下活动方式，营造关心关爱青少年健康成长的良好社会氛围。通过微信打卡的形式，组织开展“朗读点亮心灯”梅江区红领巾亲子线上朗读活动 6 期，1650 个家庭 3300 人参与。全年开展心理健康普及讲座 7 场，父母学习小组 8 场，心理沙盘游戏团体辅导 7 次，受益 71 个家庭 400 多人次。推进“创文”工作，大力开展“争当创文小先锋，做新时代好少年”活动，以“家”为原点，将志愿服务送到“家门口”，至年末开展 8 场，共吸引 200 多个亲子志愿者参加。

（吴媛婷）

妇 联

【概况】 2020 年，梅江区妇女联合会（以下简称区妇联）深入学习习近平总书记重要讲话精神和中共十九大、中共十九届五中全会精神，学习中央、省、市、区各类重要会议、重要决策部署，积极带领城乡妇女创新发展，筑牢理想信念，弘扬改革新风，展现巾帼风采。根据《中华全国妇女联合会章程》相关规定，12 月 7 日，召开梅江区妇女第七次代表大会，全面总结过去 5 年全区妇女事业和妇联工作取得的新发展新成就，团结动员全区广大妇女为梅江打造“一带三园四城五基地”，争当生态文明发展区高质量发展示范区，加快建设“诗画梅江、文明客都”贡献巾帼力量。2020 年，梅江区妇联荣获“广东省三八红旗集体”称号、2020 年区委平安梅江建设先进集体。

【城乡妇女发展】 思想政治引领 落实习近平总书记在全国宣传思想工作会议上的重要讲话精神，推动妇联思想政治引领工作广覆盖、精对接，组织系列群众性思想宣传教育

2020 年 12 月 7 日，召开梅州市梅江区妇女第七次代表大会

2020 年 10 月，举办梅江区基层妇联领头雁培训班（长沙镇专场）

活动。10 月 12—20 日，邀请区委党校讲师，为全区 1500 多名区、镇（街道）、村（社区）妇联执委作《习近平谈治国理政》第三卷专题辅导，在妇女群众中掀起学习宣传贯彻热潮。11 月 12 日，举办梅州巾帼学习贯彻习近平总书记重要讲话精神巡回报告会梅江专场活动，传达学习贯彻中共十九届五中全会精神和习近平总书记重要讲话精神，引导广大妇女及家庭成员感恩伟大的党、感恩伟大祖国，筑牢永远听党话、跟党走的思想根基。

推进“美丽家园”建设 2020 年，区妇联积极发挥妇女在家庭中的独特作用，引导各镇（街道）广大妇女群众和家庭积极投身“美丽家园”建设，梅江区西阳镇双黄村、三角镇宫前村被市妇联命名为第二批梅州市“美丽家园”示范村，尚上升公司被省林业局、省妇联命名为第七批“广东省巾帼林”，清凉村家家发茶叶专业合作社被命名第十一批广东省巾帼创业示范基地。梅州清凉天伯公家庭农场被梅州市妇联遴选为梅州市重点培育提升创业创新巾帼企业。深化“巾帼建功”和“巾帼文明岗”创建活动，区妇联党组书记带头，其他班子成员和党员干部积极参与，第一时间加入到党员先锋队深入基层疫情防控一线和区疫情防控指挥部工作。引领全区各行各业妇女在抗击新型冠状肺炎疫情工作中敢于担当、无私奉献，广泛收集、挖掘宣传各级各界妇女抗“疫”先进事迹共 14 篇，其中向上级妇联推荐妇女抗“疫”典型 7 篇。梅江区鸿都小学六年级组、梅江区人民检察院第一检察部获评市级“巾帼文明岗”。

助力妇女发展 2020 年，区妇联全面推进妇女创业小额担保贷款贴息工作，帮助解决妇女在创业、生产、经营过程中资金紧缺问题，全年为 11 名创业妇女发放贷款 130 万元，省级贴息资金 10 万元，其中 1 名是创业大户，间接带动 200 多名妇女群众创业就业。会同区人社局举办“春暖梅江”复工复产网络招聘会，共吸引 260 家用人企业参加，为求职女性提供招聘职位 3000 多个。举办“梅州市巾帼助农脱贫攻坚”活动，联系企业为西阳镇北联村和嶂下村贫困户捐赠百香果种苗 300 株、玉米种子 60 斤、枇杷种苗 220 株和化肥 6 吨，联系广东村之翼科技有限公司与嶂下村花果山种养农民专业合作社、北联村枇杷农民专业合作社签订保价购销合同，并为村民提供种植技术指导。2020 年推荐梅州市洁优家政服务有限公司总经理参加省巾帼家政服务职业风采大赛，获家政经理人员项目三等奖。

支持复工复产 2020 年，联合区农业农村局举办梅江区特色农产品电商网红直播培训会，与企业共商复工复产方案，积极帮助“妇字号”企业解决口罩购买难问题，推动复工复产工作有序开展。组织梅江区 5 家企业参与省妇联“把爱带回家——走进梅州”直播带货活动，推广梅江特色产品，以巾帼脱贫实效助力乡村振兴。

【妇女儿童权益维护】 2020 年，区妇联顺应广大妇女对美好生活的期待，把联系和服务妇女作为工作生命线，把妇女群众的需求和冷暖放在心上，努力提升妇女群众的获得感幸福感安全感。

权益维护有序开展 2020年，区妇联加快构筑触觉灵敏、应对有力、服务到位的妇女儿童维权工作体系，助推区域社会治理现代化。制定妇女儿童舆情处置方案，及时研判处置意识形态领域中涉及妇女问题。加强与区检察院联动协作，在全市建立首个保护妇女儿童权益工作合作机制。

法律法规教育 2020年，区妇联积极处理家暴案件，普及《中华人民共和国刑法》《中华人民共和国妇女权益保障法》《中华人民共和国反家暴法》等法律法规教育。4月，在各级妇联组织和公安机关的共同努力，城北派出所对一起家暴案件发出梅江区首份《家庭暴力告诫书》，对侵害妇女合法权益行为起到震慑作用。全年区妇联共接来电来访30宗，30人次，办结率100%。

女童人身权益维护 2020年，区妇联联动建立“关爱女童 护苗成长”保护女童人身权益3年行动机制，推动加强部门间信息沟通、情况通报、研判会商，形成风险联查、问题联治、工作联动、平安联创的工作合力，依法维护女童人身权益。广泛开展普法宣传，大力宣传妇女权益保障法、反家庭暴力法等法律法规和政策。2020年，区妇联举办17场“关爱女童 护苗成长”公益活动，7场禁毒宣传活动，覆盖妇女群众2480人，发放宣传资料3000份。

【困难妇女儿童帮扶】 *开展慰问关爱活动* 2020年，区妇联发动爱心企业、巾帼志愿者等社会力量，在“六一”、中秋、春节等节日期间，向特困母亲和困境儿童开展关心关爱活动。春节期间，筹集扶助资金共14.31万元，慰问困难妇女284人；疫情期间，慰问困难家庭80多户，送防疫口罩，慰问孤贫儿童15名，送防疫酒精，发放母亲邮包50个和儿童口罩1000个。积极帮助符合资助条件家庭申报援建“单亲特困母亲安居房”项目，发放孤贫儿童慰问金共1.5万元。开展“把爱带回家”寒假特别行动，全区共有542位志愿者参与，开展活动97场，受益家长儿童5500人次。举行庆“六一”关爱困境儿童慰问活动，慰问困境儿童20名，发放慰问金1万元及书包、儿童书籍等。开展“爱心父母牵手困境儿童大联盟”活动，全年全区共招募“爱心父母”112名，“爱心集体”3个，筹集爱心款7.32万元，结对帮扶梅江区困境儿童140名。组织开展“叶剑英基金”助学活动，受助中小学生55名，共5.5万元。配合省妇女儿童基金会开展援助孤贫儿童项目，受助孤贫儿童15人，共1.5万元。

关注妇女健康 2020年，区妇联联合区卫健局等部门开展妇女“两癌”免费检查政策和妇女健康知识宣传，为全区35—64周岁城乡妇女提供免费“两癌”检查，确保符合条件的妇女应检尽检，早诊早治，降低“两癌”死亡率，提高城乡妇女健康保障。联合市妇女儿童医院在全区开展“关爱女性、守护健康”妇女健康知识公益讲座5场。协助省扶贫基

2020年，梅江区建立全市首个保护妇女儿童权益工作合作机制

金会、省妇女儿童基金会开展“农村贫困母亲关爱工程”项目，资助农村贫困人口遭遇重大疾病的贫困母亲疾病治疗。

【改革创新深化】 2020年，区妇联作为全省深化妇联组织建设改革实施“破难行动”先行点，积极创新工作举措，推动基层妇联执委发挥破难任务落实，团结带领广大妇联执委助力基层社会治理，助推“诗画梅江、文明客都”建设。

“破难行动”实施 2020年，区妇联争取区委、区政府支持，召开深化妇联改革实施“破难行动”工作会议，印发《梅江区深化妇联组织建设改革“破难行动”实施方案》。加强与区直相关单位和各镇（街道）党委的沟通，商议解决妇联改革中关于人员配备、经费保障等“瓶颈”问题，努力争取各级各单位对深化妇联组织改革“破难行动”的重视支持。以“破难行动”为契机，队伍建设和阵地建设相结合，提升基层妇联战斗力。

结构优化培训 2020年，区妇联及时在全区各级妇联组织进行调整、充实妇联执委队伍，对离开区域、参与妇女工作积极性不高、年龄偏大的执委进行替补，把热心妇女儿童工作的优秀妇女吸纳到执委队伍，组建一支“想干、能干、干好”的执委队伍。至12月，区镇两级全面完成妇联换届选举，区妇联配备挂职副主席1名、兼职副主席2名，全区129个村（社区）全面完成执委替补优化工作。同时，通过集中培训、组织向先进典型学习、现场观摩、召开座谈分享会等，积极开展妇联执委和基层妇联干部能力提升培训，常态化开展“互学互促”活动。组织区、镇（街道）、村（社区）三级妇联干部、执委分别到梅县区、蕉岭县、大埔县、五华县妇联交流学习5次，完成对全区各级妇联1488名执委培训。

2020年，梅江区妇联举行“爱心父母牵手困境儿童大联盟”活动

基层基础建设 2020年，区妇联坚持“党建带妇建、资源共享、因地制宜、注重实效”的原则，下沉资源力量，细化工作制度，充实服务项目，对“妇女之家”管理进一步规范，让“妇女之家”成为温暖之家。同时，推动社会组织、商圈、园区、专业市场、行业协会等群体中建立妇女组织，全年先后在左岸观邸、万达华府、江南社区疾控宿舍、梅南社区梅新雅苑、江南街道榕树塘社区路心一巷居民小组等楼宇小区、居民小组建“妇女之家”。

树好一面“旗帜” 2020年，区妇联组织开展“亮身份、树形象、转作风”活动，不断增强荣誉感、责任感和使命感。推行镇、村两级妇联执委挂牌服务，执委在开展妇联工作和活动时统一穿红色马甲和佩戴执委标识牌，让妇女群众知道妇联组织在哪里、妇联干部是谁，如何得到妇联组织的帮助。全区基层妇联执委按行业、特长、优势领办或牵头组织开展妇女创业、维权普法、家庭教育活动，用真情实意和爱心奉献为联系的妇女和家庭提供“精准服务”。制定《梅江区妇联机关干部挂钩联系镇（街道）工作制度》，领导班子成员和机关干部挂钩联系1个以上镇（街道）、村（社区），定期深入联系镇（街道）和企业，及时帮助、指导、协调解决联系镇（街道）在妇女儿童工作中碰到的困难和存在的问题，推动基层妇联各项工作落实。9 月后，区妇联班子成员分别带队到各村（社区）开展“破难行动”调研 20 多次，助推“破难行动”工作开展。

列出一份“清单” 2020 年，区妇联制定符合实际的“基层妇联执委履职服务清单”，落实镇（街道）妇联主席轮值制度，妇联执委成员每年至少认领 1 件工作任务；定期多形式进行走访慰问，对特殊的重点人群每月上门走访不少于 2 次；每年为辖区妇女儿童至少做 3 件好事实事，每人联系 10 名以上的各行各业妇女群众，切实解决好妇女群众反映的热点难点问题。

用活一套“保障” 2020 年，区妇联推动完善工作经费保障制度，探索建立妇联工作经费经济社会发展机制，建立基层妇联执委激励机制。开展寻找“最美妇联执委”活动，寻找一批为妇女群众做好事、办实事、解难事的娘家人，通过榜样力量，传递正能量，不断激发基层妇联执委履职尽责、干事创业热情。

【“两个规划”实施】 2020 年，区妇联坚持问题导向，强化业务指导，创新监测方法，围绕数据统计监测重点，组织各成员单位对统计监测员、统计监测数据工作进行专项培训，全面系统从人口与就业、教育、卫生、社会管理、权益维护和社会保障等领域的社会性别量化指标统计梅江区男女两性在经济社会中的基本状况，完成梅江区分性别统计监测报告，推动梅江区分性别统计工作法治化、规范化和制度化建设。2020 年是梅江区妇女儿童发展规划（2011—2020 年）终期评估之年，经梅州市妇女儿童规划终期评估检查组评估检查认定，梅江区妇女儿童工作成绩显著，亮点突出，较好完成终期目标任务，核实达标率为 97.97%，居全市前列。结合本轮“两个规划”指标数据和“十四五”规划编制工作，科学编制新一轮妇女儿童发展规划，为妇女儿童事业持续健康发展打下坚实基础。

（吴　莹）

科　协

【思想武装】 2020 年，梅江区科学技术协会（以下简称区科协）全体党员干部认真学习习近平新时代中国特色社会主义思想，学习贯彻落实中共十九大和中共十九届二中、三中、四中、五中全会精神，学习《习近平谈治国理政》第三卷及习近平总书记系列重要讲话精神。7 月 2 日，组织全体党员与西郊街道更楼下社区党员到井冈山红军高级将领朱云卿事迹陈列室接受红色教育。7 月 10 日，组织全体党员到丰顺县马图红色教育基地开展革命教育活动。5 月 29 日和 9 月 29 日，分别组织全体党员观看《失责必问》《侥幸之祸》和《 朽木浮沉 》警示教育专题片。通过学习教育活动，铭记光辉历史，提高党员干部思想政治觉悟，更好地为全区科协工作做贡献。

【科协组织】 2020 年，区科协积极推动开放型、枢纽型、平台型科协组织建设，发挥医院院长、学校校长、农技站站长“三长”为代表的关键人物作用。全年全区实现 7 个镇（街道）科协组织全覆盖，并分别召开首届科协代表大会，带动农民（市民）依靠科技致富的领航作用。同时组织学会结合学术活动、系列科普作品创作、推动科技成果转化类型申报项目。

【疫情防控】 2020 年，区科协面对新型冠状病毒感染的肺炎疫情发生后，按照国家、省、市、区委疫情防控工作统一部署，迅速行动、勇于担当、敢于作为，全力做好疫情防控工作。党支部共有党员 7 名，其中 3 名党员踊跃报名参加区委疫情防控党员先锋队，支援社区疫情防控工作。疫情期间，组织广大党员踊跃捐款，支持抗击疫情，充分体现党员干部在关键时刻的责任担当，用行动践行初心、勇担使命。

【科普活动】 2020 年 1 月 17 日，区科协会同市、区有关单位在金山街道碧桂园社区联合举办“新春送祝福 科普进万家·三下乡”活动。5月22日，在西郊街道更楼下社区开展“科技活动周”科普宣传活动。5月28日，联合西郊街道更楼下社区举办“科普宣传进社区活动”。8月4日，组织西阳镇科协和西阳镇清凉村委会举办“送科技下乡”活动，取得良好的效果，促进当地群众对科学技术的认识和运用。8月21日，在梅州城区江北南门广场设置科普宣传栏，进行科普知识宣传活动。

【青少年科普】 2020年7月7日，区科协联合区教育局在梅江区作新小学启动“未成年人科普宣传进校园活动”，为未成年人搭建科学文化科技知识平台，开阔青少年的学习视野，提高科学文化素养，培养学生探索科学奥妙的兴趣。8月，组织区教育局等单位参加第35届梅州市青少年科技创新大赛暨梅州市第五届中小学创客创作大赛，梅江区获奖项目全市最多，其中梅江区黄遵宪纪念中学“智能消毒装置”荣获广东省创意机器人特训营银奖。12月6日，联合团区委、区教育局、区少工委等单位在梅江区青少年文化宫举行梅州市梅江区新时代文明实践科技营开营仪式暨梅州市梅江区青少年科普教育基地授牌仪式，参加现场活动的全区各小学少先队员、带队老师、家长约160人。2020年梅江区科协科普进校园活动，先后3次在梅州电视台《梅江栏目》报道。

【“创文”活动】 2020年，区科协组织党员干部到帮扶西郊街道更楼下社区开展生态环境保护主题宣传和实践活动、“522”生物多样性活动、“科技活动周”科普宣传活动。配合帮扶社区参与“两美”大清扫行动、“文明健康、有你有我”公益广告宣传活动以及“创文”入户问卷调查20余次.组织党员干部每周星期三下午5时30分—6时30分在梅州城区黄塘红绿灯十字路口参与文明交通志愿服务活动。

【结对共建】 2020年，区科协到结对社区（村）开展党建调研指导工作，支持结对村西郊街道黄塘村党建工作经费2000元。同时，积极开展“共建美好家园”活动，营造优美生活空间，力所能及从资金、技术和科学知识以及工作上予以支持，帮助困难村民全面脱贫。

（龙佩莲）

工 商 联

【概况】 2020年，梅江区工商业联合会（以下简称区工商联）以习近平新时代中国特色社会主义思想为统领，认真贯彻落实区委、区政府决策部署，切实做好疫情防控工作，牢牢把握“两个健康”（促进非公有制经济人士健康成长，促进非公有制经济健康发展）工作主题，积极弘扬优秀企业家精神，构建“亲”“清”新型政商关系，促进全区非公有制经济发展，为加快建设“诗画梅江、文明客都”做贡献。

【思想建设】 2020年，区工商联加强政治引领，积极贯彻落实中共十九届五中全会精神、习近平总书记出席深圳特区建立40周年庆祝大会和视察广东重要讲话重要指示精神、习近平总书记在企业家座谈会上的讲话精神，学习《习近平谈治国理政》第三卷，增强“四个意识”，坚定“四个自信”，做到“两个维护”。11月6日，区工商联召开主席联席会议，专题学习贯彻习近平总书记对新时代民营经济统战工作的重要指示精神、《关于加强新时代民营经济统战工作的意见》、全国民营经济统战工作会议精神。通过学习，民营企业更加明确方向，提升竞争力，推动民营企业的发展。7月3日，组织党员到平远开展主题党日活动，参观大柘镇黄沙村人居环境整治和红色村建设，重温入党誓词，颂党恩、唱红歌、忆党史。7月29日，到海吉新城农副产品批发市场开展习近平新时代中国特色社会主义思想进企业宣传活动。10月14日，联合区委统战部举办非公有制经济人士和新的社会阶层人士

2020 年 10 月 14 日，梅江区委统战部、区工商联举办非公有制经济人士和新的社会阶层人士代表学习《习近平谈治国理政》第三卷宣讲会

代表学习《习近平谈治国理政》第三卷宣讲会，进一步提高非公有制经济人士和新的社会阶层人士的思想政治意识。

【组织建设】 2020 年，区工商联加强基层商会建设，成立西阳镇商会，三角镇商会在筹建中，有力地推动镇域非公有制经济的发展。加强商会党组织建设，注重发展会员质量，不断壮大工商联队伍。至年末，梅江区完成非公有制企业建立党组织 14 家。

【民营企业服务】 2020 年，区工商联通过与民营企业负责人座谈，认真听取企业复工复产面临的困难和需求，及时向有关部门反映，同时协调解决企业在生产经营中遇到的问题，为企业排忧解难。利用商会网站、微信等平台，发动企业积极参与“粤商通”“粤省事”及全国“信易贷”平台，推送企业办税缴费优惠政策。围绕保护和激发市场主体活力，学习宣传《中华人民共和国民法典》与推动纾困惠企政策落地紧密结合，发挥“首席服务员”作用，深入会员企业，了解民营企业经营情况及需求。开展法律优惠政策话你知、援企稳岗扩就业、民营企业复工复产等“暖企行动”。举行《中华人民共和国民法典》学习专题会，让企业懂得运用《中华人民共和国民法典》维护合法权益。10 月 22 日，组织 8 名企业家参加梅江区人民检察院举办“服务‘六稳’‘六保’护航民营企业发展”为主题的检察开放日活动。

【政企交流】 2020 年，区工商联组织会员企业参加各类展销会、经贸洽谈会，促进产品宣传及销售的同时，积极推荐会员参加有关商务交流、经贸合作等商贸活动。组织部分民营企业家外出参观学习，开阔视野，增进交流，推动企业发展。10 月 25 日，组织 10 家会员企业参加中国经济信息社广东经济研究中心、京东集团到梅州调研项目推介会，并积极引导会员企业参加梅江区人民政府、中国经济信息社有限公司与京东集团共同打造政府官方数字经济园区名片——京东“世界客都优品馆”。加强部门协作，联络区直部门、社会各界的联系与合作，发挥桥梁纽带作用。11 月 14 日，联合区人社局、区总工会等部门在叶剑英体育馆开展梅江区 2020 年就业扶贫金秋招聘会。

【会员企业】 2020 年，区工商联积极宣传国家和各级党委政府及有关部门复工复产共渡难关的扶企惠企政策，下沉一线，加强困难排查，积极搭建银企对接平台。继续与中国农业银行梅州城区支行、客家村镇银行签订融资协议，加强与广发银行梅江支行沟通，为工商联会员企业提供信用贷款。开设讲座，邀请广发银行梅江支行为会员企业作普惠金融政策介绍，为银行拓展金融服务业务，为企业拓展融资信贷渠道，建立坦诚互信的新型银企关系，有效解决银行放贷难、企业贷款难的问题。主动与税务、人社、公积金等相关部门加强沟通，将有关税务总局的 4 个免税文件、社保费、医保费、住房公积金的“免减缓”政策及时传送给会员企业。进一步加强对非公有制企业的

2020年12月10日，梅江区工商联组织“走进会员企业”活动，到广东瑞山生态旅游度假村参观考察

联络服务，帮助会员企业复工复产，同时督促会员企业党组织履职尽责。紧扣“务实服务、优质服务”的主题，大力开展“创业在路上，走进会员企业系列活动”。12月10日，组织执委以上会员到广东瑞山生态旅游度假村开展“走进会员企业”活动，考察组一行在梅州市俊发贸易有限公司董事长蔡俊发陪同下，参观瑞山生态旅游度假村及梅州市瑞山天泉有限公司的生产线，听取企业负责人关于瑞山生态旅游度假村及瑞山天泉饮用水的开发、经营情况介绍，并与会员进行座谈交流。

【参政议政】 2020年，区工商联完成全省工商联系统乡镇（街道）商会问卷调查调研、广东省民营经济领域标准化、民营企业社会责任、加强新时代民营经济统战工作的意见、民营经济运行状况、新冠疫情对企业影响6大专题的问卷调研，进行“新冠肺炎疫情对梅江区民营企业影响及对策研究”的专题调研，形成调研报告，向党和政府传递企业呼声。同时配合市工商联到梅江区开展走访“谈心暖企”行动。积极推荐和引导会员参政议政，非公有制经济人士的人大代表、政协委员提出的议案、提案被区政府和相关部门采纳，提供政府决策可靠依据。全年推荐会员企业的高管、技术管理人才6人，并加入梅江区新的社会阶层人士联合会。

【光彩事业】 2020年，区工商联积极参与“广东扶贫济困日”活动，在扶贫助学、产业扶贫、文化扶贫、疫情防控等方面会员企业表现出致富思源、富而思进的担当精神，募集捐款4万多元。新冠肺炎防控期间，会员企业通过各种途径捐赠资金40多万元，向各单位、各级慈善机构捐赠面包、口罩、手术服和防护服等物资，价值300多万元，为一线防疫工作者提供物资保障，弘扬新时代企业家精神，彰显民营企业的社会责任担当。梅江区餐饮行业协会、梅州市江西会昌商会、梅江区福建上杭·永定商会为困难会员捐款献爱心活动，为会员排忧解难。发动15家会员企业参与梅江区“万企帮万村”行动，利用工作平台，完善帮扶机制。会员企业通过投资扶贫、就业扶贫、商贸扶贫、消费扶贫，将民营企业扶贫资源精准有效地配置到村到户，实实在在参与乡村振兴建设。2020年，梅州市向丽食品有限公司、广东凤鸣新联文旅有限公司、梅州市劲丰贸易有限公司获梅州市乡村振兴“万企帮万村”示范企业，共同推进乡村振兴战略。

【结对共建】 2020年，区工商联支持长沙镇圩镇社区、三角镇美景社区2个挂点社区疫情防控、“创文”经费共2.6万元，为群众办民生实事11件，支部党员为群众办“微民生”实事6件。在春节、“七一”建党节、“八一”建军节、国庆、中秋节分别到挂点社区开展慰问，为15名困难老党员、老军人和低保户送上党组织的关心和温暖。

（吴伟韧）

法　　治

政法委及综治

【概况】　2020 年，中共梅江区委政法委员会（以下简称区委政法委）紧紧围绕区委、区政府的工作部署，坚持问题导向，精准施策，靶向发力，在捍卫国家政治安全、维护社会大局稳定、扫黑除恶专项斗争、推进社会治理现代化等工作取得新进展。

【巡察整改】　2020 年，区委政法委自觉接受“政治体检”，6 月 3 日至 7 月 31 日，梅州市县级交叉巡察第六组对梅江区委政法委进行近两个月的集中巡察，区委政法委领导班子将巡察整改落实工作作为一项重大政治任务，制定《中共梅州市梅江区委政法委员会落实梅州市县级交叉巡察第六组巡察反馈意见整改方案》，逐条对照巡察反馈意见指出的三大方面 12 个问题，进一步梳理分解为 26 个具体整改问题，结合工作实际，提出 94 条具体可行的整改措施，确保条条有整改、件件有落实。整改期间，形成调研报告 6 篇，建立健全 21 项制度、规定、计划及实施方案，26 个问题全部整改完成。

【扫黑除恶】　2020 年，区委政法委统筹协调各级各部门强力扫黑除恶，2018 年开展专项斗争后，梅江区受理各类案件线索 471 宗，均已办结，高质量完成“线索清仓”任务。2020 年，公安机关共侦办涉黑组织 2 个、恶势力犯罪集团 5 个、恶势力团伙 59 个，核实群众有效举报涉黑恶线索 57 宗，破获涉恶案件 147 起，打掉涉恶团伙 62 个，抓获涉恶在逃人员 63 人。经区检察院审查起诉涉恶案件 4 件 14 人，经区法院认定黑势力犯罪案件 1 件 3 人，认定黑社会性质案件 1 件 16 人。区纪委监委共立案查处涉黑涉恶腐败和“保护伞”20 宗，给予党纪政务处分 20 人。区委组织部对 17 个软弱涣散村级党组织重点实行“一村（社区）一策”精准整顿，处理受刑事处罚和存在涉黑涉恶问题“两委”干部共 3 人。经过全区各级各部门共同配合，专项斗争强势推进，成效显著，向党和人民交出一份优异的梅江答卷。

【社会稳定维护】　2020 年，区委政法委做好疫情期间社会维稳工作，15 宗涉及征地等项目，开展重大项目社会稳定风险评估。协助做好市报建项目，市人民医院传染病区（梅州市应急收治中心）建设项目一期社会稳定风险评估。成功处置涉商铺租金矛盾纠纷、涉巡游出租车租金司机要求减租问题

2020 年 3 月 5 日，梅江区委政法委员会在客都汇广场开展反邪教宣传活动

各1起。全年全区社会面总体稳定，舆情平稳，未发生重大涉疫情不稳定事件、公共安全事件和重大负面舆情事件。

2020年10月20日，省委常委、政法委书记张虎（右三）到梅江区江南街道办调研“中心+网格化+信息化”工作

【社会治理创新】 2020年，区委政法委在江南街道开展“推进老旧小区微改造、创建平安和谐好社区”及城北镇“党建+平安之乡+乡村振兴”两个实践创新项目，12月，接受区级验收。在西郊街道“望杏坊”探索开放式社会治理新模式，将5个社区纳入邻里未来智慧小镇建设试点范围，积极探索邻里未来社会治理新模式。围绕防控违法犯罪、化解矛盾纠纷、排查安全隐患“三大”任务，依托综治网格，在各社区迅速组建3人工作小组92个，充分运用技术手段推进社会治理创新。2020年，区政法委开展综治视联网指挥调度3次，会同全区587名综治网格员劝渝群众不聚会、不参加民俗活动1232场次，宣传覆盖面达10多万群众。全年共受理网格事件9039件，结案8980件，结案率99.3%，网格员账号活跃度均达到95%以上。开展严重精神障碍患者救治管理专项行动，发挥“中心+网格化+信息化”平台作用，将精神患者排查和入户走访工作纳入到网格员日常工作中，实行以奖代补，对履责到位的监护人给予监护补助共计204.59万元。区财政出资17.77万元为严重精神障碍患者监护人购买责任保险，保障因患者肇事肇祸而受损群众的利益。开展特殊群体子女资助发放活动，向7名获得一次性资助的严重精神障碍患者及其家属发放资助金1.7万元。2020年共召开铁路护路联防工作会议4场，6月23日，联合相关单位在梅州火车站开展“遵守安全法规创建平安铁路”集中宣传志愿活动，共发放宣传资料600余份。结合“平安之乡”实践创新项目，将梅江区铁路沿线10个村新安装的监控视频，以及全区140多间中小学校、幼儿园的“校园一键式”报警视频等资源统一汇集到区级平台，并分级推送到区应急管理局指挥中心和镇（街道）、村（社区），实现区、镇（街道）、村（社区）视频资源三级共享，促进辖区视频资源在社会治安、公共安全、行业管理等领域的深度运用。

【法治梅江建设】 2020年，梅江区法学会吸收新会员4名，组织全区54名青年普法志愿者深入基层宣传，开展各类（专场）活动31场次，受众2600人。10月26日，分别在梅州市实验小学、梅江区珍贵幼儿园开展“百名法学家百场报告会”暨青年普法志愿者法治文化基层行“法治进校园”活动，派发知识读本1500册。12月4日，在江北文化公园开展宪法集中宣传活动，现场解答群众咨询1000余人次，发放宣传资料6000余份。充分发挥梅江区“创文”指挥部法治环境工作部、社会环境工作部牵头单位作用，认真组织落实网上申报材料工作，全年共向上报送任务要求的图片资料280多张、说明报告4份。8月，组织工作专班对校园周边娱乐场所招牌、广告等进行突击专项整治。全年组织集中整治行动3场，现场集中研究协调两个学校门口停车画线问题，对6处乱摆卖的群众进行劝离，检查学校周边食流、餐饮店铺共计 28 家，联合相关职能部门对校园周边环境进行常态化监管，净化校园周边环境。同时，要求做好调查问卷、志愿服务等相关工作，9 月，注册成立魅力政法志愿服务队，干部职工自愿加入，共组织开展各类志愿服务活动 20 多场次，累计参加活动人数 300 多人次。

（赖蕾放）

法治政府建设

【依法行政】 2020 年，梅江区司法机关起草印发《梅江区 2020 年依法行政工作要点》，明确各责任单位推进依法行政工作的任务和方向，形成依法行政工作合力。

【规范性文件备案审查】 2020 年，梅江区司法机关严格执行行政机关规范性文件“三统一”（统一登记、统一编号、统一印发）制度，强化规范性文件备案监督，确保规范性文件合法有效，提升依法行政水平。全年共审查政府部门规范性文件 2 件，审查报备区政府规范性文件 4 件。

【规范性文件清理】 2020 年，梅江区司法机关积极配合区市场监督管理局开展梅江区妨碍统一市场和公平竞争的政策措施清理工作，配合区农业农村局开展野生动物保护领域法规规章规范性文件清理工作。结合 2017 年梅江区开展对现行有效的文件进行全面清理情况，对本级政府和本级相关部门制定的现行有效的规范性文件进行专项清理，经清理，区政府决定保留政府规范性文件 10 件，废止 12 件，修改 1 件。

【政府法律顾问】 2020 年，梅江区司法机关认真把好政府涉法事务法律审查关，做好 2020 年区政府法律顾问聘请工作，全年聘请区政府法律顾问 3 名。积极发挥政府法律顾问参与重大行政决策项目作用，同时指导监督未聘请法律顾问的单位完成法律顾问配备工作。

【行政复议和行政应诉】 2020 年区政府为行政复议机关新收到行政复议申请 55 件，经审查，予以受理 10 件，不予受理 43 件，其他处理 2 件，审结 10 件。2020 年新收区政府行政应诉案件 22 件，案件类型主要涉及征地拆迁和信息公开领域。推进落实行政首长出庭应诉工作，全年落实区政府行政机关负责人出庭应诉 2 件。

【行政执法制度落实】 2020 年，梅江区司法机关将省司法厅印发的《广东省行政执法流程和执法文书范本（2020 年版）》下发各执法单位，进一步规范执法文书和执法流程，创新行政执法方式，全面推进落实行政执法制度。

【行政执法人员考试】 2020 年，梅江区司法机关全面实行行政执法人员执证上岗和资格管理制度，开展行政执法人员综合法律知识网上考试，执法资格考试不合格，不得授予执法资格，不得从事执法活动。全年全区开展行政执法人员综合法律知识网上考试 8 场，参加考试人员 317 人。

【镇（街道）综合行政执法】 2020 年，梅江区司法机关按照《梅州市人民政府关于实行镇和街道综合行政执法的公告》确定的职权调整事项目录，依法做好梅江区镇（街道）综合行政执法工作。印发《梅州市梅江区人民政府关于镇（街道）实行综合行政执法的公告》，各镇（街道）行使《梅州市人民政府关于实行镇和街道综合行政执法的公告》附件 2《梅州市县级行政执法职权调整由镇和街道实行职权目录（第一批）》的 468 项行政处罚权及与之相关的行政检查权、行政强制措施权。加强对镇、街道行政执法人员培训指导，组织综合法律知识培训，印制《行政执法实务工作手册》发放镇、街道为执法业务培训学习资料和日常规范执法参考。

【行政执法案卷评查】 2020 年，梅江区司法机关加强行政执法监督，开展行政执法案卷评查工作。对梅江区具有行政执法职能的部门自 2019 年 11

月1日至2020年10月31日期间办理完成行政处罚、行政强制、行政许可、行政检查案卷进行评查，进一步规范行政执法，不断提高行政执法水平。

【法治广东建设考评】 2020年，梅江区司法机关根据《2020年度法治广东建设考评办法》《2020年度法治广东建设考核标准》文件要求，及时部署梅江区相关单位按照考评要求开展自查自评，督促各单位加强与对应市级单位的沟通，按要求提交相关考评材料，切实做好法治广东建设考评相关工作。

（蓝洁燕）

公 安

【概况】 2020年，梅州市公安局梅江分局（以下简称梅江公安分局）深入学习贯彻习近平总书记重要讲话精神和中央、省、市决策部署，紧扣“平安之乡”建设主线，严格按照“对标一流、赶超先进”的总要求，凝心聚力，全力推进“战疫情、扫黑恶、护稳定、惠民生、保平安”等工作，圆满完成全年全区各项重要安保维稳任务，为“诗画梅江、文明客都”营造良好的社会治安环境。

【疫情防控】 2020年，梅江公安分局在疫情防控期间，切实做好联防联控、内部防护等各项工作。

【社会治安】 2020年，梅江公安分局坚持“以打开路，以打促防”，通过发起“四场战役”（扫黑除恶专项斗争“收官战”，突出治安问题整治“攻坚战”，治安乱源治理“立体战”，全民禁毒工程“持久战”），确保扫黑除恶、飓风、梅安2020各大项行动和全民禁毒工程的无缝链接、强力推进。全年共破刑事案件1405宗，比上年上升0.7%；命案发3宗破3宗，同时破获1998年故意杀人积案1宗，刑事、治安警情发案3132起，比上年下降18.2%，八类案件发案下降38.2%，传统盗抢骗案件发案数比上年下降3.1%，实现“三降一升、命案全破”的成效。

扫黑除恶专项斗争 2020年，梅江公安分局按照“一十百千万”（建立一个扫黑除恶常态化的长效机制、开展十大重点行业领域突出问题专项整治行动、实行百起大案挂牌督办、开展千名涉黑恶逃犯缉拿追捕、确保万起案件依法审结）专项行动部署要求，主动攻坚一批大案要案，自主侦破梅州市首例涉嫌“套路贷”黑社会性质组织专案。全年破涉黑恶案件97宗，抓获涉黑恶犯罪嫌疑人108人，打掉涉恶犯罪团伙5个，刑拘49人，提请逮捕43人；申请办结线索19条，查扣涉案资产330余万元，查处公职人员3名，涉黑恶犯罪嫌疑人投案自首24名。

治安问题整治 2020年，梅江公安分局进一步完善“四个在线”（在线快录，在线快享，在线合成，在线督办）破小案工作机制，对系列案件发起全链条集群打击。全年刑拘“盗抢”犯罪嫌疑人108人，提请逮捕96人，参与发起飓风号20个，打掉违法犯罪团伙35个，其中“飓风83号”盗窃全链条打击收网行动中，成功破

2020年疫情防控期间，梅江公安分局民警日夜奋战防疫第一线

2020 年 3 月 20 日，梅江公安分局成功打掉一个利用“多卡宝”实施电信网络诈骗的犯罪团伙，缴获涉案现金 157 万元

获“4·09”系列盗窃沿街商铺财物、“5·22”系列盗销摩托车等案件。推动电信网络诈骗新型犯罪网格化治理，开展校园“断卡”行动，先后打掉“3·20”多卡宝诈骗、“6·06”投资理财诈骗、“1101”公安部督办特大电信网络诈骗等案件，抓获 64 名犯罪嫌疑人，止付、冻结被骗金额 200 多万元。

治安乱源治理　2020 年，梅江公安分局牢固树立“打防结合、源头治理”理念，全年共查破涉“黄赌”案件 145 宗，抓获涉“黄赌”违法犯罪人员 495 人，提请逮捕 87 人，行政拘留 324 人；抓获涉食药环违法犯罪嫌疑人 34 人，提请逮捕 19 人；抓获涉盗版侵权、涉野生动物违法犯罪嫌疑人 13 名，提请逮捕 4 人，收缴仿军用枪、猎枪、火药枪等 141 支，管制刀具 39 把；侦破飓风 282 号网上赌博专案，“3·06”买卖国家机关公文案、“6·01”盗版侵权案等。

全民禁毒工程　2020 年，梅江公安分局深入开展“两打两控”（打击制毒犯罪、打击贩毒犯罪和管控制毒物品、管控吸毒人员）专项行动，全力争取实现吸毒人员管控“零”脱失和易制毒化学品管控“零”流失。全年破获涉毒刑事案件 16 宗，查处吸毒人员 77 人，提请逮捕 14 人，打掉涉毒团伙 2 个。开展“禁毒示范城市”创建活动，深化毒品预防教育“6·27”工程、社区戒毒康复“8·31”工程，梅江区户籍吸毒人员百人以上的镇（街道）严格按照“七有”（有办公场所、有工作经费、有专职社工、有宣传橱窗、有管理制度、有责任制度、有工作效果）标准，完善社区戒毒社区康复工作站建设，至年末共有社区戒毒、康复人员 41 名，执行率 100%。

【智慧警务】　智慧创新项目　2020 年，梅江公安分局用好用足梅州作为省厅“租户模式”试点建设的创新生态链，进一步优化创新项目“警务掌中宝”线上功能，抓好深化应用。研发出租屋流动人口智慧巡管系统，实现出租屋和流动人口管理常态更新、动态管控，智慧管控、智能预警和数据监督。

社会治安标准化城市建设　2020 年，梅江公安分局试点打造万达广场智感安防区，初步实现人脸、车辆快速预警。推进梅江区动态巡逻防控机制，促进警务效能和服务水平不断提升。全面落实“高峰勤务”机制，加强“护学岗”建设，不断加强全区行业场所管控，依托智慧新特行的系统应用，全区特种行业采集录入率 96%。

基层派出所建设　2020 年，梅江公安分局积极推进三角、城北、东升派出所业务用房建设，完成建设项目的控规调整、无偿划拨、土地使用和建筑设计等筹备工作。开展“枫桥式公安派出所”创建活动，按照“一所一特”工作要求，打造梅江区具有不同特色的“枫桥式公安派出所”6 个。

提升警队硬件水平　2020 年，梅江公安分局着力打造县级公安机关一级实验室规格，对刑侦大队技术中队原实验室和物证室进行修缮改造，提升分局刑事技术水平。全力打造公安梅江分局合成作战中心，最大限度集中侦查破案资源，提升案件侦办工作效能。

防范治理电信网络诈骗违法犯罪　2020年，梅江公安分局出台梅江区打击治理电信网络诈骗违法犯罪14项长效机制，积极构建共建、共享、共治的反诈网络，将电信网络诈骗风险隐患化解在萌芽、解决在基层。10月、11月、12月，电信网络新型犯罪警情分别环比下降14.7%、16.4%、2.2%。

【公安队伍】　再振铁警雄风　2020年，梅江公安分局紧紧围绕政治建警、从严治警的目标，牢牢把握教育整顿工作重点、时间节点和问题焦点，全力推进各项措施落地落实，切实做到“两个维护”。开展教育整顿试点工作，实现队伍作风持续向好，平安态势更为稳固，人民群众更加满意的良好局面。2020年公安梅江分局有8个集体31名民警获省厅、市局表彰，其中二等功4名、三等功27名。

筑牢忠诚警魂　2020年，梅江公安分局扎实开展红色派出所建设，以梅江区红色革命遗址刘复之故居为载体，选定三角派出所为红色派出所进行打造，认真讲好公安红色故事，进一步擦亮融合客家文化和红色精神于一体的公安红色党建品牌，带动基层党组织建设全面发展。

执法规范化　2020年，梅江公安分局严格执法审批流程，精准监督管理，开展“体检式”执法巡查，优化执法管理运行，积极完善案件办理审核、案件会商制度体系建设。全年梅江区法制部门审核刑事案件309宗、455人；审核移送提请逮捕295宗、512人，批捕率78%。

激活队伍战斗力　2020年，梅江公安分局通过建立“平安梅江”考核体系，对八大项公安工作进行量化，完善修订辅警绩效管理办法，加强年轻干部培养锻炼，着力构建结构合理、有为有位、有序流动的干部队伍格局，全年提拔副局长1人、副科职干部5人、股级干部13人，有效提升队伍战斗力。

提升队伍执行力　2020年，梅江公安分局推进以“5+2”（五个公共科目训练：强化政治训练、提升政治理论基本功、强化执法训练，提升法律法规基本功、强化科技训练，提升智慧警务基本功、强化实战训练，提升警务技能基本功、强化作风训练，提升职业礼仪基本功；两项专业训练：加强防暴处突实战协同训练、加强一线部门实战专业训练）为主要内容的全警大练兵活动，切实提升应知应会、必学必会技能。通过开展警务执法、水上救援大培训，让全警在政治、业务、体能素质等均有较大提升。在全省公安机关智慧新警队练兵比武、全市治安系统综合科目比武、全市公安机关大数据实战应用练兵比武等活动中，梅江公安均获得优异成绩。

提升队伍凝聚力　2020年，梅江公安分局在等级勤务期间，主动到基层所队开展保障慰问，在战疫和常态化防控期间，对坚守在一线岗位的民警、职工、辅警，上门慰问，送去组织的关心。全年共组织慰问民警、辅警、住院民警家

2020年10月18日，梅江公安分局民警入户宣传反诈骗知识，获得群众点赞

属等共 100 多人次，进一步凝聚警心、激发斗志。

（曾国韬）

检 察

【概况】 2020 年，梅江区人民检察院（以下简称区检察院）以习近平新时代中国特色社会主义思想为指导，认真学习贯彻中共十九届五中全会精神、习近平总书记出席深圳经济特区建立 40 周年庆祝大会和视察广东重要讲话、重要指示精神，以政治建设为统领，聚焦主责主业，深化机构改革，强化队伍建设，各项工作取得新的成效。

【检察战疫】 2020 年，区检察院坚持把疫情防控作为头等大事抓紧抓实，统筹推进疫情防控与依法履职“两不误”。积极响应区委号召，选派 3 名党员、18 名志愿者下沉街道、社区参与联防联控，帮助解决实际困难，先后开展疫情防控志愿服务 105 人次，爱心捐款 4850 元。利用新媒体平台及时发布疫情权威消息，发送《疫情防控期间法律问题小手册》1 万册，普及防控知识。从快从严打击涉疫情犯罪，共提前介入涉疫刑事案件 11 人次，批捕 5 件 5 人、提起公诉 5 件 5 人。

【刑事检察】 2020 年，区检察院严厉打击各类刑事犯罪，切实维护社会稳定，保障人民安居乐业。全年共受理审查逮捕案件 289 件 475 人，批准逮捕 244 件 393 人，不批准逮捕 49 件 90 人；受理审查起诉案件 429 件 667 人，提起公诉 374 件 564 人，不起诉 29 件 45 人，附条件不起诉 5 件 5 人；移送市检察院及其他检察院管辖 18 件 46 人。强化与监察机关沟通协调形成反腐败合力，共受理监察机关移送职务犯罪案件 2 件 2 人，审查后均提起公诉。围绕“六清”（线索清仓、逃犯清零、案件清结、伞网清除、黑财清底、行业清源）纵深推进扫黑除恶专项斗争，突出打击人民群众反映强烈的黑恶势力犯罪，共批准逮捕涉黑恶案件 3 件 13 人，受理审查起诉 4 件 29 人，认定涉黑案件 1 件 16 人。2020 年区检察院办理的“8 · 22”专案，以蓝某帆为首的组织、领导、参加黑社会性质组织案，是梅江区首宗涉黑案件，也是 2020 年梅州市首宗起诉并获判的涉黑案件。

加强对立案和侦查活动监督，促进依法正确行使侦查权。全年共下看守所巡回监督 80 余次，提前介入案件 120 件；监督立案 1 件，监督撤销案件 1 件；发出《逮捕案件继续侦查取证意见书》195 份，发出书面纠正违法通知书 9 份，发出检察建议 9 份，改变公安定性 69 人；纠正漏捕 6 人、漏罪 19 人、漏犯 4 人。加大审判监督力度，落实检察长列席审委会制度，发挥检察审判监督职责，按二审程序提出抗诉 1 件，获得市检察院支持，市中级人民法院最终予以改判。强化刑事执行监督，切实维护刑罚执行领域公正公平。全年检察收押 512 人，出所 573 人，投劳 266 人，在矫罪犯 162 人；发出检察建议书 1 份、检察意见书 1 份、监督意见书 4 份，让人民群众

2020 年 9 月 22 日，梅江公安分局举办“坚持政治建警全面从严治警”教育整顿政治轮训班

在每个案件感受到公平正义。

【民事行政检察】 2020年，区检察院注重精准监督，强化对民事生效裁判、审判程序及执行活动的监督，始终将化解社会矛盾的理念贯穿于办案全过程，开展书面与当面相结合的释法说理，努力做到案结事了人和。全年办理民事监督案件8件（含2019年存案4件），发出检察建议1份，有效化解社会矛盾8起，息诉罢访8起。办理张某某申请执行监督案件中，耐心做好释法说理，让其自愿撤回监督申请，历时10年的申诉案件得到息诉，实现政治效果、社会效果和法律效果有机统一。加强行政检察与行政执法监督衔接，畅通案件线索移送渠道，积极开展行政非诉执行监督专项活动，调查核实案件线索20件，发出检察建议1份，促进行政机关依法行政，维护行政执法权威性。

【公益诉讼检察】 2020年，区检察院把诉前实现维护公益目的作为最佳司法状态，开展“公益诉讼守护美好生活”专项监督活动，在加大对环境保护、食品安全领域案件办理力度的同时，及时回应社会关切，积极稳妥开展公益诉讼“等”外领域的探索。全年共核查案件线索50件，办理行政公益诉讼诉前程序案件35件，发出检察建议35份，办理民事公益诉讼诉前程序案件1件。办理校外托管机构和幼儿园食品安全、消防安全系列案中，通过“公开听证+宣告送达”的方式，有效磋商解决问题的思路和举措，既促进问题的解决，又得到行政执法部门的理解和支持，以最小的司法投入获得最佳的社会效果，达到“双赢多赢共赢”目的。

【未成年人检察】 2020年，区检察院对侵害未成年人犯罪采取“零容忍”态度，共批准逮捕侵害未成年人犯罪案件14件17人，决定起诉13件22人。坚持对未成年人犯罪进行教育、感化、挽救的方针和教育为主，惩罚为辅的原则，不批准逮捕9件18人，决定不起诉2件4人，附条件不起诉5件5人。加强对“一号检察建议”、强制报告制度落实监督，联合梅州市公安局梅江分局、梅州市第二中医医院建立全市首个“检警医”合作的未成年被害人一站式询问救助中心，联合区妇联建立共同推动妇女儿童权益工作合作机制，实现对未成年被害人全方位保护。加强未成年人法制教育，开展法治宣传和法治副校长送法进校园活动，积极参与推进未成年人法制教育基地建设，加强涉罪未成年人社区矫正监督。全年对涉罪未成年人开展法律援助51人次，社会调查55人次，心理测评、疏导55人次。

【社会治理】 2020年，区检察院与区河长办、公安梅江分局联合建立“河长+检察长+警长”工作机制，凝聚保护河湖生态合力。以“33110”工作法为抓手，做好服务民生十件实事，支持资金39.6万元，助力“创文”工作和美丽乡村建设。妥善处理疫情防控及重大节日期间信访，受理来信来访93件，均做到“7日内程序性回复、3个月内办理过程或结果

2020年3月6日，梅江区未成年被害人一站式询问救助中心正式挂牌

答复”。司法救助与精准扶贫有机结合，因案致贫返贫的8名困难当事人发放司法救助金12万元。对占道经营、乱停乱放等乱象，通过召开圆桌会议，有效推动相关部门明晰职责，形成整改合力，共同整治城市乱象，守护美丽家园。落实“谁执法、谁普法”工作责任，推动法治建设进校园、进社区、进企业等，营造崇法、遵法、守法良好氛围。

【阳光检务】 2020年，区检察院自觉接受人大法律监督和政协民主监督，坚持向区人大常委会报告重大事项工作制度，主动向人大及其常委会报告工作。加强与代表委员日常联络，认真落实代表委员提出的意见建议，邀请人大代表、政协委员和民营企业家等社会各界人士100多人，参加检察开放日、公开听证会等各类活动5次，切实将人大、政协和社会各界的监督转化为推动工作创新发展的动力。深化检务公开，利用新媒体平台及时通报检察工作，在门户网站、“两微一端”（微博、微信及新闻客户端）发布检察资讯6771条，让人民群众更好地了解检察机关、监督检察工作。

（王君娜）

法 院

【概况】 2020年，梅江区人民法院（以下简称区法院）以习近平新时代中国特色社会主义思想为指导，紧紧围绕司法为民主线，服务区委、区政府工作部署为目标，忠实履行司法审判职责，为加快建设“诗画梅江、文明客都”和全面建成小康社会提供坚实的司法服务保障。全年受理刑事、民事和执行等各类案件7913件，比上年增长18.79%；审（执）结案7286件，比上年增长21.09%，结案率92.08%，比上年提高1.96个百分点；法官人均办案量317件。

2020年10月22日，梅江区人民检察院举办“服务‘六稳’‘六保’ 护航民营企业发展”为主题的检察开放日活动

【刑事审判】 2020年，区法院受理刑事案件389件567人，审结385件561人。推进刑事案件繁简分流，适用简易程序审理331件，占85.97%。推进以审判为中心的刑事诉讼制度改革，全面推行刑事案件速裁程序和认罪认罚从宽制度，以速裁程序审结案件197件，大大提高审判效率。严厉打击利用疫情实施违法犯罪的行为，从严从快惩处4名以卖口罩实施诈骗的被告人，判处实刑并处罚金。按时保质打赢“扫黑除恶”收官战，依法审结被告人蓝某帆等18人涉黑一案，对涉案人员依法作出判决，判处重刑以上6人（五年以上），其中10年以上刑罚4人，并处财产刑合计233.6万元，返还受害人3.9万元。疫情期间适时调整审执业务部署，积极推行网上办案模式，开展刑事远程提审35次，切实做到疫情防控和满足人民群众司法需求两不误，全年刑事案件息诉服判率93.64%。

【民事审判】 2020年，区法院受理各类民商事案件4280件，审结3851件，解决争议标的12.4亿元。坚持依法审判的前提下，充分运用政策工具，平衡好当事人之间因疫情变化产生的利益冲突，以化解矛盾

2020 年 7 月 28—30 日，梅江区法院开庭审理蓝某帆等人涉黑一案

为首要目标，注重保护受疫情影响的民营企业、小微企业，通过调解促进当事人互相谅解、共渡难关，成功解决涉企业租赁合同纠纷、金融借款合同纠纷、物业服务合同纠纷等类型案件 642 件。全年共采取财产保全 321 件，没有出现因法院查封冻结让企业进入经营困顿的事例。服务辖区“出清”工作，完成 3 家“僵尸企业”案件的受理，从发布公告、指定破产管理人和移交、确定债权人会议时间、宣告破产、注销程序等破产程序，如期完成梅江区“僵尸企业”“出清”工作，是全市首个审结“僵尸企业”破产案件的法院。积极引入第三方司法送达一体化服务，提升司法效能，全年完成 5957 项法律文书送达任务，送达效率提高 167%。同时，加大外聘特约调解员开展诉前调解工作力度，全年诉前调解收案 306 件，调解成功 144 件，调解率 47.06%。

【执行工作】 2020 年，区法院依法运用网络查控、司法网拍、司法拘留、信用惩戒等手段推进执行工作，受理执行案件 3201 件，执结 3018 件，执行到位金额 7.46 亿元。受理冠锋科技公司、乐万家超市劳动争议系列案和超群房地产公司房屋买卖合同纠纷等 400 多起涉众型系列案件，采取分组“包干”方式，穷尽执行手段，加快推进有关财产处置工作，区委、区政府领导主持召开协调会，争取相关部门支持配合，至年末，涉冠锋公司和乐万家超市 100 多件系列案执行到位 130 多万元。

（陈 琳）

司法行政

【概况】 2020 年，梅江区司法局以习近平新时代中国特色社会主义思想为指导，深入贯彻落实中共十九大，中共十九届二中、三中、四中全会精神和习近平总书记系列讲话精神，落实疫情防控措施，立足司法行政新职能，统筹协调全面依法治区，扎实推进法治政府建设、公共法律服务、化解矛盾纠纷、维护社会稳定等工作，不忘初心、行稳致远，为“诗画梅江、文明客都”平安梅江建设提供坚实的法治保障。

【疫情防控】 2020 年，梅江区司法局印发《关于开展疫情防控专项法治宣传活动的通

2020 年 1 月 20 日，梅江区法院成功执结一宗劳动争议纠纷案，为工人讨回工资 23 万多元

知》，发动全区各部门按普法责任制合力开展法治宣传，并印制宣传海报 180 份、宣传册 8000 份及省人大常委会关于疫情防控的公告 200 份发放全区各镇（街道）、村（社区）及园区开展疫情防控宣传；积极与区委宣传部沟通，充分利用《梅江周末》报纸、“梅江新闻”电视栏目、LED 电子屏、宣传栏、宣传车、“梅江发布”公众号等非聚集形式开展疫情防控法治宣传，并与邮政部门合作利用梅州城区单位窗口、居民小区、邮政网点的视频播放点滚动播放疫情防控普法宣传片，进一步扩大疫情防控法治宣传的覆盖面，营造浓厚的宣传氛围。依法妥善解决新型冠状病毒感染的肺炎疫情防控工作中的法律纠纷，做好疫情防控工作相关的法律咨询和法律服务。成立梅江区司法局新型冠状病毒感染的肺炎疫情防控法律服务组、梅江区司法局疫情防控和经济社会发展公益法律服务团队，发挥司法局公职律师、法律援助律师、公证员及区政府法律顾问、各村（社区）法律顾问的作用，切实做好疫情防控时期的法律服务。坚持每天派出党员干部到结对共建村（社区）参与一线防控工作，各司法所党员干部职工全员出动，参与所在镇（街道）的疫情防控，发动机关党员自愿捐款支持新冠肺炎疫情防控，共收到捐款 2800 元。全面排查在册社区矫正对象情况，加强对特殊人群疫情防控知识宣传，鼓励社矫对象积极参与疫情防控志愿服务，在特殊时期暂停集中学习、集中社区服务、集中宣告等聚集性活动，严格执行请销假制度，严防人员流动和疫情传播，并组织对社矫基地开展专项督导检查。加强局机关大楼防控力度，制定完善应急预案，加强干部职工健康监测，对进出办公大楼的人员实行先测温再扫粤康码登记。进行病虫害消杀，并结合“周末卫生日”等活动，开展办公场所清洁工作。

【普法宣教】 *法治建设* 2020 年，区司法局大力开展“法治创建”活动，制定印发三角镇开展法治镇创建文件，推动三角镇完成区级法治镇创建工作。至年末，全区完成 7 个法治镇（街道）、126 个省级民主法治村（社区）创建，民主法治村（社区）创建实现全覆盖。

普法宣传 2020 年，区司法局重点开展学法用法活动，组织国家工作人员“中华人民共和国民法典”专题学考暨 2020 年度学法考试活动。围绕“加强法治宣传教育，促进社会矛盾化解”、《中华人民共和国民法典》、《中华人民共和国社区矫正法》、“扫黑除恶”等主题以及“3·8”“3·15”“4·15”“6·26”“12·4”等重要时间节点开展大型普法宣传活动 29 场次，到结对共建村（社区）开展“创文”、垃圾分类等宣传活动 10 场次，各司法所结合属地实际开展形式多样的宣传活动。联合市司法局在学艺中学共建“梅州·梅江青少年法治教育实践基地”，并对马鞍山宪法主题公园进行完善，推进法治文化阵地建设。

普法责任制 2020 年 11 月 24 日，区司法局组织召开“谁执法谁普法”履职评议会，会前对被评议单位进行实地检查。制定“七五”普法终期自评自查迎检计划，组织开展“七五”普法自查自评工作，确保圆满完成“七五”普法任务。

【法律服务】 2020 年，区司法局认真落实公共法律服务体系建设，提升公共法律服务水平。

公共法律服务平台建设 2020 年，区司法局加快公共法律服务平台建设，全年完成公共法律服务工作站建设 34 个，至年末，全区完成公共法律服务工作站 7 个、法律服务工作室建设 95 个，其中示范性公共法律服务工作站 2 个、示范性法律服务工作室 11 个。逐步提高实体平台、网络平台和电话热线平台普及率，全年通过“三大平台”接受法律援助群众咨询 1286 人次，受理案件 58 宗，结案 45 宗；接受人民调解咨询 787 件，受理 347 件；公证咨询 748 人次，受理公证 359 件，结案 349 件；律师服务（含村、社区法律顾问）咨询 900 多人次。

法律援助 2020年，区司法局深化“法援惠民生·助力农民工”品牌活动，畅通绿色通道，提高法律援助办案水平和群众满意度，贯彻执行广东省《关于刑事诉讼法律援助的实施办法》，完善法律援助值班律师制度、刑事案件律师辩护全覆盖工作机制，全年共办理法援案件678宗，比上年增加83宗，接待来访来电群众2050人次，切实做到应援尽援。同时不断拓宽法律援助申请渠道，2020年在区退役军人事务局、区人社局劳动争议仲裁院分别设立法律援助工作站，派出法律援助律师值班，为群众提供方便、及时、有效的法律援助服务。

律师管理 2020年，区司法局组织对律师事务所及其律师工作开展现场检查及年度考核初审，进一步规范律师事务所和律师执业行为，加强律师重点人监管，防范打击“街头政治”专项行动。“一村（社区）一法律顾问”工作稳步开展，全年村（社区）法律顾问律师共为村（社区）群众提供法律服务1913件次。组织社会律师事务所（广东永庆律师事务所）在梅江区东升工业园区挂牌设立法律咨询服务站，满足民营企业法治要求，维护民营企业合法权益提高优质的法律服务和坚实的法治保障。

公证工作 2020年，区司法局严格遵守办证程序规则，大力推进公证减证便民措施，对一些不能亲自到公证处办理公证而又必须由其本人亲自办理的，主动提供上门服务，全年梅江公证处共办理各类公证367件，其中办理国内民事公证332件，涉港、澳、台公证18件，涉外公证17件。

【维护稳定】 2020年，区司法局进一步落实“平安梅江”建设各项举措，全力维护社会稳定。

扫黑除恶专项斗争 2020年，区司法局将扫黑除恶专项斗争作为一项重大政治任务，加大宣传力度，丰富宣传形式，扩大宣传效果，利用LED屏幕制作横幅20条、现场宣传5场次。拓宽线索来源，对新入矫的社区矫正对象落实扫黑除恶“首谈”制度并签订《扫黑除恶保证书》。加强行业监管，对律师代理涉黑案件实行代理报告制度，全年全区上报备案“涉黑涉恶”案件33件。

社区矫正 2020年，区司法局重视社区矫正对象日常监管教育，全年全区累计接收社区矫正对象152人，解除137人，至年末在册人数162人。社区矫正对象台账实行一人一档，符合条件的社矫对象电子定位监控实现全覆盖，无脱管、漏管现象。开展远程会见268宗，服务家属578人次。2020年梅江区1名社矫对象见义勇为获得减刑，为梅州市首例社区矫正对象减刑案例。继续组织社会力量参与社区矫正工作，运用社会工作专业手法，组织全区社区矫正对象参加教育学习、心理辅导、技能培训和公益劳动。全年共开展禁赌、禁赌、国家安全、社矫法宣传、《中华人民共和国民法典》宣传、未成年教育等专题学习共54场，公益活动39场。同时通过组织人员对部分在册贫困社矫对象进行帮扶慰问，开展“梅江区创新性社区矫正内部化就业推介会”，以帮教结合的形式激发社矫对象悔过自新，自觉接受改造，降低再犯罪率。加强社区矫正智能化建设，建立“智慧司法人脸指纹考勤”管理系统，提高社区矫正管理效率。加强对各基层司法所社区矫正工作的监督指导，7—8月，联合区检察院对全区各司法所社区矫正工作情况进行专项检查，对发现的问题及时纠正，“边查边改”，进一步推进社区矫正工作规范化建设。开展专项排查整治，对梅江区自2011年11月1日至2020年12月31日办理社区矫正对象减刑案件，假释和暂予监外执行社矫对象脱管、漏管情况，撤销假释、暂予监外执行收监执行办理情况进行全面梳理、排查，未发现违法违规行为。

安置帮教 2020年，区司法局进一步加强与各监狱之间的信息沟通，处置服刑人员信息核实、回执情况，全年共接收刑释人员119人，解除社区矫正人员137人，落实帮教256人，帮教率100%。通过司法所实地核实，对江南街道、三角镇的3名服刑人员特困未成年子女进行帮扶慰问。

人民调解　2020年，区司法局积极推广“枫桥经验”，创新人民调解组织形式，全年新设立个人调解工作室1个（罗艳山个人调解工作室），至年末全区设立个人调解工作室2个，为及时就地化解矛盾、维护社会和谐稳定做出积极贡献。同时进一步规范全区46个村（社区）人民调解委员会规范化建设，组织开展人民调解员培训，努力实现矛盾不上交。充分发挥人民调解维护社会和谐稳定“第一道防线”作用，司法所坚持在重大节假日、重要时间节点开展排查，尤其是疫情防控后期复工复产引发的矛盾纠纷以及村（社区）“两委”换届期间的矛盾纠纷进行重点排查，及时调处化解各类矛盾纠纷。贯彻落实“以奖定补”机制，充分调动人民调解员的工作积极性和主动性，上半年共发放“以案定补”补贴金额8400元。全年全区受理矛盾纠纷1113宗，调解成功1094宗，调解成功率98.3%，未发生因排查调处不及时、处置不得当而引发的治安案件、上访案件和群体性事件。

（范文梅）

军 事

人民武装

【概况】 2020年，中国人民解放军梅江区人民武装部（以下简称区人武部）认真学习贯彻中共十九届历次全会和习近平主席重要讲话精神，坚决按照军分区党委决策部署，积极开展工作，不忘初心使命，练兵备战、军事训练比武考核在全市名列前茅。

【民兵训练】 2020年，区人武部圆满完成年度民兵整组训练考核任务和主题教育活动，研究制定“强主题、固根本，活形式、转方式，重质量、提效率”思想教育思路，以及第二专题授课得到军分区首长和部队高度赞扬。承办全市民兵政治工作规范现场会，共梳理11类28项，被全省民兵工作评讲会点名表扬，做法被《中国民兵》刊登报道。先后出台10多项党管武装措施办法，特别是《梅江区备战打仗工作十项措施办法》和《梅江区备战打仗工作问责机制》。同时狠抓安全管理工作，组织安全隐患清查整治，突出重点时节应急处突和常态化管理，确保人员零失管、车辆零失事、秘密零失泄和枪弹零失控。2020年，梅江区人民武装部被军分区评为安全管理先进单位。

【主要会议】 2020年，区人武部召开各类会议13次，研究部署落实相关工作。

1月8日，召开征兵工作准备会，筹划部署新年度征兵工作。

1月17日，召开党委（扩大）会议，部署安排相关工作。

2月3日，召开疫情防控工作会议，部署新冠肺炎疫情防控措施等工作。

3月21日，梅江区委书记、人武部党委第一书记主持召开区委议军会和各镇（街道）党（工）委书记党管武装述职会议。

4月23日，梅州市委常委、军分区政委带队到梅江区人武部开展民兵政治工作规范观摩现场会。

4月30日，召开迎接国防动员“十三五”规划落实检查推进会。

5月7日，召开迎接国防动员“十三五”规划落实检查评估对接会。

6月4日，梅江区人民政府钟秀堂区长在区委、区政府礼堂主持召开2020年征兵宣传工作会议。

6月10日，召开专项人武部联合评估工作对接会。

7月28日，召开安全大检查任务部署会。

9月3日，召开梅江区“阳光征兵”现场摇号定兵会。

9月5日，梅江区人民政府区长钟秀堂在梅州中学主持召开2020年欢送新兵入伍现场会。

10月22日，联合梅江区委、区政府召开民兵整组工作推进会。

【演练集训】 2020年，区人武部先后组织开展春节战备防护期教育和营院应急处突演练，维护营院安全稳定。组织民兵应急连集训，全面提升部队遂行新时代使命任务的过硬本领，组织任务民兵分队协同训练暨专攻精练，组织伪装防护分队、网络分队、道桥保障分队集训，组织民兵应急任务分队轮训。全年先后开展梅州中学、梅州市五洲学校、城西职业技术学校、梅州艺术学校学生军事训练。同时，组织专武干部集训，提升专武干部军事组织能力和执行能力。

（政工科）

人民防空

【概况】 2020 年，梅江区人民防空办公室以习近平新时代中国特色社会主义思想为指导，坚持以人民为中心的发展理念，紧紧围绕区委、区政府的工作部署，积极配合市人防办做实做细人民防空各项工作，同时发挥人防工程建设服务经济、服务社会作用。

【人防宣传教育】 2020 年，梅江区人民防空办公室认真贯彻落实《中华人民共和国人民防空法》，积极配合市人防办开展人防知识进学校、进社区、进机关、进企业、进网络“五进”宣传教育活动，结合区住房和城乡建设局安全生产综合检查，对区属在建工程（战时可用于防空的地下室）项目建筑工地开展形式多样的人防知识宣传，发放防灾减灾知识宣传手册、人防知识读本 200 多册，悬挂宣传横幅标语 47 幅，提高工程参建各方责任主体意识，增强企业防灾减灾安全意识，提高市民的国防观念和人防意识。

2020 年 6 月 16 日，梅江区住房和城乡建设局开展人防知识“五进”宣传教育活动，现场解答群众疑问，发放人防宣传手册

【防空警报试鸣】 2020 年，梅江区人民防空办公室积极响应配合市政府在梅州城区（含梅江区）试鸣防空警报，检验梅州市防空警报系统的可靠性和预警能力，进一步增强市民的国防观念和防空意识。9 月 18 日，市政府在梅州城区实施 2020 年防空警报试鸣，城区启动固定警报器和移动警报器同时发放防空警报信号，梅州电视台第一套、第二套和梅州人民广播电台两个频道通过画面、文字、声音同步发放防空警报信号。中国电信梅州分公司、中国移动梅州分公司、中国联通梅州分公司、市突发事件预警信息发布中心将通过短信、电子屏发送试鸣防空警报信息。2020 年防空警报试鸣，不搞防空疏散演习，城区各机关企事业单位正常上班，广大市民照常进行日常事务活动。

（黄　超）

经 济 管 理

发展和改革

【概况】 2020年，梅江区发展和改革局（以下简称区发改局）以习近平新时代中国特色社会主义思想为指导，切实把思想和行动统一到省、市、区的决策部署中，敢于担当，主动作为，扎实有效地开展各项工作，认真落实年初制定的工作计划，努力完成区委、区政府和上级业务主管部门下达的各项工作任务。

【规划编制】 2020年，区发改局按照省、市有关要求，启动梅江区“十四五”规划编制工作，至年末形成区“十四五”规划纲要（草案），报区人大常委会会议审议。全区共谋划“十四五”规划重大项目297项，总投资1260多亿元。“十四五”期间，投资1100多亿元，其中，列入市“十四五”规划重大建设项目计划62项，总投资965.33亿元，“十四五”期间投资678.63亿元。全年全区完成国防动员专业队伍组建6个，高新技术企业转扩产准备组建1个和区域保障中心组建1个。预征预储协议签订，通过省国防动员委员会检查验收，重新组建区域保障中心。争取财政专项资金10万元，配置保密专用打印复印一体机、传真机等设备。

【投资项目】 2020年，区发改局储备新增中央投资项目23项，资金需求5.91亿元；下达第二批、第三批老旧小区改造中央预算内投资项目4个，下达中央预算内资金966万元；申报2021年社会领域中央预算内投资项目28个，申请中央预算内资金3.51亿元；申报2021年第一批老旧小区改造中央预算内投资项目1个，申请中央预算内资金310万元。申报积极应对人口老龄化工程2021年中央预算内投资计划项目梅江区居家养老服务中心，申请中央预算内资金1562万元。全年全区争取到3批次专项债资金项目10个共6亿元；储备申报2021年专项债项目36个，共申请专项债资金41.46亿元，至年末通过省发改委初步审核通过项目19个，申请专项债资金36.09亿元。围绕国家、省、市投资方向，全年全区申报“补短板”项目27个，总投资82.52亿元。按照《梅州市人民政府办公室关于建立市级和梅江区经济发展联席会议制度的通知》要求，9月，汇总上报第一次会议议题15项，其中上会议题7项、不上会议题8项。

【立项审批】 2020年，区发改局审批立项共办理238项，总投资314.3亿元，其中审批类项目127项、总投资165.84亿元，核准类项目1项、总投资1.7亿元，备案类项目110项、总投资146.76亿元；审批项目办结率100%，实现服务群众“零投诉”。通过政务大厅发放宣传单、面对面交流等形式，做好审批前服务指导工作。牵头制定《梅州市梅江区区本级积极应对新冠肺炎疫情进一步帮扶服务业小微企业和个体工商户缓解房屋租金压力的实施细则》，推动梅江区服务业恢复正常生产秩序。

【重点项目】 2020年，梅江区共有项目115个，总投资952.74亿元，计划投资136.95亿元，至年末累计完成投资101.38亿元。全年全区市重点项目24个，总投资482.47亿元，计划投资34.40亿元；市重点预备项目19个，总投资404.24亿元。全年全区省重点项目2个，总投资150亿元，计划投资9.3亿元；省重点预备项目4个，总投资274.71亿元。至年末，省、市重点项目24个累计完成投资32.46亿元，占年度投资计划94.36%，其中2个省重点项目累计完成投资10.5亿元，占年度投资计划112.90%。疫情期间，协助重点项目申报口罩需求，完成口罩调购6批次，总计3.96万个。2020年，梅江区共申报2021年市重点项目18个，总投资508.78亿元，2021年计划投资42.10亿元；2021年市重点预备项目24个，总投资324.34亿元。同时，申报2021年省重点项目4个，总投资214.68亿元，2021年计划投资7.8亿元；2021年省重点预备项目5个，总投资360.2亿元。2020年，梅江区3个特色小镇项目计划总投资211.35亿元，累计完成投资9.35亿元，其中产业投资6.4亿元。

【价格管理】 2020年，区发改局认真做好75种与城市居民生活密切的粮、油等市场价格监测巡查工作。组织做好困难群众价格临时补贴发放，1—8月，发放价格临时补贴共计金额约511万元。对区属2个涉企收费单位区水务局、区住建局进行现场清理检查，其中区水务局按规定免征涉企行政性收费160万元。2—6月，梅江区管供水企业共减免30个中小企业、个体工商户的用水到户价格1.3万元。按照“创文”工作部署，做好对爱国主义教育基地和公益性文化设施免费接纳未成年人参观学习的收费监督核查工作。依法批复仙鹤山庄公墓设施收费申请，协助相关单位对涉及盗窃、抢劫、毁坏公私财物和纠纷标的物价格认定，全年共办理涉案财物价格认定89宗，标的金额约109万元。

【产业管理】 2020年，区发改局积极开展电力直接交易，组织中国铁塔股份有限公司梅州市分公司和广东梅汕客运专线有限责任公司等企业参加广东省电力一般用户申报工作，并获得通过。认真做好成品油经营企业年检和换证工作，全区24家加油站除免检外，全部顺利通过年检和换证。重拳整治成品油市场经营秩序，全年开展联合执法行动9次，出动执法车辆48车次、执法人员102人次，查处案件7宗，取缔非法加油点4个，查扣非法经营柴油改装车辆10辆，查扣非法运输油罐车1辆，没收不合格柴油34.7吨，刑事拘留5人，缴获涉案物品一批。做好安全生产工作，成立以主要领导为组长的安全生产活动领导小组，组织安全生产学习活动，应急消防演习。同时，做好仓库安装视频监控等装置，配备消防设施烟感、干冰灭火器等消防设施，并定期组织人员检查库区设备设施，确保安全。

（陈润梓　李　波）

自然资源管理

【概况】 2020年，梅州市自然资源局梅江分局坚持以习近平新时代中国特色社会主义思想为指导，深入贯彻落实中共十九大，中共十九届三中、四中、五中全会和习近平总书记视察广东重要讲话精神，按照市委“123456”思路举措，围绕建设“诗画梅江、文明客都”这一总体目标，找准“稳民生、促发展”这一总基调，采取耕地保护与生态修复并举、土地利用与用途管理齐抓、国土空间规划与建设共管、自然资源调查与监测同步、自然资源执法与监察联动的工作思路，在保护自然资源和保障社会发展上集中发力，不断提高自然资源管理能力和水平，为梅江区经济社会全面发展注入强大动能。

【资源管理】 2020年，梅江区立项拆旧复垦项目5宗，拟复垦面积约6.2公顷，督促指导相关镇、街道及时划拨和规范使用省永久基本农田补助资金79.55万元。配合市自然资源局完成一个批次的耕地占补平衡报备工作，严守耕地保护红线，实现全区3945公顷耕地总量的动态平衡，耕地保护得到有效落实。收集未来5—10年的新增建设项目，保障梅江区重点建设项目需求，挖掘建设用地潜力，规划编制精准配置建设用地规模奠定基础。对全区31个行政村（包括10个省定贫困村）村庄规划成果进行评估，让村庄规划优化提升更具实用性和可操作性。主动收集区直和各镇、街道调整生态保护红线佐证材料，征集各项目业主单位意见4次，梳理上报生态保护红线有矛盾冲突的项目46个。积极向市自然资源局争取省下达梅州市预留城乡建设用地规模50多公顷，编制省级现代农业产业园、学子大道延长线等省市重点、道路交通基础设施、民生事实项目方案18个，落实预留城乡建设用地规模约59公顷。全年全区办理个人国有土地使用权出让、转让299宗，面积6795.45平方米，收取出让金额818.09万元。全年出具Y341线梅县区梅长大桥引道改建工程项目等用地预审报告2宗，出具梅州昭华教育城综合配套基础设施项目（一期）等用地预审与选址初审意见书2宗，为百岁山生态科普馆等18个批次、20个拟用地项目进行报批组卷，获批5个批次、面积43.68公顷。强化部门外部纵向联系，向属地政府、共管责任单位抄送报告违法占地案件6宗，移交违法线索4宗，配合属地政府、共管责任单位依法拆除6宗，涉及面积9250平方米。扎实做好群众信访工作，全年共处理来信来访15宗，其中群众来信来访3宗、上级转办7宗、“12345”（12336）专线4宗、梅州民声1宗，未出现缠访闹访再访。组织实施矿山石场治理复绿，全年治理复绿面积约4公顷，办理采矿权审批2宗，支持矿山扩大产能，保障全区建筑石料需求。积极配合上级编制建筑石料规划，初步谋划建筑石料采石场的布局，调整后全区有采石场7个区块，黏土场1个区块。

【国土调查】 2020年，市自然资源局梅江分局坚持求真、归真、保真原则，对全区570.64平方千米、2.41万个图斑进行历时2年的内外业核查、数据上报、图斑举证、自查自纠、现场验收工作，全量数据库成果于9月6日通过省级检验。10月15日，梅江区第三次全国国土调查及统一时点更新数据成果通过省第三次全国国土调查办公室审核，满足国家成果建库要求。至年末，梅江区第三次全国国土调查工作及统一时点更新工作全面完成。

【地质灾害】 2020年，市自然资源局梅江分局编制印发《梅江区地质灾害防治三年行动实施方案》，明确三年行动任务目标及工作步骤。组织开展全区地灾隐患点进行可行性研究评审，经调查研究评审确认全区共有82处中小型地灾隐患点列入地灾防治三年行动整治计划，其中可实施搬迁治理19处、可人工监测26处、可实施工程治理32处、暂缓治理5处。

【登记发证】 2020年，梅江区共74个村涉及“房地一体”农村不动产登记发证工作，应调查数约2.58万宗。至11月，完成74个村的外业调查。12月17日，完成并公示74个村的房屋权籍外业调查2.25万宗，调查率87.05%。全年全区完成宅基地登记发证8466宗，发证率97.3%；集体建设用地登记发证439宗，超额完成集体建设用地登记发证任务。

【垦造水田】 2020年，梅江区垦造水田兑现承诺任务23公顷，上年完成垦造水田项目面积17.98公顷，缺口5.02公顷。全年市自然资源局梅江分局在城北、西阳、长沙镇选定4个地块，立项目3个进行垦造，预计新增水田面积6.21公顷。至年末，3个项目均进行市级竣工验收，新增水田面积5.09公顷，确保完成承诺任务。

【资源保护】 2020年，市自然资源局梅江分局深入推进扫黑除恶专项斗争，以土地矿产卫片执法检查、全国农村乱占耕地建房问题整治、矿产资源日常监督检查、农村“房地一体”不动产登记等工作为抓手，扎实推动“行业清源”行动，制定专项工作方案4份，定期向区扫黑除恶办公室上报各类台账、报告共64份，全年查办上级交办、同级转办、信访自查和群众举报黑恶线索2宗，办案没有出现复核复查。严格按照违建别墅问题整治方案，明确清查整治范围，把工作重心放在自查自纠阶段，聚焦“违建”和“位置”两个要害，核查疑似违建别墅问题260个，上报符合清查整治标准违建别墅问题3宗共20栋（套），组织属地政府全部进行拆除整治，并上报市级核销。认真落实农村乱占耕地建房摸排工作，省下发梅江区农村乱占耕地建房问题图斑8482个。经各镇街核查上报，属于农村乱占耕地建房图斑671个，不属于农村乱占耕地建房问题图斑7811个。

（杨　伟）

市场监督管理

【概况】　2020年，梅江区市场监督管理局（以下简称区市场监管局）以习近平新时代中国特色社会主义思想为指导，认真贯彻落实中共十九大和中共十九届历次全会精神，紧扣区委、区政府的工作部署，统筹做好疫情防控和经济社会发展工作，依法履职尽责，筑牢市场安全底线，提升市场监管效能，扎实有序地推进各项工作的开展。

【疫情防控】　2020年，区市场监管局制定《梅江区推进城区活禽经营限制区工作方案》，成立由区市场监管局、农业农村局、卫健局、科工商务局等单位组成的农贸市场疫情防控工作专班，稳步推进家禽“集中屠宰、冷链配送、生鲜上市”工作。开展疫情防控期间，出动执法人员9805人次，执法车辆5628车次，检查农贸市场2756个次，发放整改意见书817份，签订责任书298份，发放监督意见书、预防控制指引、疫情告知书共3.06万份，制作“戴好口罩”提示牌60多块，疫情宣传广告牌8块，通过LED、广告牌等宣传防控内容的信息共计2000余条。开展梅江区新冠肺炎疫情应急处置实操联合演练，全面排查全区33个农贸市场全部档口、171个冻库、1家肉联厂。对进口冷链食品冷库落实“十必须”〔必须指定一名冷库安全员，监督落实疫情防控各项要求；必须督促从业人员进行粤康码扫码及每周核酸检测；必须设立人员健康监测、物品检测消毒、环境监测消毒三本台账，并分别登记核实；必须确保进口货物入库前每件（独立包装）业经消毒；必须督促人员做好个人防护，并配置“两套衣服”供更换消毒；必须对作业区实行清洁区、半污染区、污染区“三区”管理；必须查验供货商（委托方）资质，并对贮存货物索证索票；必须使用“冷库通”系统当天填报出入库信息，确保可追溯；必须及时对搬运工用具进行清洁消毒，避免交叉污染；必须配合做好新冠病毒核酸检测阳性产品处置〕，强化进口冷链食品直接接触的从业人员、产品和环境核酸监测每周全覆盖。做好“一周检测、二套衣服、三台账、三区管理”（必须督促从业人员进行粤康码扫码及每周核酸检测；必须设立人员健康监测、物品检测消毒、环境监测消毒三本台账，并分别登记核实；必须督促人员做好个人防护，并配置“两套衣服”供更换消毒；必须对作业区实行清洁区、半污染区、污染区“三区”管理工作），相关从业人员建立“一人一档”常态化管理机制。抗疫防控核酸检测样本共9025份，其中产品样本1495份、环境样本2296

2020年疫情防控期间，梅江区市场监督管理局执法人员到农贸市场档口排查，发放监督意见书

份、从业人员逐一进行排查，结果均为阴性。至12月31日，梅江区进口冷链食品冷库从业人员接种疫苗310人。全区53个场所环境、193个从业人员每周核酸检测率均100%，扫码查验、核酸检测全覆盖。全区分配冷库通账号的124个冷库百分百登录“冷库通”应用系统，经营进口冷冻肉制品和水产品的53个冷库每批次购进进口冷链食品均上传产品数据，经营进口产品冻库共录入商品入库信息407单，出库信息778单。全力支持企业复工复产，帮助4家企业申请“知识产权快融贷”服务，贷款金额共5300万元。对因疫情影响逾期年报的企业，在整改违规行为和补交相关材料后，经信用约谈，免于行政处罚。

【市场主体】 2020年，区市场监管局认真贯彻落实有关“放管服”和商事制度改革要求，不断改革优化办事创业和公平营商环境。全年全区新登记各类市场主体7017户，比上年下降12.79%。全年受理各类企业登记业务18484件、股权出质37件、食品经营许可4235件、药品经营许可证197件、食品生产登记9件、特种设备登记461件。全区共有市场主体4.96万户（私营企业1.10万户、个体工商户3.84万户、农民专业合作社115户），比上年增长17.75%。

【食品药品监管】 食品生产监管 2020年，区市场监管局严格实施食品生产企业生产许可审查制度和食品加工小作坊登记管理办法，抓好法律法规宣传，督促企业落实食品安全主体责任，开展食安员培训，落实企业安全自查制度，推动提升食品安全风险管控水平。坚持以问题为导向，以实施有因检查为重点，采取不定期、随机、突击性的监督检查方式，对食品生产企业实施飞行检查，组织开展肉制品生产加工企业质量提升行动、蔬菜制品专项监督检查、固体饮料压片糖果代用茶生产企业专项整治、“湿粉统一查”、酒类食品安全、小麦粉及面条类食品生产安全、中秋国庆应节食品及保健食品等专项整治工作。梅江区普查建档食品生产加工单位122家，全年抽检食品生产企业42家，抽检产品57批次；抽检食品生产加工小作坊54家，抽检产品113批次，其中3家食品生产加工单位共6批次产品抽检不合格。对辖区内47家食品生产企业开展食品安全管理人员抽考考核，通过率100%；巡查企业和小作坊329家次，发现问题企业和小作坊42家，全部按时跟踪，确保整改落实，从源头上消除食品安全隐患。

食品流通监管 2020年，区市场监管局严格许可要求，逐一对许可发证经营户造册登记，落实索证索票和进销货台账制度。积极开展“食品安全进校园”“保健食品科普知识进校园”的宣传活动，加强学校校园周边“五毛”（俗称用五角钱可以购买的食品）食品监管等食品安全检查。制定2020年快检实施方案，做好委托第三方的服务项目招投标和采购评价合格试剂工作。全年除2月因疫情防控暂停外，每月15日分别在中心坝市场、瓜园市场、客天下市场、西区市场、梅园市场、华建市场开展免费快检活动，共检测143批次，检测结果全部合格。不定期巡查各农贸市场抽检，督促大型批发市场落实市场主体责任，确保市场自检农产品检测数据相对准确。对辖区的商场超市、大型商圈、批发市场、冻库、进口食品、传统应节食品店、各汽车站、火车站及周边店铺、农贸市场等流通环节开展有针对性的节前检查。保障市、区开展大型活动的食品安全，做好“金山圩日”、风情步行街商业圈、中国农民丰收节系列活动食品安全监管。开展牛肉、狗肉、豆腐豆干豆制品、湿粉类食品、流通环节的“长江禁捕 打非断链”、现榨或代加工散装花生油、野生动物非法市场交易、生猪产品流通环节查处私宰专项行动，加强食盐流通环节安全监管，加强对特殊食品的监管，开展类似将普通固体饮料当作特殊医学用途配方奶粉销售不法行为的排查，督促经营单位落实主体责任，打击欺诈行为。制定印发《梅江区推进食品销售风险分级管理工作实施方案》，逐步开展梅江区食品销售风险分级管理工作，至年末，完成总持照经营单位评级任务75%。2020年持有有效食品经营许可证的食品销售经营者5947户，抽检食品1802批次，投入试剂采购费用26万多元，共快检流通环节食品6.6万批次，复检3759批次，合格率99.54%，销毁不合格农产品2484.14公斤。

食品餐饮服务监管 2020年，区市场监管局对申请餐饮服务“食品经营许可证”的单位，严格按照管理办法和“创文”检查的标准要求，从流程布局、环境卫生、设施设备等方面进行严格的现场核查，对条件符合的单位及时办理，申办条件不达标但可以经过整改的，现场进行指导，责令限期整改后复查，加大对无证餐饮服务经营单位的清查力度。认真落实量化工作，全区140家学校食堂实现互联网+“明厨亮灶”全覆盖，信号接入市级平台进行联调联试工作。开展春秋季学校食堂（含幼儿园）及校园周边食品、托老机构、午晚托恢复服务验收检查、建筑工地食堂等食品安全专项检查。做好重大活动、农村宴席食品安全保障工作，落实提前介入，全程监餐，做到活动前有工作方案，活动中全程监管，活动后有总结的重大活动保障工作机制，确保重大活动、农村宴席食品安全零事故。疫情防控期间，组织开展网络订餐规范与提升行动，推广“食安封签”应用，加强宣传“公勺公筷”使用。全年全区共有各类餐饮经营单位5326家，检查学校食堂280家次、校园周边餐饮经营单位475家、午晚托机构290家次、托老机构17家、工地食堂12家，发出监督意见书95份，现场要求整改35家。对1823家餐饮服务经营单位进行量化分级管理，量化分级管理率100%，监督检查率100%。全年共保障各类会议、农村聚餐宴席、重大活动22项。

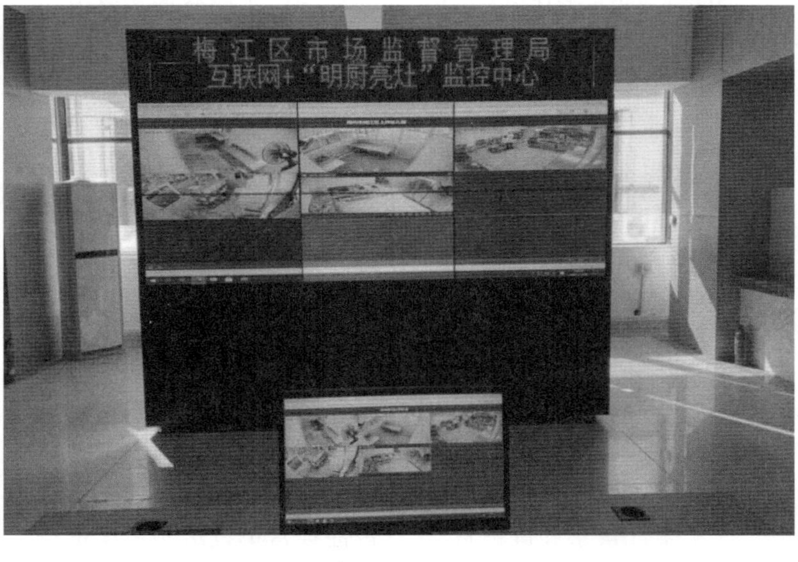

2020年，梅江区市场监督管理局互联网+“明厨亮灶”监控中心

药品化妆品及医疗器械监管 2020年，区市场监管局严把准入关口，开展中药饮片质量集中专项整治、药品经营企业跟踪检查、疫苗安全检查、特殊管理药品专项检查、药品化妆品抽检等工作，规范药品网络销售行为，将客家传统青草店纳入规范化管理。开展芬太尼类药物专项整治，加强麻精药品和含特殊药品复方制剂的监管，进一步规范药品化妆品流通秩序。大力宣传禁毒知识，组织辖区内药品零售企业开展执业药师“挂证”行为自查整改行动，强化药品化妆品市场监管。对辖区内医疗器械生产经营企业和使用单位进行摸底分类，完善企业信息。强化疫情防控常态化医疗器械流通环节监管，进一步规范质量管理，增强质量意识，保障人民群众用上安全放心的医疗器械。全年全区有药品经营单位317家、医疗机构287家、化妆品经营单位700家，完成药品抽检110批次、化妆品12批次、医疗器械4批次。

【价格监管】 2020年，区市场监管局对社会热点问题，加大对价格欺诈等行为的查处力度。有序推进医疗服务价格重点治理、5G基站转供电环节电价重点整治、出租车价格专项检查、肉类市场价格监管、驾校收费明码标价监督检查、向老年人虚假宣传误导式销售保健产品、联合打击整治涉印章违法犯罪专项行动，贯彻落实免费接纳未成年人的政策措施，指导企业规范明码标价，及时妥善处理投诉举报案件。加强房企、物业专项检查，强化殡葬服务价格监管，开展节假日期间市场、疫情防控期间学校收费、养老服务机构市场价格监管专项检查，核查发放政府消费券等补贴政策有关情况，进一步推动梅江区公平竞争审查制度有效实施。全年立案查处价格和不正当竞争违法案件10宗，结案8宗，罚没款24.56万元。

【监管执法】 2020年，区市场监管局认真履行工作职责，抓好市场日常监管和行政执法，维护梅江区市场经济秩序。

市场综合执法　2020年，区市场监管局积极履行打假职能，依法查处制假售假违法行为，不断整顿和规范市场秩序，净化市场环境。认真落实打私工作责任制，突出重点市场、重点部位和重点商品，大力加强市场监管力度。顺利完成食品、药品、化妆品、医疗器械等各项抽检任务，根据上级部署，组织开展联合整治“保健”市场乱象百日行动，开展“扫黑除恶”专项斗争。加强流通领域成品油质量抽检，依法查处销售不合格成品油和无照经营加油站（点）的违法行为。推进重点领域专项治理，重点清查口罩、防护服等防疫物资。开展食品、药品、化妆品、家电、儿童用品（含玩具）、烟、酒、电子商务产品、服装、汽车零配件、特种设备等整治行动，强化知识产权保护。2020年共出动执法人员6360人次，检查经营户7043户次，查处假冒伪劣商品32宗，涉案货值11.81万元，罚没入库金额16.33万元。全年立案151宗，结案138宗，移送公安部门案件1宗，罚没入库金额131万元。

网络交易和广告监管　2020年，区市场监管局加强对网络市场交易行为监管，完善广东省网络市场监管综合信息平台主体数据库。对日常监管发现网络交易主体及时录入平台，开展落实电子商务平台责任、“网剑行动”、“野生动物专项保护”、“618”、“双11”、“特供”、“专供”标识商品等专项行动。搭建红盾云桥系统，处理系统转办举报线索4条。强化广告导向监管，重点监测城区范围的大型户外广告，公共交通运载工具发布广告、大型户外广告牌和LED显示屏广告牌。发挥整治虚假违法广告联席会议机制作用，规范广告经营发布行为。全年受理广告投诉举报119宗，查处广告违法案件5宗、网络违法案件2宗、经营者利用格式条款排除消费者权益案件4宗。办理动产抵押登记16宗，抵押登记金额4.12亿元。

企业年报公示　2020年，区市场监管局强化企业公示信息监督管理，督促市场主体履行公示义务，全年先后印制3万份年报宣传单发放全区市场主体，在梅江网站发布梅江区市场监督管理局《关于报送2019年度市场主体年度报告的通告》，在《梅州日报》4月、6月刊登梅江区市场监督管理局《关于敦促2019年度商事主体年度报告的通知》，通过发送手机信息、微信群、公众号等形式，提醒企业履行年报义务。推动疫苗生产企业、特种设备生产企业和充装单位等重点行业领域年报实现100%。2019年度，企业年报率94.42%、个体工商户年报率73.42%、农民专业合作社年报率64.91%。

“双随机、一公开”监管　2020年，区市场监管局进一步完善“一单两库一细则”（建立随机抽查事项清单，建立随机抽查市场主体名录库、建立随机抽查执法检查人员名录库，制定随机抽查工作细则），降低检查频率，提高监管效率，建立以企业信用信息公示系统为依托，以信息公示为基础，以信用监管为核心，以随机抽查为主要手段的新型市场监管机制，做到“无事不扰”。根据梅州市梅江区市场监督管理局2020年度双随机抽查工作计划，采取随机抽取检查对象、随机选派执法人员“双随机”形式开展检查。全年“双随机”

抽查市场主体1087户，联合抽查19户；清理长期未经营企业746户，吊销59户；企业列入严重违法失信共103户。有941户企业、1230户个体工商户、38户农民专业合作社，因未按规定报送年度报告等原因被列入企业经营异常名录或标记为异常状态。

知识产权管理　2020年，区市场监管局进一步完善商标培育机制，加强商标品牌宣传力度，开展“知识产权服务万里行”和“知识产权宣传周”活动，加强梅江区地理标志产品的培育和保护力度，调动辖区企业品牌创建积极性，梅江区首个地理标志证明商标“梅塘杨桃”正式进入国家审查阶段。加强知识产权的保护力度，严厉打击侵犯商标、专利、地理标志知识产权等违法行为，维护权利人利益，建立公平竞争的市场秩序。草拟梅江区知识产权强县工程试点工作方案，重新修订《梅州市梅江区知识产权事业发展资助管理办法（试行）征求意见稿》，增加商标品牌战略内容和贯标资助奖励内容，提升梅江区自主创新能力。在梅州市食品行业协会成立梅江区首个商标品牌培育指导站，为辖区企业提供商标注册辅导、商标规范使用提示、商标维权援助、自主品牌培育、商标运用指引等服务，积极实施商标品牌战略。2020年，梅江区新注册商标893件，有效注册量累计4234件；专利申请数量1047件，专利授权555件。全年国家知识产权示范企业1家（博敏电子），省知识产权示范企业3家（博敏电子、科伦药业、风华环保），广东专利优秀奖2家（嘉应制药、博敏电子），通过《企业知识产权管理规范》国家认证企业5家（博敏电子、蜂派网络、风华环保、江南电器、臻尚食品）。

特种设备专项隐患排查治理　2020年，区市场监管局围绕“保障安全、促进发展、服务民生”的工作定位，对客运索道大型游乐设施、电梯、起重机械、锅炉、压力容器、叉车等涉危特种设备，开展专项隐患排查治理，推进企业落实安全生产主体责任，提升隐患排查治理能力和风险管控水平。开展重点时段特种设备安全专项检查，有针对性地对公众聚集、人流密集场所和存在重大风险的特种设备使用单位加强监督检查。开展安全生产宣传咨询日、液化石油气安全联合执法检查行动、特种设备应急救援能力提升行动、特种设备安全知识进企业、进乡村和进社区等系列活动，通过线上线下相结合的方式发放各类宣传资料1000余份，全区特种设备安全形势总体平稳。2020年，抽查各类特种设备458台（套），清查超期设备757台（套），下达《特种设备安全监察指令书》37份，隐患落实闭环整改416处。全年立案查处案件4宗，签订《特种设备使用安全承诺书》44份，发放特种设备风险分级管控清单200余份，开展特种设备生产和使用单位约谈5次，处理并办结群众举报投诉9宗。

产品质量监管　2020年，区市场监管局开展质量整治提升行动，牵头制定《中共梅江区委　梅江区人民政府关于开

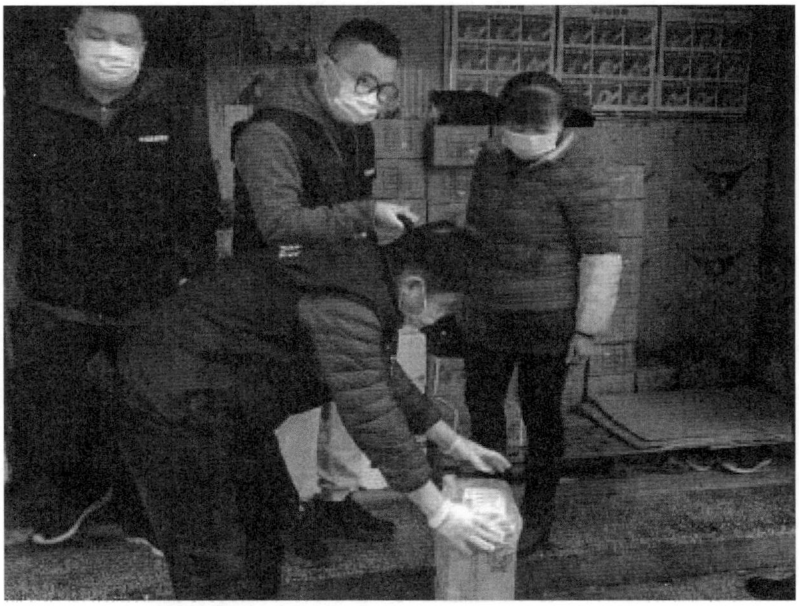

2020年，区市场监督管理局开展冻品检查行动

展质量提升行动的实施方案》，对日用塑料制品、电线电缆产品、一次性使用卫生用品、特种劳动防护用品、儿童和学生用品、电动自行车、烟花爆竹等各类重点产品开展专项整治，组织核查收集梅江区范围内的产品、商品及其生产企业、销售者、经营性用户信息，完成1.66万家企业及产品建库录入工作。以流通领域热销 CCC 认证产品为重点，加强强制性产品认证监管。核查钢铁冶炼项目，防止“地条钢”死灰复燃，做好省级产品质量监督抽查工作。组织开展“建设质量强国 决胜全面小康”为主题质量月活动和各类质量培训，落实梅江区质量强区工作领导小组办公室职能，开展“质量强区”活动，鼓励符合条件的企业申报“广东省政府质量奖”和“梅州市政府质量奖”，全区工业产品未出现系统性、区域性和行业性质量安全问题，质量保持稳定。全年组织开展专项抽查99批次，送达处理省局抽检标签不合格报告27份，做好产品抽检不合格后处理工作。

标准化和计量　2020年，区市场监管局加大标准化和计量法律法规、知识的宣传力度，推进农业标准化建设，积极支持协助梅江区符合申报条件的企业申报农业标准化示范区项目，支持协助梅州市源自然农业发展有限公司完成农业标准化试点项目申报工作。加强企业产品标准和服务标准自我声明公开发动工作，鼓励企业将产品标准信息录入国家“企业标准信息公共服务平台”，由梅州市梅江区茶叶协会、梅州市润起文化科技发展有限公司、梅州市荷灵农林发展有限公司为起草单位的地理标志农产品“梅江区清凉山茶”获市局批准，下达2020梅州市地方标准制修订计划项目。夯实计量基础，加强计量业务知识培训，开展“民用三表”（电能表、水表、燃气表）、电子秤、眼镜、出租车计价器、货运源头称重设备、加油机等与老百姓生活密切相关重点计量器具的计量监督检查。做好集贸市场使用衡器“四统一”（统一配备、统一管理、统一检定、统一轮换）试点工作。开展“5·20”世界计量日科普宣传和“计量服务中小企业行”活动，发放各类宣传资料500余份。全年组织梅江区各级医疗机构、长途汽车站、学校等单位免费检定校准红外体温计1511台（套），检定校准18台（件），减免费用合计45.33万元。

【食品安全】　2020年，区市场监管局重新调整梅江区食品安全委员会工作机构，成立由区长为主任，分管食品、食用农产品的副区长为副主任，相关职能部门主要领导为委员的梅江区食品安全委员会，签订《梅江区食品安全工作责任书》，积极落实镇级地方党委和政府食品安全责任制。强化食品抽检和农贸市场快检，打造学校食堂互联网+“明厨亮灶”智慧监管，加快推动监管追溯体系建设。牵头制定《梅江区推进城区活禽经营限制区工作方案》，稳步推进家禽“集中屠宰、冷链配送、生鲜上市”工作。筑牢安全防线，加强农产品质量安全、食品生产环节、食品流通环节、餐饮服务环节食品安全监管。组织开展食品安全宣传周活动、“3·15”消

2020年，由区政府主办，区食品安全委员会办公室和区市场监督管理局承办的梅江区食品安全宣传周启动仪式暨现场咨询活动在客都汇广场举办

费维权日、“12·4”普法宣传等活动。进一步遏制违法行为，强化两法衔接和行政执法。打造“诗画梅江”区域公用品牌，全年全区有梅州市梅江区茶叶产业园、梅州市乐得鲜（梅江）蔬菜产业园、梅州市丝苗米产业园3个省级现代农业产业园，“板盖坑雪莲果”“梅江白宫苦瓜”“梅江区清凉山茶”“梅州客都稻米”“梅州客家米粉”5个农产品区域公用品牌，“柏宫源”绿茶、“向丽”乡土腊肠、“尚记”客家盐焗鸡、“金良稻丰”客家丝苗米4个广东省“十大名牌”农产品，获得全国名特优新农产品11个，广东省名牌农产品16个、广东省名特优新农产品14个。

【打击传销】 2020年，区市场监管局会同区科工商务局、梅江公安分局制定印发《关于进一步加强直销企业监管促进直销行业健康发展的若干意见》，对辖区直销经营企业摸查登记、制表造册，从销售、售后服务、内部管理等环节自查自纠，严厉查处违规直销和传销行为。高度重视传销案源线索的摸查、核实、固化前期证据链，坚决打击传销行为。与公安部门密切联系，建立涉嫌传销的线索信息互通机制和案源线索共享机制。全年开展检查行动11次，出动执法人员1320人次，执法车辆598辆次，检查场所715个次，发放宣传资料1520份。

2020年，梅江区消费者权益保护中心现场调解崇雅培训机构事件

【消费维权】 2020年，区市场监管局本着“有访必接、有诉必理”的理念，加强对消费投诉的处理。全年受理消费者各类咨询1006件，投诉1879件，比上年增长44.46%，成功调解1861件，成功调解率99.04%；举报667宗，挽回经济损失184.09万元。在文化公园广场举办“凝聚你我力量 打造放心消费梅江”为主题的“3·15”国际消费者权益日现场宣传咨询活动，开展“放心消费创建”活动，强化经营者消费维权主体责任，营造安全放心消费环境，至年末，经营者申报“放心消费承诺单位”46家。

【思想政治建设】 2020年，区市场监管局以习近平新时代中国特色社会主义思想为指导，深入学习贯彻中共十九大，中共十九届二中、三中、四中、五中全会和习近平视察广东重要讲话精神、《习近平谈治国理政第三卷》精神，全面落实从严治党要求，紧紧围绕区委、区政府工作部署，着力提升市场监管队伍素质。

党员干部抗疫情　2020年，区市场监管局党员干部开展“亮党旗亮党徽亮身份”活动，累计50名党员参加疫情防控党员先锋队、应急队，协助支持镇（街道）、村（社区）做好疫情防控工作。开展“热血战疫、市监担当”无偿献血主题党日活动，全局近50名党员干部积极响应、踊跃报名，累计献血1.2万毫升。全年先后在《南方+》《梅州日报》等新闻媒体发表党员干部抗击疫情先进事迹，宣传报道文章20余篇，向计划系统党委和梅州市市场监管局报送先进事迹材料8篇。

学习教育活动　2020年，区市场监管局开展中国共产党成立99周年纪念活动，在区政府网站、“梅江融媒”等平台

发布党建宣传报道5篇。制定开展“党课开讲啦”活动方案，提高党员干部的思想政治意识。7—9月，开展以“严守政治纪律，践行‘两个维护’”为主题的纪律教育学习月活动，引导广大党员增强“四个意识”、坚定“四个自信”、做到“两个维护”，严守政治纪律和政治规矩，不忘初心、牢记使命，改进作风、砥砺奋进。抓好习近平总书记的重要讲话和重要指示精神、《习近平谈治国理政》第三卷、中共十九届五中全会、省委书记李希到梅州调研讲话的学习宣传。

党廉建设　2020年，区市场监管局主要领导先后在局党组会、干部职工大会强调有关工作纪律要求，要求干部职工提高政治意识，严明政治纪律和政治规矩，严格遵守工作纪律和廉洁纪律，确保不出现违法违纪现象。设置廉政风险监督栏，层层签订《党风廉政建设责任书》，落实谈话提醒工作，推动党风廉政建设工作真正落到实处。全年共开展党内谈话提醒235人次，签订《党风廉政建设责任书》42份。

配合巡察工作　2020年，区市场监管局严格按照巡察组要求做好思想准备、组织准备、材料准备相关工作，召开区委第七轮第二巡察组进驻梅江区市场监督管理局见面沟通会、巡察工作动员会和专题汇报会，在指定平台发布《关于八届区委第七轮第二巡察组进驻梅江区市场监督管理局情况的通报》。协助巡察组设置意见箱、发布巡察公告、做好民主测评、开展个别谈话。收集汇总整理工作情况有关材料，及时反馈工作意见并抓好整改落实，制定巡察整改方案，撰写巡察整改意见工作落实情况相关报告材料。

【普法宣传】　2020年，区市场监管局做好“七五”普法工作，落实“谁执法谁普法”责任制，开展《中华人民共和国宪法》《中华人民共和国民法典》宣传教育活动，张贴宣传海报30张，派发宣传手册2000份。大力宣传相关的法律法规，发放普法宣传资料1万余份。根据采摘食用野生毒蘑菇中毒事件，制作主题为“食品安全人人有责　珍惜生命拒绝毒蘑菇”的普法宣传视频。落实“三项制度”（广东省人民政府关于全面推行行政执法公示制度、执法全过程记录制度、重大执法决定法制审核制度），加强案件核审把关，做好机构改革后权责清单梳理工作和政务服务事项实施清单“十统一”（指基本编码、实施编码规则、事项名称、子项拆分、事项类型、设定依据、办理流程、办理事项、提交材料、表单内容要素统一）标准化梳理专项工作，规范行使行政执法自由裁量权，强化依法行政。全年共核审各类案件122宗，召开重大案件审议会议5场。广东省行政执法信息公示平台数据采集系统累计审核、审批公示行政许可2.10万条，行政强制37条，行政处罚109条，行政检查263条。

【民生实事】　2020年，区市场监管局扎实推进“创文”工作和“两美”行动，成立32人的志愿者队伍，加入“大手拉小手”“共建卫生社区”社区志愿者活动。全年组织志愿活动12场次，单位干部职工参与文明交通志愿服务共89次，

2020年，梅江区市场监督管理局召集湿粉类食品生产经营单位负责人开展食品生产相关法律法规知识宣传

出动志愿者178人次。围绕区委、区政府的工作部署，继续做好疫情防控工作，督促活禽经营市场开办者全面落实防控措施和市场管理制度，稳步推进家禽“集中屠宰、冷链配送、生鲜上市”工作。推行垃圾分类管理，发放《倡议书》《操作指南》1200多份，发放定制“梅江区市场监督管理局”的厨余垃圾桶600多个。根据《梅江区2020年广东扶贫济困日活动工作方案》通知要求，梅江区市场监督管理局干部职工筹集捐款2万多元。

（沈　愉）

审　计

【概况】 2020年，梅江区审计局完成审计项目17宗，其中财政审计5宗、重大政策措施落实跟踪审计2宗、经济责任审计10宗。通过审计，提交审计报告29篇。查出主要问题金额2.35亿元，其中违规金额560万元、管理不规范金额2.29亿元。审计处理处罚4312万元，其中应上缴财政560万元、应调账处理金额3752万元。通过审计处理，提出审计建议60条。

【财政预算执行审计】 2020年，区审计局坚持“总体评价、揭露问题、规范管理、促进改革”的总体工作思路，开展对2019年度区级财政预算执行、决算草案和其他财政收支的审计，维护财政运行总体平稳。推进区级“横向到边、纵向到底”的预算执行审计全覆盖，对区级部门预算执行情况进行全覆盖审计。通过审计，查出主要问题金额2.35亿元，向区人大、区政府各提交综合报告1篇。对审计过程发现区本级预算单位普遍性存在的问题，向区财政局发出审计建议函，提出4条审计建议，要求规范零余额账户使用，加大政府采购目录等法规宣传、培训及落实情况检查，加强会计信息化建设指导和监督以及加大对公务卡使用指导监督，得到区主要领导肯定和批示。

【重大政策措施落实跟踪审计】 2020年，区审计局按上级审计机关要求，对2019年、2020年审计年度国家和省重大政策措施落实情况进行跟踪审计，审计重点关注梅江区稳投资政策措施落实情况、应对新冠肺炎疫情防控资金和捐赠款物管理使用情况、推动复工复产情况审计。

【经济责任审计】 2020年，区审计局按照《党政主要领导干部和国有企事业单位主要领导人员经济责任审计规定》，把经济责任审计与财政审计、效益审计结合起来，加强对单位领导干部任期经济责任审计，强化经济责任审计成果运用。根据区委组织部的委托，对10个单位领导干部任期经济责任进行审计。通过审计，查出主要问题金额1.33亿元，其中违规金额245万元、管理不规范金额1.31亿元。通过审计，进一步规范领导干部权力运行，促进领导干部理好财、用好权、尽好责，发挥经济责任审计作用。同时结合区重点工作，积极探索并推动领导干部自然资源资产离任审计工作。

【公共投资和民生项目审计】
2020年，区审计局坚持以人民为中心的发展理念，进一步加大公共投资审计和民生审计力度。全年对梅江区青少年活动中心竣工决算情况、工业企业和重点项目复工复产情况、西阳镇及下辖各村实施光伏扶贫项目、梅江区全民健身中心项目、革命老区和原中央苏区振兴发展情况进行审计。通过审计，进一步规范公共投资和民生项目建设资金管理使用。

【配合完成上级机关审计】
2020年，区审计局积极配合上级审计机关各项审计工作。派出2名业务骨干参与省审计厅对揭阳市2020年精准扶贫精准脱贫跟踪审计，抽调4名干部分别参加省委第十三巡视组对大埔县开展巡视工作，区委八届第五轮、第六轮巡察工作和区纪委监委工作，派出1名业务骨干参与市审计局审计业务质量检查，派出1名计算机专业人员参加市审计局预算全覆盖大数据审计业务，派出审计组对市审计局组织的乡镇书记

（镇长）异地同步交叉审计，派出4名审计人员参加省审计厅3个审计项目的审计。同时，全面开展全区村（社区）“两委”换届村级审计监督指导工作，全区成立17个审计小组，共审计80个村、46个社区，覆盖率100%。

【审计信息化建设】 2020年，区审计局在省审计厅、市审计局统一部署下，利用大数据审计技术，首次对梅江区40个一级部门预算单位实现“横向到边、纵向到底”全覆盖审计。同时，制订《梅江区审计局网络信息安全责任制实施办法》，为信息化审计工作提供保障。

【审计整改监督】 2020年，区审计局加强审计整改监督，狠抓审计质量控制，全面提升审计监督效能，落实审计整改监督工作机制，坚持标本兼治，促进审计整改规范化。被审计单位提交审计整改报告后15天内组成审计“回头看”整改小组，深入被审计单位，检查审计查出的问题整改落实情况，做好审计“后半篇”文章。

（李　洁）

统　计

【概况】 2020年，梅江区统计局坚持以习近平新时代中国特色社会主义思想为指导，深入贯彻落实中共十九届五中全会精神，认真落实中央、省、市、区和上级统计部门的各项决策部署，加强领导，凝心聚力，紧盯全区主要经济指标运行走势，深入基层调研，加强统计预警监测，不断提升统计服务水平，为区委、区政府经济社会决策提供统计保障。

【统计调查】 2020年，区统计局严格执行各项统计报表制度和统计方法，围绕数据质量，依时按质完成国民经济核算、工业、农业、贸易和投资等统计专业120多种（套）报表的统计工作，完成“区域经济监测”和联网直报一套表企业统计报表任务。扎实做好各项抽样调查工作，全力做好专业统计调查基础上，先后开展畜牧、粮食产量、服务业、城乡一体化等专项调查。抓好统计数据质量，强化统计工作业务流程各环节的数据质量管理和控制，促进统计工作程序化、规范化、标准化，全面提升统计服务科学发展的能力水平，确保统齐统准，为正确评价梅江区经济社会发展成果提供依据。

【人口普查】 2020年，区统计局严格按照国家、省、市工作要求，分阶段、按步骤，精心组织部署梅江区第七次全国人口普查工作，主动作为，强化措施，有序推动普查各项工作，较好地完成各阶段普查工作任务。

【统计服务】 2020年，区统计局紧紧围绕区委、区政府各项中心工作，主动与区发改局、科工商务局、农业农村局等部门沟通协调，密切关注宏观经济运行的各项指标变化，做好实时预警监测。强化对热点、难点问题的调查研究，深挖数据背后的规律、走势，针对短板，深入分析，提出对策建议，为区委、区政府决策提供重要的参考依据和第一手资料。每月定期撰写月度经济运行分析报告，切实为区委、区政府领导全面掌握全区经济发展形势、科学决策提供统计支撑，为全区数据需求部门提供统计服务。

【依法治统】 2020年，区统计局积极推动政府常务会议学习《防范和惩治统计造假、弄虚作假督察工作规定》等统计法律法规，提升各级领导干部依法治统意识。通过统计业务培训会、工作布置会等形式，进一步增强调查对象统计责任和法治意识。围绕联网直报工作，积极主动开展统计日常监督检查，完善统计日常业务检查工作制度。扎实推进“双随机、一公开”（随机抽取检查对象、随机选派执法检查人员，抽查情况及查处结果及时向社会公开）监管工作，对检查对象名录库、执法检查人员名录库、随机抽查事项清单等进行动态维护。

（张胜杰）

农 业

农业农村工作

【概况】 2020年是“十三五”收官之年，是脱贫攻坚决战决胜之年，是全面建成小康社会的关键之年。2020年，梅江区农业农村局持续深入抓好供给侧结构性改革，积极克服年初疫情带来的不利影响，着力在保障和改善民生上下功夫，全年继续保持全区农业农村民生大局稳定，为“十四五”顺利开局奠定坚实基础。

【农业农村经济】 2020年，梅江区实现农林牧渔业总产值13.56亿元，全区农村集体经济总收入2300万元。全年全区粮食作物播种面积3829.67公顷，总产量2.17万吨，其中水稻播种面积2697.93公顷，总产量1.62万吨；蔬菜播种面积4551.67公顷，总产量11.02万吨；水果种植面积2387.47公顷，总产量3.99万吨（其中梅州柚种植面积1258.13公顷，总产量2.12吨）；茶叶种植面积1369.67公顷，总产量2641吨。全年全区生猪年末存栏量2.44万头，水产面积816.33公顷。2020年重新调整畜禽禁养区范围，全面完成禁养区养殖场（户）清理清退，全区畜禽粪污综合利用率84.41%。

【乡村振兴战略】 2020年，区农业农村局坚持党建引领，深入实施乡村振兴战略，结合农村疫情防控工作，全区动员、全员参与、全域推进农村人居环境整治，建设生态宜居美丽乡村。

挂钩联系 2020年，区农业农村局推进头雁、支部、先锋“三大工程”，实现区领导挂村指导乡村振兴工作全覆盖。进一步加强基层乡村振兴工作的领导和指导，形成四级书记抓乡村振兴的良好局面。

环境整治 2020年，区农业农村局深入推进农村人居环境整治，实施农村人居环境整治考核，激发基层推进乡村振兴活力。至年末，全区81个行政村建成干净整洁村，行政村43%建成美丽宜居村，省定贫困村100%建成社会主义新农村示范村，文明村镇覆盖率100%。

产业发展 2020年，区农业农村局因地制宜发展富民兴村产业，蔬菜、稻米、茶叶、水产、花卉等特色现代农业加快发展，在建的3个省级现代农业产业园成效显著，建设进度上水平。全年新培育市重点农业龙头企业4家、省重点农业龙头企业7家、农民专业合作社3家，梅江区清凉山茶、板盖坑雪莲果、梅江白宫苦瓜、梅州客家米粉入选2020年全国名特优新农产品目录，广东省名特优新农产品增至14个，广东省“十大名牌”农产品增至4个，广东省名牌农产品增至16个，进一步擦亮梅江农业品牌，拓宽农产品销售渠道，实现农业增效、农民增收。

美丽乡村 2020年，区农业农村局在城北镇“十村联动”美丽乡村示范村和特色精品村建设成效显著，逐步打造“一村一品、一村一韵、一村一景”，“花海城北”美丽乡村的秀美画卷轮廓渐显。同时，以成功举办2020年中国农民丰收节梅江分会场系列活动为契机，充分挖掘古村玉水生态人文资源，打造有文化、有体验、有广度、有深度的美丽乡村。着力打造“风眠故里”，深入推进西阳镇“十村联动”美丽乡村示范村建设，高质量推进以林风眠故居所在地阁公岭村为核心区的西阳镇美丽乡村连片示范工程项目，进一步提升“风眠故里”的知名度和影响力。全年全区打造“美丽扎上”“古韵玉水”“水韵直坑”“红色

2020年，梅江区实施乡村振兴战略。图为古韵玉水梯田

北联”等一批美丽宜居村，梅江区美丽乡村绽放新颜。

【农机安全生产】 2020年，区农业农村局检查现场作业农具机械16台（套），未发现安全生产隐患，发放农机安全生产宣传资料55份。开展对拖拉机、变型拖拉机道路交通安全专项整治，整治行动5次，出动执法车辆15次，出动执法人员60人次。通过专项整治，拖拉机违规上路现象得到有效遏制，全年全区农机安全生产平稳。

【农药经营许可】 2020年，区农业农村局受理农药经营许可申请3宗，书面审查和实地核查3次，核发农药经营许可证3份。

【农业科技成果】 2020年，区农业农村局引进《雪莲果在梅州高山地区引种关键技术和加工工艺研发示范推广》项目，获得2020年度“叶剑英基金科学技术进步奖”三等奖。

【农资市场稳定】 2020年，区农业农村局开展农资市场执法专项行动，对辖区内农资经营户进行执法检查13次，出动执法检查车辆13次，出动执法人员78人次，检查企业82个，未发现农资经营不法行为，未出现因假劣农资引发的重大农产品质量安全事件。

【农业品牌效应】 2020年，梅江区清凉山茶、板盖坑雪莲果、梅江白宫苦瓜、梅州客都稻米、梅州客家米粉5个农产品分别入选全国名特优新农产品及广东省第三届名特优新农产品。全年区农业农村局举办“梅江区食用农产品合格证试行暨质量安全追溯管理、品牌创意推进培训会”“病虫害绿色防控培训会”“梅江区农产品质量安全及国家追溯平台推广应用培训”等培训共39次，参加人数697人次，发放“食用农产品合格证宣传手册”“病虫害绿色防控技术手册”“食用农产品质安全宣传手册”“水产养殖用药明纸”等宣传资料2154份。

【农村集体成员认定】 2020年，区农业农村局全面完成梅江区1135个农村集体经济组织农村集体成员认定工作，共确认集体经济组织成员14.46万人，同时建立村、组两级集体成员名单台账1135套。

【农村集体经济组织】 2020年，区农业农村局完成梅江区1140个集体经济组织赋码登记，打印并发放证书1140套，刻制印章2195枚。

【龙头带动产业】 2020年，区农业农村局高度重视新型农业经营主体培育工作，不断提升新型农业经营主体适应市场能力和带动农民增收致富能力，进一步提高农业质量效益，促进现代农业发展。全年新增市级以上重点农业龙头企业9家、省级以上农民合作社示范社5家。

【依法行政工作】 2020年，区农业农村局认真做好政务服务事项实施清单“十统一”（指基本编码、实施编码规划、事项名称、子项拆分、事项类型、设定依据、办理流程、办理时限、提交材料及表单内容要素“十统一”）标准化梳理和政务服务平台改造提升工作，编制全局 11 类事项实施清单目录共 562 项，所有实施事项按“十统一”的要求进行标准化编制。完善政务服务办理窗口信息、投诉举报和法律救济途径等相关信息，至年末农业农村局所有行政权力事项和公共服务事项均成功上线广东省政务服务网，进一步提升窗口服务办理水平和政务平台服务形象。同时认真做好行政执法，做好行政复议和行政诉讼应诉工作。

【打赢脱贫攻坚战】 2020 年是决战脱贫攻坚、决胜全面小康收官之年，梅江区深入贯彻习近平总书记在决战决胜脱贫攻坚座谈会上的讲话精神，全面落实省委书记李希、市委书记陈敏在决战决胜脱贫攻坚工作推进会上的部署要求，以目标和存在问题为导向，紧紧围绕脱贫攻坚目标，决不松劲、毫不懈怠，确保高质量打赢“百日攻坚”。

政策兜底保障 2020 年，梅江区建档立卡贫困户 717 户 1445 人，全部落实帮扶政策。对有劳动力贫困户 249 户 792 人，通过实施 387 个产业帮扶项目、301 个就业奖补项目和 323 个入股分红项目实现稳定脱贫；对无劳动力户 468 户 653 人，通过纳入民政部门最低生活保障或特困供养实现全面兜底保障，确保全区建档立卡贫困户年人均可支配收入均在低保标准线以上，其中有劳动力贫困人口年人均可支配收入均在脱贫标准以上。落实贫困户学生生活费补助和免学费补助 175 人（含技校补助 6 人）。全区贫困人口均参加城乡居民基本医疗保险并纳入重特大疾病救助范围，全面落实医疗报销、大病保险和医疗救助医疗保障政策。通过实施“千干扶千户”计划，对 206 户贫困户实施住房质量提升工程，确保贫困户百分百达到安全住房标准。全区建档立卡贫困户全部实现有安全饮用水、有电用、有电视信号和有网络信号等目标，同时将 16—59 周岁贫困户 658 人全部购买养老保险，发放 60 周岁养老保险 593 人。对贫困户居住环境差的问题，筹集扶贫济困捐赠资金 200 多万元，用于贫困户实行“干净整洁之家”评比，督促贫困户自觉提升生活环境质量。

扶贫开发 2020 年 4 月 24—26 日，梅江区代表梅州市接受省 2019 年度扶贫开发成效考核，得到省、市领导的充分肯定，经省委、省政府审定，梅州市综合评定为“好”的最高等次。

脱贫攻坚 2020 年梅江区建档立卡贫困户 6 月底全部达到脱贫标准，并按照省定程序有序退出。全区 10 个贫困村均分布在西阳镇，2019 年度经市扶贫开发领导小组验收，全部达到出列标准。

消费扶贫馆 2020 年，梅江区委托专业营销公司运营消费扶贫馆，专门从事扶贫农产品包装、销售工作。采用“线上电商+线下馆”的双流量经营模式，通过对建档立卡贫困户的扶贫产品开展产品质量检测，统一进行包装、营销、策划，组织参加各种展销。同时将扶贫农产品经包装后登录天猫、淘宝、东西部协作网、政府采购网等各电商平台，通过线上与线下联动，提升产品附加值，扩宽销售渠道，助力农

2020年，梅江区全力打赢脱贫攻坚战。图为扶贫产品参展农民丰收节

户增收。至年末消费扶贫馆经组织省扶贫办认定的扶贫产品有50多个品种，包括农产品、大米、茶叶、蔬菜、水果等品种，带动贫困户近600多户。

【新农村建设】 2020年，梅江区下拨新农村建设项目资金1.5亿元，重点建设农村道路、垃圾处理、集中供水、污水处理等农村基础设施项目。以西阳镇新联、太平等省定贫困村4村连片示范建设推动白宫河两岸风眠画廊、亲水码头、村道绿化建设。在10个省定贫困村中，建成“红色北联”“田园双黄”“水韵直坑”“艺术新联”“柚见塘青”“康庄太平”“桃源笙竹”等各具特色的美丽宜居村，贫困村的面貌焕然一新。

【农机监理服务】 2020年，区农业农村局认真做好农机监理工作，通过责任落实、检查监督，抓好防护期农机安全生产，保证不出农机事故，提升服务监理水平。全年省下达梅江区中央财政农机购置补贴资金30万元，受理申请33户，补贴机器34台（套），其中微耕机31台、田园管理机2台、茶叶加工机械1台。全年申请农机购置补贴资金2.36万元，带动全区农机化投入8.15万元，有力推动梅江区农业机械化生产水平。

【农村沼气管理】 2020年，区农业农村局加强农村沼气安全生产管理，预防和杜绝事故的发生，确保人民群众生命财产的安全，举办沼气池安全管理知识培训，全年举办培训班2场，培训人数28人次，发放安全管理资料600多份。全年全区有沼气池330个，其中正常使用120个、弃用78个、报废78个、其他使用54个。

（李　丹　李承宇）

2020年，梅江区省定贫困村西阳镇直坑村，通过脱贫攻坚，建成美丽宜居村

种植业

【概况】 2020年，梅江区粮食作物播种面积3829.67公顷，其中水稻播种面积2697.93公顷，比上年下降4.75%；蔬菜种植面积4551.67公顷，比上年增长5.0%。全年粮食产量2.17万吨，比上年下降9.58%；其中稻谷产量1.62万吨，下降10.05%。蔬菜总产量11.02万吨，比上年增长4.36%，花生产量1205吨，比上年增长5.5%。全年水果产量3.99万吨，比上年下降14.0%；其中柚子产量2.12万吨，比上年下降5.0%。茶叶产量2641吨，比上年增长103.6%。

【水稻】 2020年，梅江区水稻播种面积2697.93公顷，全年粮食总产量2.17万吨，比上年下降3.13%。加大农资打假行动，确保粮食稳定增产和粮食质量安全。全面落实耕地地力补贴惠农政策，确保农户和种粮大户生产粮食积极性，全年全区推广优质稻比例97%以上。

【水果】 2020年，梅江区全年水果产量3.99万吨，其中柚子产量2.12万吨。继续发挥梅江城郊优势，发展休闲体验型水果，全年种植百香果面积15.67公顷、红心火龙果3公顷、葡萄14公顷、台湾蜜香梨3.4公顷，休闲体验式水果生产模式，极大丰富城乡居民生活娱乐，并为城市中、小学生课余生活带来劳动体验。

【蔬菜】 2020年，梅江区着力抓好“菜篮子”体系建设，乐得鲜（梅江）蔬菜产业园全面建设竣工。省级财政补助资金5000万元全部使用完毕，统筹涉农资金6215.49万元和自筹资金1.10亿元全部到位，资金使用率100%。主要建设项目有：（1）乐得鲜现代农产品加工流通科技中心。主要打造农产品加工冷链物流区、产业园科技研发与创新创业孵化中心等功能分区。（2）海吉星国际农产品商贸物流园。梅州海吉新城农副产品批发市场有限公司财政资金实施的1440立方米仓储冷藏设备完成建设，信息化建设含智慧园区管理系统模块、智慧安防管理系统模块、农场生产监测系统模块、食品安全溯源公示系统模块、智慧农产品流通交易监控系统模块、农产品价格信息数据系统模块、智慧化交易系统（未来农批）、智能化控温系统、LED信息展示屏、中控台、智慧化交易设备（未来农批）一套购置并安装完毕，项目完成建设。（3）海峡两岸三产融合发展引领区。梅州市客林农业休闲开发有限公司财政资金实施的2304平方米玻璃温室大棚完成建设并投入使用。（4）城郊优质设施蔬菜生产样板区。新品种新技术种植示范区的3.33公顷薄膜温室大棚和10公顷水肥一体化建设，配套完善组农产品加工流通科技中心内部设施及配套设备完成建设。（5）特色生态名优蔬菜生产示范区。梅州市强惠农业发展有限公司财政资金实施的3.89公顷蔬菜薄膜大棚完成建设并投入使用。同时，推出二维码蔬菜，实现“生产有记录、信息可查询、流向可跟踪、责任可追究”的科学监管目标。

特色生态名优蔬菜生产示范区

【茶叶】 2020年，梅江区茶叶产业园建设全面竣工。产业园实施主体16家，牵头实施单位为梅州市英帅茶业有限公司，产业园总投资2.05亿元，其中申请省级财政资金5000万元，市区配套资金6500万元，企业自筹资金9001.75万元。产业园按照功能布局，从种植、加工、科技、品牌等方面规划建设项目57个，打造全国有机茶生产示范样板工程、广东省嘉应茶展示流通区、粤东山区精准扶贫典型示范区。2020年产业园茶叶种植面积1666.67公顷，茶叶产量3150吨，总产值10.26亿元，占产业园农业年总产值的60%。全年园区带动2488名农民就业和创业，农民人均收入1.86亿元，高于当地平均水平15%。2020年园区市级以上农业龙头企业12家，规模以上茶企、农民专业合作社17家；申请专利共10件，其中获取批准专利2件；获得有机食品认证5个，“三品”（广东名牌产品、广东名特优新产品、广东省扶贫农产品）认证农产品20个。园区多个优质茶叶品牌荣获“中国长寿之乡养生名优产品”“广东名茶”“广东十大好春茶”“广东名牌产品”“广东名特优新农产品”“广东省扶贫农产品”；“梅江区清凉山茶”荣获国家地理标志保护产品，入选2020年全国名特优新农产品目。同时，提升梅江茶叶品牌竞争力和影响力，录制“梅江区清凉山茶”宣传片，

"梅江区清凉山茶"荣获国家农产品地理商标

定制"梅江区清凉山茶"农产品地标外观统一包装，提高梅江区清凉山茶的辨识度和知名度，提升茶叶产业效益与产品附加值。

【花卉】 2020年，梅江区依托花卉农民专业合作社、梅州市绿道实业发展有限公司和山居美乐地樱花休闲养生谷等花卉龙头企业带动下，大力创建梅江区城北镇花卉专业镇建设，城北镇建成千亩连片兰花盆卉生产基地3个，以梅州市客林农业休闲开发有限公司建设樱花基地80多公顷，该公司建设花卉科普大棚2304平方米玻璃温室大棚，极大丰富城乡居民对时尚南瓜、甜叶菊、阴生大棚植物等珍奇花卉品鉴活动。以江南农居盆景新发展小型盆栽，积极推广市场小盆栽、小盆景得到粤东北和芳村花卉市场的青睐，全年推广小盆栽、小盆景2.5万盆，深得时尚市场美誉度。据统计，全年花卉产值8.9亿元，带动1200多户从业农户，平均每户增收5.2万元。

【南药】 2020年，梅江区发展一批新型南药生产项目，在西阳镇种植梅片树70公顷，岭上村发展沉香树33.53公顷，林业龙头企业发展仿生铁皮石斛136.67公顷，农村发展一批庭园金银花、王老吉。促进林业资源与农业生产结合转化新型林下经济发展模式，实现生态建设与致富的有机结合。

【新品种引进与推广】 2020年，梅江区农业农村局按照广东省农业农村厅推荐发布的《2020年农业主导品种》，结合梅江区种植结构调整的总体布局和市场需求，做好主要农作物品种的更新换代，全年主要推广水稻品种有美巴香占、深优9708、19香、五优1179等8个，玉米品种有华美甜8号、美玉糯11号等4个，花生品种有仲恺花1号、粤油390，薯类品种有广薯87，蔬菜品种有乐娜小番茄、香芋小南瓜、夏丰6号、客家土椒等12个品种，水果品种有梅州沙田柚（金柚），茶叶品种有小叶黄旦、雀舌，水产品种有长江水系草鱼、良种鲫鱼。以促进品种更新换代，实现农业增效，农民增收。种子质量管理是种子管理的重中之重，是确保农民用上放心种、农业增产、农民增收的关键。做好冬春季种子抽查工作，采取随机质量抽检方式，对广东兆华种业有限公司、梅州市三农种业有限公司、梅州市吉丰种业有限公司3家种子经营单位经营的种子进行监督抽查，共抽取水稻深两优870、深优9708、美巴香占、蔬菜种子新一代改良港种大圆叶红苋菜、高雄甜脆小白菜等种子样品15份，其中广东兆华种业有限公司6份样品、梅州市三农种业有限公司4份样品，梅州市吉丰种业有限公司5份样品，检测结果全部合格，监督抽查合格率100%。

（吴涛辉）

林　业

【概况】 2020年，梅江区农业农村局林业工作以习近平新时代中国特色社会主义思想为指导，认真践行"绿水青山就是金山银山"的生态理念，紧紧围绕建设"诗画梅江、文明客都"、生态发展区高质量发展示范区的目标，严格落实森林资源管护，坚持绿色发展理念，切实保护森林资源和生态安全。2020 年，梅江区大力实施造林绿化工程，全区森林覆盖率 72.16%，梅州城区绿化覆盖率 63.9%，在粤北地区率先成功创建“国家森林城市”。

【疫情防控】 2020 年，区农业农村局在新冠肺炎疫情期间，设立疫情防控咨询和投诉举报电话，结合森林防火工作积极开展疫情防控科普宣传，统一部署，开展日巡防控和专项行动。加大对集贸市场、酒店、餐饮场所非法猎捕、运输、买卖野生动物违法犯罪行为的打击力度，加强林业有害生物防控，认真核查涉林企业疫情防控和复工复产情况。

【造林绿化工程】 绿满梅江大行动 2020 年，梅江区以义务植树活动为抓手，开展家园绿化美化行动，努力建设城乡一体全域花园城市，进一步巩固梅州市创建国家森林城市成果。区四套班子领导、各镇（街道）及区直单位开展义务植树，共栽植梅花树苗 1.15 万株。区农业农村局积极送苗木下乡，累计提供梅花树苗 1378 株。全年全区参与义务植树人数 13.5 万人次，栽植树苗 10 万多株。

森林碳汇造林 2020 年，梅江区森林碳汇造林面积 183.33 公顷，安排省级涉农资金 220 万元，由城北镇负责组织实施。经规划设计、批复、招投标，在监理单位的全程监控下，全面完成造林备耕工作，因持续干旱少雨，不宜种植，计划延至明春雨季完成造林种植。

造林抚育 2020 年，区农业农村局组织对 2019 年度省级碳汇林抚育，面积 980 公顷，投入资金 294 万元，抚育幼林为 2017 年和 2018 年种植的碳汇林，由城北镇、长沙镇、西阳镇和金山街道负责组织实施，抚育方式主要进行除草割灌、松土扩穴、追肥、培土、补植等，至年末全面完成。2020 年新造林抚育 490 公顷，投入资金 147 万元，抚育幼林为 2019 年种植的碳汇林，按“一包三年，一次性招投标”的要求，由原中标单位实施，在监理单位的全程监控下，按时按质完成，并通过第三方验收和省林业局组织的年度核查。

绿美古树乡村建设 2020 年，梅江区投入资金 200 万元，用于城北镇玉水村绿美古树乡村建设，主要对原古树周边荒地及路旁、水旁、宅旁、村旁空地进行绿化美化，同时修建林间步道，打造休息平台。该项目建设经规划设计、专家评审、市林业主管部门批复、用地审批、立项批复、预算审核、招投标后，在监理单位的监控下全面完成，并通过第三方验收。

天鹅山省级森林公园提升建设 2020 年，梅江区投入资金 300 万元，对天鹅山省级森林公园进行生态景观提升建设。规划建设面积 35.67 公顷，建设项目为块状抚育、节点提升、线状抚育、健身休闲林间步道等。该项目经规划设计、区政府批复、用地和环保审批、立项批复、预算审核、招投标后，在监理单位的监控下全面完成，并通过第三方验收。

财政造林补助 2020 年，梅江区积极鼓励林农耕山致富、退耕还林，提高全社会植树造林积极性，争取省财政安排 42 万元，用于造林补助项目，其中直接补助 40 万元、间接费用补助 2 万元。该项目经规划设计、市林业主管部门批复和村、局、区政府网三级公示，确定梅江区 2019 年度中央财政造林补助面积 202.07 公顷，涉及农户 165 户，并通过第三方验收。

国家储备林建设 2020 年，梅江区积极推进国家储备林基地建设，成立领导小组，制订实施方案，积极配合市成立国家储备林项目公司做好国家储备林示范点用地选取工作。全年推荐示范点建设用地 6 宗，面积约 700 公顷。

【林业产业】 2020 年，梅江区申报 2 家省级林业龙头企业，分别是梅州市小密茶业有限公司和梅州市源自然农业发展有限公司，同时申报梅州市源生家庭农场为省级林业示范家庭农场。

【森林资源管护】 生态公益林完善落界 2020年，梅江区生态公益林面积由市林业局统一招投标确定中标单位在森林资源二类调查成果数据的基础上，按照《广东省省级以上生态公益林完善落界工作操作细则》要求，对辖区内生态公益林小班地块进行外业调查，内业整理，提交初期成果数据并通过省级审核。梅江区省级以上生态公益林基础数据3.30万公顷，落界后面积3.20万公顷。

生态公益林补偿资金发放 2020年，省财政下达梅江区省级以上生态公益林效益补偿资金1996.97万元，其中特殊区域增量部分208.48万元。根据省、市林业主管部门关于“要抓紧做好2020年省级以上生态公益林效益补偿资金发放工作，各地不得以生态公益林完善落界工作成果省林业局未批复为由暂停发放，但经审批使用林地的生态公益林面积要核减，不得再发放补偿资金”的文件精神，2020年梅江区省级以上生态公益林发放面积确定为48.88万亩。至年末，一般区域补偿资金按照专项资金管理办法由代发银行直接发放至补偿对象个人账户。

天然林核定 2020年，梅江区天然林面积由市林业局统一招投标确定中标单位按照《广东省天然林核定落界操作细则》要求，结合各镇（街道）建议意见的基础上开展天然林核定工作。梅江区天然林数据库面积2.37万公顷，至年末核减政府规划用地3379.18公顷，2020年梅江区天然林数据库面积2.03万公顷。

森林病虫害防治 2020年，经普查，梅江区发生松材线虫病疫情镇（街道）5个，面积为1.05万公顷。按照属地管理原则，将松材线虫病防治资金141万元，分配各疫点镇（街道），由各疫点镇（街道）组织施工队进行防治，区农业农村局加强松材线虫病防治工作的检查督导，全年全区清伐病枯死松树1.28万株，挂诱捕器107套。为防止松材线虫病蔓延，区政府追加470万元，用于松材线虫病应急除治工作。同时加强疫区管理，抓好植物检疫证书发放，严把检疫关。

森林防火工作 2020年，梅江区高度重视森林防火工作，在各镇、街道设立宣传摊位，向广大农户宣讲森林防火各项政策，派发森林防火知识宣传手册，发放宣传资料3万多份，印制宣传手册6000册、禁火令2000份，同时向全区中小学印发《致家长的一封信》，宣传护林防火相关知识，全方位、立体式进行宣传教育。根据省护林员网格化实施方案全省林业“一张图”核心数据库的建设要求，按照“属地管理、分级负责、权责明确、全面覆盖”的原则，全面完成护林员网格化建设，全区156名护林员全部落实到山头地块，明确护林员责任。深入各镇（街道）森林防火一线进行巡查，重点检查镇（街道）和村的森林防火工作落实情况——防火责任是否落实，防火措施是否有力，扑火准备是否充分，值班调度是否到位，并会同镇（街道）工作人员全力做好森林防火工作，提出具体的防火安全要求。2020年，梅江区完成森林防火隔离带维护100千米，防患于未然，筑牢森林防火墙。

森林资源限额采伐 2020年，梅江区发放商品林采伐蓄积2.07万立方米。全年向市林业局申报生态公益林采伐3宗，批复1宗，采伐蓄积429立方米。同时按照上级林业主管部门的工作部署，编制梅江区“十四五”森林采伐限额计划，确保梅江区林业生产年采伐限额需求，实现森林资源越采越好、越采越多的良性循环。

【省级自然保护区】 2020年，梅江区进一步推进梅州城区绿色生态发展，为梅州市城区扩容提质预留发展空间，解决市、区重点项目和民生项目用地瓶颈，促进梅州经济社会可持续发展。将泮坑、清凉山2个市级自然保护区进行优化、调整，合并申报省级自然保护区，省、市、区分别征求有关单位意见并公示，组织各级专家进行审核，省政府同意建立广东梅江清凉山省级自然保护区，2020年5月11日，广东省自然资源厅批复《广东省自然资源厅关于同意建立广东梅江清凉山省级自然保护区的复函》，新建省级自然保护区总面积 1.10 万公顷，从原泮坑市级自然保护区优化调出 867 公顷林地，为城区扩容提质和重点项目建设用地争取空间。

【严把林地审核关】 2020 年，梅江区严字当头，按照“严格保护、节约集约、保障重点、用途管制”的原则，做好与省、市林业主管部门协调沟通，确保项目用地尽快审批。区农业农村局成立以局长为组长的建设项目使用林地审核领导小组，进一步规范建设项目使用林地，加强林地占用前审核把关。全年受理建设项目使用林地审批事项 16 宗，审核同意面积 57.48 公顷。

【林区道路建设】 2020 年，梅江区根据 “除国有林场范围内的森林防火应急道路等服务森林防火和护育作业的林场林区专用属性道路，不纳入公路网，继续由林业部门规划、建设、管理外，其余林业公路纳入农村公路网发展规划，由交通运输部门实施建养。”文件精神，区农业农村局积极与区交通运输局沟通协调，拟将符合移交条件线路 17 条，里程 33.89 千米林业公路移交区交通运输局建养，林区道路真正养起来、管起来。

【自然保护地整合优化】 2020 年，梅江区自然保护地整合优化工作进一步健全“六个一”（成立一个领导小组、制定一个工作方案、组建一个工作专班、用好一支技术团队、落实一批工作经费、开展一系列业务培训）工作机制，完成《梅江区自然保护地整合优化预案》，并按程序进行上报工作。通过整合优化，解决历史遗留问题，将自然保护地与城镇开发边界、永久基本农田重叠区域和其他不符合自然保护地主体功能的设施用地优化调出自然保护地范围，促进社会稳定、经济发展和生态环境质量提升，实现“绿水青山就是金山银山”。

【野生动物管控】 2020 年，梅江区严格落实国家、省、市林业部门的紧急通知要求，组织各镇（街道）对辖区内所有野生动物人工繁育场所进行逐一摸查，建立并完善人工繁育经营台账。实施最严厉的野生动物管控措施，严禁野生动物交易。全年全区隔离野生动物人工繁育场所 11 个，签订不扩散、不转运转卖野生动物承诺书 11 份。

（张晓东　吴先基）

畜牧业

【概况】 2020 年，梅江区农业农村局畜牧业工作坚持以“绿色发展、保障安全、依法管理”为中心，推行畜牧业“高效、生态、安全”发展，实现年初预期目标，保障梅江区畜牧业稳定发展。全年全区生猪饲养量 4.35 万头；生猪年末存栏量 2.44 万头，其中能繁母猪 3150 头、出栏肥猪 1.91 万头；家禽全年饲养量 104 万羽；猪牛羊禽肉总产量 4145 万吨。

【市肉联厂改制】 2020 年，区农业农村局根据《梅州市梅江区人民政府办公室关于印发广东梅江控股集团有限公司组建方案的通知》文件要求，经区政府授权后将市肉联厂划拨至梅江控股集团，广东梅江控股集团有限公司占股 100%，梅州市肉联厂为广东梅江控股集团有限公司的子公司。

【动物疫病防控】 2020 年，区农业农村局认真部署春秋季动物防疫工作，春防工作于 4 月底完成。10 月，下拨 140 箱消毒药至相关镇（街道），要求将消毒药分发至各养殖场（户），切实做好消毒灭源工作。

【项目入库申报】 2020 年，区农业农村局组织申报 3 个项目入库，梅州市肉类联合加工厂屠宰转型升级扶持项目、梅州市肉类联合加工厂生猪屠宰标准化项目、乡镇畜牧兽医站项目（城北镇）。

【综合养殖模式】 2020 年，区农业农村局积极推广畜—

沼—果（林）—鱼立体经营，粪便生产有机肥农业利用，沼气作燃料的综合利用模式，引导广大畜禽散养户配套建设污染物处理环保设施，推广清洁生产，发展立体生态畜牧业，就地消纳养殖废水、废物、粪便，污水经处理后农业综合利用，减少畜禽养殖过程产生废物对环境造成的污染。推广畜禽生态健康养殖模式，指导养殖场（户）应用先进畜禽养殖技术，督促养殖场（户）完善污染防治设施。

（李　健　张　钰）

水产养殖业

【概况】 2020年，梅江区农业农村局水产养殖工作坚持不忘初心、牢记使命、积极作为，认真做好渔业生产的指导服务，积极推进渔业供给侧结构性改革。水产养殖发展稳中有进，产业更绿，效益向红。全年全区水产养殖面积816.33公顷，比上年533.48公顷增加282.85公顷（清凉山水库、干才水库2020年纳入统计）；水产品总产量7472吨，比上年6870吨增加602吨，增长8.76%；总产值8065万元，比上年6954万元增加1111万元，增长15.98%。

【基地建设】 2020年，区农业农村局积极推进水产养殖方式向“基地化、集约化、特色化”现代渔业养殖方式转变，进一步合理规划产业布局，狠抓特色渔业基地建设，分别是水产健康养殖示范基地、龟鳖无公害养殖示范基地、休闲渔业示范基地、观赏鱼养殖示范基地。

【良种繁育】 2020年，区农业农村局为保证优质鱼花鱼苗供应，经常到全区各苗种场检查指导。全年生产各类优质鱼花鱼苗2.85亿尾（其中长江水系草鱼1.85亿尾、青鱼550万尾、鲢鳙鱼3400万尾、鲮鱼4900万尾、鲤鲫鱼1050万尾、梅江长鳍锦鲤、锦鲫80万尾），基本完成优质种苗年度生产计划，确保全区优质鱼化育苗的供应。

【科技服务】 2020年，区农业农村局完善“专家—技术指导员—示范户—辐射带动农户”渔业科技推广服务网络，充分发挥区水生动物防疫检疫实验室效应，为全区渔民提供水产苗种检疫、药物残留定性检测、水产病害远程专家诊断、病菌实验室培养分析等现代渔业诊治服务。全年接受养鱼户技术咨询和义务诊治鱼病共150多人次，协助养鱼户做好鱼苗投放，为养鱼户余缺调剂各种鱼苗180万尾。梅江区草鱼种苗投放百分百注射灭活疫苗，有效控制草鱼“四病”（病毒性出血病、细胞性烂鳃病、肠炎病、赤皮病）发生，全区草鱼免疫率实现100%。结合农技推广与建设项目，在梅州伟群有限公司开展渔技推广及病害防治集中培训，邀请省、市、区专家进行授课，印发宣传资料，发放各类鱼病防治资料1000多份。

【病情测报】 2020年，区农业农村局在全区设立4个病虫害测报点，测报面积335公顷，覆盖全区主要养殖面积80%以上，基本做到提前发现病害、预先制定防控措施、及时发布预警信息。全年上报病害测报预报9期，测报种类包括病毒性暴发性流行病、细菌性出血性败血病及车轮虫、指环虫、小瓜虫等本区主要流行病害，主要监测种类以四大家鱼、鲤鱼、鲫鱼为主，其他品种为辅。监测结果，病情多为寄生虫性鱼病为主，亦有少量草鱼细菌性病等，均及时告知养鱼户做好鱼病预防工作，全年全区未发生疫病暴发情况。

【产品监测】 2020年，区农业农村局开展水产养殖安全生产检查40多次，签订质量安全责任书16份，发放安全告知书28份。 全年全区获证养殖企业的养殖日志覆盖率100%，将向养殖散户延伸推广。加强渔药使用检查力度，要求企业在饲养生产过程规范使用鱼药，严禁经营和使用孔雀石绿、硝酸亚汞、氯霉素等违禁药物和成分不清的渔药、饲料、饲料添加剂等行为，全年检查苗种生产基地及养殖企业（户）48家次，未发现使用违禁用药的行为。实施水产品质量安全监控，全年共抽检水产品样品168个，其中梅江区快速检测126个；协助农业农村部抽检样品4个、广东省农业农村厅抽检样品8个，梅州市专项抽检19个，梅江区专项抽检16个，均未检出违禁药物。全年开展苗种产地检疫19批，共检疫2800万尾，合格率100%。

【安全生产监管】 2020年，区农业农村局举办渔业船舶安全生产培训班，参加人数130多人。全年开展全区渔业船舶安全生产大检查专项行动3次，出动检查人员85人次，车辆23辆次，检查捕捞渔船100多艘次；检查获证养殖企业30家次，苗种生产企业（户）和中、小型养殖户60户次；签订各项安全生产责任书72份，发送做好安全生产等各种信息600条次，发放安全生产宣传资200多份；协助完成辖区56艘渔船的年度检验，审核审批捕捞生产许可证56本。

【增殖放流活动】 2020年6月10日、8月28日，区农业农村局分别在梅州市渔政码头和长沙镇圩镇渡口举行主题为“增殖水生生物资源，建设生态美丽梅江”渔业资源增殖放流活动，放流活动资金20万元，投放草鱼、鳙鱼、鲮鱼、鲢鱼合计263.3万尾。通过渔业资源增殖放流活动，补充梅江流域水生资源，水域环境得到有效保护，促进渔业增效、渔民增收。

【渔民渔船补贴】 2020年，区农业农村局开展2019年度捕捞渔船柴油补贴和2020年梅江区休（禁）渔渔民生产生活补贴工作，完成辖区内108名渔民和56名捕捞渔船主递交的申请材料审核、公示、审批工作，严格按照有关规定，把23.76万元休（禁）渔渔民生活补贴和23.2万元捕捞渔船柴油补贴资金通过银行账户直接拨付到位。

（李文生）

水 务

【概况】 2020年，梅江区水务局坚持以习近平新时代中国特色社会主义思想为指导，积极践行“节水优先、空间均衡、系统治理、两手发力”的治水方针，狠抓重点水利工程建设、河长制等各项任务的落实，推进各项工作取得新成效。

【污水处理】 2020年，梅江区镇级污水处理设施项目包括西阳镇西阳、白宫污水处理厂和三角镇、长沙镇污水处理厂共3镇4厂，设计每天总处理污水1.08万立方米，配套管网总长115.94千米，总投资9539.14万元。至年末，4个污水处理厂全部通水运行，出水检测合格，通过环保验收，完成总管网115.94千米建设任务。全年农村生活污水处理设施建设，通水试运行站点28个，完成投资约4000万元，通过环保验收。未动工站点12个，列入梅江区农村生活污水处理设施及配套管网建设二期项目。

【万里碧道】 2020年，区水务局高标准建设万里碧道项目，打造“水清岸绿、鱼翔浅底，水草丰美、白鹭成群”的生态廊道，成为广大人民群众喜游乐到的美好去处。打造万里碧道——周溪河综合整治项目，该项目依托周溪河流域沿岸人居环境、客家人文历史及攀桂坊人文资源等，在饶公桥至梅江出口全长4.7千米的沿岸，规划实施水环境整治、绿道、湿地公园、景观提升及文化设施建设，绿化及亮化工程等，打造一个集环境整治、河道景观提升、文化休闲设施、历史精神展现建设于一体的梅花主题综合景观带。至年末，梅江区周溪河综合治理项目完成样板段客家博物馆、东山书院段步道、景石和11—14区栈道、挡墙和水陂等配套设施建设，景观建设完成25%，完成投资6800万元。

【河长制、湖长制推行】

2020年，梅江区全面建立河长制、湖长制，落实区级、镇（街道）级、村（居委）级三级河长、湖长体系和党政主要领导双总

2020年，梅江区水务局打造万里碧道——周溪河综合整治项目

河长负责制，形成高位推动的工作态势。梅江区河长办公室按照区委书记朱国城在区级总河长会议上对河长制工作提出“四长融合”（河长、湖长、街长和林长相互融合形成合力）、“四方结合”（河长制与美丽乡村建设、脱贫攻坚、增加村集体收入等内容结合起来）、“四面配合”（争取上级支持与协调下级工作相统一，争取大企业支持和推动小项目建设相统一，日常巡河和长效开发相统一，河长制工作作为一项增进民生福祉、造福子孙后代的基础工程来抓）的工作要求，积极推进各项河长制、湖长制工作。全年全区各级河长在“广东智慧河长”“梅州河长”APP上线率100%；区级河长巡河81次，发现问题10宗，整改10宗；镇级河长巡河526次，发现问题15宗，整改15宗。梅江区河长办扎实开展“五清”“清四乱”专项行动。投入“五清”资金250多万元，清理河道长约220千米、清理水面面积约6.55平方千米、清理水面浮物约2500多吨，完成全区16个入河排污口整治。按照梅州市河长办转发水利部办公厅《关于深入推入河湖“清四乱”常态化规范化的通知》精神，通过进一步排查，梅江区共核查“四乱”问题7宗，均销号，整改完成率100%。同时，积极推进碧道建设，规划全区建设碧道总长92千米，计划总投资19.9亿元。打造“碧水映客都，青山翠嘉应”的美丽画卷。

【水库安全监管】 2020年，区水务局开展小型水库安全鉴定工作，对全区已到鉴定期限的小型水库全部进行鉴定，提高水库安全管理标准。开展水库除险加固，结合东山健康小镇建设，实施硖石坜水库提升工程。开展小型水库标准化建设，编制实施方案，计划实施完成后小（1）型和坝高大于15米小（2）型水库百分百达到二级标准，坝高15米以下水库达到三级标准。

【疫情防控】 2020年，区水务局根据梅江区委、区政府统一部署，按照疫情防控“一盘棋”的要求，全力做好疫情防控，常态化对办公场所使用消毒液进行清洁，为干部职工发放口罩、酒精等防护用品，全力做好水利行业复工复产，多渠道筹集防疫物资供给相关企业。积极响应疫情防控指挥部号召，选派4名干部职工参加全区疫情防控工作，在局机关、隶属事业单位、结对共建村开展多种形式的宣传，抗击疫情。

【水资源管理】 2020年，区水务局开展水旱灾害防御演练，严格执行24小时值带班制度，保证防汛信息、雨情、水情的及时传递。严格水资源管理制度，全年发出水土保持通知书、通知函共53份，纠正水事违法行为22宗，立案查处1宗，征收水资源费387.14万元。结合“世界水日”和“中国水法宣传周”，积极向群众宣传节约用水和水资源保护的重要性，动员广大群众积极参与水生态环境保护，努力营造“水清、景美、岸绿、河畅”的生态环境。同时，全力做好水利工程项目质量监督，有序推进水库移民安置工作进行。

（陈　达）

工　业

工业企业

【概况】　2020年，梅江区充分发挥工业经济的核心支撑作用，推动主要经济指标由负转正，全年全区生产总值（当年价）实现107.10亿元，比上年增长0.5%；其中第一产业完成8.53亿元，比上年下降7.7%；第二产业完成31.95亿元，比上年增长1.9%；第三产业完成66.62亿元，比上年增长1.1%。三次产业比重调整为8：29.8：62.2。

【规模以上工业企业】　2020年，梅江区规模以上工业企业67个，全年实现工业总产值94.47亿元，比上年增长5.6%；完成规模以上工业增加值23.55亿元，比上年增长6.1%；完成规模以上工业销售产值93.47亿元，比上年增长5.9%；五大支柱工业产值86.67亿元，比上年增长8.8%；电子设备制造产值80.04亿元，比上年增长10.9%；电器机械制造业产值1.18亿元，比上年下降8.9%；医药制造业产值1.67亿元，比上年下降4.3%；水电行业产值1.17亿元，比上年下降14.8%；农副食品加工业产值2.62亿元，比上年下降14.5%。2020年梅江区规模以上工业企业亏损企业11个，亏损额2059万元，比上年下降32.3%；主营业务收入95.99亿元，比上年增长5.7%；实现利润总额5.45亿元，比上年增长36.8%。规模以上工业主要产品产量，全年熟肉制品409.62吨，中成药1143吨，商品混凝土55.61万立方米，电子元件9963万只，印制电路板1343.5万平方米。

【技改项目推动】　2020年，梅江区科工商务局狠抓工业申报技改项目19个，加大对各类资源要素的协调和保障，千方百计推动技改项目尽快动工，着重推动博敏新一代电子信息产业投资扩建等重点项目出资建设。积极落实广东实体经济“十条”（降低企业税收负担、降低企业用地成本、降低企业社会保险成本、降低企业用电成本、降低企业运输成本、降低企业融资成本、降低企业制度性交易成本、支持工业企业盘活土地资源提高利用率、支持培育制造业新兴支柱产业、支持企业开展技术改造）、广东省复工复产20条政策，主动下沉一线，对接企业和项目，确保相关政策落地取得实效。及时了解掌握企业疫情防控、复产开工、生产建设等情况，切实为企业排忧解难，助力项目建设和企业发展。大力发展电子信息主导产业，形成铜箔生产—覆铜板生产—PCB生产—电子电器产品生产的产业链，至年末规模以上电子信息产业企业产值占比均超过80%，电子信息产业经济规模稳步增长。积极构建“电子信息物联网”的特色产业体系，全力打造集高新技术、品牌创新、交互智造为主题的东升物联网

2020年11月12日，梅江区投资超百亿十大实体经济项目启动

小镇。

【民营企业】 2020年，区科工商务局持续壮大民营经济充分发挥“专精特新”企业对经济提质增效，促进经济转型和创新发展的引领作用，积极开展“专精特新”企业项目申报工作，梅州市奔创电子有限公司被省工信厅遴选为2020年广东省专精特新中小企业。动员重点单位、重点企业和相关人员报名参加梅州市第二届工业设计大赛，区属企业荣获概念组铜奖1名，产品组获得优秀奖1名，产业组获得银奖1名、铜奖1名、优秀奖2名。做好市工艺美术大师申报推荐工作，申报9名被市政府授予“梅州市工艺美术大师”称号。加强小微企业扶育规模以上企业服务工作，建立重点小微企业培育库，为列入培育库的优质规模以下工业企业提供高效服务，全年完成培育规模以上企业8家。发动辖区符合条件的企业分阶段、分步骤加入“梅州市信贷风险补偿基金重点企业池”，至年末有100多家企业加入市“重点企业池”，增信企业33户，增信总额2.33亿元，在保增信贷款企业19户，在保增信贷款余额1.19亿元。搭建政银企券沟通交流平台，召开梅江区政银企券座谈会，银企之间互通信息，互利合作，激励商业银行对民营中小企业提高信贷额度。

【外资企业】 2020年，区科工商务局积极应对中美贸易摩擦、新冠肺炎疫情带来的不利因素，不断加强外商投资企业联系，及时协调解决企业在防疫物资、关键原辅料、重要生产设备及零部件运输等方面遇到的困难，稳定外资企业信心。加强外资存量企业的梳理跟踪工作，细化清单，加强与企业联系沟通，推动外资存量应出尽出。培育外资新增长点，跟进重点外资意向投资企业富临集团梅州市肉联厂升级改造项目。重点外资项目国威互联网产业园动工建设，预期外资投资部分达到3000万美元，全年实际利用外资31.96万美元，比上年增长220%。

【暖企服务】 2020年，区科工商务局积极实施暖企服务，打好稳增长，防风险、高质量组合拳，完成外贸进出口总额9.57亿元。加强与外贸企业联系，围绕企业生产经营、项目建设、融资、政策落实等方面的需求，切实解决企业在疫情防控过程的困难和问题，以实际行动安企、扶企、惠企，帮助企业攻坚克难，提振企业发展信心。向企业宣讲外贸政策，及时落实惠企资金，让企业了解和掌握政策，指导企业用足用活政策。千方百计帮助企业开拓国内国际市场，积极组织15家单位、企业参加第三届中国国际进口博览会。

科信商贸

【科技创新】 2020年，区科工商务局深入实施创新驱动发展战略，创新发展势头良好，全区整体创新实力不断增强，高科技企业稳步增长，企业创新主体地位日趋牢固，全年全区有国家高新技术企业64家。围绕基础研究和应用基础研究“补短板”，结合本地产业发展需求，大力推进一批高端科技创新平台建设，至年末全区设立研发机构的规模以上企业20家，占全区规模以上企业67家的29.85%，实现主营业务收入5亿元以上企业研发机构全覆盖。博敏电子、风华环保等8家企业成功申报省科技创新“大专项+任务清单”管理模式项目获批复，获得“大专项”项目资金共480万元。鼓励支持有潜力的企业申报各类科技平台、国家高新技术企业认定，全年帮助企业成功申领科技创新券24个，获取资金44.58万元。

【信息化产业】 2020年，梅江区出台《梅江区互联网产业园扶持措施》《梅江区互联网产业园评定办法》等扶持政策，推进信息化带动工业化、工业化促进信息化。加快工业互联网创新应用，发挥政策引导作用，选择基础比较好、改造意愿强的企业“上云上平台”，推动制造业高质量发展，形成实体经济与互联网相互促进、同步提升的良好态势。依靠5G技术推动互联网向各领域渗透，提升信息化、数字化、智能化水平，大力发展工业互联网、互联网金融、智慧农业、智慧旅游、数字文创产业、智慧教育、数字医疗、虚拟物流等一批新业态，培育互联网新生经济动能，引导传统产品融入智能、健康、体验等新元素，形成以友好、协同、体验等为主要特征的新业态和新产业。

【商贸流通】 2020年，区科工商务局积极承办各类商品展销会，成功举办杨桃节、采茶节、苦瓜节等农旅文化活动，打响板盖坑雪莲果、梅塘杨桃、白宫苦瓜等一批优质农产品品牌。组织企业参加第16届中国国际中小企业博览会、第2届中国国际进口博览会，扶持中小商贸流通企业开拓市场，推进“消费升级”。打造“家·520购物节”“618汽车消费节”“715梅州客家滋味云美食直播节”“117家电惠民专项行动”等新型消费节庆品牌，拉动商贸企业销售额增长。鼓励实体店通过电商平台销售，通过线上交易，增加门店销售收入。全年完成社会消费品零售总额104.96亿元，比上年下降7.9%。

【电子商务】 2020年，区科工商务局依托梅江区消费扶贫馆运营体系设立建立村级农村（扶贫农产品）电子商务服务点，建立区级服务中心1个、镇级服务点6个和村级服务点81个，实现区、镇、村三级电商网点全覆盖。农村（扶贫农产品）电子商务服务中心由消费扶贫馆运营企业运营，收集的各村农产品通过线上+线下结合，市场批发和网络直播带货等方式为农民拓宽销售渠道，结合村镇服务网点，完善县乡村三级配送网络，解决物流“最后一公里”问题。不少市民购物习惯发生改变，开始接触线上下单，利用线上商城及快送平台采购生活必需品，“云买菜”成为市民欢迎的消费方式，全年完成电商成交额45.78亿元。

（李辉标）

交通运输

【概况】 2020年，梅江区交通运输局（以下简称区交通局）以习近平新时代中国特色社会主义思想为指导，深入贯彻落实中共十九大及中共十九届四中、五中全会精神，全面对标对表省委“1+1+9”工作部署和市委“123456”思路举措，围绕区委、区政府“一带三园四城五基地”的战略部署，以实施交通基础设施补短板为发力点，以创建省级“四好农村路”示范县为契机，加快构建便捷的综合交通体系，规划建设干线快速交通与省道、县道、乡道贯通的交通网络，推进县乡公路、“四好农村路”等交通基础设施改造升级，为争当生态发展区高质量发展示范区做出积极贡献。全年共完成交通基础设施建设投资约3.37亿元，实施建设和改造项目166个，完成建设和改造里程300.8千米；查处各类交通违法案件409宗，罚款84.96万元；完成旅客周转量22606万人千米，货物周转量204077万吨千米。2020年，梅江区成功创建广东省“四好农村路”示范县，为逐步推动梅江区融入粤港澳大湾区建设、全面建成小康社会提供有力支撑。

【“四好农村路”建设】 *重点项目有序推进* 2020年，区交通局积极承接市下放重点项目，加快推进罗乐大桥至S333连接线工程建设，年度计划投资1亿元，累计完成投资约1.2亿元，完成进度120%，超前完成计划预期指标，稳步推进目标任务。

成功创建省级“四好农村路”示范县 2020年，梅江区累计完成交通运输固定资产投资3.29亿元，实施建设和改造项目166个，完成建设和改造里程303千米，其中推进“旅游路”完成县乡道通旅游景区项目53.10千米、推进“民生路”完成农村公路硬底化建设项目153.36千米、推进“安全路”完成安全生命防护工程项目建设里程93.68千米。等级公路比例逐步提高，农村公路网日趋完善，计划外指标加大投资，超额完成全年市下达的目标任

城北镇扎上村樱花大道“四好农村路”示范路

务，完成投资 119.7%。同时，2020 年提前实施项目 67 个、完成 23 个，完成投资 3800 多万元。进一步提高县乡公路的通达深度和广度，为实施乡村振兴战略、打赢脱贫攻坚战、推进农村农业现代化发展建设一批“民生路”“红色路”“旅游路”“产业路”。省级考核顺利通过，2020 年梅江区成功创建广东省“四好农村路”示范县。

民生实事　2020 年，区交通局按照区委民生实事部署要求，围绕民众所需、产业所向，科学谋划、统筹落实，完成通 200 人以上自然村村道路面硬底化 37 千米和危桥改造任务 2 座。完成 X018 县道整治改造工程，消除“马路市场”隐患，保障路产路权。边远腹地行政村通客运班车和客运站亭建设顺利完成，实现全区行政村“村村通公交”的总目标，助力决胜脱贫攻坚和乡村振兴发展。

【运输市场秩序规范】　规范行政许可　2020 年，区交通局不断提高服务质量和办事效率，积极推进“一门式一网式”政府服务模式改革，抓好服务窗口管理，以“规范、便民、高效、廉洁”为宗旨，实现“一个窗口受理、一站式办结”。全年共新许可货运企业及个体 570 家，客运更新达标车辆 18 辆，完成辖区内 175 辆客运车辆、149 辆出租车辆、204 辆危险品货运车辆和 4024 辆普通货运车辆的审验工作。

强化安全监督　2020 年，区交通局以预防重特大事故为目标、以落实安全生产责任制为主线，深入开展安全生产 3 年专项行动、道路旅客运输和危险货物运输等专项整治，对逾期未审验的危货、重货车辆实现全面“清零”。全年共排查整治隐患 265 宗，清理逾期未审验、存在安全隐患的普通货车 680 辆。约谈辖区内企业 34 家次，行业安全生产各项工作持续有效开展，全区交通运输行业重特大以上生产安全事故“零”发生，安全生产形势稳定向好。

狠抓行业审批监管　2020 年，区交通局以构建社会主义核心价值体系为根本，以全面提升市场开办者、经营者文明诚信程度为前提，以营造守法经营、公平竞争、诚实守信、文明经商、依法管理、和谐发展的市场环境为出发点和落脚点，抓好客货运市场、出租汽车行业、维修市场、驾培市场的综合治理。全年全区备案汽车、摩托维修企业 34 家，许可货运企业 22 家，许可客运更新达标车辆 18 辆；完成客运企业 7 家、出租汽车企业 2 家、危货企业 7 家、驾培机构 8 家和二类以上机动车维修企业 16 家的道路运输企业诚信评价工作。

综合整治　2020 年，区交通局全面完成全区 51 处普速铁路隐患整治和干线路域环境问题。以“扫黑除恶”和货运行业乱象问题整治为契机，扎实抓好问题整改，全年共查处道路运输违规违法案件 360 宗、罚款 80.42 万元。有效遏制行业乱象态势，保障交通运输行业的有序发展。

（熊远清）

二轻联社

【概况】　2020 年，梅江区

二轻集体企业联社（以下简称区二轻联社）坚持以习近平新时代中国特色社会主义思想为指导，深入学习贯彻落实中共十九届五中全会精神，紧紧围绕区委、区政府“一带三园四城五基地”的部署，认真做好联社各项工作，助力“诗画梅江、文明客都”建设。

【理论学习】 2020 年，区二轻联社通过领导班子会议、干部职工大会、理论中心组学习、科级干部轮训、干部网络学院网上学习等形式，采用自学和集中学习的方式，运用讨论、组织机关干部考试、开展微诵读、微心得、上党课、写学习笔记和撰写心得体会等方法，全体机关干部职工深入学习中共十九届五中全会精神、习近平总书记出席深圳经济特区建立 40 周年庆祝大会和视察广东重要讲话、重要指示精神，习近平总书记关于疫情防控、复工复产等重要讲话和指示批示精神，以及《习近平谈治国理政》第三卷、《中华人民共和国民法典》、习近平关于“不忘初心、牢记使命”重要论述选编等内容，进一步把思想和行动统一到党和国家的决策部署上，用上级精神武装头脑、指导实践、推动工作，为开创“诗画梅江、文明客都”新格局贡献力量。通过大学习、大讨论、大洗礼，全体机关干部职工把思想意识、单位职能、实际工作一起摆进去，加强前瞻思考，达成思想共识，变成行动智慧，不断提高适应新时代、落实新部署、实现新目标的能力。

【疫情防控】 2020 年，区二轻联社面对突如其来的新冠疫情，高度重视防疫工作，落实区委《关于号召全区各级党组织和广大党员在疫情防控一线开展“亮党旗亮党徽亮身份”发挥战斗堡垒作用和先锋模范作用的通知》精神，成立以主要领导为组长，分管领导为副组长的疫情防控工作小组，下设办公室，在做好各项防控防护工作的同时，妥善化解疫情隐患。积极响应区委、区政府的号召，区联社党支部书记主动报名参加“党员先锋队”，支援社区、村委一线疫情防控工作，深入社区一线疫情防控战斗，2 月 9 日至 4 月底，没有节假日，风雨无阻、不惧寒冷，连续工作，始终奋战在基层第一线岗位上，先后参与查核小区住宅 544 间次，均进行全面排查，服务时长约 400 小时。同时，积极做好后勤保障工作，及时配备口罩、消毒液等基本防疫物资，落实疫情监测、防护、处理等医疗用品储备，单位日常消杀工作落到实处，并提醒干部职工做好自我防护。国内疫情防控形势向好发展后，区二轻联社仍然毫不松懈地织密疫情防控网，坚持防控标准和防控力度，严格清洁消毒通风、保持社交距离、科学佩戴口罩，最大限度对冲疫情负面影响。

【巡察整改】 2020 年 7 月 28 日至 8 月 28 日，区委第二巡察组对二轻联社开展为期 1 个月的巡察。根据巡察组提出的反馈意见，成立以主要领导为组长，分管领导为副组长的党支部巡察整改工作领导小组，把自己摆进去、把职责摆进去、把工作摆进去、把问题摆进去，认真落实整改任务，深入推进全面从严治党，坚决维护区委巡察工作的严肃性、权威性和公信力，切实提高政治站位，牵头抓好重点问题整改工作，制定巡察反馈意见整改落实方案，对巡察反馈意见涉及的四大方面 15 个问题，制定 35 项措施逐项加以整改，规定时间内报区纪委监委驻财政局纪检监察组、区委第二巡察组和区委巡察办审核。整改期间，召开联社党支部（扩大）会议 3 次、组织生活会 1 次、汇报研讨会 10 场（次），部署、研究和推进整改工作落实，建立健全完善制度、计划等 7 项。全面推进问题整改，完成整改 30 个，正在推进整改 5 个。以区委第二巡察组巡察为契机，将巡察反馈的整改意见与中心工作相结合，坚持把落实整改和班子队伍建设、联社干部作风整顿相结合，结合“诗画梅江、文明客都”整体部署，强化干部素质，提升行政效能。

【意识形态】 2020年，区二轻联社充分认识做好思想政治和意识形态工作的极端重要性，将意识形态工作纳入年度工作计划，成立意识形态工作领导小组，签订意识形态工作责任书，积极进行正面宣传和舆论引导，促进联社形成健康向上、积极正面的主流意识形态氛围。召开支部会议，结合实际，研究制订二轻联社“三审三校”（由单位撰稿人负责，确保发布的稿件内容不出现政治性导向性偏差，确保不影响区委、区政府形象；由单位指定部门负责人负责审核，严把意识形态安全关，确保不会出现政治导向错误；由单位分管负责人负责审核签发后才能发布）制度，明确单位责任人、联络人，严格撰写、审核、校对文稿等流程。巡察整改后，在区政府政务信息公开平台发布政务动态文章、信息共11条。严守保密纪律，专人负责保密工作，对密件的接收、归还、保管、阅件严肃认真按制度执行。积极开展国家安全教育活动，加大国家安全教育宣传，进一步增强党员干部国家安全意识和保密意识。

【思想政治建设】 2020年，区二轻联社成立党支部全面从严治党和党风廉政责任制工作领导小组，认真履行主体责任，通过建立完善干部职工管理教育机制，狠抓干部职工管理教育，重点抓好股级以上干部职工思想道德教育，研究制定《梅江二轻联社党支部2020年度全面从严治党主体责任重点任务分工及责任清单》《梅江二轻联社党风廉政建设主体责任清单》《2020年梅江二轻联社党风廉政建设工作要点》，层层签订《2020年梅江二轻联社党风廉政建设责任书》，进一步明确“一岗双责”，强化履职意识。健全领导班子民主生活会制度，强化民主集中制原则，凡涉及重大事项、重大决策一律通过领导班子集体研究讨论决定。严格按章办事，严守人事纪律、财经纪律，运用党内谈话等方式抓好干部日常管理监督。结合“两学一做”（学党章党规、学系列讲话，做合格党员）教育活动、“不忘初心、牢记使命”主题教育活动、纪律教育学习月活动以及其他专项整治教育，把廉政教育有机融入各类主题教育活动中，通过“三会一课”、专题组织生活会、党日活动等形式，组织机关党员领导干部到朱云卿事迹陈列室红色教育基地参观学习，重温入党誓词，教育引导党员干部继承革命传统和苏区精神，用心用情用功推动梅江振兴发展。召开警示教育学习会议，组织全体党员干部集中观看《失责必问》《打通正风反腐“最后一公里”》等廉教片，以发生在身边的反面典型为“活材料”，为党员干部打好“预防针”、注入“清醒剂”，引导党员干部知敬畏、存戒惧、守底线。同时，定期开展谈话，注重抓早抓小，先后开展党内谈话11人（次），有效促进党员干部思想意识、工作作风的进一步提升。

【历史遗留问题解决】 2020年，区二轻联社积极争取区领导支持，多次与梅江控股集团有限公司负责人对接，7月15日，将两栋闲置国有资产移交梅江控股集团有限公司管理。至年末，14处资产移交工作全面完成，较好地解决国有资产闲置的历史遗留问题。由于区二轻联社综合楼产权证历史遗留问题时间跨度长（26年），牵涉国土、房管等相关部门，涉及银行贷款抵押问题，为把工作落到实处，区二轻联社成立调查小组，由一把手任组长，分管领导任副组长，下设办公室。通过走访、询问老干部，查阅相关文件档案，深入调查了解，先后与金融局、市建行沟通咨询有关二轻联社综合楼产权证抵押相关事宜，并探讨解决问题的方法与步骤，同时密切注意住户安稳与舆情问题，通过日常观察、走访住户、慰问老干部等情况，至年末，未发现3—6层共18户住户对综合楼产权证处理问题有情绪和反映。

【结对共建】 2020年，区二轻联社按照区委、区政府工作安排，挂点帮扶城北镇小花园社区和五洲社区，结合深化

"转作风比奉献树形象"主题活动，创新开展机关与村级党组织结对共建，全面落实为民服务"33110"工作法，围绕疫情防控常态化、结对共建和"创文"攻坚等相关工作，积极协调解决社区群众困难和问题。认真协助两个社区开展"创文"工作，支持"创文"经费 6000 元。深入到社区，现场察看"创文"工作遇到的困难和问题，共同商议解决问题的办法和措施。组织干部职工到社区开展志愿活动，在小花园十字路口开展交通劝导志愿服务，与社区干部对卫生死角进行清扫，清除路边的杂草及垃圾。同时开展法律宣传、上门派发"创文"宣传资料等志愿活动，为"创文"工作出力。

【关爱服务】 2020 年，区二轻联社做好离退休老干部的关心慰问工作，对老干部的"生、老、病、死"指定专人上门关心慰问，让老干部感受到组织的温暖、关心和爱护。

（刘丽娟）

供销联社

【概况】 2020 年，梅江区供销合作联社（以下简称区供销联社）以习近平新时代中国特色社会主义思想为指导，巩固"不忘初心、牢记使命"主题教育成果，深入贯彻落实习近平总书记对供销合作社作出的重要指示精神，以发挥供销社服务"三农"（农业、农村、农民）职能，助力梅江区农业产业现代化助农增收为目标，凝心聚力、务实创新，全面落实省、市、区工作部署，重点推进供销社综合改革和助农服务体系提质增效。全年全系统商品销售总额 3.38 亿元，比上年增长 59.43%。

【思想政治建设】 2020 年，区供销联社开展《习近平治国理政》第三卷学习，党支部书记曾干雄带头到江南街道路心社区上党课，与社区党员群众一同研讨交流，分享学习心得体会。同时，领导班子成员深入各基层社、社属企业、农民专业合作社开展新型助农服务示范体系建设、冷链物流等重点项目推进专题调研。全年领导班子成员下基层调研 11 次，服务"三农"能力不断提升。严格落实中央八项规定，认真学习习近平总书记关于厉行节约、反对铺张浪费的批示精神，组织党员干部签订"厉行节约、反对浪费"承诺书，结合纪律教育学习月，组织观看《侥幸之祸》《朽木浮沉》等警示教育专题片，传达区纪委、监委关于违反中央八项规定精神典型问题的通报，引导党员干部以案为鉴，防止不良风气反弹回潮，促进党风廉政建设和作风建设全面好转。

【疫情防控】 2020 年，区供销联社按照区委、区政府疫情防控工作部署，紧紧围绕"六稳"和"六保"的工作总要求，积极发动供销系统专业合作社和相关企业，开展水果、蔬菜、大米等农副产品供应和配送服务，每天供应梅州城区农副产品 30 多吨，确保疫情期间市民的生活需求。同时，依托镇村助农服务中心推进保春耕促生产，确保疫情防控期间春耕农资商品供应不断档、不脱销，调控市场、平抑物价等方面发挥主渠道作用。

【深化改革推进】 2020 年，区供销联社紧抓项目建设，夯实基础，增强发展后劲，围绕供销社新一轮深化改革，抢抓机遇，开拓进取，着重在 1 个平台和 7 个中心提质增效拓展服务功能上下功夫，其中长沙供销社助农服务中心获得省供销联社奖补资金 20 万元，用于扩大农资经营面积、拓展服务功能、提升中心经营服务环境及加固维修等；白宫供销社助农服务中心获得省供销联社奖补资金 25 万元，用于省级现代农业产业蔬菜产业园建设，利用白宫供销社老旧资产腾退不符合助农服务功能的承租户，进行升级改造，与产业园主体企业共建共享，建设有农电商、农产品展示展销、农资农技、生鲜连锁、益农信息等服务功能，辐射带动周边蔬菜产业发展，促进农户增收。

【合作经济组织发展】 2020

年，区供销联社加强对基层社、专业合作社的业务拓展，指导基层供销社和农民专业合作社对接国家惠农政策。积极发动农业龙头企业、种养大户通过共同出资、共创品牌、共享利益等方式，创办一批管理规范、制度健全、带动能力强的农民专业合作社。全年新组建村级基层社1个，发展社员515人；改造升级薄弱基层社2个，领办农民专业合作社4个，新增依托农民专业合作社集约土地开展社会化服务面积约68.67公顷。

【安全生产责任落实】 2020年，区供销联社全面贯彻《地方党政领导干部安全生产责任制规定》文件精神，深入开展安全生产检查，对列入三级风险点危险源排查管控点长沙供销肥料仓库，进行安全隐患排除，全年累计组织60多人次开展日常检查和春节、疫情后复工复产、清明、国庆等重要节点的安全生产大检查专项整治行动，确保区供销系统安全生产形势持续稳定。

【结对共建】 2020年，区供销联社按照区委、区政府工作部署，与挂点社区江南街道路心社区和大园社区结对共建，全年共组织党员干部90多人次到挂点社区开展“创文”“两美”志愿服务活动，为挂点社区解决“巩卫”“创文”工作经费5000元，推动挂点社区“创文”工作的开展。

（曾柏文）

招商和企业服务

【概况】 2020年，梅江区招商和企业服务中心坚持以习近平新时代中国特色社会主义思想为指导，在区委、区政府的带领下，围绕构建“5311”绿色产业体系，统筹推进疫情防控和经济社会发展，做好“六稳”工作，落实“六保”任务，积极开展商务和招商引资工作，努力降低招商成本，扎实提高招商效率。

【项目投资】 2020年，梅江区坚持稳中求进工作总基调，认真践行新发展理念，把商务和招商引资工作作为推动梅江区高质量发展的重要抓手，全力扩投资、促消费、稳外贸。全年完成签约合同项目6个，计划总投资额152.21亿元，实际总投资16.8亿元，超额完成市下达的招商引资任务。

【招商服务】 2020年，梅江区坚持以优质资源“吸商”、以产业共建“引商”、以产业园区“载商”、以高效服务“融商”，出台《梅江区互联网产业园评定办法》《梅江区互联网产业园扶持措施》等扶持政策，成立招商服务中心和驻外招商工作队，全年区领导亲自带队赴北京、上海、广州、深圳等地开展招商活动11次，重点对接企业33家次、商协会5批次。跟进梅州市互联网产业园、梅州市肉联厂升级改造等亿元以上项目8个，计划总投资336.08亿元，并与中国茂隆、中骏集团、中燃集团等7家知名企业签订投资框架协议。

（王 坚）

财税·金融

财 政

【概况】 2020年，梅江区财政局坚持以习近平新时代中国特色社会主义思想为指导，认真实施积极的财政政策，努力克服新冠肺炎疫情影响和经济下行困难，持续推进预算改革，提升财政治理能力，全方位抓好开源节流、增收节支工作，扎实做好“六稳”工作、落实“六保”任务，有效促进全区经济社会平稳健康发展。

【一般公共预算】 2020年，区级一般公共预算收入6.16亿元，加上税收返还8737万元、专款及一次性补助收入19.37亿元、债务转贷收入2.5亿元、上年结余551万元、调入资金9145万元，动用预算稳定调节基金4166万元,收入总计30.28亿元，年度预算收入总计22.22亿元，增加8.07亿元。一般公共预算支出29.38亿元，上解支出7171万元，安排预算稳定调节基金1026万元，结转下年支出810万元，支出总计30.28亿元，年度预算支出总计22.22亿元，增加8.07亿元，全年一般公共预算执行收支平衡。

【政府性基金】 2020年，区级政府性基金预算收入7951万元，加上上级补助收入2.55亿元、专项债务转贷收入6亿元、调入资金4亿元、上年结余1.0亿元，收入总计14.356亿元，年度预算收入总计10.02亿元，增加4.34亿元。政府性基金预算支出9.33亿元，上解支出5亿元，年终结余结转294万元，支出总计14.36亿元，年度预算支出总计10.02亿元，增加4.34亿元，全年政府性基金执行收支平衡。

【应对疫情】 2020年，区财政局制定落实应急资金保障、拨付办法，及时筹集安排并拨付疫情防控和公共卫生体系建设专项资金7074万元，保障疫情防控，打赢疫情防控阻击战提供坚强财政保障。支持企业复工复产，认真落实减税降费政策，确保制造业等主要行业税负明显降低、建筑业和交通运输业等行业税负有所降低、其他行业税负只减不增。出台扶持政策，为承租国有资产类经营用房受疫情影响不能正常经营的企业和个体工商户，免收1个月、减半收取2个月租金。筹集拨付2954万元，及时兑付疫情期间生产防控急需物资、疫情防控重点保障企业优惠贷款贴息、新吸纳贫困户就业、公益性岗位托底安置、创业担保贷款贴息、促进就业者技能晋升和线上线下招聘等扶持就业创业补贴政策，以及促进企业创新、上规模发展的政策措施。

【财政收支预算管理】 2020年，区财政局抓好组织收入工作，加强与税务等部门协作，进行税收收入形势分析研判，及时解决征管存在问题，确保各项收入应收尽收。进一步加强和规范非税收入管理，确保各项收入及时清缴入库。严控非刚性非重点支出，树立长期过“紧日子”思想，压缩一般性支出1.57亿元，压减幅度5%。按照轻重缓急，有序安排库款支出，优先保障“三保”（保工资、保稳定、保增长）支出，全年用于民生支出26亿元，比上年增长34.87%，占一般公共预算支出的88.49%，确保十件民生实事、十件“微民生”实事和各项社会保障政策有效落实。加强对部门项目资金使用管理，压减低效无效、标准过高的支出和非必需的项目支出，取消预算执行中不必要的项目支出，确保每一笔钱都用在刀刃上，全年“三公”（公务出国、公务用车、公务接待）经费继续下降。积极盘活财政存量资金，全年清理收回各预算单位实有账户沉淀资金 4767 万元和结余结转资金 1.35 亿元，优先安排用于冲减赤字，化解政府债务和重点民生支出。积极调度资金，逐步消化上年财政暂付款挂账，全年消化暂付款 2609 万元。加强地方债务管理，严控隐性债务增量，有序化解隐性债务存量，超额完成至本年度的化解计划。

【直达和债券资金】 2020 年，区财政局主动向上级申报、对接争取，获得中央直达资金和新增债券资金 11.84 亿元。切实加强资金使用管理，建立资金监控工作机制。规范资金管理拨付程序，制定资金分配方案，落实资金使用责任制。加快资金支出，推动项目加快实施，建立项目清单和台账，及时将支出数据录入系统，充分利用监控平台，全程跟进资金使用情况，落实资金绩效目标。有效支持罗乐大桥至 S333 连接线、昭华教育城配套基础设施项目、珠宝产业园标准厂房及配套基础设施建设项目、市第二中医医院住院综合大楼建设项目、周溪河综合整治项目等 13 个重点工程项目建设，保障抗疫防疫、困难群众救助补助、城乡居民医疗保险补助、食品安全检测、援企稳岗、教学质量发展、退役士兵安置等 43 个重点民生项目投入，直接惠及群众 5.11 万人，惠及企业 94 户，直达和新增债券资金支出进度均 100%。

【重点民生领域资金】 2020 年，区财政局继续支持学校建设，筹集拨付 6180 万元，推进元城小学、幼儿园和会文小学教学楼及配套设施建设。以深化涉农资金统筹整合改革为抓手，推动实施乡村振兴战略，统筹整合涉农资金 1.73 亿元，分解落实到农村人居环境整治、新农村示范建设、中小河流治理、基本农田保护等 41 个项目，加快资金支出和项目建设进度，提升整合效益。支持打赢脱贫攻坚战，筹集拨付扶贫发展和脱贫攻坚引导资金 741 万元，推进扶贫资金动态监控工作，建立健全日常监管和专项检查相结合监督检查及资金使用绩效管理机制，确保如期完成脱贫攻坚目标任务。推动实现污染防治攻坚战阶段性目标，筹集拨付 1229 万元，支持污水处理管网改造、设施运行维护和生活垃圾分类处理、无害化处理等工作。同时，筹集拨付 1116 万元，推进老旧小区改造项目建设。

【财政治理能力提升】 2020 年，区财政局深化预算编制执行监督管理改革，加强区级项目库建设，提前谋划 2021 年涉农领域预备项目，省级涉农专项转移支付资金提前下达分配给梅江区 1.43 亿元。全面实施预算绩效管理，制定实施意见、预算绩效目标管理办法、预算绩效内部规程和工作方案。积极开展财政专项资金项目支出绩效评价，推动建立“花钱必问效、无效必问责”的绩效管理机制。深化国有资产管理体制改革，筹集资金组建梅江控股集团股份有限公司，将梅州市肉联厂、食品公司整体划拨梅江控股集团管理，增强国有企业发展活力和核心竞争力。抓好财政监督检查，组织开展预算单位“三公”（公务出国、公务用车、公务接待）等行政经费使用情况专项检查和村级基本账务及省定贫困村的精准扶贫开发资金、新农村示范村财政资金会计业务检查，并抓好政府采购监管和投资评审工作。

（张远斌）

税　务

【概况】 2020 年，国家税务总局梅州市梅江区税务局（以下简称区税务局）紧紧围绕区委、区政府和上级主管部门的工作部署，坚持以党的建设为统领，在加强疫情防控工作的同时，“稳”字当头、“实”字托底，扎实推进各项税收工作，更好地服务地方经济社会发展贡献税务力量。

【税费收入】 2020 年，区税务局围绕做好“六稳”工作、全面落实“六保”任务，进一步落实“四力”（优惠政策落实要给力、“非接触式”办税要添力、数据服务大局要尽力、疫情防控工作要加力）要求，在加强疫情常态化防控的同时，统筹做好“减”与“收”工作，确保组织收入和减税降费同抓同促。全年累计组织税费收入 120.59 亿元，其中总税收收入 94.03 亿元（税务部门组织税收收入 93.03 亿元、海关代征 1.00 亿元）、税务部门组织税收收入 93.03 亿元、社保费收入 22.74 亿元、非税收入 3.64 亿元、其他收入 1800 万元。

【减税降费】 2020 年，区税务局始终把减税降费和保市场主体摆在首位，紧抓减税降费工作不放松，加大减税降费政策措施执行力度，1—11 月，累计实现减税降费 8.5 亿元，其中 2020 年新出台支持疫情防控和经济社会发展的税费优惠政策新增减税降费 5.6 亿元；2019 年更大规模减税降费政策在 2020 年继续实施形成的减税降费 2.9 亿元。

【税费征管】 2020 年，区税务局严守不收“过头税”底线，紧紧把握依法征税主动权，依法依规组织税费收入。

税收分析预测 2020 年，区税务局聚焦复工复产，加强分析，积极向区委、区政府建言献策，全力以赴收窄税收增速与预期目标之间的差距，确保组织收入与经济社会发展状况相协调。持续摸清摸透实有税源，提前做好收入预案，实行税费收入完成情况月报分析制度，实时监控收入进度，及时向市税务局和区委、区政府汇报收入情况，做到各方心中有数。

地方税种管理 2020 年，区税务局通过组建清算人才库，抽调骨干集中清理等方式，提高清算进度，全年共受理项目 12 个，其中完成清算项目 8 个，入库税款 8194.62 万元。严格执行复工复产房土两税减免政策落实，做到应享尽享，同时依法依规做好困难性减免审批工作，全年合计减免 314.61 万元。开展印花税清理工作，征缴入库税款 581 万元，滞纳金 312 万元。

所得税汇缴 2020 年，区税务局充分利用互联网思维，引导纳税人“跑网路”，优化政策宣传辅导工作模式，完成企业所得税汇缴任务 10065 户，小型微利企业受惠企业 3610 户，共减免税额合计 8523.71 万元，户均减免 2.36 万元。全年共有 90 户企业享受研发费用加计扣除优惠政策，比上年增加 14 户，享受金额 2.95 亿元，比上年增长 11.62%。稳妥推进个人所得税综合所得汇算，辖区内办理年度汇算 5.84 万人，涉及扣缴单位 2367 个，同时为辖区内疫情防治医务人员等防疫工作者 425 人次，按政策办理免征个人所得税额 224.81 万元。

社保费和非税收入管理 2020 年，区税务局扎实做好部分退役士兵补缴社会保险费、阶段性减免社保费和文化事业建设费减半征收、减免征收工作，开展新一批非税收入（共 17 项）划转前期调研，充分发挥数据分析在费源管理、征管质量、风险管控等方面的作用，不断规范社保费和其他规费管理。

税制改革 2020 年，区税务局积极推进“互联网+监管”融入“数字政府”建设，实现监管事项认领率和检查实施清单完成率 100%。严格按要求开展“非接触式”出口退税审核、调查评估、实地核查，同时以信息平台为依托，通过信息采集、数据分析等手段优化出口退税函调流程，加快出口退税业务审核，确保退税款及时到账，全年办理出口退（免）税 3.11 亿元，缓解企业资金压力。

税收风险管控 2020 年，区税务局推行以风险管理为导向的分类分级管理，聚焦重点行业、主要税种，有效开展税收风险分析和应对，做好税费疑点核查任务及发票协查工作。全年委托协查定性虚开发票 1855 份，挽回税款损失共计 522 万元；查补入库税费 1804.28 万元，移送涉嫌虚开偷骗税企业 39 户，其中立案侦查 10 户；对 429 户企业超 1000 人次自然人异议申诉任务进行核查，切实保护纳税人合法权益，

2020年1月8日，梅江区税务局开展走访代表委员活动，倾听两会代表委员声音，凝聚税收共治合力

有效遏制非法冒用身份涉税违法行为。

【纳税服务】 2020年，区税务局坚持服务纳税人、缴费人想问题、做决策、推工作，切实做好办税缴费服务。

纳税信用管理 2020年，区税务局在做好纳税信用评价工作的同时，严格落实疫情期间纳税信用评价管理要求。通过运用纳税信用预警和修复机制，提醒企业及时纠正失信行为，最大限度维护自身合法权益，全年辖区内享受纳税信用修复政策红利的纳税人1.5万户次。

纳税人满意度整改 2020年，区税务局开展“问需求 优服务”提升纳税人满意度企业走访活动，根据纳税人反馈的意见建议，及时完善纳税服务的薄弱环节。同时，对纳税人反映较为强烈的存量房交易办税时间长等问题，加强与相关部门统筹协调，专人督促落实，实现自然人一窗受理集成服务上线目标、存量房涉税业务办理1个工作日内办结。

办税缴费服务 2020年，区税务局通过推广“非接触式”电子办税渠道，打造税收政策“云课堂”，采取“一企一策”为困难行业企业提供精准对点服务。提供在线税费政策咨询，开通邮寄速递领用发票服务，畅通疫情防控物资生产企业绿色缴费通道等措施，为纳税人、缴费人提供安全、便捷、高效的办税缴费服务。全年共计受理纳税人领票申请2393户次，邮寄配送发票28.78万份，确保企业用票不受疫情影响。

【法治税务】 2020年，区税务局牢固树立法治理念，聚焦激发市场活力，营造税收法治环境，提升依法治税能力。

营造税收法治环境 2020年，区税务局以落实“便民办税春风行动”和全国第29个税收宣传月为契机，开展走访两会代表委员、东升工业园区开放日和困难行业暖企助企等活动，现场解答税费业务咨询50多条，为骨干企业、帮扶行业提供个性化税收服务，助力企业、行业健康发展。组织开展国家宪法日宣传活动，重点做好《中华人民共和国民法典》和新颁布实施税法宣传工作，

2020年6月29日，梅江区税务局成立志愿服务队，为纳税人提供更好的税收服务

开展两场税法进校园活动，达到良好宣传效应。

提升依法治税能力 2020年，区税务局成立普法工作领导小组，制订印发“谁执法谁普法”责任清单，明确普法责任分工。严格落实内控监督管理平台、增值税发票快速反应、日常税收执法督查及税收执法责任追究等机制，对疫情防控、日常税收和相关优惠等政策执行情况进行监督跟踪整改落实，进一步规范税务人员依法治税行为。全年累计下发核查疑点3283条，确认并整改问题164个，按规定进行追责5人。

（黄晓婷）

农行梅州城区支行

【概况】 2020年，中国农业银行股份有限公司梅州城区支行（以下简称农行梅州城区支行）贯彻落实中共十九大精神，围绕“党建持续深入、实力不断增强、客户结构优化、价值再上台阶、创新有效提升、风险案件可控”战略目标，业务经营稳健发展，年末实现本外币各项存款余额94.75亿元、本外币贷款余额63亿元、中间业务收入6977万元、拨备后利润1.96亿元。

【存款业务】 2020年，农行梅州城区支行年末本外币各项存款余额94.75亿元，其中对公存款余额51.13亿元、储蓄存款余额43.62亿元。通过突破机构业务，成功拓展嘉应控股、客都文旅集团、梅江区水务局、园区服务中心、梅江区财政局等重点机构和梅江区各村小组账户，实现机构存款和市场份额“双提升”。大力拓展政府地方债，归集梅江区政府各类专项债资金，实现专项资金增长。创新业务转型，开办企业资金池业务，加强产业园资金监管，以产品渠道圈定资金。加大对重点客户国土、烟草、财政、嘉大、电力、韩江水利、上市公司和优质个人客户维护营销，拓展社保卡客群、专业市场客群和ETC客群等三大客群存款，实现对公大户和个人存款增存稳存。

【贷款业务】 2020年，农行梅州城区支行年末本外币各项贷款余额63亿元，其中法人贷款余额14.10亿元、个人贷款余额49.90亿元。全年围绕抗疫支持复工复产、抓好大客户和大项目，累计投放贷款20.21亿元。通过加强场景贷、专业市场营销、线上产品推广，加大对环市路批发商、万达商圈专业市场和商家工厂的营销，大力推动战疫贷、药商“E”贷、房抵贷、纳税“E”贷等线上产品，抓大客户和中小微企业营销。支持紫合医药投资公司、广东超华、客天下碧桂园房地产等项目资金，加大对金成工贸公司、文强工贸公司等小微企业信贷投放。保持与碧桂园、客天下、保利等地产公司合作，全年累计发放5.58亿元住房按揭贷款，稳定房贷市场份额。

【中间业务】 2020年，农行梅州城区支行实现中间业务收入6977万元、比上年增加421万元。通过巩固优势项目，继续抓好信用卡业务，加强场景营销，积极推进专项、乐分易分期业务，信用卡业务收入继续保持优势。大力拓展新兴中收，以资产业务带动投融和公司业务收入，实现投融类贷款投放增长，拓宽中间业务收入来源。顺应市场客户，多元化配置客户理财资产，精准营销客户群体，加大基金、贵金属、保险等产品营销，抓住股市有所回升加强基金销售，全年基金销售5.08亿元，大幅提升基金中收贡献度。

【风险管控】 2020年，农行梅州城区支行加强网格管理工作，提升“三线一网格”（党建线工作、纪检线工作、运营线工作，“网格化”管理）管理效能，运用“严管厚爱”系统，开好员工行为风险分析例会，加强重点关注人员“高压管控”，守住不出案件和重大风险事件的底线。制订不良贷款风险管控专项考核，开好每月贷后例会，提高信贷风险掌控能力。强化信贷过程管理，名单制管理不良大户，加快符合不良贷款的核销。加强法律诉讼清收，实现不良贷款风险有效防控。提高运营“三化三铁”（标准化、规范化、制度化，铁账、铁款、铁规章）创建能力，高标准做好反洗钱管理、涉诈、涉赌、涉案账户核查工作。开展安全保卫“三化三达标”（标准化、规范化、制度化，物防达标、技防达标、人防达标）创建工作，实现全年运营和安保无事故。2020年，农行梅州城区支行反洗钱微视频获人行梅州赛区一等奖和全省比赛三等奖，《合规贷款 谨防诈骗》反诈骗微视频荣获省农业银行最佳作品奖和梅州分行一等奖；网点堵截电信诈骗、开展消费扶贫、深入工地为农工开卡等事迹被《南方+》《掌上梅州》报道，树立农行梅州城区支行良好形象。

（余伟云）

工行梅江支行

【概况】 2020年，中国工商银行股份有限公司梅州梅江支行（以下简称工行梅江支行）认真贯彻全市工商银行支行行长工作会议精神，突出问题导向，紧盯目标任务，狠抓业务管理，扎实有序推进各项工作。主动适应“强监管、严处罚”的监管要求，坚持从严治行，夯实内控案防基础，实现全年零案件、零重大责任事故的安全生产目标。至12月末，各项存款余额39.24亿元，其中储蓄存款余额29.41亿元、公司存款余额6.35亿元、机枪存款余额3.48亿元；本外币各项贷款余额16.43亿元，其中个人贷款余额13.21亿元、公司贷款余额3.22亿元。全年实现中间业务收入2554万元。

【疫情防控】 2020年，工行梅江支行按照上级党委统一部署，积极落实开展疫情防控工作，坚持向前来营业厅办理业务的客户量体温，坚持定期消毒，确保营业场所安全。加强在线营销，保持与目标客户联系，及时了解、满足目标客户金融服务需求，切实做好防疫期间的客户稳定工作。加强在线指导、联系，提高工作效率，减少人员聚集，有效防范疫情，通过腾讯会议等互联网，召开视频会议，开展疫情防控知识培训、业务指导，确保疫情期间工行业务正常运转。

【强化意识】 2020年，工行梅江支行进一步树牢“比”的意识，找准同行业和系统最优秀对手，通过“比党性”“比市场”“比作风”“比担当”“比业绩”，在比中向先进看齐，在比中干，比出效果，最终体现工行业绩和竞争力提升。全行员工心往一处想，劲往一处使，比先进、学先进、赶先进、超先进，奋勇争先，汇成一股，推动工行转型发展，提升经营业绩，提高市场竞争力。

【客户拓展】 2020年，工行梅江支行推进个人拓户智能化、精准化，为一线外拓营销客户提供有力支持。积极推动线上线下获客，在对公有贷客户中、场景搭建中批量拓展个人目标客户。加大对各类专业市场个体、私营业主客户发展力度，抓好代发工资、商户收单和个人裸贷客户等重点客户群，实现目标客户数量快速增长。推动“对公制胜”网点竞争力提升工程，加大新开对公结算账户营销力度，创新服务模式，优化账户后续变更、备案管理，提供优质服务体验，补强工行对公业务短板。

【存款业务】 2020年，工行梅江支行牢固树立存款业务“功在平时、贵在坚持”的经营理念，对标系统及同业，抓好目标任务细化分解，提升市场占比。储蓄存款，做好营销，以客户金融资产壮大拉动存款增长，促进相互协调发展。公司存款，抓好基础拓户和拓户引存，抢抓重点资金源头，做好存款大户精准营销和关系维护，促进对公存款增长。机构存款，聚焦财政端资金，积极拓展存款资金源头。

【普惠业务】 2020年，工行梅江支行把握梅州苏区振兴发展市场机遇，对照政府发展规划和项目安排，进一步密切与政府机构、重点客户沟通联系，积极拓展苏区振兴发展实施过程的重点项目和重点客户，充分发挥工商银行在稳投资中的主力军作用。把握政策支持，把“工银普惠行”和监管部门“百行进万企”活动有效对接，大力推进经营快贷、e抵快贷、税易通等优势产品，推动普惠业务又快又好发展。

【中间业务】 2020年，工行梅江支行以合规增收为目标，结合业务及市场情况，抓好基础结算类中收发展，选定增收主攻方向，培育客户，提高渗透，增加收入。大零售方面，以推进“第一个人金融银行”战略落地为契机，进一步构筑大零售板块中收竞争优势，发挥大个金各条线基础板块“压舱石”作用的同时，加快转型发展，积极打造新的增长点。进一步优化中间业务收入创收结构，做大做强代理投资类中间业务，积极推动理财销售转型，加强贵金属、外汇等个人金融资产配置，提升个人基础结算类业务创收能力。积极拓展家装分期、消费分期等业务，持续壮大收单商户规模。网络金融坚持线下为基、线上突破，确保有效客户手机银行渗透率、手机银行月动户双提升，加强三方支付绑卡、动卡，增强客户黏性。

【内控案防】 2020年，工行梅江支行深化十六字合规文化核心理念的传播根植，筑牢合规就是银行生命线的底线思维，坚持从严治行，突出过程控制，促进全行齐抓共管内控案防工作，进一步夯实内控案防基础。加强企业银行结算账户管理，对公开户审核及相关账户开户制度，了解法人或单位负责人是否对企业经营和注册情况熟悉，对于相关企业行业和经营范围涉及“网络科技、电子商务、商行、商贸、建材、五金店”和E路通触发任一监测预警，提高警惕，通知客户经理或网点负责人采取加强型尽职调查或延长尽调期限，对高风险账户及时采取风险防控措施，防止外部风险传导至工行体系，确保账户合规开立。对涉及企业行业和经营范围疑似高风险账户，网点调查人员采取实地调查的方式核对地址信息，发现客户地址信息不存在或者虚构经营场所、企业经营性质或规模与经营场所明显不匹配等异常情况，拒绝开户。做好员工日常合规教育、风险警示和异常行为排查，增强员工风险意识和合规理念。

（严敦灵）

人保财险梅江支公司

【概况】 2020年，中国人民财产保险股份有限公司梅州市梅江支公司（以下简称人保财险梅江支公司）紧紧围绕区委、区政府的工作部署，认真学习中共十九届五中全会精神，守纪律，讲规矩，全力推动振兴发展。全年财产保险梅江支公司保费收入3668.7万元，比上年增长6.2%。其中车险保费收入2471.4万元，比上年增幅1.7%；非车险常规性保费收入720.9万元，比上年下降1.9%；政策性保费收入476.4万元，比上年增长32.2%。全年实现利润总额361.76万元。

【合规经营】 2020年，人保财险梅江支公司严格按照要求做好依法合规经营，严格遵守公司权责规范手册规定的各项权限，开展各项业务经营和管理。对公司员工进行培训教育，认真领会依法合规文件精神，不违规支付手续费、不虚假理赔、不虚列费用。严格执行上级条款、费率和各项承保规定，抓好承保风险管控，对企业财产保险业务进行保前风险评估，严格遵守公司的权责规范。认真贯彻执行《中国共产党党员领导干部廉洁从政若干准则》《国有企业领导人廉洁从业若干规定》，严格遵守中央八项规定，把党风廉政建设落到实处。坚持党要管党、从严治党的方针，以共产党员的标准严格要求公司员工，同时与各团队（部室）签订2020年《党风廉政建设责任状》《依法合规承诺书》，确保公司经营业务依法合规。

【理赔管控】 2020年，人保财险梅江支公司贯彻落实政策性保险承保与理赔业务，促进农业稳定发展和农民增收。全年承保农房2.38万户，承保能繁母猪2476头，提供保险保

2020 年 11 月 9 日，人财保险梅江支公司查勘人员到梅江区城北镇塔下村查勘能繁母猪、理赔

障金额 22.28 万元；承保生猪 1.72 万头，提供保险保障金额 58.22 万元；承保仔猪 1.57 万头，提供保险保障金额 43.76 万元；承保水稻 2718.47 公顷，承保公益林 1018 公顷。认真做好查勘理赔工作，公司接到出险报案第一时间，迅速安排人员前往查勘，自觉维护受损群众权益、社会公众的利益，让群众能尽快得到相应的经济补偿。切实做到保险案件不惜赔、不滥赔，理赔工作坚持实事求是，做到迅速、及时、准确、合理的原则，严格按照赔付规则章程，双人查勘、双人定损，同时加强对查勘人员的考核、督查力度。

【惠民险种】 2020 年，人保财险梅江支公司以强大的机构网络和专业优质的保险服务，全力办好梅江区自然灾害责任险这一“保费低、覆盖广、保障高”的惠民险种，覆盖全区常住户籍居民和外来常住人口。积极开展严重精神障碍患者监护人责任保险，以梅江区社会治安综合治理委员会办公室为投保单位，把全区严重精神障碍患者纳入承保范围，有效避免严重精神障碍患者肇事肇祸产生的风险，让人民群众的合法权益和利益得到保障，社会治安稳定。全年全区气候持续高温干旱，农作物（主要是水稻）受到不同程度的影响，为保障梅江区水稻正常生产，提高防灾防损能力，灾后农民能尽快恢复生产，梅江区农业农村局拟申请提供防灾防损资金约 9.5 万元，购买抗旱物资及农田水利基础建设维护等，保障全区水稻生产、种植户的收益，体现国家惠农政策落实落地。

【团队建设】 2020 年，人保财险梅江支公司牢固树立政治意识、大局意识、核心意识、看齐意识，不断提高党员领导干部党性修养和理论水平，不断改进工作作风，充分发挥党员领导干部表率作用，强化内控制度的落实，带头遵守各项法律法规。坚持依法合规经营保险业务，严格遵守公司的六条禁令和财经纪律，理赔工作八条禁令和农业保险八条禁令等规章制度。培养展业人员的业务水平，有针对性地实施各项培训计划，注重保险业务知识学习和班子成员管理能力的提高，做到勤奋工作、实干创业，在工作实践中不断提高业务素质和管理水平。结合梅江支公司实际，制定 2020 年理论学习计划，从严要求，廉洁自律。开展各项培训计划，利用晨会开展业务培训，反洗钱、移动销售等。组织员工学业务知识、找经验，查不足，提高团队展业水平，为公司持续稳定发展打下扎实基础。

（张 方）

城建·环保

城乡建设

【概况】 2020年，梅江区住房和城乡建设局（以下简称区住建局）以习近平新时代中国特色社会主义思想为指导，坚持以人民为中心的发展思想，改革创新、担当作为、砥砺奋进，推动全区住房和城乡建设事业发展取得新成就，为助力梅江区打造宜居宜业宜游城市示范区、顺利完成“十三五”规划目标任务和决胜全面建成小康社会做出积极贡献。

【城市建设】 2020年，区住建局大力实施梅州城区城市建设管理项目，稳步推进民生工程，助力打造“诗画梅江”。全年区住建局组织实施城建项目37项，工程项目建设投资总额约1.8亿元，完成27项，正在推进实施7项，开展前期工作3项。主要建设工程，打通新峰路至205国道“生命通道”、富都路至客都小学等“断头路”，城北高速出入口、西阳和长沙高速出入口实现亮化工程；盘活利用城市边角地、闲置地，建成老肖屋体育公园、“八一”广场社区体育公园、华侨戏院停车场等民生项目。

2020年，梅江区住房和城乡建设局盘活利用城市闲置地，建成“八一”广场社区体育公园

【城市管理】 2020年，区住建局以“创文”“两美”行动为抓手，用“绣花”功夫、“工匠”精神，高标准、大力度、硬措施提升城乡管理规范化、精细化、长效化水平。围绕市容环境卫生、城区广告店招牌、集贸市场、道路环境整治、违建治理、临时建筑（铁皮瓦）改造等综合执法，结合建筑外立面改造（华南大道沿路市容环境综合整治）和推广城市CI、“公园城市”建设、垃圾分类等民生工程，助力改善梅江区城乡人居环境，提升世界客都形象。

环境卫生整治 2020年，区住建局通过疏堵结合、长效管理、扎实推进，城市“六乱”（乱打乱建、乱摆乱卖、乱拉乱挂、乱扔乱倒、乱停乱放、乱贴乱画）问题逐步得到治理，全年城管执法队共处理市容“六乱”10万宗，比上年下降50%；整改、拆除户外破旧、不合规的广告灯箱239宗，规范城区主次干道广告店招牌设置722处，面积4000平方米。同时，城区集贸市场开展环境卫生整治和病媒生物防治，清理城市卫生死角，解决市场及周边“脏乱差”问题。

建筑工地安全监管 2020年，区住建局落实安全监管责任，全面开展建筑工地安全生产大检查，保障安全生产和社会稳定。强化安全文明施工，实现安全生产“零死亡”。严把工程质量，全年争创省“双优”工程4个、省“优质结构”

奖1个、市“双优”工程3个、省建设工程优质奖和市建设工程优质奖各1个；开展建筑工地安全生产大检查7场（次），深基坑工程专项检查1次，出动检查人员1200多人（次），检查在建工地184个（次），重点排查治理建筑工地安全、市政基础设施安全、工地消防安全隐患。全年未发生安全事故，梅江区建筑工程领域安全生产稳定可控。

创新违建治理 2020年，区住建局综合运用网格化执法巡查、数字化城管、群众投诉举报和第三方航拍技术服务项目变化检测手段，从“天、地、网”三个维度强力拆违控违治违，以铁的手腕、新的举措、科学手段创新违建治理。执法人员敢于顶真碰硬、敢于亮剑执法，成功拆除城北镇东南汽车、客都小学侧历史遗留的违法建筑，达到“拆除一户、教育一片、震慑一方”的影响。全年依照法定职权和程序共处理各类行政处罚案件58宗，罚款金额170.75万元，行政征收（城市道路临时占用费征收）30.37万元。

临时建筑（铁皮瓦）改造 2020年，区住建局结合城市更新、历史文化街区改造以及华南大道、机场路沿线整治提升改造工程，带动私人屋主提高认识，广泛参与。配合区直相关单位、各镇（街道）通力协作、联合执法，全区进行改造提升的机关（企）事业单位247家，完成改造175家，改造面积9.1万平方米，正在实施改造19家，面积约4.4万平方米。城区7条主干道，摸排改造总面积约8.8万平方米，完成整改面积约2.5万平方米。

燃气（瓶装液化石油气）安全执法 2020年，区住建局扎实做好燃气供应企业设备设施、供应站点安全隐患排查治理，全年共检查燃气企业3家16次，供应站点101家（次），发出整改意见31条，完成整改31条。

大气污染防治 2020年，区住建局严格执法、重拳出击，严厉打击施工工地和路面“扬、洒、漏”违法行为，全年共教育整改工地176宗，教育整改车辆298辆，行政处罚34宗，罚款17.8万元。

【市政建设】 2020年，区住建局根据城建计划，安排资金3442万元，用于城市管理运营维护。

基础设施维护 2020年，区住建局加强对城区市政道路、广场、桥梁、航标等市政基础设施的日常巡查、维修养护。主要通过砼路面修复、冷补沥青、灌缝胶灌缝等形式修复道路（含人行道）79条（宗），其中修复路面面积8850平方米、灌缝路长6万多米，维修路缘石、花池1000多米；维修河堤不锈钢栏杆约20处，处理无主市政设施5宗；同时定期做好桥梁维护维修、应急管理和“一桥一档”档案资料完善。

照明设施维护 2020年，梅州城区照明装灯总功率（城市道路照明和景观照明使用灯具额定功率）4693.96千瓦；路灯盏数4.74万盏，比上年净增5870盏；照明覆盖路长545.94千米，比上年净增54.50千米；变压器27台、三遥稳压控制箱278台。全年共组织路灯维修1.25万盏次，安全排查及线路故障抢修420多起，保障市政照明设施亮灯率99%以上、设施完好率98%以上。同时，保障公园、广场、各主次干道等重要节点的亮化进行升级改造和推进绿色节能照明。

城区绿地管护 2020年，区住建局对城区公园、公共绿地、管养行道树定期做好卫生保洁、树枝修剪、清除死树枯枝、清理绿化废料、缺株补植、截顶减负和病虫害防治工作，确保城区路树绿化美化。全年共出动3万多人次、600多车次完成约2.6万株行道树的修剪管护，对存在安全隐患的路树250株进行截顶处理，先后做好树木喷药杀虫防治3次。加强公园管理，定期检查维护公园内各项设施设备。积极做好春节和“五一”期间绿化管护，在城南高速出入口、市政府圆盘、客都大道等城市出入口、主干道、公园广场和交通环岛监督指导管养单位栽植时花3万平方米，补种苗木、乔灌木、花箱等，提升园林服务水平。

【住房保障】 2020年，梅江区城区居民新增住房建筑面积超过200万平方米，新建住房质量不断提高，住房功能和配套设施逐步完善。推进城镇棚户区改造，全区改造任务顺利完成，累计开工任务数452套，实际完成任务453套，基本建成541套，帮助300户居民搬出棚户区，住进新居。困难群众300名住进公租房，800多名领取租赁补贴，低保、低收入住房困难家庭实现应保尽保，中等偏下收入家庭住房条件有效改善。同时，住房公积金制度不断完善，2016—2020年支持1200多名缴存人贷款购买住房，支持100多名缴存人提取住房公积金支付房租。房地产市场保持平稳健康发展，基本实现“稳地价、稳房价、稳预期”目标。城镇老旧小区改造精准施策、全面推进。以2000年之前的住宅小区为重点，着力改造基础设施，改善群众居住条件和生活环境。2019—2020年共安排中央补助资金1000多万元，改造城镇老旧小区10个，惠及居民住户1500多户。

2020年，梅州城区江北历史文化街区改造提升，再现独具特色的民国风情

【城乡人居环境提升】 2020年，区住建局完成投资5000万元，主要进行金山街道黄坑村示范点房屋外立面改造，园林、绿化、路灯、河道整修，黄坑S223线入口景观提升，百岁山郊野公园节点景观提升工程（包括百岁山停车场、德馨园景观提升、森林生态科普馆、东山富乐花园门楼节点景观提升）。江北历史文化街区实施外立面修复、建筑结构加固、基础设施优化提升，以及电线和网线的规范整理，统一商铺门前走廊高度和店招风格，再现独具特色的民国风情。

【行政审批服务】 2020年，区住建局不断深化“放管服”改革和优化营商环境，推动政府职能转向减审批、强监督、优服务，提高工程建设项目审批效率。通过调整工程建设项目审批范围、简化施工许可手续、推进电子化申报、实行联合审图、并联审批、联合验收管理举措，实现申请材料流转替代申请人跑动，主动为申请人提供工程建设项目审批咨询、指导、协调服务，工程建设审批一次通过。全年全区建设工程审批31项，总建筑面积55.2万平方米，总合同价10.8亿元。通过广东省政务服务事项管理系统，对区住建局负责的行政许可和公共服务等事项进行全面梳理，通过提高申请材料精细化比例、简化审批流程、关联电子证照、容缺受理、告知承诺制、网上办、一次办、就近办等多种形式，实现服务群众办事“三少一快”（少提交材料、少填表内容、少到办事现场，快速办理）。至10月，区住建局负责42项行政许可和受理公共服务事项申请879宗，退回办结109宗，出证办结759宗，审批时限内提前办结764宗，提前办结率86.9%，实现行政审批服务规范运行、提质增效。

【信访调处】 2020年，区住建局统筹推进社会治安综合治理，着力化解社会矛盾纠纷，全年共受理各类信访问题1497

宗（件），主要涉及房屋违建、市容“六乱”、市政基础设施破损维修、建筑工程质量、物业服务、工地扬尘及噪音扰民等相关社会民生问题，积极调处查办，做到件件有落实、事事有回音，信访件调处率100%，群众满意度较高。

（黄 超）

环境卫生

2020 年 4 月 10 日，市环卫局开展爱国卫生月活动。图为环卫职工清扫学院路、东山大道路段，清理卫生死角

【概况】 2020 年，梅州市环境卫生管理局（以下简称市环卫局）精细化抓好城市范围内 491.3 万平方米道路日常清扫保洁，负责住户、门店 13 万多户生活垃圾上门收运，管理城区 20 座垃圾中转站、公共厕所 44 座。梅州城区每天 580 吨生活垃圾保持日产日清，无害化处理率、有效处理率 100%。全年累计办结数字化城管案件 4645 宗，12345 投诉案件 178 宗，办结率 100%；整改工地 278 宗，整改车辆 529 宗，行政处罚案件 49 宗。

【城乡环卫管理】 2020 年，市环卫局结合“创文”和“两美”行动，开展爱国卫生专项行动，扎实做好迎春花市、金山圩日、嘉应老街·步行街、农民丰收节等重大活动、重要节日的卫生保障工作。坚持问题导向，组织开展每月城乡环境卫生质量检查考核并抓好整改落实。对城乡卫生薄弱环节和重点场所加大清扫保洁力度，累计出动 4500 多车次、5 万多人次，清理卫生死角点 3 万多处。疫情期间，加强农贸市场等重点区域的清扫保洁，做好环卫设施设备消毒消杀，每天对城区公厕、中转站、收运车辆等清洗消杀 2 次以上。强化设施建设，全面完成凌风东路、文化公园等首批 5 座试点公厕的智能改造工程，有序推进 2020 年梅江区十件民生实事涉及市环卫局的芹洋、五横街、华南大道等城市公厕及城区中转站升级改造项目。建立环卫车辆 GPS 视频监控平台，实现行车动态实时监控，运力调度更加科学高效。

【生活垃圾分类】 2020 年，市环卫局深入宣传引导，在城区设置垃圾分类宣传栏 586 个，发放宣传册、海报、小礼品等 15 万份；在“梅江直播”“掌上梅州”等媒体平台发布专项报道 61 篇，举办“党建联盟聚合力、垃圾分类齐参与”专题宣传活动 2058 场次，吸引城乡居民 14.8 万人次参与。开展示范带动，在辖区 228 个公共机构开展垃圾分类工作，全部完成分类桶点设置，开展率 100%。扩大示范小区引领作用，分批选取成熟小区开展垃圾分类宣传和转运工作，至年末开展分类转运的住宅小区（居民区）287 个，住户 2.32 万户。健全环卫收运体系，购买垃圾分类桶 3560 个、分类运输电瓶车 18 辆、分类三轮侧挂车 28 辆、三轮电动载桶车 12 辆、垃圾转运车 1 辆和分类压缩斗箱 5 个，同时对现有垃圾运输车和垃圾斗厢进行喷涂或张贴垃圾分类标识，实现垃圾分类收集和分类运输。11 月，派出环卫人员赴广州、韶关、江西靖安县学习生活垃圾分类和环卫市场化先进经验，为梅州城区推进垃圾分类工作开拓思路。

2020 年 5 月 16 日，市环卫局在江南街道梅南社区金港花园开展生活垃圾分类宣传活动

【关心环卫职工】 2020 年，市环卫局累计投入 80 多万元，用于节日慰问、“二次医保”、职工健康体检、退休离岗慰问等福利支出。争取市总工会困难职工金秋助学、疫情期间生活补助等各类补助共计 110.77 万元，累计受惠困难职工 328 人次。疫情期间，环卫工作得到社会各界大力支持，潮汕商会、河南商会、谷源环保、海吉星、金誉食品、俊城汽车集团、嘉应制药等企业，为环卫职工送药品、送清凉、送物资等爱心活动，其中接受社会热心企业单位捐赠防疫物资口罩 5350 个、橡胶手套 4000 对、口罩垫 2500 片、消毒液 175 升。社会各界认同、尊重支持环卫工人、配合环卫工作的良好氛围更加浓厚。

（赖芬芳）

环境保护

【概况】 2020 年，梅江区环境保护局（以下简称区环保局）深入学习贯彻习近平新时代中国特色社会主义思想，全面贯彻习近平生态文明思想和生态环境保护法律法规，以提高环境质量为核心，以打赢污染防治攻坚战为目标，以突出环境问题整改为抓手，强化执法监管。认真做好疫情防控，立足环保工作实际，助力企业复工复产。

【环境质量】 2020 年，区环保局对梅江区空气质量监测有效天数 365 天，其中优 254 天、良 107 天、轻度污染 4 天（污染物为 0 立方米），优良率 98.9%。首要污染物 0 立方米占 70 天，占比 59.8%，同比上升 1.2 个百分点。全年全区饮用水源地水质达标率和主要河段水质达标率保持 100%。扎实推进土壤环境状况调查，防控土壤环境风险，保障农产品质量及人居环境安全达到预定目标，梅江区受污染耕地安全利用类和严格管控类任务完成比例达到 100%。全年梅江区实现减少排放化学需氧量 1019.47

2020 年 10 月 26 日，梅江区举行庆祝第 27 个广东省环卫工人节会议，对环卫一线涌现出的先进典型进行表彰

吨、氨氮370.41吨、二氧化硫147.18吨、氮氧化物70.58吨。完成“十三五”主要污染物总量减排目标。生态环境状况良好，呈现稳中有进的态势，梅江区没有发生因环境问题被通报批评和媒体曝光的情况。严格落实突发环境污染事件应急相关制度，联合梅江区园区服务中心开展环境应急演练、执法大练兵活动，深入排查环境污染隐患源头，消除一批风险点，进一步降低突发环境污染事件的发生。

【责任落实】 2020年，梅江区成立由区委书记任第一主任、区长任主任的梅江区生态环境保护委员会，制定印发《梅江区贯彻落实中央环境保护督察“回头看”及固体废物环境问题专项督察反馈意见暨省级环境保护督察反馈意见整改方案》《广东梅州经济开发区环境综合整治实施方案》《梅江区重污染天气应急预案》等方案，召开梅江区打赢污染防治攻坚战工作推进会，签订生态环境保护责任书，进一步强化统一领导，着力构建区委、区政府统领全局，有关部门、单位各司其职，全社会齐抓共管的大环保格局。

【疫情防控】 2020年，区环保局把疫情防控和应急处置工作放在突出位置，做到第一时间组建工作机构、第一时间安排部署、第一时间开展现场督查，做好值班值守、应急监测、协调联动，全力做好疫情防控工作。同时，实施环评审批和监督执法“两个正面清单”，全面助推企业复工复产。积极指导相关医疗单位及时安全处置传染性医疗废物，确保不因医疗废物而传播新型冠状病毒感染的肺炎疫情或造成其他环境污染。同时加强对饮用水水源地水质监测，强化大气和水质自动监测数据监控，确保生态环境质量安全。

【污染防治】 2020年，区环保局狠抓工业污染防治，开展“散、乱、污”企业整治工作。加强水源地环境保护，完成50块界标、宣传牌、交通警示牌设置工作。加快污水处理设施建设进度，4个镇级污水处理厂及管网均完成建设并投入使用。开展农村生活污水治理，全年完成6镇（街道）776个自然村生活污水摸排和治理镇级和区级实施方案编制工作，梅江区自然村农村生活污水治理率50.3%，收集率80.1%。推进农业农村污染防治，开展畜禽禁养区清理、限养区畜禽污染防治综合整治，强化水污染治理力度，完善东升工业园区生活废水收集管网并建设中转站，将园区企业生活废水纳入市政污水处理厂处理。开展挥发性有机物重点监管企业销号整治，共出动400多人次，发出整改通知书19份，完成整改100多项，全面完成48家省清单挥发性有机物重点监管企业销号整治工作。加强危险废物规范化管理，工业危险废物安全处置率100%，医疗废物安全处置率100%。开展地面扬尘污染治理，发现和清理清扫道路撒漏700多宗，出动检查人员300多人次对区属在建工地扬尘治理措

2020年4月8日，广东省生态环境厅厅长鲁修禄（右三）到华禹污水处理厂调研

施落实情况进行全面检查，发出整改通知书22份。推进非道路移动机械污染防治，开展机动车用车大户入户检查和联合执法路检，建立用车大户微信群21家，监测柴油车66辆，完成16家企业入户检查工作。开展露天焚烧整治，各镇、街道实行网格化管理，进行全天候露天焚烧巡查，全年共出动巡查1500多人次，制止扑灭露天焚烧火点1000多处。全面落实国家关于禁止“洋垃圾”入境各项改革措施，停止进口废塑料加工利用初审，对原利用进口废料加工生产企业进行检查。开展一般工业固体废物申报，提高工业固体废物资源化利用率。加强农业面源污染防治，突出化肥和农药使用零增长，开展农用地土壤污染环境质量监测，推进农业废弃物资源化综合利用。大力减少生活污染，全区上门收运生活垃圾服务覆盖城区10万多户，年产生活垃圾约16万吨，保持日产日清。完成“一县一场”“一镇一站”“一村一点”工程建设并投入运营，全年全区城乡生活垃圾无害化处理率、生活垃圾有效处理率100%。

【环保督察】 2020年，区环保局扎实抓好中央环境保护督察、中央环境保护督察“回头看”及固体废物环境问题专项督察、省级环境保护督察反馈意见整改工作，结合反馈问题整改清单，持续推进梅江区镇村污水管网建设和整改，对涉及梅江区2016年第一轮中央环保督察反馈6大项2小项、2018年中央环保督察“回头看”20大项49小项、2018年省级环境保护督察13项整改任务数，进行全面自查，2020年，除配合梅州市住建局开展黑臭水体整治项目、农村生活污水处理设施及配套管网建设项目外，其余整改任务全面完成。有力推动梅江区生态环境改善，梅江区生态文明建设水平得到明显提升。

【环境监管】 2020年，区环保局认真开展汛期环境安全检查、“环境安全月”活动、VOC重点企业销号整治行动、梅州经济开发区环境综合整治、线路板生产企业交叉检查整治行动、已发国证企业执法检查、打击危险废物环境违法犯罪行为、危险废物重点单位环境安全隐患排查整治等各类环境安全隐患执法检查工作，对涉VOCs和酸碱废气排放企业33家进行突击检查和废气监测，报告显示监测企业废气达标排放。完成开发区红线内线路板企业23家，废水排放全面核查统计工作。对园区涉VOCs有机废气排放企业40家进行全面检查，发现存在废气收集不完善等问题的企业下达《行政执法责令改正通知书》，对34家厂中厂进行全面清理，限期整改，对提交整改报告的18家线路板企业整改落实情况进行核实，督促相关企业尽快按要求完成整治工作。全年共出动执法人员1873人次，检查排污企业771家，发出《责令改正违法行为决定书》6份，查封扣押2宗，立案查处6宗，罚没金额6.53万元；受理各类环境信访案件2601宗（其中重复投

2020年5月25日，梅江区环保局召开全区打赢污染防治攻坚战工作推进会

诉 1028 宗），接待群众来访 41 批 53 人次，调查处理 2549 宗，处理率 98%。完成水、气、声环境监测任务，全年共取得有效数据约 1900 个；对 3 家省控重点污染源按季度进行监督性监测，全部重点污染源污染物排放达标率 100%。全年完成水污染源监测 95 家次，气污染源监测 45 家次，声污染源监测 37 家次，各种污染投诉、纠纷应急监测 36 宗（次）。强化排污许可管理工作，全年完成企业排污许可登记发证任务 334 家。深化“放管服”，持续优化营商环境，落实环境影响评价审批正面清单管理，大力推行建设项目环评豁免管理和告知承诺制审批，环评报告书、报告表审批时限由法定承诺 60 天、30 天压缩至 15 天、7 天，疫情期间开辟审批绿色通道，做到受理前公示和审批前公示同时进行，缩短审批时限，全年审批项目 95 个（其中报告书 7 个、报告表 88 个），登记表备案 267 个。实施权责清单管理，将行政许可和管理服务事项进驻网上大厅，实现申请办理事项“零跑腿”，网办深度 100%。

【环保宣传】 2020 年，区环保局在区政府网站重点领域栏目设置环境保护专栏，及时公开环境保护相关信息，严格要求重点排污单位做好信息公开工作，保障社会各界对环境质量的监督权、参与权和知情权。精心组织策划纪念“六五”世界环境日系列活动，在“梅州市不留白色污染示范村——玉水村”开展“美丽中国·我是行动者——不留白色污染”主题实践活动，开辟农村生态环境宣教阵地。大力开展生态环境志愿服务，组建生态环境志愿服务队，向社会公众宣传环保基本国策、法律法规和科学知识，进一步提升生态文明意识。

（张秀文）

教育 · 文化 · 旅游 · 体育

教　育

【概况】　2020 年，梅江区教育局深入贯彻落实全国、全省、全市教育工作会议精神，认真履行职责，积极筹集资金，加快推进学校建设工程进度，切实解决教育热点难点问题。细化工作措施，全力做好疫情防控工作，保障教育教学秩序正常开展。深化教育领域综合改革，制定完善教育发展规划，保障教育健康发展。扎实抓好教育管理，提高教育教学质量，提升特色办学水平，各项工作取得显著的成绩。全年全区有各级各类学校 138 所（公办学校 54 所），其中幼儿园 92 所（公办 12 所）；完全小学 28 所（公办 25 所），初级中学 5 所，九年一贯制学校 5 所（公办 3 所）；完全中学 4 所，职业中学 3 所（公办 1 所），区教师进修学校 1 所，特殊教育学校 1 所；各级各类在校学生 75349 人，其中公办学校在校生 57012 人、民办学校在校学生 18337 人；全区教职工 6021 人，其中公办教职工 3708 人，民办学校教职工 2313 人；中小学、幼儿园适龄儿童少年入学率 100%，小学五年保留率 110.30%，初中巩固率 99.96%，高中阶段毛入学率 100.98%。

【疫情防控】　2020 年，梅江区教育局面对突如其来的新冠肺炎疫情，坚持人民至上、生命至上，制定疫情常态化防控工作方案、应急预案和应急工作流程图等制度，具体指导学校防疫工作，对全区师生动向和健康状况进行地毯式摸查，做到全员覆盖、登记造册、一个不漏。全年对全区教育系统师生及重点岗位员工进行核酸检测，结果均为阴性。投入 103 万元，完善薄弱学校食堂卫生等设施建设，学校食堂“互联网+明厨亮灶”覆盖率 100%。投入 533 万元，维修改造校舍，发放 84 消毒液一批、红外线体温计 200 个、免洗洗手消毒液 300 瓶、一次性手套 3000 双、一次性医用口罩（成人）1.5 万个和儿童口罩 1000 多个，区教育系统全体党员“抗疫”捐款 14.61 万元。减少疫情对教育教学的影响，在梅江区教育资源公共服务平台向全区学生授课。2 月 7 日，开通高三云课堂，17 日实现小学到高中云课堂全覆盖。至 4 月 24 日，通过教育云平台系统直播授课 1632 节，访问点击量 325 万多次。落实安全工作责任，及时排查安全隐患，充实完善相关学校的视频、一键式报警等安全设备，加强校车管理，强化学校食堂卫生监管，提高师生安全意识和防患能力。

【基础建设】　2020 年，梅江区投入教育资金 3.34 亿元，新建 6 所学校（含幼儿园），新建、改建、维修教学楼 15 栋，新建、改建体育馆或运动场 9 个，新增学位 4100 个。新建学校有：梅州市实验小学建成投入使用，新增学位 1620 个；芹洋学校初中部如期招生，新增学位 1200 个；白宫、上坪、吉祥、站前 4 所公办幼儿园建成投入使用，增加幼儿学位 1260 个。在建项目有：金山小学迁建前期工作基本完成，将动工建设；会文小学完成工程总量约 60%，运动场已竣工，综合楼、教学楼、辅助教学楼、体育馆等工程完成过半；元城小学、元城幼儿园完成工程总量约 70%；梅州中学扩容提质工程完成初步设计。完成小学招生毕业派位工作，小学一年级入学 6700 多人，按照“户口为主、划分片区、相对就近、统筹安排”的原则完成入学，全区小学毕业生 5974 人，实行电脑派位到东山中学、学艺中学、梅州中学等8所中学就读。严格按照市教育局下达2190名普通高中招生任务，社会各界对入学招生工作评价满意。全年全区学校新购计算机864台、电子白板291块、图书13.2万册、学生桌椅1.1万套。2020年，龙丰、嘉福、萍聚、珍贵、华师华业和东方跨世纪6所幼儿园顺利通过“梅州市一级幼儿园”验收，梅州中学、风眠小学被评为“梅州市新时代文明实践中心示范点”，西阳中学、水白中学、金山小学被评为“广东中小学心理健康教育特色学校”。同时，完成全区学校（含幼儿园）食堂“互联网+明厨亮灶”全覆盖。

【教育经费】 2020年，区教育局争取上级资金1.98亿元（中央和省级1.73亿元、市级0.25亿元），主要用于改善学校办学条件、学校建设校舍维护、建档立卡、困难学生资助、名校长名教师工作室等开支。其中学前教育公办和普惠性公用经费每人每学年400元共1.25万人、499.96万元，下拨义务教育公用经费资金6357.37万元，落实义务教育随班就读公用经费58.8万元，下拨特殊教育学校公用经费169.9万元，落实普通高中公用经费每人每学年1000元标准共6886人、688.6万元，公办普通高中生均公用经费由每生每年500元提高至1000元共计688.6万元全额到位，落实省定义务教育生均公用经费拨款标准6357.37万元全额到位。各类资助资金落实情况，城乡义务教育家庭经济困难学生生活费补助49.89万元，建档立卡免学费补助36.68万元，建档立卡生活费补助56.75万元，普通高中助学金102.9万元，中职助学金40.2万元，中职免学费438万元。发动全区学校捐款127.1万元，用于资助家庭贫困和品学兼优学生，受助学生2300多人次。全年投入169.63万元，维修改造6所中小学厕所（嘉应中学、水白中学、光远小学、鸿都小学、普育小学、白宫学校），8月全部竣工投入使用。此外，结对共建工作派出132人次到10户贫困户帮扶，全部达到脱贫标准。全年全区教育系统共捐款61.33万元，其中指定用于西阳镇双黄村扶贫54.84万元，指定用于西阳镇西阳社区6.49万元。

2020年9月，梅州市实验小学建成投入使用

【教学成果】 2020年，区教育局认真抓好中考高考备考工作，全区初级中学毕业生5746人参加中考，东山中学入围分数1397人，入围率24.49%；全区高中毕业生2017人参加高考，达到优先投档线130人；本科线以上1022人，比上年增长4.4%；特长生高考取得好成绩，本科线以上347人。区委、区政府拨出专项资金303万元，表彰奖励教育教学工作取得突出成绩的学校和教师。特色办学成绩突显，全年全区师生参加各类竞赛，获省级以上奖励319项，市级以上奖励1258项，向省级以上专业俱乐部输送运动员8名，其中美华小学1人、人民小学1人、梅师附小3人、龙坪小学3人。

【教师队伍】 2020年，梅江区教师不足问题得到及时补

2020 年 9 月 8 日，梅江区庆祝教师节表彰大会

充，全年新增中小学教师 190 名，其中区外调入 61 人、新招录教师 129 人。此外，由第三方向社会招录劳务派遣教师 42 人。小学教师队伍结构得到优化，初步缓解小学教师紧缺的问题。开展业务培训工作，组织 20 名校长参加高研班、优秀校长研修、乡村骨干校长研修等培训，组织全区中小学校长参加“2020 年广东省中小学校长党支部书记党建工作示范培训班”，组织 218 人次参加省、市骨干教师、强师工程、国培计划培训，组织 567 人参加高中教师职务培训、877 人参加初中教师职务培训、90 人参加中职全员培训、1810 人参加小学教师全员培训、613 人参加幼儿园教师全员培训。安排 132 名教师参加支教、跟岗和交流活动，其中支教 31 人、跟岗学习 64 人、交流教师 37 人。全年投入 310 多万元，开展“网络晒课”“一师一优课、一课一名师”等教研活动，获得国级、省级、市级教育教学技能竞赛奖项分别为 74 项、169 项和 34 项。

【完全中学】 梅州中学 梅州中学占地面积 12 万平方米，建筑面积 6 万平方米。2020 年，学校有教职工 358 人、学生 3731 人；高考本科入围率 83.6%，高考 600 分以上 3 人，其中考生陈禹潼被中央美术学院录取、黄雨菲被中国美术学院录取。中考总平均分 573.39 分、裸分 779.2 分，居梅江区第一。教学科研成果辉煌，2020 年，广东省化学实验操作比赛获奖老师 1 位，论文获省级奖教师 2 位，梅州市教师能力、课例大赛获奖教师 16 位，梅江区教师能力、课例大赛获奖教师 21 位，执教校级公开课教师 74 位，梅江区年会论文获奖教师 8 位；学生参加各项比赛，获省级奖励 31 人，其中涂莉群和叶楚怡参加机器人竞技比赛均获梅州市高中组一等奖。2020 年梅州中学顺利通过广东省信息化中心学校建设评估验收，评为教育部网络学习空间应用普及活动优秀学校、全国青少年校园篮球传统特色学校和梅州市科学教育特色学校。

联合中学 联合中学创办于 1952 年，校园占地面积 5.58 万平方米，校舍面积 2.37 万平方米。2020 年，学校有教职员

2020 年 12 月 8 日，梅江区委书记朱国城到梅州中学为师生上思政课

工157人，教学班42个，学生1900多人。学校开设体育、美术、音乐和传媒特长班，在体育、美术、音乐和传媒方面形成鲜明的办学特色，2020年学校中考、高考取得佳绩，中考入重点中学考生8人。高考59人考上二本线，其中王涛龙荣获梅江区体育术科和总分第一名。全年学校有省级课题开题2项、市级课题结题1项，师生在教育教学方面获得奖项有省级4个、市级8个、区级29个，603班学生赖怡君被授予“广东省优秀学生”荣誉称号，401班学生李远红、502班学生管宇诗荣获梅州市“叶剑英基金品学兼优奖”，603班学生龙金锋等4人被授予梅州市“三好学生”荣誉称号。学校风景优美、布局合理，2020年联合中学被梅州市人民政府评为“园林式单位”，被省教育厅认定广东省“绿色学校”。

乐育中学　乐育中学创办于清光绪二十八年（1902），是梅州市创办最早的中学之一。学校秉承“乐善崇真、育德务本”的办学精神，形成“以人为本，发展个性特长，培养创新精神”的办学特色，面向全体，全面发展，坚持“和谐、发展、创新”的办学理念。学校历经近120年风雨沧桑，为社会各界培养出大批优秀人才，学部委员、院士有张如心、梁伯强、钟世镇、江欢成、刘迪华5位，留学博士有陈安良、罗潜、曾志民等48位，学校素有“博士、名医摇篮”的美誉。乐育中学占地面积4.15万平方米，建筑面积2.46万平方米。2020年，学校有教职工173人，学生1937人。学校确立新的教育观、人才观，提出“不求人人升学，但愿个个成才”，让每个学生的特长得到充分发挥，让每个学生的潜能得到进一步挖掘，把音乐、美术、体育作为学校的办学特色，在高考、中考中实现“低进高出”的育人目标。

嘉应中学　嘉应中学创办于1985年。2020年有76个教学班，学生4000多人，教职工298人。校园占地面积3.03万平方米，校舍2.28万平方米，建有藏书16万多册的图书馆、现代化多功能综合楼、实验楼、体育馆、塑胶篮球场和标准足球场及球类运动区等教学设施，拥有学生公寓楼、食堂及可供大型文艺会演的多功能大礼堂、教研休闲为一体的教师驿站、书吧等充分满足师生开展各类教育教学活动的设施。2020年高考成绩，上高分优先投档线30人，上本科线222人，本科率37.4%；美术生况文君美术总分584位居全省74名，体育生蔡文轩体育总分555位居全省419名，传媒生李旭鑫专业分277位居全省15名，罗榆清获得四川音乐学院等10多间院校录取资格，音乐生李钰兒、汤鑫玮、温菽行获得星海音乐学院录取资格。中考成绩突出，温丝媚同学以总分781.4分获得梅江区第一名，“梅州市自强不息好少年”郭智锐同学取得778.6分的优异成绩，梅江区750分以上的考生（共30人）中该校占有14人，梅江区700分以上的考生（共262人）中该校有111人，入围重点线269人。2020年，师生参加各级各项比赛取得好成绩，集体类获得市级奖励7项、区级奖励9项，教师获得国家级奖励1项、

2020年9月1日，区长钟秀堂（右一）到嘉应中学参加开学典礼

省级奖励 24 项、市级奖励 67 项、区级荣誉称号 92 项，学生获得省级荣誉称号 64 项、市级荣誉称号 79 项、区级荣誉称号 68 项。

【职业中学】 梅州城西职业技术学校（以下简称城西职中）位于梅州市环市西路 332 号，是国家级重点中等职业学校。学校占地面积 7.41 万平方米，建筑面积 3.63 万平方米。2020 年，城西职中有教职工 99 人，学生 1006 人。学校开设专业有电梯安装与维修、汽车运用与维修、智能交通管理与控制、电子商务、学前教育、会计、计算机应用、幼儿保育等专业。2020 年，城西职中有 5 个项目代表梅州市参加广东省中职学生技能大赛，其中电子商务技术和沙盘模拟企业经营均获二等奖，汽车运用与维修——车身涂装、电梯维修保养、幼儿园活动设计获省三等奖。同时，承办市中职学生技能大赛项目电子商务技术、电梯维修保养、汽车运用与维修——车身涂装，城西职中获市一等奖 3 项、二等奖 5 项、三等奖 8 项、优秀奖 4 项。12 月 21—22 日，梅州市人力资源和社会保障局主办、梅江区人力资源和社会保障局承办、梅江区职业技能公共实训基地和学校协办的梅州市“广东技工”电梯岗位职业技能大赛在城西职中举行，采取以赛代考的形式，学校选拔两支队伍参赛，分别获得一等奖和三等奖。2020 年学校“3+证书”高考生 88 人全部上省线，13 人上本科线；应届毕业生 105 人，就业率 98.2%。

（丘传州）

文学艺术

【概况】 2020 年，梅江区文化广电旅游体育局（以下简称区文广旅体局）努力完善公共文化服务体系，丰富和保障群众精神文化生活，以文促旅、以旅彰文，推动文旅体融合发展。充分释放梅江区文旅体经济活力，开创“诗画梅江、文明客都”新格局，加快“文化强区”“体育强区”“全域旅游示范区”建设步伐。

【设施建设】 2020 年，区文广旅体局投入近 1000 万元，推动文化阵地扩容提质，建立和完善梅江区图书馆、文化馆、博物馆和镇（街道）综合文化站以及村（社区）文化室、文化俱乐部、综合文化服务中心、文体活动广场为主要阵地的区、镇（街道）、村（社区）三级公共文化服务体系，梅江区图书馆、文化馆总分馆制镇（街道）全覆盖，进一步优化“十分钟文化圈”。全年完成梅江区博物馆、3 个“粤书吧”（图书馆分馆或服务点的文旅融合创新形态）和 1 个“两中心融合”（基层综合性文化服务中心和旅游咨询中心）试点建设。

【群众文化】 2020 年，区文广旅体局开展“我们的节日”“百姓舞台”“文化下乡”“文化五进”（进社区、进农村、进机关、进学校、进企业）等群众文化活动和“千年古村展新貌 诗画梅江庆丰年”“金山圩日”“嘉应老街 步行街启动仪式”“纪念林风眠 120 周年诞辰”等文艺演出或文化活动共 100 多场次。引导辖区 20 多

2020 年 10 月 1 日，梅江区在城北镇玉水村举办“庆国庆、度中秋”文艺演出

支文化志愿服务队伍在乡村、社区、企业、敬老院、小广场等地开展志愿服务活动100多场次。投入100多万元，保障公共文化设施免费开放，全年服务群众30万人次以上，其中梅江区图书馆推出“梅江悦读”“读联体”2个小程序、线上线下并举开展文化活动，服务群众4万多人次。全年区文化馆举办外来务工人员子女舞蹈免费培训班和客家山歌班、合唱班、书法班、美术班、古筝班等特色培训班20班次，培训未成年人2000多人次；区图书馆开展“传播书香”系列活动，寒暑假举办“客家童谣诵读班”，培训未成年人600多人次。创作歌曲《平安》、五句板《众志成城 战胜疫情》、小品《爱在进行中》、诗歌《战胜疫情 中国能行》等10多项抗疫主题作品，2020年梅江区荣获梅州市群文作品总分第一，其中上送音乐作品《幸福满堂》、戏剧作品《墙绘风波》获广东省群文作品二等奖。

【文化遗产保护】 2020年，区文广旅体局积极推动客家文化（梅州）生态保护实验区建设，梅江区非物质文化遗产综合性传习中心建成使用，“梅城腌面”“梅塘梅菜”成功申报第九批市级“非遗”项目，侯文芳、李雅平等12人获评第四批县级非物质文化遗产代表性传承人，编印梅江区“非遗”画册，开展“非遗传承·健康生活”梅江区2020年文化和自然遗产日“非遗”宣传展示展演、图片展览等系列活动。成立林风眠艺术基金会，投入2000多万元的省级文物保护单位林风眠故居修缮工程和林风眠纪念馆建设工程竣工投入使用，碧芬精庐（卢耕父故居）抢修工程完工，红军名将朱云卿事迹陈列室建成开放，启动李国豪院士故居修缮工程，“禄善堂”被确定为县级文物保护单位。全年梅江区客家围龙屋普查共登录433个单位，并形成梅江区客家围龙屋普查工作报告。修订编制梅江区名人名居导览图，建成名人故（旧）居网络管理系统；争取专项资金建设粤北华南教育历史研学基地，举办“铭记烽火历史 传承红色基因”——走进华南教育历史研学基地办学纪念活动，国立中山大学临时办事处（金山顶原梅县博物馆）挂牌。2020年完成《客都新天地（桂芳楼片区活化项目）概念规划》编制，梅江区“一城两坊”历史文化街区保护开发利用一期（望杏坊）项目梅江区发改局立项等。

2020年11月22日，梅江区西阳镇阁公岭村举行林风眠纪念馆落成揭幕。广东省人大常委会副主任罗娟（左三），浙江省美协主席、中国美术学院院长高世名（右三），梅州市委书记陈敏（左二），广东省文化和旅游厅厅长汪一洋（右二），北京大学教育学院副教授蔡磊砢（左一），梅州市市长张爱军（右一）参加揭幕仪式

【文化市场监管】 2020年，区文广旅体局开展“七五”普法、“3·15”消费者权益日、“11·9”消防安全日、“12·4”宪法日等主题宣传活动，举办群众性法治讲座、法治文艺宣传活动25场次。全年依法受理审批、审核、备案事项75宗，受理办结“12345”（民声政务互动热线）案件45宗。加强对网吧、KTV等行业经营单位安全生产、消防安全、疫情防控、扫黄打非、扫黑除恶的监管，辖区内2个景区设立扫黄打非办公室，全年出动检查人员696人次，检查经营单位253家次。

（李　远）

梅江区非物质文化遗产项目一览表

（统计时间：2020 年 12 月）

表 2

序号	项目名称	项目类别	项目级别／保护单位
1	席狮舞	传统舞蹈	国家级非物质文化遗产名录 梅州市梅江区文化馆
2	铙钹花	传统舞蹈	省级非物质文化遗产名录 梅州市梅江区文化馆
3	梅江区客家盐焗鸡制作技艺	传统技艺	省级非物质文化遗产名录 梅州市尚记食品有限公司
4	梅江区五句板	曲艺	省级非物质文化遗产名录 梅州市梅江区文化馆
5	梅江区客家娘酒酿造技艺	传统技艺	省级非物质文化遗产名录
6	香花佛事	民俗	市级非物质文化遗产名录 梅州市梅江区文化馆
7	太阳生日	民俗	市级非物质文化遗产梅州市梅江区文化馆名录
8	打莲池	传统舞蹈	市级非物质文化遗产梅州市梅江区文化馆名录 梅州市梅江区文化馆
9	下市话	民间文学	市级非物质文化遗产名录 梅州市非物质文化遗产保护中心
10	对山歌	民间文学	市级非物质文化遗产名录 梅州市梅江区文化馆
11	清凉山茶制作技艺	传统技艺	市级非物质文化遗产名录 梅江区清凉山茶合作社
12	傀儡戏	传统戏剧	县级非物质文化遗产名录
13	百家姓灯笼编织工艺	传统技艺	县级非物质文化遗产名录
14	迎新娘	民俗	县级非物质文化遗产名录
15	坐月子	民俗	县级非物质文化遗产名录
16	上灯	民俗	县级非物质文化遗产名录
17	丧礼	民俗	县级非物质文化遗产名录
18	葬礼	民俗	县级非物质文化遗产名录
19	拜公王	民俗	县级非物质文化遗产名录
20	拜社官	民俗	县级非物质文化遗产名录
21	拜孔圣人	民俗	县级非物质文化遗产名录
22	升龙转火	民俗	县级非物质文化遗产名录
23	拜药师	传统舞蹈	县级非物质文化遗产名录

续表 2

序号	项目名称	项目类别	项目级别 / 保护单位
24	舞龙	传统舞蹈	县级非物质文化遗产名录
25	拜血盆	传统舞蹈	县级非物质文化遗产名录
26	月光光	民间文学	县级非物质文化遗产名录
27	梅城山歌	传统音乐	县级非物质文化遗产名录
28	蟾蜍罗	民间文学	县级非物质文化遗产名录
29	闹八音	传统音乐	县级非物质文化遗产名录
30	客家大襟衫	消费习俗	县级非物质文化遗产名录
31	靠（交）头裤	消费习俗	县级非物质文化遗产名录
32	稻草鞋	消费习俗	县级非物质文化遗产名录
33	饭捎子	消费习俗	县级非物质文化遗产名录
34	客家梅菜	传统技艺	县级非物质文化遗产名录
35	蒸甜粄	消费习俗	县级非物质文化遗产名录
36	味窖粄	消费习俗	县级非物质文化遗产名录
37	清明粄	消费习俗	县级非物质文化遗产名录
38	糖莲子	消费习俗	县级非物质文化遗产名录
39	中华街老字号糖果	传统技艺	县级非物质文化遗产名录
40	三杯鸡	传统技艺	县级非物质文化遗产名录
41	植物土法染布	传统技艺	县级非物质文化遗产名录
42	竹篾婴儿吊篮	传统技艺	县级非物质文化遗产名录
43	织篾龙技艺	传统技艺	县级非物质文化遗产名录
44	织门（窗）帘	传统技艺	县级非物质文化遗产名录
45	钟聘三珍珠牛黄万应喉风散	传统医药	县级非物质文化遗产名录
46	天愈堂中草药	传统医药	县级非物质文化遗产名录
47	梅州喉风散	传统医药	县级非物质文化遗产名录
48	辍屋子	传统体育、游艺及杂技	县级非物质文化遗产名录
49	西阳木雕手工技艺	传统技艺	县级非物质文化遗产名录
50	仙人粄	传统技艺	县级非物质文化遗产名录
51	客家煎炸小食	传统技艺	县级非物质文化遗产名录
52	客家土法榨油	传统技艺	县级非物质文化遗产名录
53	客家水稻传统种植技艺	传统技艺	县级非物质文化遗产名录
54	钉屐工艺	传统技艺	县级非物质文化遗产名录
55	做木匠手艺	传统技艺	县级非物质文化遗产名录
56	弹棉被技艺	传统技艺	县级非物质文化遗产名录
57	木炭烧制技艺	传统技艺	县级非物质文化遗产名录

续表 2

序号	项目名称	项目类别	项目级别／保护单位
58	纸扎丧葬制作技艺	传统技艺	县级非物质文化遗产名录
59	草席编织工艺	传统技艺	县级非物质文化遗产名录
60	打洋锡	传统技艺	县级非物质文化遗产名录
61	客家传统婚嫁习俗	民俗	县级非物质文化遗产名录
62	客家传统生育习俗	民俗	县级非物质文化遗产名录
63	客家过继习俗	民俗	县级非物质文化遗产名录
64	客家传统春节习俗	民俗	县级非物质文化遗产名录
65	新屋进火习俗	民俗	县级非物质文化遗产名录
66	赴墟日	民俗	县级非物质文化遗产名录
67	下市闹元宵	民俗	市级非物质文化遗产名录
68	客家服饰	传统技艺	县级非物质文化遗产名录
69	客家剪纸	传统美术	县级非物质文化遗产名录
70	客家布画	传统美术	县级非物质文化遗产名录
71	梅塘梅菜制作技艺	传统技艺	县级非物质文化遗产名录
72	梅菜腌面烹饪技艺	传统技艺	县级非物质文化遗产名录
73	余氏手工装裱	传统美术	县级非物质文化遗产名录
74	客家画炭像	传统美术	县级非物质文化遗产名录

梅江区各级文物保护单位一览表

（统计时间：2020 年 12 月）

表 3

序号	文物保护单位名称	公布日期（批次）	级别	详细地点	年代	类别
1	人境庐和荣禄第	2013 年 3 月全国第七批	国家级	梅江区金山街道小溪唇社区客家公园内	清光绪七年（1881）、光绪十年（1884）	近现代重要史迹及代表性建筑
2	恩元第	2002 年广东省第四批	省级	梅江区金山街道小溪唇社区客家公园内	清代	古建筑
3	东山书院	2008 年广东省第五批	省级	梅江区金山街道龙丰村东山岌下	清乾隆十一年（1746）	古建筑
4	梅州千佛塔	1989 年广东省第三批	省级	梅江区金山街道东山龙丰村东岩莲花山	五代南汉大宝八年（965）	古建筑

续表 3

序号	文物保护单位名称	公布日期（批次）	级别	详细地点	年代	类别
5	福禄岌民居群（镇东楼、竹林居、崇本楼、州司马第、本立居、季立居）	2010 年 5 月广东省第六批	省级	梅江区三角镇泮坑村福禄岌	清代至民国	古建筑
6	林风眠故居	2012 年广东省第七批	省级	梅江区西阳镇阁公岭村	清代（约 1900）	近现代重要史迹及代表性建筑
7	棣华居	2002 年广东省第四批	省级	梅江区西阳镇新联村（仙花村）	民国 7 年（1918）	近现代重要史迹及代表性建筑
8	联芳楼	2002 年广东省第四批	省级	梅江区西阳镇新联村（仙花村）	民国 23 年（1934）竣工	近现代重要史迹及代表性建筑
9	联辉楼	2019 年由市级升为广东省第九批	省级	梅江区城北镇干光村洋坑 36 号	民国 14 年（1925）	近现代重要史迹及代表性建筑
10	新联大夫第	2019 年由市级升为广东省第九批	省级	梅江区西阳镇新联村	清代	古建筑
11	坜明乔琳公祠	2019 年由市级升为广东省第九批	省级	梅江区三角镇花门路	清代（明末开基兴建）	古建筑
12	大觉寺	2000 年 8 月梅州市第一批	市级	梅江区西郊街道月影塘社区大觉寺1号梅师附小内	南朝梁普通三年（522）	古建筑
13	曾　井	2000 年 8 月梅州市第一批	市级	梅江区西郊街道马石社区城西大道	五代南汉	古建筑
14	梅州学宫	2000 年 8 月梅州市第一批	市级	梅江区金山街道凌西社区南门考院前	建于南宋淳祐元年（1241）	古建筑
15	状元桥	2000 年 8 月梅州市第一批	市级	梅江区金山街道小溪唇社区东山书院前	清乾隆十一年（1746）	古建筑

续表 3

序号	文物保护单位名称	公布日期（批次）	级别	详细地点	年代	类别
16	梅江桥	2000 年 8 月梅州市第一批	市级	梅江区江南街道梅南社区	民国 23 年（1934）	近现代重要史迹及代表性建筑
17	江南天主教堂建筑群旧址	2000 年 8 月梅州市第一批	市级	梅江区江南街道梅南社区机关路 9 号	民国 27 年（1938）	近现代重要史迹及代表性建筑
18	凌风东西路骑楼式传统商业街建筑群	2000 年 8 月梅州市第一批	市级	梅江区金山街道凌东凌西社区梅江桥至中山街段	民国 21 年（1932）	近现代重要史迹及代表性建筑
19	侯安国墓	2014 年 1 月梅州市第二批	市级	梅江区城北镇塔下村与三村村交界地曾坑尾狐狸径	清乾隆十年（1745）	古墓葬
20	杨姓始祖墓定光古佛玉甲墓	2014 年 1 月梅州市第二批	市级	梅江区金山街道东厢月联一村 123 号	北宋乾德二年（964）	古墓葬
21	罗衣塔	2014 年 1 月梅州市第二批	市级	梅江区长沙镇下罗村	建于清中期[民国 5 年（1916）重修）]	古建筑
22	围坪朱屋	2015 年 2 月梅州市第三批	市级	梅江区城北镇干光村西门桥围坪	清乾隆年间（1736—1795）	古建筑
23	郁卿黄公祠（黄任寰故居）	2015 年 2 月梅州市第三批	市级	梅江区西阳镇甫田村黄屋阁 13 号	民国 15 年（1926）年落成	近现代重要史迹及代表性建筑
24	碧芬精庐（卢耕父故居）	2015 年 2 月梅州市第三批	市级	梅江区西阳镇太平村澄岗岭	民国初期	近现代重要史迹及代表性建筑
25	南门考院前黄氏祖祠	2016 年 6 月梅州市第四批	市级	梅江区金山街道南门考院前 13 号	清乾隆十二年（1747）建，乾隆十五年（1750）建成	古建筑

续表 3

序号	文物保护单位名称	公布日期（批次）	级别	详细地点	年代	类别
26	马鞍山大叶屋	2016 年 6 月梅州市第四批	市级	梅江区三角镇东升村围屋路 48 号	明万历年间（1573—1620）	古建筑
27	叶大经公墓	2017 年 3 月梅州市第五批（2016 年 10 月梅江区第三批）	市级	梅江区城北镇黄明村燕子窝	元延祐元年（1314）	古墓葬
28	七贤居（刘复之故居）	2017 年 3 月梅州市第五批	市级	梅江区三角镇上坪村 1 组	民国 9 年（1920）始建	近现代重要史迹及代表性建筑
29	三角村资政第	2017 年 3 月梅州市第五批	市级	梅江区三角镇三角村 12 队	清光绪十六年（1890）	古建筑
30	德赞楼	2017 年 12 月梅州市第六批	市级	梅江区金山街道小溪唇社区	清代（约 1810）	古建筑
31	大东岩摩崖石刻	1987 年梅县市二批	县级	梅江区金山街道东山龙丰村大东岩寺内	宋代	石窟寺及石刻
32	朱云卿故居	1987 年梅县市二批	县级	梅江区西郊街道长巷社区小河唇 10 号	清嘉庆年间（1796—1820）	古建筑
33	八角亭	1980 年梅县市一批	县级	梅江区金山街道凌西社区南门	清乾隆年间（1736—1795）建，1983 年重建	近现代重要史迹及代表性建筑
34	洁养堂	2011 年 12 月梅江区第二批	县级	梅江区三角镇三角村寮背岭官塘头下岭下路	清光绪年间（1875—1908）	近现代重要史迹及代表性建筑
35	留余堂	2011 年 12 月梅江区第二批	县级	梅江区金山街道东街嘉应大学亮湖楼后	清道光七年（1827）	古建筑
36	岗子上八角井	2011 年 12 月梅江区第二批	县级	梅江区金山街道东郊村岗子上梅县高级中学后校门南面	明代至清代	古建筑

续表 3

序号	文物保护单位名称	公布日期（批次）	级别	详细地点	年代	类别
37	侯过故居	2019 年 5 月 梅江区第四批	县级	梅江区城北镇上村村二组洞坑 7 号	清末	古建筑
38	邓军凯故居	2019 年 5 月 梅江区第四批	县级	梅江区三角镇上坪村十二组步岗岌 61 号	清顺治年间（1644—1661）	古建筑
39	下市禄善堂	2020 年 9 月 梅江区第三批	县级	梅江区金山街道小溪唇社区小溪唇 19 号	清中期（约1755—1765）	古建筑

梅江区不可移动文物一览表

（统计时间：2020 年 12 月）

表 4

序号	名　称	年　代	类　别	保护级别	地　址	备注
1	谷诒堂	清光绪十六年（1890）	古建筑		梅江区西郊街道马石社区	
2	小溪唇状元桥	清乾隆十一年（1746）	古建筑	市级	梅江区金山街道小溪唇社区	原名“状元桥”
3	镇东楼	民国 7 年（1918）	近现代重要史迹及代表性建筑		梅江区三角镇泮坑村	
4	竹林居	民国 25 年（1936）	近现代重要史迹及代表性建筑		梅江区三角镇泮坑村	
5	福禄岌州司马第	清末	古建筑		梅江区三角镇泮坑村	
6	本立居	清光绪八年（1882）	古建筑		梅江区三角镇泮坑村	
7	季立居	民国 2 年（1913）	近现代重要史迹及代表性建筑		梅江区三角镇泮坑村	
8	梁氏义孚堂	明嘉靖四十四年（1565）	古建筑		梅江区三角镇龙上村	

续表 4

序号	名　称	年　代	类　别	保护级别	地　址	备注
9	泮坑公王庙	明代	古建筑		梅江区三角镇泮坑村	
10	公王岌摩崖石刻	清代	石窟寺及石刻		梅江区三角镇泮坑村	
11	马鞍山大叶屋	清代	古建筑		梅江区三角镇东升村	
12	乐善公祠	清代	古建筑		梅江区三角镇三乡村	
13	大路背叶屋	民国元年（1912）	近现代重要史迹及代表性建筑		广东省梅州市梅江区三角镇上坪村	
14	约亭顶刘叶祖祠	清康熙年间（1662—1722）	古建筑		梅江区三角镇上坪村	
15	肃贻堂	民国 9 年（1920）	近现代重要史迹及代表性建筑		梅江区三角镇上坪村	
16	洁养堂	清光绪年间（1875—1908）	古建筑		梅江区三角镇三角村	
17	试植农圃	民国 16 年（1927）	近现代重要史迹及代表性建筑		梅江区三角镇东升村	
18	继善堂	清同治十二年（1873）	古建筑		梅江区三角镇三角村	
19	崇本楼	民国 25 年（1936）	近现代重要史迹及代表性建筑		梅江区三角镇泮坑村	
20	泮坑村熊氏楼	1957 年	近现代重要史迹及代表性建筑		梅江区三角镇泮坑村	
21	联辉楼	民国 14 年（1925）	近现代重要史迹及代表性建筑		梅江区城北镇干光村	
22	民生楼	民国 21 年（1932）	近现代重要史迹及代表性建筑		梅江区城北镇干光村	
23	新庆楼	民国 23 年（1934）	近现代重要史迹及代表性建筑		梅江区城北镇扎上村	
24	围坪朱屋	清乾隆年间（1736—1795）	古建筑		梅江区城北镇干光村	
25	中村大夫第	清光绪二十六年（1900）	古建筑		梅江区城北镇中村	

续表 4

序号	名　称	年　代	类　别	保护级别	地　址	备注
26	西门桥驿道遗址	清代	古遗址		梅江区城北镇干光村	
27	承裕楼	清光绪三十一年（1905）	古建筑		梅江区城北镇干才村	
28	崇善堂	清光绪三十三年（1907）	古建筑		梅江区城北镇玉水村	
29	龙上口驿道遗址	明代	古遗址		梅江区城北镇玉水村	
30	竹园堂	清代	古建筑		梅江区城北镇玉水村	
31	明阳寨杨家井	北宋皇祐年间（1049—1054）	古建筑		梅江区城北镇明阳村	
32	小溪唇荣禄第	清光绪七年（1881）	古建筑	省级	梅江区金山街道小溪唇社区	原名“人境庐及古民居建筑群”（含荣禄第、恩元第）
33	铸屋巷节孝牌坊	清乾隆七年（1742）	古建筑		梅江区西郊街道程江社区	
34	朱云卿故居	清光绪三十三年至民国 20 年（1907—1931）	近现代重要史迹及代表性建筑	县级	梅江区西郊街道长巷社区	
35	伯公巷南炮楼	民国 21 年（1932）	近现代重要史迹及代表性建筑		梅江区西郊街道程江社区	
36	西来庵炮楼	民国 21 年（1932）	近现代重要史迹及代表性建筑		梅江区西郊街道西区村	
37	大觉寺	明代	古建筑	市级	梅江区西郊街道月影塘社区	
38	深塘黄屋	清康熙初年	古建筑		梅江区西郊街道长巷社区	
39	梁伯聪故居	民国	近现代重要史迹及代表性建筑		梅江区西郊街道黄泥墩社区	
40	黄塘桥	清代	古建筑		梅江区西郊街道黄塘村	

续表 4

序号	名　称	年　代	类　别	保护级别	地　址	备注
41	圣约瑟修道院旧址	民国 16 年（1927）	近现代重要史迹及代表性建筑		梅江区西郊街道黄塘村	
42	乌廖沙庐江堂	清代	古建筑		梅江区西郊街道西郊村	
43	乾坤一草庐	清康熙四十七年（1708）	古建筑		梅江区西郊街道寨中村	
44	西区村西来庵	清顺治八年（1651）	古建筑		梅江区西郊街道西区村	
45	黄泥墩太平天国康王旧址	清道光二十四年（1844）	古建筑		梅江区西郊街道黄泥墩社区	
46	普安楼	民国 10 年（1921）	近现代重要史迹及代表性建筑		梅江区西郊街道寨中村	
47	曾　井	明代	古建筑	市级	梅江区西郊街道马石社区	
48	十甲尾西河堂	清乾隆四十七年（1782）	古建筑		梅江区西郊街道西郊村	
49	听泉草庐	清光绪年间（1875—1908）	古建筑		梅江区西郊街道黄塘村	
50	江南天主堂旧址	民国 27 年（1938）	近现代重要史迹及代表性建筑	市级	梅江区江南街道梅南社区	原名“天主教堂建筑群旧址”
51	梅江桥	民国 23 年（1934）	近现代重要史迹及代表性建筑	市级	梅江区江南街道梅南社区	
52	栢荫堂	清光绪十二年（1886）	古建筑		梅江区江南街道榕树塘社区	
53	绍先堂	清道光十年（1830）	古建筑		梅江区江南街道白马社区	
54	彬荫堂	民国 13 年（1924）	近现代重要史迹及代表性建筑		梅江区江南街道大圆社区	
55	白马巷德馨堂	清末	古建筑		梅江区江南街道白马社区	
56	祥云禅寺	清代	古建筑		梅江区金山街道金丰村	

续表 4

序号	名称	年代	类别	保护级别	地址	备注
57	东山书院	清乾隆十一年（1746）	古建筑	省级	梅江区金山街道龙丰村	
58	竹林寺	清光绪六年（1880）	古建筑		梅江区金山街道黄坑村	
59	高涧观音宫	清道光年间（1821—1850）	古建筑		梅江区金山街道黄坑村	
60	大东岩摩崖石刻	宋代	石窟寺及石刻	县级	梅江区金山街道龙丰村	
61	盘龙桥	清代	古建筑		梅江区金山街道龙丰村	
62	李载熙墓碑	清代	近现代重要史迹及代表性建筑		梅江区金山街道龙丰村	
63	杨雪如故居	民国	近现代重要史迹及代表性建筑		梅江区金山街道小溪唇社区	
64	饶公桥	清康熙六十一年（1722）	古建筑		梅江区金山街道周溪村	
65	杨云岫夫妇合葬墓	北宋乾德二年（964）	古墓葬	县级	梅江区金山街道东厢村	原名“杨姓始祖墓、定光古佛玉甲墓”
66	镇龟塔	清乾隆年间（1736—1795）	古建筑		梅江区金山街道东厢村	
67	小溪唇恩元第	清代	古建筑	省级	梅江区金山街道小溪唇社区	原名“人境庐及古民居建筑群”（含荣禄第、恩元第）
68	梅城城墙遗址	清代	古遗址		梅江区金山街道金山社区	
69	凌西京兆堂	明末	古建筑		梅江区金山街道凌西社区	
70	下市新世德堂	清嘉庆年间（1796—1820）	古建筑		梅江区金山街道小溪唇社区	

续表 4

序号	名 称	年 代	类 别	保护级别	地 址	备注
71	椿荫堂	清光绪年间（1875—1908）	古建筑		梅江区金山街道小溪唇社区	
72	肩一祖堂	明崇祯年间（1628—1644）	古建筑		梅江区金山街道东郊村	
73	周溪老谢屋	清代	古建筑		梅江区金山街道周溪村	
74	周溪古氏祖堂	清代	古建筑		梅江区金山街道周溪村	
75	花萼居	清光绪二十三年（1897）	古建筑		梅江区金山街道东街村	
77	水巷城隍庙	清代	古建筑		梅江区金山街道水巷社区	
78	达夫楼	民国 24 年（1935）	近现代重要史迹及代表性建筑		梅江区金山街道龙丰村	
79	人境庐	清光绪九年（1883）	古建筑	省级	梅江区金山街道小溪唇社区	
80	梅州学宫	清代	古建筑	市级	梅江区金山街道凌西社区	
81	南门商场旧址	民国 21 年（1932）	近现代重要史迹及代表性建筑		梅江区金山街道凌西社区	
82	南门八角亭	1983 年	近现代重要史迹及代表性建筑	县级	梅江区金山街道凌西社区	原名“八角亭”
83	金山顶	清代至民国	古建筑	县级	梅江区金山街道虹桥社区	原名“金山顶”（含七贤亭）
84	梅山亭	民国 12 年（1923）	近现代重要史迹及代表性建筑		梅江区金山街道金山社区	
85	静福庵	清代	古建筑		梅江区金山街道虹桥社区	
86	嘉应桥	明代	古建筑		梅江区金山街道凌东社区	

续表 4

序号	名　称	年　代	类　别	保护级别	地　址	备注
87	岗子上八角井	明代至清代	古建筑		梅江区金山街道东郊村	
88	千佛铁塔及千佛塔寺	五代南汉大宝八年（965）	古建筑	省级	梅江区金山街道龙丰村	原名“千佛铁塔”
89	崇庆堂	清光绪三十三年（1907）	古建筑		梅江区金山街道龙丰村	
90	城内官井	清代	古建筑		梅江区金山街道金山社区	
91	乐育中学教学楼	清光绪二十八年（1902）	古建筑		梅江区西郊街道更楼社区	
92	让贤楼	民国 24 年（1935）	近现代重要史迹及代表性建筑		梅江区城北镇干才村	
93	罗衣塔	民国 5 年（1916）	近现代重要史迹及代表性建筑	县级	梅江区长沙镇下罗村	
94	云祖李公祠	明代中期	古建筑		梅江区长沙镇小密村	
95	长沙革命烈士纪念碑	1951 年	近现代重要史迹及代表性建筑		梅江区长沙镇长沙村	
96	火混棚梅南区游击队活动旧址	民国 37 年（1948）	近现代重要史迹及代表性建筑		梅江区长沙镇大密村	
97	文彝公祠	清末	古建筑		梅江区长沙镇长沙村	
98	笃诒庐	民国 24 年（1935）	近现代重要史迹及代表性建筑		梅江区三角镇龙上村	
99	乔琳公祠	清代	古建筑		梅江区三角镇坜明村	
100	塔下叶屋	清乾隆年间（1736—1795）	古建筑		梅江区三角镇宫前村	
101	树南庐	民国 8 年（1919）	近现代重要史迹及代表性建筑		梅江区三角镇上坪村	

续表 4

序号	名　称	年　代	类　别	保护级别	地　址	备注
102	桂芳楼	清末	古建筑		梅江区三角镇龙上村	
103	瑜　庐	清嘉庆年间（1796—1820）	古建筑		梅江区三角镇湾下村	
104	伯公巷北炮楼	民国 21 年（1932）	近现代重要史迹及代表性建筑		梅江区西郊街道程江社区	
105	全凤楼	民国初期	近现代重要史迹及代表性建筑		梅江区城北镇干光村洋坑	
106	梁伯强故居	民国	近现代重要史迹及代表性建筑		梅江区西郊街道黄泥墩社区	
107	何源美夫妇合葬墓	明洪武二十八年（1395）	古墓葬		梅江区长沙镇下罗村	
108	养吾学校	民国 13 年（1924）	近现代		梅江区西阳镇申渡村	
109	林风眠故居	清代	近现代	省级	梅江区西阳镇阁公岭村	
110	棣华居	民国	近现代	省级	梅江区西阳镇新联村	
111	联芳楼	民国 20 年（1931）	近现代	省级	梅江区西阳镇新联村	
112	卢耕父故居	民国	近现代	市级	梅江区西阳镇太平村	
113	新联大夫第	清光绪十年（1884）	古建筑	市级	梅江区西阳镇新联村	
114	西阳圩镇文祠	清光绪十八年（1892）	古建筑		梅江区西阳镇墟镇社区	
115	喜　庐	民国 15 年（1926）	近现代		梅江区西阳镇阁公岭村	
116	缵成楼	清光绪二十一年（1895）	古建筑		梅江区西阳镇龙岗村	

续表 4

序号	名 称	年 代	类 别	保护级别	地 址	备注
117	棣华楼	民国 12 年（1923）	近现代		梅江区西阳镇龙岗村	
118	田心大屋	明末清初	古建筑		梅江区西阳镇四平村	
119	余庆堂	民国 22 年（1933）	近现代		梅江区西阳镇四平村	
120	顺芳楼	清末	古建筑		梅江区西阳镇鲤溪村	
121	贡元伍屋	清光绪三年（1877）	古建筑		梅江区西阳镇鲤溪村	

文 联

【概况】 2020 年，梅江区文学艺术界联合会（以下简称区文联）以习近平新时代中国特色社会主义思想为指导，深入学习贯彻中共十九大，中共十九届二中、三中、四中、五中全会精神，习近平总书记出席深圳经济特区建立 40 周年庆祝大会和视察广东重要讲话重要批示精神，团结凝聚广大文艺工作者，围绕中心，服务大局，认真履行联络协调服务管理职能，精心组织主题文艺活动，扶持重点文艺创作，拓宽服务渠道，为梅江文艺事业繁荣发展做出积极贡献。

【文艺赛事】 2020 年，区文联积极组织举办“中国农民丰收节”梅江区摄影大赛、梅江区首届“遇见望杏坊（红杏坊）”摄影大赛、第二届“美丽梅州 · 美好家园”文学、摄影大赛。

【文艺惠民】 2020 年，区文联强化为民服务理念，积极参与新时代文明实践，广泛开展文艺志愿服务活动，引导广大文艺工作者坚持以人民为中心的创作导向，加大文艺志愿服务、结对帮扶、惠民便民力度，开展以文艺进乡村、进社区、进学校等为主要内容的文艺惠民活动 18 场。文艺惠民活动主要在元旦、春节期间，金山街道凌西社区八角亭举行“红色文艺轻骑兵”文艺服务进基层 2020 年“庆祝元旦 · 喜迎新春”文艺活动，在梅江区文化公园举行“我们的节日 · 春节”“我们的中国梦——文化进万家”梅州城区“迎新春 · 送万福”文艺惠民系列活动，分别到长沙镇、碧桂园、江南客都汇、西郊黄泥墩社区开展为群众义务挥春送福送文明道德春联活动。全年，开展“我们的节日——清明”经典诗文诵读会，举行“2020 年梅州市梅江区社会主义核心价值观教育实践——‘五一’文艺进社区”活动，在金山街道凌西社区举行“2020 年梅州市梅江区习近平新时代中国特色社会主义思想进社区”宣讲报告会，举行“我们的节日 · 端午”2020 年梅州市梅江区文联“诗香端午节 文明健康行”诗词朗诵活动，在凌西社区举行 2020 年道德模范熊永和先进事迹宣讲报告会，“七一”建党节举行 2020 年梅州市梅江区“七一”红色诗词朗诵会活动，到城北中心小学开展弘扬模范精神传递道德力量——2020 年梅州市梅江区道德模范疫情防控工作先进典范学习宣传活动，开展保护传承中华优秀文化——2020 年梅州市梅江区客家山歌、快板、汉剧表演进校园活动，做好传统文化传承，到城北镇中心小学开展“书法进校园”活动，结合文明创建，到凌西社区开展“大手拉小手”垃圾分类主题活动、“家庭教育大讲堂”活动、“留守儿童和困境儿童关爱政策”宣讲活动，结合文化传承开展“我们的节日——七夕”2020年梅州市“和美七夕”民俗文化交流活动，开展文明家庭创建活动暨文明家庭先进事迹分享会，开展纪念中国人民抗日战争暨世界反法西斯战争胜利75周年活动，开展“我们的节日——中秋节”2020年梅州市梅江区“传承文明颂中秋”经典诗文诵读会，到长沙镇开展“我们的节日——中秋节”2020年梅州市梅江区“传承文明颂中秋”文艺联欢会，到长沙镇中心小学开展庆祝国庆“诗颂祖国”诗词朗诵活动。

【文学创作】 2020年，区文联积极争取政策扶持，完善激励机制，搭建平台，调动文艺工作者深入生活，扎根人民潜心创作的积极性、主动性和创造性。全年编印出版文艺书籍有《“向丽杯”诗画梅江全国文学大赛作品集》《铁汉流徽》《黄遵宪诗词楹联赏析》《梅江诗韵》4卷。文学艺术作者创作积极性进一步增强，创作水平不断提升，创作人才和文艺精品不断涌现。全年各类文学作品在《人民日报》《南方日报》等20多家省内外报纸、杂志、网站上发表660多篇（幅）。12月15日，《铁汉流徽——开辟梅州文教先贤刘元城》新书发布会暨赠书仪式在梅城老街元城路的创意金山文化产业园内举行。

【文艺作品】 2020年，区文联举办“不忘初心、牢记使命——文艺服务进基层活动”，组织文艺工作者为身边的抗疫英雄、道德模范先进人物形象创作诗词、书法等文艺作品30余件。组织创作“凝心聚力抗击疫情”主题宣传文艺作品111篇（件），其中近体诗词80首、现代诗5首、快板2首、山歌1首、散文5篇、小小说10篇、宣传画1幅、摄影4幅、剪纸及绘画作品5幅。在《梅江文学》微信公众号全年刊发20期。

【文艺队伍】 2020年，区文联充分凝聚文艺人才，文艺队伍不断发展壮大。区美术家协会、区摄影家协会完成换届工作，区民间文艺家获得区民政局名称核准，各协会注册会员达到400多人。会员中有19人晋升市级会员，9人获评梅州市首届工艺美术大师，13人获梅州市文艺“双精”工程奖。

【文艺成果】 2020年，区文联积极组织各协会会员作品参展参赛，获得好成绩。

区作家协会：朱红娜获广东省小小说学会双年奖一等奖，叶惠娟获第七届“河北小小说奖”佳作奖。中长篇小说创作方面，涌现出一批文学新秀，陈冠强出版长篇小说《有竹人家》，葛成石中篇小说《木叶落》刊载《太湖》杂志。全年在国家级报刊发表作品2篇，省级报刊发表作品59篇，市级报刊发表560篇，获奖28篇。李龙华诗歌《过年贴》入选央视国际频道贺年诗，朱红娜《春来柚花香》在人民日报发表后被大量转载。6人荣获梅州市文艺“双精”工程奖。

区书法家协会：14人次获省级以上奖项，4人书法作品入编市文联主编《艺起战疫:梅州市文艺界抗击新冠肺炎疫情主题作品集》。彭胜华书法作品《王维诗三首》被中国客家博物馆收藏。刘心、彭胜华书法作品分别被纪念林风眠诞辰120周年大会主会场展厅展出后进行义卖，筹得善款全部捐入梅州市林风眠艺术基金会，用于公益慈善事业，同时书法作品编入《纪念林风眠120周年诞辰——公益书画作品选集》。彭胜华荣获梅州市文艺“双精”工程奖。

区美术家协会：16人获奖或入展省市级展览比赛，6人作品在“印象·童年”梅州市首届风眠杯中小学师生美术绘画大赛获奖，4人作品参加梅州市文联主办的“阜熙·新光”脱贫攻坚、美丽乡村、全面小康主题美术书法摄影作品展，2人作品参加梅州市纪念林风眠诞辰120周年美术作品展，4人作品参加湾区精品——广东水彩名家暨粤东水彩作品邀请展，3人荣获梅州市文艺“双精”工程奖。

区民间文艺家协会：6人荣获梅州市首届工艺美术大师称号，熊棣和花灯作品《客家传统系列民俗灯笼》（组件）获省第八届花灯文化节金奖，蒋向华、徐璆芳、谢秀珠3人获梅州市文艺“双精”工程奖，7人晋升市民间文艺家协会会员。

【文联活动】 2020年，区文联组织各协会广泛开展采风、交流、研讨、培训等活动，大力促进文艺学习交流，宣传推介梅江区文艺发展成果，展示梅江区文艺家风采。

作家协会积极配合区委、区政府中心工作，先后开展“走进望杏坊”“红色长沙、绿色家园”“漫步老街，耽怀古韵”、走进“城市客厅”感受“迷人三角”“诗画梅江 奔向小康——相约风眠故里”等采风活动8次，会同区政协10多名委员到西阳镇北联村蕉板排红色文化创作基地进行调研活动，感受诗画梅江红色文化底蕴和魅力。

摄影家协会先后开展西阳镇清凉山、城北镇玉水村、“走进望杏坊”摄影采风活动，做好2020年中国农民丰收节、城区人居环境整治、金山圩日、迎中秋庆国庆活动、纪念林风眠120周年诞辰活动等重大活动摄影宣传工作。

书法家协会全年共举办、参加市区书法交流活动8次，协会内部作品交流点评2次，书写送春联活动6次。组织会员参加市书法专业培训学习1次。

美术家协会组织会员前往金山街道金丰村钱窝、西阳镇白宫新联村牛角屋、西阳镇万山村、芦陵村、赤树坪有机茶园基地等写生。组织会员参加观展、听讲座、学习交流、创作及投稿活动。举办第一期梅江区版画创研实验班，延请广美版画硕士生及林风眠美术学院教授等专家授课，组织会员积极学习与创作，会员作品3件投稿广东省第九届版画作品展，2件入初评。同时，会员积极参与社会公益活动，如林勉成为梅州日报特约时事漫画供稿人，吴小铮在金山街道凌东社区书画普及活动公益授课，熊慧媛在西阳镇风眠书屋为乡村儿童公益教授美术课程。

民间文艺家协会开展文艺惠民活动2场，到城北中心小学参加山歌、曲艺进校园活动1场，参加中国农民丰收节梅江分会场文艺演出活动。发动会员创作抗疫文艺作品，有雕刻、剪纸、山歌、曲艺、快板、故事、诗词、美术书法、曲艺音频等。其中11件作品输入梅州市文艺界抗击新冠肺炎疫情主题作品集《艺起战疫》，多件作品在中国民协、省民协公众号刊载。蒋向华在中国客家博物馆举办“雕琢天下——蒋向华雕刻艺术作品展”，展出木雕、石雕、根雕等原创作品100多件。郭惠明在中国客家博物馆举办“抱朴守真——郭惠明陶瓷画作品展”。

诗词学会全年开展采风和学习交流4次，主题创作活动4场，筹措资金编辑出版第九期《梅江诗韵》。

（李绮琼　冯秀梅）

党史·地方志

【概况】 中共梅江区委党史研究室和梅江区人民政府地方志办公室实行一套人马、两块牌子、两室合一的体制（以下简称区史志办）。2020年，区史志办紧紧围绕区委、区政府加快建设“诗画梅江、文明客都”，坚持生态优先、绿色发展，打造“一带三园四城五基地”，争当生态发展区高质量发展示范区的总体部署。认真贯彻落实《国务院办公厅关于印发〈全国地方志事业发展规划纲要（2015—2020年）〉的通知》精神，挖掘红色资源、传承红色基因，发挥史志“突出中心，开门办史，史志（鉴）互动，资政育人”的整体工作思路，明确目标、齐心协力，圆满完成全年史志工作的各项任务。

【思想政治建设】 2020年，区史志办认真学习贯彻中共十九大和中共十九届二中、三中、四中、五中全会精神，《习近平谈治国理政》第一、二、三卷，习近平总书记出席深圳经济特区建立40周年庆祝大会和视察广东重要讲话重要批示精神以及省、市、区各级重要会议精神，增强“四个意识”、坚定“四个自信”、做到“两个维护”，推进习近平新时代中国特色社会主义思想在梅江落地生根，结出丰硕成果。持续开展“不忘初心，牢记使命”主题教育，把主题教育成效延伸到工作的每个角落。抓好党委理论中心组学习，做好年度学习计划与总结，坚持每月至少开展1次集中学习，学习内容包括《习近平谈治国理政》第三卷、全国两会、防疫阻击战、民法典、区委全会精神、区纪律教育学习月等，坚持集中学习与个人自学相结合、学习理论与调查研究相结合，不断提升领导班子成员的思想意识。同时抓好机关作风建设，树立文明机关形象，促进党风廉政建设，不断提高干部队伍整体素质。深化“不忘初心、牢记使命”主题教育成果运用，通过主题教育学习，不断加强党员干部的理想信念教育、爱国主义教育、革命历史和传统教育。同时，充分发挥党员先锋模范作用，开展“亮党旗、亮党徽、亮身份”行动，在新冠肺炎疫情防控工作中，支部党员主动报名参加区疫情防控党员先锋队，区史志办副主任李继贤负责支援金山街道东厢、东街、凌东、虹桥、中山5个村（社区）的疫情防控工作，配合社区干部一同打赢疫情防控阻击战。

【党史研究】 2020年，区史志办以“铭记光辉历史、传承红色基因”为工作主线，抓好梅江区党史研究工作。

革命遗址大普查 2020年，区史志办根据广东省委党史研究室《关于开展广东省革命遗址大普查的通知》精神，认真开展梅江区革命遗址大普查，梅江区革命遗址普查工作分自查、田野调查和整理汇总三个阶段，通过全面普查，全年共普查梅江区革命遗址100处，并形成普查材料汇总上报，经省委党史研究室初步核定梅江区革命遗址列为省革命遗址名录57处。

收集征研党史资料 2020年，区史志办完成《广东中央苏区历史丛书》（梅江卷）、《广东中央苏区梅江革命简史》编纂任务，协助梅江区老区建设促进会编辑出版《梅州市梅江区革命老区发展史》。

打造革命事迹陈列室 2020年，区史志办积极做好革命烈士故居保护和革命事迹陈列室工作，在修缮保护金山朱云卿故居、廖柏鸿故居的基础上，通过调查走访，收集革命烈士史料，打造红军名将朱云卿、廖柏鸿烈士革命事迹陈列室，陈列室揭牌开放，让广大群众不忘先烈，铭记历史，继承发扬革命烈士精神，坚定信仰，永葆本色。

深入挖掘历史资料 2020年，区史志办积极配合区文化广电旅游体育局做好华南教育历史研学基地活化利用工作，坚持“客观、准确、全面、翔实”原则，多渠道梳理梅江区粤北华南教育历史迁徙相关史料，充分挖掘各院校迁徙到梅

2020年6月30日，红军名将朱云卿事迹陈列室揭牌开放

江的有关情况。同时协助相关部门做好梅江区博物馆布展大纲编写和梅江区红色旅游发展规划编制工作。

【地方志编修】 2020 年，区史志办以贯彻落实《广东省地方志工作条例》（以下简称《条例》）为契机，扎实推进梅江区地方志工作，把《条例》学习纳入新一轮地方志能力提升工程，也是方志人提升自身业务能力的重要途径，学懂、弄通《条例》为今后梅江区地方志事业“立”起来、“用”起来、“活”起来、“强”起来提供坚强的法治保障。

《梅江年鉴（2020）》编辑出版 《梅江年鉴》由中共梅州市梅江区委、区政府主办，区史志办负责编纂出版工作，一年一鉴、实现当年出版、公开发行。《梅江年鉴（2020）》组稿编辑工作，通过电子邮件、微信、电话等方式，梅江年鉴编辑部做到边收集文稿边修改，并做好组稿、编辑、审稿、核稿、排版、设计等编校出版各环节的工作。在保持基本框架稳定的前提下，对部分内容进行调整、充实，使其更加科学合理。编纂出版工作指导思想明确，内容真实可靠，全书分设特载、大事记、梅江概貌、中共梅州市梅江区委员会、梅州市梅江区人民代表大会、梅州市梅江区人民政府、政协梅州市梅江区委员会、中共梅州市梅江区纪律检查委员会、民主党派、人民团体、法治、军事、经济管理、农业、工业、财税·金融、城乡建设·环境管理、教文体卫、社会生活、镇·街道、社会经济统计资料、文献辑存、附录、索引 24 个类目，525 千字。同时完成 2020 年《广东年鉴》《梅州年鉴》梅江区栏目的供稿任务。

《全粤村情·梅江卷》编纂 2020 年，区史志办继续推进自然村落历史人文普查文稿校对修稿工作，克服人员少、工作压力重的困难，对华南理工大学出版社审稿后反馈的修改意见，组织力量认真校对，再次进行修改、补充、完善，10 月，送交华南理工大学出版社审定出版。

地情资料报送 2020 年，区史志办按照省、市地方志的工作要求，抓好省地方志《关于报送〈广东省抗击新冠肺炎疫情录〉〈广东省全面建设小康社会图志〉〈广东省对口支援志〉相关资料的通知》和《关于核查补充广东乡村集萃系列丛书〈广东乡村非遗〉〈广东乡村美食〉初稿的通知》报送工作。同时，抓好推送、转发方志广东、方志梅州内容，配合全省梅州宣传月，扩大宣传效果；抓好地方志数字化相关工作，并按时报送工作进展。

【结对共建】 2020 年，区史志办结对金山街道福长村，办领导亲自组织各项活动，召开党员大会，参与“两美”行动和“创文”志愿者活动，带领全办干部深入福长村不分节假日，不顾烈日炎炎，开展交通志愿服务活动。对突如其来的新冠肺炎疫情，区史志办全体党员与村“两委”干部一道投入到疫情防控战，共同研究部署疫情防控工作，加大宣传力度，打赢疫情防控阻击战。同时根据区委组织部关于确定软弱涣散村（社区）党组织及选派工作团队的通知要求，选派副主任科员刘任潮任福长村第一书记，对照梅江区整顿软弱涣散村（社区）党组织工作任务清单，开展整顿工作。

（江文秀）

党校·开放大学

【概况】 中共梅江区委党校和梅江开放大学实行一套班子、两块牌子、两校合一的体制，正科级事业单位。2020 年，区委党校·开放大学认真学习贯彻习近平新时代中国特色社会主义思想，中共十九大精神，中共十九届二中、三中、四中、五中全会精神，习近平总书记系列重要讲话精神，不断提高政治站位，始终坚持党校姓党的根本原则，紧紧围绕区委、区政府工作部署，为“诗画梅江、文明客都”培养更多、更好适用性人才的办学理念，求真务实，改革创新，敢于担当，努力奋斗，全力抓好全区党员干部的教育培训和干部群众的学历补充教育，较好地完成年初制定的各项工作任务。

【素质教育】 2020年，学校领导高度重视全体教职员工的政治理论学习，不断增强全体教师的政治意识，提高政治站位。区委党校办学中，始终坚持以习近平新时代中国特色社会主义思想武装头脑、谋划前景、指导实践，保持正确的办学方针，围绕中心，服务大局，确保贯彻省委、市委、区委的重大决策部署不折扣、不走样。学校把意识形态工作作为一项极为重要的工作，定期纳入班子会议学习，从抓党员干部教师职工思想政治建设着手，把习近平总书记重要讲话和重要指示、中共十九届五中全会精神与《习近平谈治国理政》第三卷一体学习，不断推动习近平新时代中国特色社会主义思想入脑入心、武装头脑，做到旗帜鲜明地把意识形态工作始终贯穿于教学科研活动中和办学治校全过程，不断教育引导全体教职工提高政治辨别能力和用“学术讲政治”能力，切实做好意识形态工作。继续抓好意识形态承诺书签订，抓好培训课程设置、授课教师和学员管理。加强学校网站建设管理，2020年与区政务数据局签约，把网站服务器整体迁移至政务云平台，做到及时更新内容，保证网站正常运转。同时全面落实“三审三校”制度，对学校网站和校园宣传进行严格把关，凡是网站宣传内容，学校主要领导亲自把关审核，确保内容观点正确。

【干部培训】 2020年，区委党校按照区委、区政府工作部署和干部教育培训工作计划要求，全年共举办干部教育培训主体班和专题班12期，共培训干部800多人次。抓好教学培训管理，每一期培训班紧扣干部培训要求和苏区振兴发展工作大局以及区委、区政府决策部署，合理设置培训课程，做细做实培训工作。培训内容，力求全面科学，理论教育和党性教育课程设置必须达到70%以上，同时安排经济社会发展、作风建设等内容。培训形式，力求收到实际效果，采取内外结合的培训方式，同时安排讨论交流、现场教学、专题考试、撰写心得体会。学员管理，严格按照中组部《关于在干部教育培训中进一步加强学员管理的规定》要求，认真做好考勤登记、请假考核等工作。认真做好后勤保障，将资料装订成册，全课件教学，班主任全程跟班服务，节点信息温馨提示，细致周到，做好干部培训工作。

【教学宣讲】 2020年，区委党校积极开展集体备课活动，提高教师备课授课能力，选送李坚教育长、李庆容老师参加省委党校师资培训班。6月12—16日，选派吴小华、黄文娟、梁臻老师参加市委党校举办的全市党校系统教师“用学术讲政治”专题研修班，提升党校教师素质。选派区委党校老师李琼、吴小华、彭文利、黄文娟、赖芬芬、荀莹参加梅江区“中共十九届四中全会”和学习《习近平谈治国理政》第三卷宣讲团，深入各镇（街道）和区直机关进行宣讲，共宣讲35场次，听讲人数2808人。努力推动习近平新时代中国特色社会主义思想和中共十九届四中全会精神在梅江大地落地生根。

【教育基地】 2020年，区委党校贯彻落实全国、全省党校工作会议精神，根据《广东省加强党的基层组织建设三年行动计划（2018—2020年）》和省委组织部、省委党校《关于进一步加强镇（街道）党校建设的意见》要求，加大对镇、街道党校联系指导，制订印发“2020年镇（街道）党校主体班次设置计划（供参考）”“2020年镇（街道）党校选课一览表”“2020年区委党校校领导和专业教师挂点联系镇（街道）党校工作制度”，同时加强调研指导，推进镇、街道党校建设。组织镇、街道党校专业教师参加市委党校举办的全市党校系统教师“用学术讲政治”专题研修班，提升镇、街道党校教师素质。积极推进北联“榕树下·渡口边”红色讲堂现场教学，不断提升教育成效、扩大红色效应，推动北联村授牌确定为市级党员教育基地，全年各级领导考察调研 10 多次，接待省、市、区党员干部学习 13 个班次。同时把朱云卿事迹陈列室、长沙革命烈士纪念园、梅州学宫参照北联村模式进行开发利用，致力打造梅江区干部教育培训现场教学品牌。12 月 11 日，创意金山举行梅州市委党校干部教育现场教学点和梅江区干部教育培训现场教学基地揭牌仪式，以此丰富党校培训多样化发展，推进干部教育培训方式创新。

【巡视整改】 2020 年，学校按照区委巡察组有关抓好巡察整改工作部署，高度重视、态度坚决，成立以常务副校长为组长，副校长为副组长，科室主任为成员的巡察反馈意见整改落实工作领导小组。坚持问题导向，立行立改、即知即改，迅速行动，高质量完成巡察整改工作。对区委巡察组反馈的问题，学校逐一对照检查梳理，查找自身存在的问题 46 条，制定整改措施 118 条，重点从思想意识、能力水平、对应措施、长效机制等方面，落实责任分工，明确整改期限，建立整改台账，狠抓整改落实，全面完成整改。

【学历教育】 2020 年，开放大学面对招生困难的形势，加大招生宣传力度，创新招生工作方法，积极开拓企业生源，全年共招生 236 人，在校学生人数保持 1000 人以上。秉着“一切为了学生，为了学生的一切”理念，按教学计划要求，认真细致做好缴费注册、教材征订及发放、选课开课、面授辅导、考试预约、论文写作、学位报考、统考安排、毕业申请、考试管理等教学管理工作，确保优质高效。按照上级要求，做好学校期末考试、入学测试、全国基础课统考的考试安排。提前准备“考场安排表”，成立以常务副校长为组长的考试组织机构领导小组，并在考试前召开考务培训会，组织监考人员学习《监考守则》，收看录像试卷装订流程，按照《考场规范》布置考场，设置 LED 屏幕显示《考场守则》及《考生违纪处理规定》，从严抓好考场秩序和考风考纪，2020 年圆满完成各项考试工作。

（江　聆）

旅游业

【概况】 2020 年，梅江区文化广电旅游体育局积极开展智慧旅游、全域旅游，不断提升旅游品质，加强文旅产业开发。受新冠肺炎疫情影响，全年梅江区接待游客 1363.2 万人次，比上年下降 20.3%；旅游总收入 113.16 亿元，比上年下降 22.6%。

【设施建设】 2020 年，梅江区文化广电旅游体育局投入 800 万元，完善旅游集散服务中心、旅游标识系统、智慧旅游系统等公共配套设施，其中选址位于江南新城梅塘东路中的时光梅州城市综合体建设主客共享的旅游集散服务中心、建成旅游咨询服务中心 3 个和游客服务点 14 个。全年完成旅游厕所建设 4 座，其中新建 3 座、改建 1 座。

广东省第二批乡村旅游精品线路“诗画梅江美丽乡村行”旅游路线——梅江区三角镇泮坑自然保护区

【产业规模】 2020年，梅江区共有国家AAAA级旅游景区及省级旅游度假区（客天下景区）1家，国家AAA级旅游景区（爱丽丝庄园）1家，五星级饭店（客天下国际大酒店、金沙湾国际大酒店）2家，五星级民宿（又见·钧质楼民宿）1家，中国客家菜研发培训基地（梅州农业学校）1个，客家菜师傅培训基地（梅州市职业技术学校）1个，国家级客家菜技能大师工作室(金苑酒家)1个。国家级特色餐饮（店）品牌3个，省级特色餐饮（店）品牌11个。2020年实施或推动的文旅产业有林风眠纪念馆、李国豪院士故居、客都新天地（桂芳楼片区活化项目）、华南教育历史研学基地活化利用、梅江区“一城两坊”历史文化街区保护开发利用一期（望杏坊）项目。

【全域旅游】 2020年，梅江区与梅州市旅游产业大数据平台实现互联互通，“走进诗画梅江”智慧旅游小程序发布启用，“一部手机游梅州”小程序上线；梅江区A级景区、旅行社实施“到梅州打卡去”优惠包套票，金山创意园、芳华文化、石亿轩石雕等企业参展第十六届中国（深圳）国际文化产业博览交易会，“诗画梅江美丽乡村行”旅游线路获评广东省第二批乡村旅游精品线路，编制《梅江区红色旅游发展规划（2020—2035）》。9月，梅江区创建“广东省全域旅游示范区”接受省实地检查。

（李远安）

体 育

【概况】 2020年，梅江区体育场馆（地）设备设施不断健全完善，体育产业不断扩展，青少年训练活动和群众体育活动有序开展，创建足球特区工作扎实推进，体育竞技成绩喜人，体育事业呈现良好发展态势。

【场馆建设】 2020年，梅江区新增足球场6块、健身小广场17个、社区体育公园2个；总投资2500多万元，建筑面积4600多平方米的梅江区全民健身中心建设基本完成。

【体育产业】 2020年，梅江区体育彩票销售总额4184.94万元。经区委常委会会议研究同意，将梅州市足球文化公园建设工程（一期）项目不动产权证登记到梅江区文化广电旅游体育局（以下简称区文广旅体局），并负责场馆监督、管理、服务、利用等。11月30日，广东客都传媒发展有限公司通过网上交易系统公开竞价，竞得梅州市足球文化公园体育场运营租赁权5年，每年租金200.20万元。

【体育训练】 2020年，区文广旅体局坚持“体教结合”，形成从梅江区业余体校为龙头的各中小学校训练网点的青训体系，常态化、规范化开展足球、羽毛球、乒乓球等项目训练，培养、储备运动人才。2020年注册各项目青少年运动员1170人，其中省注册541人、市注册629人；各项目输送市体校运动员 180多人，省体校1人，向职业足球俱乐部梯队输送32人。

【竞技体育】 2020年，区文广旅体局组队参加各项目各级别体育赛事，共取得省级冠军1个、亚军2个、季军6个，市级冠军2个、亚军7个、季军6个。其中梅江区羽毛球队参加广东省青少年羽毛球锦标赛获得各组别季军4个，时隔10年再次以115分挺入全省前五名；武术散打队参加省锦标赛，取得1金1银1铜。

【群众体育】 2020年，区文广旅体局举办梅江区机关干部足球联赛、梅江区和梅县区机关干部职工“庆七一”羽毛球友谊赛、健身气功推广活动、“重阳节”老年人健身气功展示活动、“体彩杯”老年人运动会、美丽梅州美好家园骑行活动等，参加人数共计3.57万人（次）。全年全区有单项体育协会18个和俱乐部10个，社会体育指导员1689名，晨晚练点140多个，每周参加1次以上体育健身人数达到22万人，经常性参加体育锻炼人数达到 16.5 万人。

【足球振兴】 2020 年，区文广旅体局制订出台《梅江区足球综合改革方案》《梅江区足球发展十年规划（2020—2029）》。6 月 30 日，梅江区成立足球协会，并与巴西桑托斯足球俱乐部合作制订《梅江区青训大纲》，实行每周定期与梅江区体校各梯队教练员交流，开展球队技术分析等活动。

（李远安）

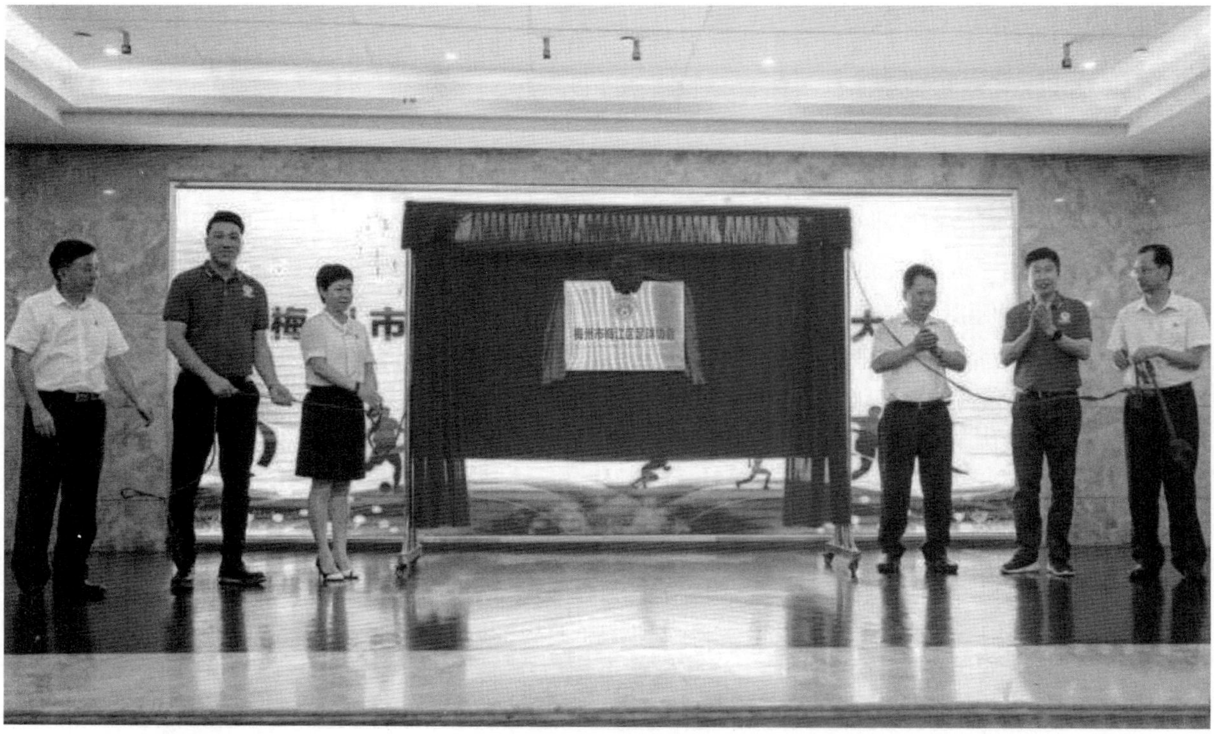

2020 年 6 月 30 日，梅江区足球协会成立。梅江区委书记朱国城（右三）、区长钟秀堂（左三）、梅州市体育局局长陈建新（右二）、梅江区人大常委会主任巫繁星（右一）、梅江区足协会长刘榆厚（左二）、梅江区政协主席赖经烈（左一）参加揭幕

医 疗 卫 生

医疗保障

【概况】 2020年，梅江区医疗保障局（以下简称区医保局）坚持以习近平中国特色社会主义思想为指引，深入贯彻中共十九大及中共十九届二中、三中、四中、五中全会精神，习近平总书记出席深圳经济特区建立40周年庆祝大会及视察广东重要讲话重要指示精神，在区委、区政府和上级业务主管部门的领导下，以深化医疗保障制度改革为抓手，围绕解决人民群众医疗保障领域的烦心事、操心事、揪心事，认真谋划医疗保障事业“十四五”规划，推动各项医保政策落地落实。惠民举措持续发力，不断提高底线民生保障水平，提升医疗卫生服务能力，增强群众获得感和幸福感，奋力开创医疗保障和医保管理高水平高标准的工作新局面。

【理顺体制】 2020年10月，区医保局向区委编委提出申请成立梅江区医疗保障事业管理中心，为区级医保经办机构，医保定点医药机构网络接入省医保信息平台及接口改造等工作稳步推进，按照市医保局《关于理顺医疗保障经办机制体制工作方案》，实现市区步调一致、工作同步要求，理顺医疗保障经办机制体制等相关事宜，会同各相关职能单位按照工作方案加快推进医保中心经办机构设置、经办工作人员、办公场所安排、经费保障、业务移交、信息系统建设等工作沟通协调，不断提升经办管理和公共服务水平，提供群众便捷高效的医疗保障服务。

【民生实事】 2020年，区医保局加快推进医保领域民生实事，提高惠民待遇。将建档立卡贫困人员等救助对象的住院费用一次救助的救助比例从80%提高至85%，将建档立卡贫困人员、最低生活保障家庭成员特定病种门诊一次救助比例从80%提高至85%。大力推广梅州基本医疗保险参保人“量身定制”的专属商业医疗保险产品“保尚保”项目，梅州医保补充保险“保尚保”由政府主导、商保承办衔接医保的普惠型补充医疗保险，旨在减轻市民医疗费用负担，享受更高的医疗保障待遇，更好地增进民生福祉。

【医疗救助】 2020年，梅江区实现市内、省内和跨省“基本医疗保险+大病保险+医疗救助”一站式结算，困难群众在定点医疗机构就医只需支付基本医疗保险、大病保险和医疗救助结算后个人负担的费用，大大提升经办服务效能，实现困难群众“一站式服务、一窗口办理、一单制结算”，解决困难群众看病就医“垫资”“跑路”的难题。全年全区困难群众享受基本医疗保险报销共7872人次，基本医疗保险报销金额2063.45万元；享受大病（或职工补充）保险报销共743人次，其中大病（或职工补充险）报销285.57万元；享受医疗救助共7872人次，医疗救助金额313.15万元；享受二次医疗救助共580人，金额270.88万元。切实做到医疗救助工作“一个不少、一分不少、应救尽救”。

【参保缴费】 2020年，区医保局积极作为、科学谋划、多措并举，成立梅江区2021年度城乡居民医保参保缴费宣传活动工作领导小组，制定工作方案，召开征缴工作会议，加强部门联动、加大宣传力度、强化督导检查等方面下功夫，全力推进全区城乡居民医保参保征缴工作，超额完成市医保

2020年12月11日，梅江区医保局组织召开全区城乡医疗保险征缴推进会

局下达的目标任务，做到应保尽保，查不漏户、户不漏人、人不漏项。

【疫情防控】 2020年，区医保局认真做好阶段性减征职工基本医疗保险工作，减征符合条件的单位和职工基本医疗保险费。全年全区共减征8020个单位基本医疗保险费，减征金额6880万多元。按照国家医保局的要求，做好疫情防控救治保障，严格落实对确认疑似和确诊患者，采取特殊报销政策，诊疗使用药品和医疗服务项目费用全部纳入医保基金支付范围，医保门诊带药时间延长至3个月。

【基金监管】 2020年，区医保局强化协议管理，加强日常监控，充分运用智能监控系统，严把审核关口，发现不符合规定的费用，采取扣款扣分等方式处理。联合区社保局成立梅江区基本医疗保险定点医疗机构执行医疗服务协议情况考核评价工作领导小组，6月，领导小组对全区签约10家定点医疗机构进行现场考核，对医院在医疗保障制度建设、政策落实、会议学习、宣传措施等方面进行考核评价。根据国家、省、市文件要求，4月，组织开展“打击欺诈骗保，维护基金安全”集中宣传月活动，印发《梅江区2020年打击欺诈骗取医疗保障基金专项治理工作方案》《梅江区医疗保障局开展医保定点医疗机构高值耗材和大型仪器设备使用专项治理工作方案》，联合区社保局、区卫健局相关部门开展针对定点医疗机构的打击欺诈骗取医疗保障基金专项治理行动检查，共检查医疗机构10家、定点药店28家，发现相关违规行为均进行现场纠正并要求立即整改。同时，发放宣传资料6万多份，组织各医疗机构、定点医药机构、医保经办窗口张贴宣传单、播放宣传动漫，悬挂宣传横幅。

【药品采购】 2020年，区医保局坚持药品集中采购原则，根据药品特性和市场竞争情况，在原省平台采购的基础上，根据市医保局的统一部署，全面启动区内公立医疗机构药品跨区域联合集团采购工作，依托深圳市药品采购平台，组织全区公立医院开展第一批

2020年11月1日，梅江区医保局举办梅江区城乡居民医保政策宣传暨送医送药义诊活动

476种药品和第二批955种药品匹配和采购工作，认真做好第三批国家组织药品集中采购相关药品医疗机构预采购量的相关工作，加强与市医保局沟通联系，积极收集和反馈医疗机构在采购过程中遇到的问题，组织做好未上线品种的备案上报审批工作。至年末，梅江区共12家公立医疗机构的药品采购均启动药品集团集中采购上线交易。与此同时，联合卫健部门开展公立医疗机构药品、耗材网上交易情况的专项检查，摸清医疗机构网上交易情况和问题所在，规范医疗机构药品、耗材交易行为，为省完善交易平台提供依据。

（张一航）

卫生健康

【概况】 2020年，梅江区卫生健康局（以下简称区卫健局）坚持以习近平新时代中国特色社会主义思想和中共十九届五中全会精神为指导，牢固树立大健康大卫生的工作理念，构筑新冠肺炎疫情防控坚强防线，强力推进医疗卫生服务能力建设，持续深化医药卫生体制改革，全面落实各项卫生健康民生实事，推动卫生健康事业稳步发展。

【疫情防控攻坚战】 2020年，区卫健局严格实施境外返梅江区人员闭环管理，做好通过广州、深圳等防控口岸入境到梅江区的防控对象有关防疫工作，抓好香港入境到梅江区人员分流接转，实施“网格化+大数据”“一码通”管理，夯实“四方”（政府、部门、单位、个人）责任内防扩散。全面实施网格化管理，对中高风险地区到梅江区人员逐一落实核查，确保做到重点人群排查一个不漏。强化养老机构、儿童福利院、看守所等特殊单位风险防范，落实“四早”（早发现、早诊断、早隔离、早治疗）要求，由各基层医疗卫生单位上门采样，对重点场所、重点人群实行核酸检测应检尽检。加强医疗卫生机构核酸检测能力建设，同时统筹第三方检测资源，进一步满足“应检尽检”“愿检尽检”。市第二中医医院建成PCR核酸检测实验室，区妇幼保健院与第三方检测机构（广州金域医学检验中心）建立重点场所及重点人群核酸检测长效协作机制，扩大检测量。抓好医疗机构院感防控，组织全区各级医疗机构医务人员参加院感培训，提高院感防控意识和技能，严格预检分诊、发热门诊、急诊科、隔离病房等重点区域感染控制管理。做好发热门诊患者、新入院患者、普通门急诊中有流行病学史者排查和核酸检测工作，全年区属各医疗机构约5000人次通过扫描二维码参加全省新冠肺炎感控专家讲堂活动，完成新入院核酸检测1.2万人次，发热门诊核酸检测7600多份。指定东郊社区卫生服务中心、江南社区卫生服务中心为新冠疫苗接种点，在第二中医医院设立新冠疫苗临时接种点，按照知情、自愿原则组织重点人员开展接种，接种工作有序进行，未报告异常反应、接种事故和疫苗质量事故。2020年，梅江区卫生健康局荣获“广东省抗击新冠肺炎疫情先进单位”称号。

【医疗卫生服务】 2020年，区卫健局针对新冠肺炎疫情暴露出梅江区公共卫生体系的薄弱环节，积极谋划、协调各方、争取支持，4月，设立梅江区疾病预防控制中心，同时通过事业单位公开招聘招录专业技术人员4名。投入1800万元，对市第二中医医院发热门诊进行规范化升级改造，建成PCR核酸检测实验室、临时集中收治病区。推进市重点项目市第二中医医院住院综合大楼建设，对镇级医疗机构进行提升改造，完成民生实事项目预防接种门诊数字化建设9间，实现扫码接种和疫苗全程可追溯，同时规范设置发热诊室、电梯安装、消防改造等项目。基本完成村级卫生站公建规范化建设，统一购置38种必备医疗设备，并全面推行基本药物制度。加大人才引进，全年开展急需紧缺人才招聘、事业单位公开招聘和高效应届毕业生招聘工作，共设置医技人员岗位108个，共计招录医技人员43人。

【健康梅江建设】 2020年，区卫健局完成基层医疗机构基本医疗服务价格调整工作，进一步理顺梅江区一级医疗机构基本医疗服务价格体系，大幅度提高体现技术劳务价值项目价格，降低大型设备检查治疗项目价格，推动医疗服务价格向医务人员劳动价值回归。继续落实基本药物制度实施范围，在全区基层医疗卫生机构实施国家基本药物制度的基础上，扩大至区直医疗卫生单位实施国家基本药物制度，全面取消药品加成，将挂号费并入诊查费。不断推进“互联网+医疗健康”“智慧医疗”建设，提高医院管理和便民服务水平，投入253万元，建设梅江区医疗电子票据管理系统。同时，实现基层医疗卫生机构全额拨款，在统筹省补卫生事业费后全额负担在编在职人员基本工资津贴、基础性绩效工资和住房维修补贴。全面加强基本公共卫生服务，2020年，梅江区将基本公共卫生服务经费标准提高至每人74元，比上年每人提高5元。重点传染病监测持续加强，重点抓好流感、手足口病、麻疹、登革热、寨卡病毒病、禽流感、诺如病毒等重点传染病的防控，多病共防严防疫情叠加出现，儿童免疫规划疫苗接种率逐步提高，适龄儿童免疫规划疫苗基础免疫接种率95%以上。

【中医药事业】 2020年，梅江区召开中医药大会，创建全国基层中医药工作先进单位顺利通过国家评审。通过创建工作，中医药“简、便、验、廉”的优势得到充分发挥，群众多元化、多层次的健康服务需求得到满足。基层医疗卫生机构中医药服务能力得到提升，中医诊疗人次占总诊疗人次的比例达30%以上，中医处方占处方总数的比例达到40%以上，中药饮片处方占处方总数的比例达到5%以上，中医药服务不断向基层延伸。

【卫健事业高质量发展】

2020年，区卫健局结合“创文”工作及疫情防控特别是秋冬季防控，对“脏乱差”的华建综合市场进行关闭，对瓜园市场等进行整治。落实计划生育特殊家庭扶助关怀政策，认真贯彻实施《梅江区妇女儿童发展规划（2011—2020年）》，紧紧围绕卫健中心工作，发挥宣传、服务等职能，扎实做好计生家庭和妇女儿童卫生保健工作。带头遵法学法守法用法，抓好《中华人民共和国基本医疗卫生与健康促进法》《中华人民共和国民法典》等法律的宣传贯彻工作，进一步提升法治思维能力和履职水平，做到“言必合法、行必守法、做必依法”。认真贯彻落实上级有关会议指示精神和决策部署，加强安全生产大检查和事故隐患排查，确保卫健系统安全稳定，无安全事故发生。推进扫黑除恶专项斗争，重点排查影响卫生健康行业发展涉黑涉恶违法行为，从严查处群众身边涉黑涉恶腐败问题，确保梅江区医疗卫生行业稳定。加强医疗质量和医疗技术临床应用管理，加强慢性病、地方病防治和精神卫生、职业卫生、食品卫生等工作，启动实施尘肺病防治攻坚行动，加紧完善职业健康管理制度，深入推进健康知识普及行动。

（刘安娜）

中医医院

【概况】 梅州市第二中医医院（以下简称中医院），创办于1958年，院址位于梅州市梅松路35号。中医院始办为梅县中医院，随着梅县体制改革，中医院更名梅县第一人民医院、梅州镇中医院、梅州市中医院、梅县市中医院，1988年，撤销梅县市建置，分设梅县和梅江区（县级），梅县市中医院归属梅江区复称梅州市梅州中医院，2006年更名梅州市中医院，2009年更名梅州市中医医院，2015年更名梅州市第二中医医院。中医院秉承“院兴我荣、院衰我耻、精诚团结、继承创新”的院训，坚持“以人为本、以病人为中心”的办院方针，坚持“心中有爱、服务有情”的服务理念，努力拼搏，执着追求，开拓创新，发展成为集“医疗、教学、科研、预防、保健、康复”六位一体的三甲中医医院。

【基础建设】 2020年，中医院分设南、北院区，占地面积4.8万平方米，建筑面积3.9万平方米；编制病床620张，开放床位495张。全年全院职工1008人，其中高级职称72人，中级职称188人，师级职称241人，博士1人，研究生53人，本科毕业生227人；有省级中医名科1个（骨伤科），省级重点专科2个（骨伤科、针灸科），重点专科建设单位4个（儿科、妇产科、肿瘤科、心血管科），市级重点专科（专病）6个（骨伤科、针灸科、推拿科、儿科、妇科、肿瘤科）；省级名中医2人，市级名中医8人，区级名中医25人。2018年1月23日，中医院被广东省中医药局评定为“三级甲等中医医院”，中医院是广州中医药大学教学医院、中山大学孙逸仙纪念医院（中山二院）医疗技术协作医院、广东省中医医院协作医院、广州中医药大学第一附属医院城市“对口帮扶医院”和广州市中医医院“智力帮扶医院”、广东省博士工作站建设单位，梅江区人才（中医）驿站。

【医联体建设】 2020年，中医院有全国基层名老中医药专家传承工作室1个（丘元强）、广东省名中医传承工作室3个（侯舒成、温乃元、曾胜）。丘元强获第六批全国老中医药专家学术经验继承工作指导老师（骨伤科），侯舒成、温乃元为广东省名中医师承项目指导老师（内科、针灸科）。广州中医药大学岭南林氏推拿研究所在中医院开设岭南林氏正骨手法梅州培训基地和广东省“非遗”项目岭南陈氏针法梅州工作站，广州中医药大学第一附属医院在中医院开设骨伤科、肿瘤科、妇产科梅州工作站，广州中医药大学附属南海妇产儿童医院刘振寰教授在中医院设立儿童康复名中医工作室。基地和工作站的设立，大大提升医院整体医疗水平。同时医院自主研发的湿滞片、益气灵、固肾壮骨片等制剂药，深受群众欢迎，中医治未病成效显著。

2020年12月，梅州市第二中医医院建成发热门诊

【医疗设备】 2020年，中医院拥有1.5T核磁共振、介入设备、64排CT、16排CT、CRX光机、DRX光机、进口彩色B超、奥林巴斯腹腔镜及宫腔镜、输尿管镜、膀胱镜、日本全自动生化分析仪、进口胃肠镜等现代化先进医疗设备。

【医疗业务】 2020年，中医院固定资产净值1.63亿元，实现业务总收入3亿元（含住院大楼政府债券收入7000万元），其中业务收入2.12亿元。全年门诊人次32万人次，出院人数1.18万人，出院诊断符合率大于95%。

【中医药事业】 2020年，中医院随着传统医学在疾病诊治、治未病及康复等方面的作用得到社会人士的重视和认可，以改革推进医疗、教学、科研、预防、保健、康复同步发展，落实“人才是第一资源”的首要任务，结合人才驿站，多次邀请上级省名中医授课，建起边远山区与省级医院的医疗技术桥梁，让医院发挥三级中医院的人才资源和专业技术优势，并与梅州市中医医院、梅县区中医医院、大埔县妇幼医院等开展学习互动和公益活动交流，推动中医中药中国行。

【医疗服务】 2020 年，中医院走“医联体”“健联体”道路，与省中医院等多家省级医院协作，与社区、镇医疗机构组建中医馆，形成支持中医药事业发展的政策合力，促进健联体单位从疾病治疗向健康管理转变。开展老年性疾病服务和分级诊疗，探索“垂直医养”模式，积极应对老龄化社会的健康需求趋势，创新“医养”服务，与梅州市福利院开展有特色的养生养老老年病防治托老院，设立“百岁山分院”。在参与医联体建设被列为“国家重点抓好 100 个城市的医疗集团建设和 500 个县的县域医共体建设试点单位”的基础上，坚持专家下沉制度、分级诊疗和双向转诊制度，根据法人性质不变、机构名称不变、人员编制不变、财政供给保障不变、工作职责不变的“五个不变”，快速优质资源下沉，在白宫分院和达生堂国医馆实施名中医坐诊，建立下转通道，进行同质化康复健康诊疗，为辖区群众服务。

【疫情防控】 2020 年年初，面对突如其来的新冠肺炎疫情，中医院党委发挥战斗堡垒作用，由院长曾江林牵头，带领驻站专家古宇环等省、市、区名中医团队，研究制定梅州市第二中医医院治疗新冠肺炎中医治疗方案，增强一线防控人员战斗力，制定留观 1 号方、留观 2 号方，以中西医结合应用于所有待排查病人的治疗。制定新冠预防保健方（扶正祛湿解毒抗疫茶）、芳香化湿抗疫香囊等，提供所需群众和抗疫一线职工。2020 年，梅州市第二中医医院被梅州市委、市政府授予“梅州市抗击新冠肺炎疫情先进集体”荣誉称号。

（钟　钧）

2020 年 12 月，梅州市第二中医医院被梅州市委、市政府授予“梅州市抗击新冠肺炎疫情先进集体”荣誉称号

妇幼保健

【概况】 2020 年，梅江区妇幼保健计划生育服务中心（以下简称区妇保计育中心）是一家非营利性医疗机构，前身是梅江区妇幼保健所，2001 年 6 月与江南卫生院合并，成立梅江区妇幼保健院。2015 年 6 月与梅江区人口和计划生育服务站合并为梅州市梅江区妇幼保健计划生育服务中心，核定事业编制 50 名，有主任 1 名、副主任 3 名。2020 年，在岗人员 128 人，其中在编人员 38 人、聘用人员 90 人；卫生专业技术人员 93 人，其中副高级职称 9 人、中级职称 26 人、初级职称 58 人。职能科室有办公室、党务办公室、财务室、医务科、护理部、医保科、信息科、质控科、院感科、药库、总务科；临床科室有妇科、产科、综合门诊、保健科、麻醉科；医技科室有检验科、功能科、放射科。

【妇幼健康】 2020 年，区妇保计育中心服务重大公共项目免费发放叶酸 3005 人，发放率 100%。全年全区 7 岁以下儿童 2.79 万人，接受随访管理人数 2.72 万人，儿童保健管理率

97.71%。梅州城区所属幼儿园儿童集体进行全面系统体格检查，共体检1.25万人，检出疾病4584人，其中轻度贫血868人、龋齿3476人、腹股沟疝2人、视力不良238人并进行随访指导治疗。通过保健措施实施，全年全区5岁以下儿童死亡20例，死亡率5.1‰，低于标准8‰以下；婴儿死亡17例，死亡率4.33‰，低于标准6‰以下。全年全区免费孕前检查完成1207对，完成率100.60%；为城乡妇女4258名进行“两癌”免费检查，发现乳腺癌1人，宫颈癌2人，宫颈癌前病变4人，均进行相应的治疗及跟踪随访。实施预防艾滋病、梅毒和乙肝母婴传播检测，全年为全区3873名孕妇进行免费检查，查出孕妇艾滋阳性1例、孕妇梅毒阳性5例，对其进行指导治疗，定期随访；查出乙肝阳性孕产妇226人，并对新生儿及时接种乙肝免疫球蛋白。全年全区婚检人数2495人，婚检率82%。认真配合市妇保院做好新生儿疾病筛查，共筛查新生儿3907例，筛查率99.72%，有效提高人口素质。

【医疗质量管理】 2020年，区妇保计育中心认真完善医疗质量考核制度，考勤管理制度，按制度规范开展管理。加强知情告知，重视医患沟通，保证患者及其家属对疾病演变进展及治疗情况的有效了解，加大对知情同意书签署及实际告知情况的监督。以提高病历书写质量为途径，全面提高医务人员的综合素质和责任心。以监督环节病历为手段，督促医务人员在收治患者过程重视一般体查。通过细节发现诊疗过程存在的不足，杜绝安全隐患，并对病案管理人员进行培训、改进病案存放条件。定期对院内感染控制工作进行督导、检查、监测，对全院的相关数据进行收集、统计。完善消毒供应及医疗垃圾的回收，认真做好传染病的防控并制定应急预案。根据《抗菌药物合理使用实施细则及抗菌药物合理管理办法》，严格掌握抗菌药物的适应证，限制无指征的抗菌药物使用。抓好临床消毒隔离、感染监控工作，管好一次性用品，保证病员的医疗安全及防止社会污染。加强病区环境卫生及医疗废物监督管理，保证医疗安全。严格执行《传染病报告制度》，全年共报告89例。规范使用门诊日志。按标准化整改X光室，数字化医用X射线摄影系统（DR机），12月正式投入使用。探索利用社会技术和资本，与金域医学合作建设临床检验中心实验室、PCR实验室，实现医疗资源共享，提高检验质量与临床服务能力，为全区医院提供全面、公正、准确、快速的检测报告，带动全区各医疗机构的临床业务发展，更好地减轻病人负担。组织医疗卫生专业人员深入到社区、企业、工厂等女职工集中的单位，通过开展讲座及发放宣传资料的形式为女职工作健康宣教5场次，增强保健意识，提高相关妇女健康知识水平。充分利用媒体，向广大群众进行卫生健康宣教。9月，数字化医院信息系统顺利上线，逐步实现以病人为中心、以电子病历为核心的数字化医院。

梅江区妇幼保健计划生育服务中心与金城医学合作建设临床检测中心实验室

【疫情防控】 2020年，区妇保计育中心多渠道宣传普及传染病防控防治和健康知识，严格预检分诊，完善应急处置流程，派出医务人员进驻交通运输单位检疫检查点及后勤人员，配合各部门全力做好新冠肺炎的检疫检查及咽拭子的采集和标本运送工作。加强住院患者及陪护人员的管理，承担区域内幼儿教师、入园儿童、医院工作人员等重点人群的核酸检测工作，选派医护人员支援广州海关白云机场口岸现场采样。新冠肺炎疫情发生后，分诊护士进入医院测温人数5.58万人次，进行指导本地、无中高风险地区史、无疫区史、无聚集史、无境外史的发热病人到上级医院治疗。全年核酸检测1.31万人次，环境物品样本检测5066份。

（张明蓉）

深梅眼科

【概况】 梅江区深梅眼科医院创办于1992年，前身为梅江区西郊卫生院（梅江区深梅眼科中心），院址位于梅州市广梅路中高峰112号。深梅眼科医院占地面积2860平方米，建筑面积5600平方米，病床编制50张，内设眼科、麻醉科、医学检验科、医学影像科、中医科（眼科专业）等科室。2020年，深梅眼科医院共有职工110人，其中卫生技术人员73人、正高级职称1人、副高级职称1人、中级职称14人、初级职称21人。主要任务是：制订并组织实施眼科疾病防治规划，开展眼保健、眼科疾病预防的宣传、健康咨询及指导，提供眼科常见病、多发病、眼外伤等眼科诊疗或转诊服务，提供眼科疾病恢复期康复咨询、康复指导和医疗康复，承担各级政府主导的防盲治盲职责，完成防盲治盲工作任务，承担区委、区政府和上级业务主管部门交办的其他任务。

【专科建设】 2020年，深梅眼科医院秉承“致力于眼健康事业，提升人类视觉健康”的理念，眼科成为市级专科品牌。联动基层医疗单位，对辖区糖尿病的慢性病管理患者进行眼部筛查，早期患者进行眼底病变防治，中、晚期患者进行眼底激光和玻璃体视网膜手术治疗，减少糖尿病患者的失明做出努力。主动与梅州市、梅江区、梅县区妇幼保健院联手建立梅州市“早产儿视网膜病变诊疗联盟”，造福梅州百姓。9月，梅江区深梅眼科医院被广东省眼健康协会授予“儿童青少年近视防控中心”。不定期组织人员进校园，做好青少年近视防控工作，宣传近视防控知识，进行视力筛查并建档管理。

【医疗设备】 2020年，深梅眼科医院主要设备有德国蔡司高端眼科手术显微镜、新加坡徕卡眼科手术显微镜、德国海德堡Spectralis OCT激光眼科诊断仪、法国光太577眼科半导体激光光凝机、德国卡尔蔡司生物测量仪、光脉冲干眼症治疗仪，美国博士伦超声乳化仪、爱尔康超乳玻切一体机、德国罗兰眼电生理诊断系统、德国眼表综合分析仪、德国海

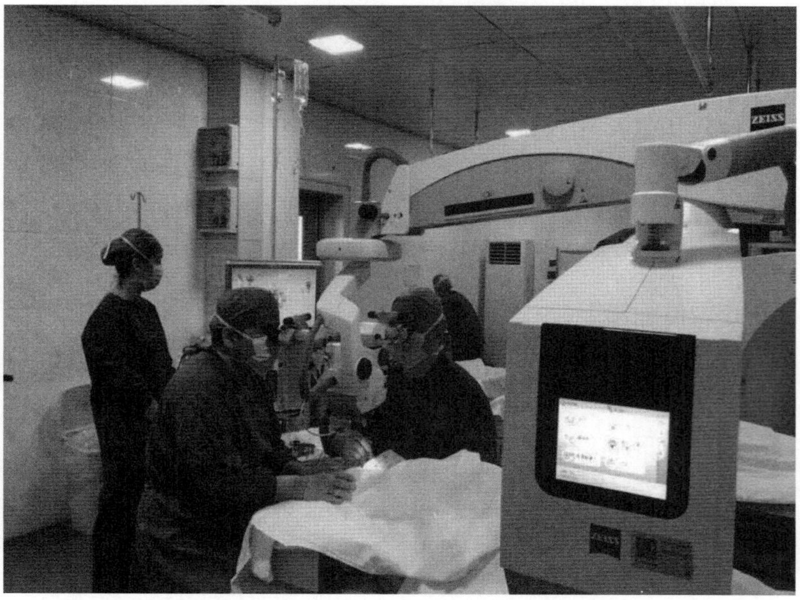

梅江区深梅眼科医院医生为患者实施白内障手术

德堡共焦激光造影系统、TOPCON角膜内皮细胞计、CANON数字眼底照相机、法国光太眼科A/B超、法国依视路磨边机等，为患者提供精准的诊断及治疗。

【便民服务】 2020年，深梅眼科医院重新规划各功能区域，集中各检查科室在同一楼层。加大绿化面积，增加床位设施，配足候诊座椅，完善无障碍设施，开放停车区域，做好标识引导，加大消防及公共安全巡查。以“创文”攻坚为抓手，对照文明城市创建工作指标，强化大厅、诊室、病区、窗口、消防通道、停车场、厕所等各方面的院容院貌，做好垃圾分类，做到全员参与，展示医院良好社会形象。标准化建设志愿服务岗，为患者提供包括手机充电站、爱心雨伞、眼镜、针线包、轮椅无偿租借，免费一次性纸杯及开水供应等各项便民服务。

（杨秋芳）

2020年9月26日，热烈庆祝“广东省青少年近视防控指导中心”在梅江区深梅眼科医院启动

社 会 生 活

民 政

【概况】 2020年，梅江区民政局深入学习贯彻习近平新时代中国特色社会主义思想，学习贯彻中共十九大和中共十九届五中全会精神、习近平总书记对民政工作的重要指示精神，认真贯彻第十四次全国民政工作会议精神和第二十次广东民政会议精神，紧紧围绕区委、区政府的工作部署，始终践行“民政为民、民政爱民”的工作理念，狠抓责任担当，全力打造大救助、大养老、大儿童保障、大慈善、大社会治理“五大”体系建设，以新担当新作为推动梅江区民政、民生建设。

【社会救助】 低保标准 2020年1月起，梅江区继续实行城乡一体化发放，提高城乡低保标准（补助水平），城市低保每人每月由705元提高至772元（人均月补差由560元提高至610元），农村低保每人每月由705元提高至772元（人均月补差由380元提高至390元）。全年全区城乡低保1658户3112人，累计支出低保金2292.06万元；动态清退城乡低保对象215户351人，新纳入城乡低保对象232户610人。

特困供养 2020年1月起，梅江区提高特困人员供养标准，城乡特困人员供养标准从每人每月1150元提高至1240元。全年全区城乡特困人员755人，其中集中供养对象171人、分散供养对象584人，累计支出特困供养资金1497.11万元。

护理补贴 2020年，梅江区实行特困供养对象照料护理补贴，每人每月按有生活自理能力、部分丧失生活自理能力、完全丧失生活自理能力的3个标准，集中供养对象分别给予800元、1000元、1300元护理费补贴，分散供养对象分别给予30元、423元、846元护理补贴。全年全区累计支出护理补贴金额453.94万元。同时，不断规范低保、特困申请审批制度。

临时救助 2020年，梅江区及时对因病、因残、因灾等各种特殊原因造成基本生活出现暂时困难的家庭，给予非定期、非定量的临时救助，着力缓解城乡困难群众突发性、临时性生活困难。全年全区累计发放临时救助278人次，救济金82.81万元。

兜底保障 2020年，梅江区对建档立卡贫困人口中完全或部分丧失劳动能力且无法依靠产业扶持和就业帮助脱贫的贫困人员，纳入低保或特困人

2020年6月30日，梅江区委副书记张军（左二）、副区长罗涤权（右一）到西阳镇塘青村慰问困难老党员

员提供兜底保障。全年全区完成无劳力贫困户481户644人的全部兜底任务。

【社会福利】 敬老院改造 2020年，区民政局加强敬老院日常管理，争取福彩公益金，完善3家敬老院消防喷淋设施，金山敬老院消防设施改造50万元，西阳敬老院消防设施改造82万元，城北敬老院消防设施改造69万元，并做好消防工程备案。

市福利院 梅州市福利院占地面积5.8公顷，该院设施齐全、管理规范，集儿童福利中心、老年人公寓、养老护理中心于一体的医养结合多功能省四星级养老机构。2020年，区民政局着力抓好项目建设，拆除原有老旧厨房楼，改建成园林式的花园、院落，市福利院与梅州市第二中医医院签署医养合作项目协议，推进创新型医养合作项目建设。优化服务环境，强化康复训练，提高孤残儿童、孤寡老人生活保障水平，努力提高服务质量。全年市福利院有工作人员83人，其中编制内职工27人、聘用人员56人。入住人员181人，其中孤儿17人；事实无人抚养孤儿2人，特困人员96人，各镇、街道托养特困人员18人，接收社会托养老人48人；长者床位300张，儿童床位50张，全年接受社会各界热心人士捐款2.08万元。

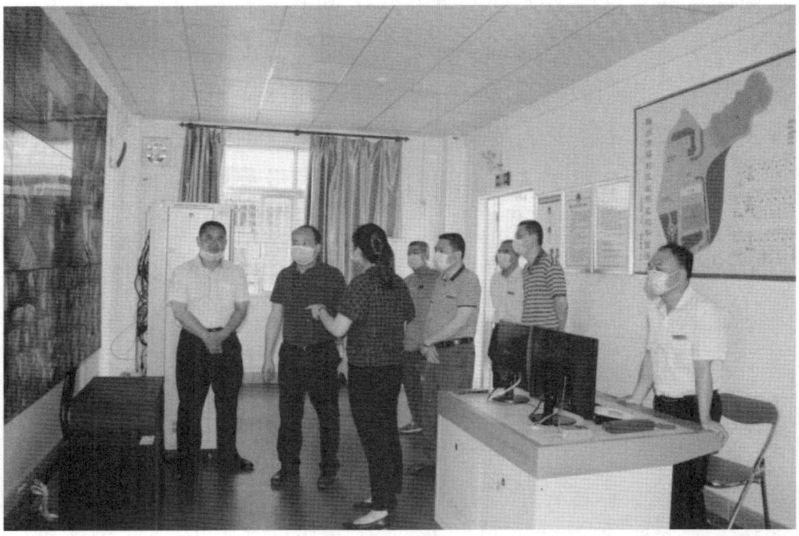

2020年4月30日，梅江区副区长罗涤权（左二）到梅州市福利院检查指导工作

福彩销售 2020年，区民政局加大福彩宣传力度，加强网点建设和服务管理，3月16日，福利彩票销售点开市，梅州城区设“快乐十分”销售点58个、电脑票投注站95个。做好专营化、形象化、正规化建设，拓宽销售市场，全年销售福利彩票6800万元，筹集福彩公益金270万多元。

孤儿生活 2020年，区民政局及时调整孤儿基本生活最低养育标准，按时足额发放生活保障金，集中供养从每人每月1685元提高至1820元，分散供养孤儿基本生活最低养育标准从每人每月1025元提高至1110元。全区孤儿总数29人，其中散居10人、福利机构集中供养19人，共发放资金59.60万元。全区共有事实无人抚养儿童103人，基本生活补贴发放标准为每人每月1110元，累计发放87.23万元。

残疾人补贴 2020年，区民政局按月足额通过邮政账户发放残疾人两项补贴，做好享受残疾人两项补贴对象信息录入。全区享受两项补贴残疾人共4810人，其中困难残疾人1278人、重度残疾人3532人。困难残疾人生活补贴从每人每年1980元提高至2100元，重度残疾人护理补贴从每人每年2640元提高至2820元，全年发放两项补贴金额共1277.43万元。全区建档立卡贫困人员享受残疾人两项补贴373人，发放残疾人两项补贴92.21万元。

留守人员 2020年，区民政局健全留守人员定期巡访制度，以社工站、志愿者组织、专业社工介入服务等为梅江区农村留守儿童和困境儿童提供心理疏导、精神慰藉、家庭关系调适等专业服务，督促各镇（街道）落实走访探望工作，建立“一人一档”。全区有留守老人38人、留守妇女5人、留守儿童83人，全年累计走访农村留守老人119人次、留守

2020 年 5 月 29 日，梅江区民政局联合团区委到城北镇中心小学关心关爱困境儿童

儿童 386 人次、留守妇女 20 人次，走访覆盖率 100%。开展 10 场关爱留守困境儿童公益活动。6 月起，全面启动农村留守儿童和困境儿童关爱保护政策宣讲进村（社区）活动，组织开展 7 场儿童督导员及儿童主任培训班，全区累计开展宣传活动 86 场次，受益群众 1733 人次。

居家建设 2020 年，区民政局全力推进养老服务建设，推进敬老院消防设施改造，落实主体责任，投入资金 201 万元，对 3 家敬老院进行消防设施改造。推进区、镇、村级 26 家居家养老服务中心（站）建设，以民政服务对象 464 名老人为试点，开展居家养老平台建设和运营工作，构建“互联网+养老服务”养老服务体系。推进城乡养老“医养结合”模式，设立市第二中医医院百岁分院，协助养老机构与就近医疗机构签订医养合作协议。全年全区配套养老床位 2626 张，护理床位 740 张，每千名老人拥有养老床位数 36.05%。同时，积极推进公益性公墓建设，全区有镇级公益性公墓 1 座、村级公益性公墓 2 座、10 村联建村级公益性公墓 1 座。选址西阳镇塘青村建设经营性公墓，山地面积 20 公顷，完成土地征收工作，总投资 1 亿元。

惠民政策 2020 年，区民政局认真落实高龄老人补（津）贴和百岁老人长寿保健金两项惠民政策，进行社会化发放，进一步提升高龄老人保障水平。全年全区高龄老人 1.14 万人，发放高龄津贴 343.14 万元；百岁老人 444 人次，发放长寿保健金 13.32 万元。

养老服务 2020 年，区民政局加快推进居家社区相协调、医养康养相结合的养老服务体系建设，积极结合“南粤家政”养老服务培训项目，进一步强化养老服务标准化意识，加快养老服务发展，全年累计养老服务培训 531 人次。推进梅江区长者康养中心项目建设落地，打造失智失能老年人服务机构。完善社区长者配餐服务项目建设，打造西郊街道黄泥墩社区、江南街道大园社区、三角镇客天下社区长者饭堂示范点，保障高龄、特困、低保、失能、孤寡、失独等特殊老年人助餐需求，辐射周边社区为老年人提供配餐送餐服务。

养老机构 2020 年，区民政局加强配套养老服务设施建设，规划建设梅州市福利院 1 间，乡镇敬老院（长沙镇敬老院改建中）4 间，民办养老服务机构 14 个，区级居家养老服务中心 2 个，镇级居家养老服务中心 5 个和村级居家养老服务站 19 个。推进养老机构服务质量建设，联合区应急管理局、区市场监督管理局和各镇（街道）每月定期或不定期对全区 18 间养老机构的安全生产隐患大排查，进行消防安全专项检查，并督促整改落实。通过床位补助、运营补贴等形式鼓励社会力量积极兴办养老服务机构，推进养老机构责任保险统保项目，确保全区社会养老机构投保全覆盖。梅州颐诚医养结合医院有限责任公司为梅江区备案民办医养结合机构，以医疗为保障，以养老为基础，构成中医养生、老年病诊疗、传统康复为特色的新型智慧医养结合医院，属梅江区老区、

苏区重点工程建设项目。

【社会事务】 市殡仪馆 2020年，市殡仪馆与区殡葬服务中心合署办公，共有工作人员83人，其中编制内职工28人、聘用人员55人。全年火化遗体7212具，上缴行政事业性收费423.26万元，经营服务性总收入2419.21万元；共减免2256宗辖区居民殡葬基本服务费254.66万元，减免城区城乡困难群众殡葬费用572宗约94万元，减免无人认领遗体费用20宗约76万元。以殡改宣传月为契机，积极开展文明祭扫、节地生态安葬、殡葬惠民政策宣传，结合疫情防控提供“云祭扫”，清明节举行骨灰楼、区树葬区代祭祀仪式，引领广大市民树立文明殡葬新风，引导走进自然、促进人与自然和谐相处的意识，形成文明健康的祭祀新风。为满足人民群众对殡葬服务的需求，解决现有馆场面积窄小的问题，征用殡仪馆周边土地，进行改造扩建。

殡葬管理 2020年，梅江区政府与各镇（街道）签订殡葬管理目标年度责任书。疫情防控期间，清明节暂停殡葬服务机构开展聚集性祭扫服务，助力打赢疫情防控阻击战。按照上级统一部署，开展殡葬领域损害群众利益突出问题专项整治、梅州市违法违规建坟专项整治、安葬（放）设施违规建设经营暨违建墓地专项摸排工作等殡葬领域专项整治工作，全年依法整治违规建坟11座，进一步规范殡葬管理。同时，为解决骨灰存放问题，继续推进区经营性公墓和镇、村公益性公墓建设。

区划地名 2020年，区民政局开展第二次全国地名普查成果转化，配合市民政局编纂梅州市地名录，区级图录典志编纂工作由第三方进行编纂。规范开展建筑物住宅区命名更名初审工作，全年受理办结建筑物住宅区命名、更名行政许可事项20宗。统筹推进部分镇级行政区域界线调整工作，向省政府请示，将西阳镇龙坑村涉及客天下旅游产业园区域征收的51.6公顷国有土地变更为三角镇的行政区域；将城北镇古洲村涉及梅江碧桂园区域征收的13.93公顷国有土地变更为金山街道行政管辖范围。

婚姻登记 2020年，区民政局婚姻登记处依法依规办理婚姻登记，实行网上预约登记，周末和法定节假日提供便民服务。宣传婚姻法律法规，积极推进移风易俗，弘扬文明新风，倡导婚事新办。新冠肺炎疫情期间，婚姻登记处做好相关疫情防控工作，暂停结婚登记颁证服务，婚姻家庭辅导服务转为线上辅导，引导群众进行免费婚检，婚检率80%以上。全年办理婚姻登记业务4369宗（对），其中结婚登记2256对、离婚登记926对、补领婚姻登记证559宗、婚姻登记记录证明2宗、查阅婚姻档案626宗；婚姻登记合格率100%。

社工服务 2020年，区民政局扎实推进广东社工“双百计划”（双百镇、街道社会工作者服务五年计划），组织社会工作专业和实务专题培训，大力培养一线实务人才，进一步充实民政领域社会工作服务力量，助力民政事业发展。总结社工“双百计划”开展后的实践经验，因地制宜，打造本地服务特色。指导各社工站进行全省社会工作优秀案例申报，西阳镇社会工作与志愿服务协会申报项目，“倾听你的声音”失聪儿童的自我能力提升案例；金山街道社会工作与志愿服务协会申报项目，“攀桂里·相伴苔花开”金山美育空间打造小组案例。

【政权建设】 2020年，区民政局指导各镇、街道修订完善村规民约，全年全区129个村（社区）修订完善具有依法保障、自我约束、务实管用的村规民约和居民公约。加强村务监督委员会的制度建设，落实村监委成员待遇和经费保障，及时发放村务监督委员会成员补贴，补贴标准人均每月750元。有序推进正常离任村干部信息采集工作，圆满完成第一阶段正常离任村干部信息采集及归档工作。组织村级“两委”干部和后备干部培训，对问题村、难点村（社区）进行排查和整治，强化部门协作联动，推动村（社区）换届选举前期准备和选举期间各项工作落实，确保村（社区）换届选举平稳进行。

【社会组织】 2020年，区民政局积极推进社会组织党建工作，深入开展打击整治非法社会组织专项行动，开展社会服务机构专项整治，推进年度检查制度改为年度报告制度，全面推行“双随机、一公开”监管，推进落实“双公示”（社会组织行政许可、行政处罚等信用信息作出决定后上网公示）工作，加强社会组织信用监管。规范行业协会商会收费管理，推开行业协会商会与行政机关脱钩改革，落实社会组织法人离任、注销清算审计制度，积极培育扶持社会组织发展，引导社会组织积极参与脱贫攻坚。全年全区有社会组织199家（其中社会团体64家），民办非企业单位135家，成立登记社会组织5家，注销登记社会组织6家，社会组织从业人员2248人。全区社会组织共有中共党员144人（组织关系未转入27人），建立中共党组织20个（其中行业党委1个）、社会组织党支部19个，涵盖社会组织24家、党员117人。

【民政经费】 2020年，区民政局加强预算编制，积极争取上级资金支持，大力改善民生，做好基层政权、区划地名、社会福利、社会救助等资金保障工作。全年投入民政事业支出7769.64万元，其中社会保障和就业支出5413.67万元、卫生健康支出21万元、农林水支出215.03万元、住房保障支出31.24万元、其他支出588.7万元、抗疫特别国债安排支出1500万元。民政经费主要用于困难群众救助补助、残疾人两项补贴、养老服务体系建设项目和社会福利项目等。

【专项整治】 2020年，区民政局扎实开展农村低保和残疾人两项补贴、养老服务质量建设、困境儿童监护、殡葬领域损害群众利益突出问题、民政系统财务收支、民政领域扫黑除恶、社会服务机构、生活无着的流浪乞讨人员救助管理8项专项整治行动，制订工作方案，成立领导小组。加大宣传力度，加强人员培训，及时有效防范、化解潜在风险，堵塞各类隐患风险点，建立民政长效管理机制。结合脱贫攻坚、疫情防控工作，全年完成农村低保、残疾人两项补贴复核工作，发放低保金2292万元，两项补贴累计发放1278万元；投入201万元对3家敬老院进行改造，至年末，完成消防改造机构13间，在册孤儿29人实现一人一档留存并完整录入全国儿童福利信息系统。对殡仪馆、11间医疗机构、仙鹤山庄公墓、3家民办殡葬服务机构、65间宗教活动场所进行合力专项整治，着重清查医疗救助资金、低保、特困人员、孤儿经费等。深入开展民政领域涉黑涉恶涉乱等问题整治，完成涉黑涉恶被查处的村委会成员补选，妥善处理群众举报涉黑信访问题。认真梳理社会服务机构，建立台账135家，逐项落实整改。加强与市救助管理部门衔接，解决安置历史遗留长期滞留人员43名。落实经费开展“寒冬送温暖”，确保流浪乞讨人员得到及时施救和有效救助。

【慈善公益】 2020年，区民政局充分调动群众参与慈善公益活动，区慈善会与新闻媒体建立合作渠道，加大宣传力度，号召动员和鼓励社会各界爱心人士奉献爱心。全年全区慈善会累计收到抗击疫情慈善捐款262笔，合计金额338.32万元；接收“广东扶贫济困日”活动捐赠191笔，合计金额382.19元。

（练尚思）

人力资源和社会保障

【概况】 2020年，梅江区人力资源和社会保障局（以下简称区人社局）以习近平新时代中国特色社会主义思想为统领，按照省委“1+1+9”工作部署和市委“123456”思路举措，围绕建设“诗画梅江、文明客都”总体目标和区委“1158”思路举措，落实“六稳”“六保”任务，应对疫情冲击和经济不稳定因素等挑战，不断优化就业创业格局，加强制度机制建设，提高社会保障水平，促进劳动关系和谐，区委、区政府交办的重点工作和民生实事全面完成，制度和管理服务短板不断补齐，疫情防控和复工复产保障有序推进。

【疫情防控】 2020年，区人社局成立疫情防控工作领导小组，制定疫情防控工作和应急方案，下设10个工作组，在区辖各类用工企业、培训机构、务工人员和参保群众中加强疫情防控宣传。利用无线梅州、南方+等网络新媒体发出《梅江区人社局疫情防控期间有关服务事项安排的公告》，推出疫情期间人性化人社服务系列措施，在各办事服务大厅、窗口开展网上经办、非接触式办理和预约服务，常态化开展办事大厅测温、戴口罩、办事登记等防控工作，确保疫情防控期间服务不断档。加大用工单位排查力度，严查严防用工单位提前复工生产。出台《梅江区企业全面复工复产职工健康管理指南》。区人社局被评为梅州市抗击新冠肺炎疫情先进集体，区人社局党总支被评为梅州市先进基层党组织。

2020年4月7日，梅江区人社局志愿者参加园区开放日与复工复产政策宣传活动

【社会保险】 2020年，梅江区社会保险基金管理局整体搬迁进驻行政服务中心，社保大厅窗口服务实现标准化、制度化、规范化。妥善应对疫情和经济压力，充分发挥社保稳岗保障和民生兜底功能，不断健全社保体系，落实机关事业单位养老保险制度改革，实现工伤保险基金省级统筹，执行工伤保险浮动费率政策，扩大失业保障范围。做好职工医保与生育险的合并工作，确保两险合并实施后政策有序衔接，平稳实施。推动“放管服”工作，出台《社保经办服务事项精简材料压缩时限清单》，实现减件缩时。实施“互联网+社保经办”服务，75项办理事项录入广东省政务服务平台，实现“马上办、网上办、就近办、一次办”。强化社保兜底作用，全区建档立卡贫困人口、低保对象、特困人员等困难群体实现应保尽保、应享尽享。落实被征地农民养老保障工作，全面完成2019年度新增征地项目社保预存资金分配任务。做好被征地农民养老保障费用测算和资金预存工作，全年共制定7个批次城镇建设用地被征地农民养老保险方案，纳入保障人数261人。配合审计署审计整改落实，将4993人纳入被征地农民养老保障范围。2020年，梅江区社会保障基金管理局被评为“梅州市梅江区文明窗口”。

【就业服务】 2020年，区人社局围绕“六稳六保”工作，以稳就业、保就业为重点，落实援企稳岗系列举措，保障全区复工复产。就业中心利用远程招聘和网络就业服务平台、网站，推出网络就业招聘服务，为广大求职者和用工单位搭建网络求职信息平台，运用线上线下平台举办招聘会19场，提供就业岗位1.24万个。组织开展流动招聘会、重点企业推介会、园区开放日活动，确保疫情期间就业服务活动有序进行。印发《应对新型冠状病毒肺炎疫情助力企业复工复产和

2020 年 9 月 5 日，梅江区“保居民就业 促苏区发展”专场招聘会在文化公园广场举办

保障用工需求若干措施的实施细则》，打好减、免、缓、返、补组合拳，全力援企稳岗促就业。全年累计发放各类补贴2000 多万元，惠及企业 551 家、职工 2 万多人。社保费减免惠及 4963 家企业和个体户，总金额 1.28 亿元。大力宣传就业创业政策，发布各类就业创业政策解读 15 次、园区企业招聘信息 3 轮 289 条。全年全区新增就业人员 2400 人，城镇失业人员再就业 2002 人，其中就业困难人员实现就业 201 人，城镇登记失业率控制到 2.36%。全年举办各类线上线下招聘会 18 场次，提供就业岗位 9981 个，达成就业意向 7776 人，成功就业1955 人。

【技能培训】 2020 年，区人社局实施“粤菜师傅”“广东技工”“南粤家政”三项工程，累计培训 1.3 万人次，带动就业 1.2 万人次。开展“客家菜师傅技能+创业”培训、线上适岗培训、以工代训，争取 1200 万元补贴资金，惠及 447 家企业、1.8 万名职工。引导建设省级粤菜（客家菜）师傅大师工作室 1 个，支持建立茶叶、蔬菜、丝苗米 3 个省级现代农业产业园，引导打造“白宫苦瓜”“清凉山茶”等一批国家和省级名牌农产品，擦亮梅江“绿色食材之都”名片。全力支持梅江客家风情步行街建设，拟建老街美食展馆，“梅城腌面”成功评为市级“非遗”项目，圆满承办市“广东技工”电梯职业技能大赛。争取 300 万元资金推动区技能实训基地、农电商培训创业基地建设。引导成立区“南粤家政”行业协会，建设“南粤家政”社区服务中心 6 个。强技能、促就业、带创业体系构建初现成效。

【人事人才】 2020 年，区人社局作为区绩效考核工作小组牵头单位，建立梅江区机关事业单位绩效考核制度，抓好全区考核工作。全年大规模实施事业单位公开招聘 3 轮，发布岗位 97 个，公开招录事业单位人员 195 人，其中教育系统134 人、卫健系统 34 人、其他

2020 年 12 月 21 日，梅江区承办梅州市“广东技工”电梯岗位职业技能大赛

事业单位27人。稳妥有序完成大批机关事业单位人员区内外调动办理服务工作，全区机关事业单位特别是教育、卫生系统人才结构进一步优化。根据市人社局通知文件和派遣名单，由分管副局长主持召开有关人员座谈会，并及时将学生派遣到服务岗位，全年派遣23人到服务岗位工作，其中7月15人、9月8人。全年服务区直单位引进急需紧缺和高层次人才9人，接收申报评审高、中、初级专业职称资格326人，认定70人。开展大学生就业服务，建立大学生见习基地5家，提供见习岗位120个，扩宽毕业生就业渠道，基层公共就业创业和社区工作岗位招收8人。全年帮扶大学生就业创业176人次，发放补贴105.7万元。

【劳动保障】 2020年，区人社局坚持以“双百一零”（劳资纠纷案件百分百介入处置、劳动仲裁法定审限内百分百结案，劳动纠纷重大群体恶性事件零发生）为目标，全年劳动关系保持总体和谐。定期召开根治欠薪部门联席会议，劳动合同制度、用工实名制、工资保证金制度、分账管理制度规范落实。组织开展梅江区2020年根治欠薪问题冬季攻坚行动，化解重大欠薪隐患5宗。开展企业薪酬调查、人工成本监测和信息发布，大力宣传劳动合同法律法规，全区劳动合同签订率96.5%。联合区住建局开展房屋建筑工程领域农民工工资支付专项检查。坚持“谁执法、谁普法”，深入园区、企业、社区，把工资支付条例、劳动合同法、劳动法宣传纳入执法监察常态化工作，进一步提高用人单位法律意识和劳动者维权意识，全年发放劳动法律法规宣传资料1000多册。建立劳资纠纷防范预警、劳动案件协同快处、劳动仲裁快立快调机制，坚持日常执法检查和重点企业跟踪监察相结合，落实“网格化”管理，强化行业主管、属地管理责任，坚决查处打击欠薪违法行为。

【精准扶贫】 2020年，区人社局多渠道帮扶就业，建立扶贫车间1个、开发公益性岗位12个，帮扶建档立卡贫困户实现稳定就业293人，灵活就业85人。大力开展技能扶贫，有意愿贫困劳动力培训率100%。为在读技工院校贫困生12名发放生活费补助，发放率100%。精准落实社保兜底，落实16—59周岁购买养老保险685人，落实率100%；应发放60周岁养老保险591人，发放率100%。坚持挂钩帮扶和党建指导相结合推动驻村扶贫，2020年完成对口帮扶西阳镇太平村脱贫任务。

（李立智）

残　联

【概况】 2020年，梅江区残疾人联合会（以下简称区残联）积极履行“代表、服务、管理”职责，关注民生、解决热点，全区残疾人民生得到持续改善，公共服务水平不断提升，文化体育进一步发展，全社会尊残扶残助残氛围日益浓厚，逐渐形成关心残疾人和支持残疾人事业的良好氛围，残疾人幸福感、获得感不断增强，幸福指数得到进一步提升。

【社会保障】 2020年，梅江区持证残疾人共5709名，其中残疾等级为一、二级的重度残疾人3497名，残疾等级为三、四级的中度和轻度残疾人2212人。享受每人每月175元生活津贴困难残疾人1278人（次），享受每人每月235元护理补贴的重度残疾人3532人（次），享受每人每月150元贫困家庭生活补助的残疾人663人（次），惠及残疾人4839多名。为全区2058名符合年缴交条件的残疾人缴交基本养老保险25.90万元、2128名各类残疾人购买城乡居民医疗保险59.58万元。

【康复服务】 2020年，区残联认真贯彻落实残疾人精准康复服务行动实施方案，为603名有康复需求的残疾人提供康复服务，康复服务率97.5%。积极实施贫困残疾人辅助适配服务，为229名有辅具需求的残疾人提供辅助器具适配服务，共发放各类辅助器具318件（辆）、191人次，其中肢体类残疾辅器轮椅58辆、护理床5张、坐厕椅24张、助行架和拐杖22支，视力类辅器盲文语音电饭煲和盲文收音机共168台，听力类残疾辅器助听器10架，其他残疾辅器31件。免费为174名白内障患者施行手术；为15人提供居家康复服务，每人每年6000元补助；享受每月500元精神病住院补贴40人；转介0—6儿童69人到定点康复机构进行康复。同时，全区7个镇（街道）康园中心共为140名患者提供日间托养服务，并加强康园中心托养人员安全运营管理和专项资金监督管理。

【扶残助学】 2020年，区残联认真贯彻实施《中华人民共和国残疾人教育条例》，做好未入学适龄儿童少年筛查，配合区教育部门，通过特殊学校就读、普通学校随班就读、送教上门等多种方式，落实“一人一案”做好教育安置。实施“南粤扶残助学工程”和中央专项彩票公益金助学项目，为24名考取全日制中专（高中）和本、专科院校的困难残疾学生和贫困残疾人家庭子女一次性发放扶助残学金6.35万元。

【扶残助残】 2020年，区残联认真落实区委书记朱国城到区残联调研精神，树好扶残助残典型，搭好帮扶残疾人的平台，不断发展残疾人福利事业。积极筹集残疾人扶助金，发动企业家、乡贤、社会公益组织及社会各界热心人士捐赠款物，共筹集爱心捐款16.5万元，捐赠物资折合金额10.28万元。积极发动社会力量真情助残，营造助残爱残氛围，10月25日，联合深圳市华美绿集团、深圳瑜水慈善基金会、海通证券股份有限公司深圳分公司在梅州市华南德龙康复医院举行梅江区扶残助学公益活动，为38名困境残疾学生获得助学金和物资一批，邀请梅州市蓝猫儿文化传媒CEO、“轮椅女孩”蓝玉娜到现场分享创业故事，激励困境残疾学生常怀感恩之心。发挥公益组织的优势，提升残疾人幸福感、获得感，11月3日，区残联和广东狮子会梅州代表处围龙、美业、虎山服务队的代表一起前往重度脊柱侧弯患者李志鑫家看望慰问，广东狮子会梅州代表处围龙、美业、虎山服务队的代表送上爱心款6300元，区残联帮扶金1万元。认真落实惠残政策，为12名视力残疾人发放新冠肺炎疫情期间临时补贴每人7000元，为60户贫困重度残疾人实施家庭无障碍改造，为56名残疾人发放机动车燃油补贴，协调扶贫、卫健部门出台政策补贴困难残疾人办证医疗鉴定费，优化办证服务方式，邀请专业评残医生为行动不便的困难残疾人上门评残。

【就业培训】 2020年，区残联扎实推进残疾人按比例就业，鼓励和推荐残疾人参加省、市残联网络平台线上线下的职业技能培训和劳动就业部门招聘活动。11月，在西阳镇为50多名建档立卡贫困残疾人举办家禽养殖培训班，实现残疾人在家门口就业，全年全区共有355个单位为700多名残疾人提供就业岗位。加大残疾人创业就业帮扶力度，全年共有15名自主创业的残疾人获得政府扶持金。联合税务部门，2020年征收残疾人就业保障金340多万元。

（陈维院）

关心下一代

【概况】 2020年，梅江区关心下一代工作委员会（以下简称区关工委）深入学习贯彻习近平总书记对关心下一代工作重要指示，不忘初心、牢记使命，加强青少年思想道德建设，做好培养教育青少年健康成长的参谋和助手，充分发挥“主动配合、积极补充”作用，为“诗画梅江、文明客都”建设发展发挥正能量。

【思想政治建设】 2020年，区关工委按照创建“学习型”关工委的要求，坚持每月集中学习制度。通过学习，达到紧跟形势，与党同心，与政府同步的目的。做到围绕党的中心与时俱进，思想常新，创新观念，增加做好关工委工作的使命感和责任感，提升工作积极性和创造性，推动关工委工作上新台阶。贯彻学习中共十九大及中共十九届三中、四中、五中全会精神，坚持党的基本理论、基本路线、基本方针，增强“四个意识”，坚持“四个自信”，做到“两个维护”，深刻领会习近平总书记“青少年是祖国的未来和民族的希望”重要指示，以服务青少年，关心下一代成长为己任，以培养社会主义建设者和接班人为目的，不断拓展工作领域，探索、创新，开创关心下一代工作新局面。

【“五老”战疫情】 2020年，区关工委面对在突如其来的新冠肺炎疫情，贯彻落实习近平总书记关于疫情防控重要讲话和重要指示精神，贯彻落实中央和省、市、区的部署，组织全区“五老”（老干部、老战士、老专家、老教师、老模范）严防死守，切实做好群防群控工作。3月6日，发出《致全区“五老”倡议书》，把“五老”的安全和健康放在第一位，树立抗疫工作第一线的观念，先后通过互联网、电子网、微信平台传达学习习近平总书记和各级防控指挥部的部署，做好疫情防控专项工作。《倡议书》明确要求广大“五老”要树立自身不被感染就是对防控工作最大贡献，号召广大“五老”自觉宅家。战疫情期间，梅江区广大“五老”不忘初心，人人都是战疫者，如区政协黄慰榕捐款捐物，协助做好小区封闭管理；老战士梁日元以诗言志，抗击疫情；老医师、老教师编写抗疫顺口溜配合疫情防控宣传；西郊街道老艺人饶钊忠，篆刻印章两枚“众志成城”和“人间有爱”义拍善款支持抗疫。

【青少年思想道德教育】 2020年，梅江区各中小学校在“六一”节来临之际，举行丰富多彩、形式多样的系列活动，培育中小学生社会主义核心价值观。6月1日上午，区委书记朱国城、区长钟秀堂到芹洋梅州中学小学部参加迎“六一”系列活动，朱国城代表区委、区政府向全体师生表示节日祝贺，并与少年儿童开展互动。进一步加强中小学生践行社会主义核心价值观，在全区各中心小学建立联系点，开展相关调研活动，总结好的经验、好的做法在工作通讯发表。给全区中小学校发放《好家风》《科技托起强国梦》《日行一善，践行社会主义核心价值观》等学习资料。各镇和街道发出《构建和谐幸福家庭倡议书》，配合创文、垃圾分类宣传、实践日行一善，即每天做一件善事，节省一滴水，节约一粒米，给周围人一个方便、一个微笑、一个问候，把核心价值观简明化、具体化。同时，向各学校发放“中华魂”主题教育用书，全区各小学结合各自实际，举办“走进科学、放飞梦想”为主题活动，激发学生从小爱科学、学科学、用科学的兴趣和为祖国而学习、为强国而爱科学、学科学。

【暑期活动】 2020年，区关工委围绕主题，擦亮品牌，组织多彩的暑期活动。江南街道关工委举行防诈骗、垃圾分类、用电安全、我爱我的祖国等宣传以及唱歌、跳舞、书法、绘画、棋类等活动，培养少年儿童兴趣、爱好，丰富暑期生活。长沙镇关工委组织少年儿童参观长沙革命烈士纪念馆，传承红色基因，接受革命传统教育。金山街道关工委在足球文化公园开展以“诗画梅江、千年嘉应”为主题的“创文”定向志愿活动，有300多名少年儿童和家长参加，通过寓教于乐的方式，向少年儿童宣传文明素质、健康素养、垃圾分类、法治等内容，暑期生活过得充实而有意义。进一步擦亮“三百”（百小尊百老、百老帮百少、百业助百校）活动工作品牌，发动“五老”参与关心下一代工作，开展“大手牵小手”，“一对一”帮扶活动，区卫健系统关工委每月与联谊会开展活动，要求每个退休干部结对帮扶教育一个少年儿童，实践“百老带百小”。

【“爱心之家”工作】 2020年，区关工委结合贯彻市关工委关于评选“爱心之家”先进单位和先进个人的通知精神，对爱心之家进行检查，梅江区5

个“爱心之家”基本健全，八项工作正常开展，各学校安排老师对留守儿童加强关心、关爱、扶持和服务，让留守儿童和少年儿童健康快乐成长。为促进留守儿童“爱心之家”工作常态化、规范化和制度化，确保这一特殊群体未成年不掉队，区关工委不定期开展检查督促。2020 年“六一”期间，联合区老干局进行“爱心之家”检查，同时到城北中心小学慰问留守儿童，为留守儿童送上节日的问候和祝福，并发放慰问金。

【农村创业青年培训】 2020年，区关工委围绕“诗画梅江、千年嘉应”，以“创文”和乡村振兴助力农村年轻一代追梦田园作为时代重任，努力做好农村创业青年培训工作，培养和造就一批爱农业、讲政治、有理想、懂技术、会经营、能创业的社会主义新农民。联合区农村农业局在西阳镇大平村举办无公害大棚蔬菜种植和管理培训班、组织西阳镇板盖坑雪莲果网络销售直播活动及西阳镇强惠农电商运营中心培训室举办“富硒农产品开发”培训班。同时，组织创业青年 16 人到江西赣州培训，拓宽视野，开拓思路。通过培训，农村创业青年纷纷表示以科技为依托，大力发展种植产业，为梅江区发展现代农业发挥正能量。

（侯绮平）

镇·街道

长沙镇

【概况】 长沙镇位于梅江区南部，镇域总面积94.76平方千米。2020年，镇辖小密、长沙、大密、上罗、下罗、澄滩6个村民委员会和1个墟镇居民委员会，年末全镇总户数3874户，总人口13206人；中共党组织29个，其中党委1个、党总支部6个、党支部22个（其中“两新”党组织4个），党员共512人。2020年长沙镇深入学习贯彻落实习近平新时代中国特色社会主义思想、中共十九大和中共十九届二中、三中、四中、五中全会精神，不断增强“四个意识”，坚定“四个自信”，做到“两个维护”，严格按照省委“1+1+9”工作部署、市委“123456”和区委“一带三园四城五基地”思路举措，立足本镇，统筹做好疫情防控和经济社会发展各项工作，全力建设“红色长沙、绿色家园”，为加快建设“诗画梅江、文明客都”贡献长沙力量。

【经济建设】 2020年，梅江区长沙镇大力推进招商引资，依托生态环境和资源优势吸引优质项目落户长沙。坚持以“以商引商”、精准招商，成功引进计划总投资8亿元的梅州谷源环保科技有限公司污泥综合利用项目和总投资1.5亿元的梅州金商联五金建材有限公司项目，超额完成年度招商引资任务。深入实施“暖企”行动，主动协助解决企业用地、用工等方面存在的困难和问题，方印泉矿泉水包装饮用水项目加快建设。围绕打基础、利长远，认真谋划医养综合体、长沙大桥等一批长期和短期相结合的项目，农村人居环境整治项目和红色文化教育研学基地项目等11个项目纳入梅江区“十四五”规划项目库，做到“项目等政策、等资金”。

【乡村振兴】 2020年，梅江区长沙镇围绕打造“周末经济”“沿河经济带”，累计投入1500多万元、以点带面推进大密、小密、上罗、澄滩4个村美丽乡村建设，打造美丽乡村新亮点。上罗村月亮湾广场、下角广场建成投入使用，小密村委广场、俞屋广场改造顺利完成，大密村油房下湿地公园、复济桥至石井谭滨水绿道项目基本完成，澄滩村河岸人居环境整治项目加快推进，形成亮点纷呈的新农村。“一村一品”加快推进，梅州市年丰实业有限公司大密村茶叶项目获批区“一村一品”项目，澄滩村强泰合作社与稻丰实业有限公司合作的有机种植项目顺利落地，强泰种养合作社“一村一品”项目申请有序开展，美丽乡村建设有序推进。

【宜居城乡】 2020年，梅江区长沙镇坚定践行绿水青山就是金山银山理念，紧紧围绕建设“绿色家园”的目标任务，全民动员、全域整治，宜居水平不断提升。以“创文”“创卫”为抓手，严格落实包片责任制，实行“网格化”、精细化管理，工作成效得到上级领导肯定和群众认同。2019—2020年度市、区两级精神文明建设表彰大会，长沙镇墟镇居民委员会获市文明单位、大密村获市文明村荣誉称号，长沙镇获区文明镇，墟镇居委获区文明单位，大密村、小密村、长沙村获区文明村荣誉称号。持续深入开展“两美”行动、人居环境整治等工作，全镇92个自然村有86个完成“三清三拆三整治”年度目标任务，长沙村积极动员党员群众捐地让地并清拆危旧房屋、违章建筑7000平方米。澄滩碧道初具雏形，下罗村主动求变，推进完成村道改造提升，改善群众出行条件。强化日常巡查管理，规范占道经营及乱摆卖、“牛皮癣”等行为，开展主干道铁皮瓦整治，累计完成整治1250平方米。加大污染防治力度，深化畜禽养殖污染治理，扎实推进农村生活垃圾处理，落实“周末卫生日制度”，全面开展垃圾分类，全镇自然村全部纳入垃圾清运体系，农村生活垃圾实现“日产日清”。深入推进厕所革命，全镇无害化厕所普及率100%。全面落实河（湖）长制，开展“五清”“清四乱”专项行动，常态化做好饮用水源地保护工作。扎实开展森林病虫害防治工作，累计治理面积335公顷。森林防灭火工作扎实有效，全年未发生森林火灾。

【民生实事】 2020年，梅江区长沙镇始终把保障和改善民生摆上议事日程，努力为群众办实事、解难事、做好事。全面落实“一户一策、一人一档”措施，全年累计投入资金110多万元，抓实抓细产业扶贫、就业扶贫、政策兜底、危房改造、教育资助等各项扶贫政策的落实落地。大力实施光伏扶贫等产业帮扶，积极引导建档立卡贫困户多渠道、多形式转移就业，增加贫困户收入。坚持把建档立卡贫困户“两不愁三保障”和饮水安全作为最根本的工作，对排查发现的问题，明确整改时限，加强统筹谋划，坚决做到立行立改，确保问题整改到位。至年末，全镇精准扶贫户83户147人均达到脱贫标准并全部退出。新冠肺炎疫情发生后，镇党委坚决贯彻上级决策部署，将疫情防控作为头等大事，以最高标准、最严要求多措并举统筹抓好疫情防控各项措施，织密联防联控、群防群控网络，全面打好打赢疫情防控人民战争、总体战、阻击战，3月，实现辖区33家企业全面复工复产、学校复学。认真做好城乡居民基本医疗保险和养老保险扩面征缴，全年完成医保缴费10351人、完成率98.16%，参加养老保险4927人，基本实现应保尽保。落实低保专项治理，开展扶贫济困活动，做好残疾人重度护理补贴和生活补贴等发放工作。全面落实城乡最低生活保障、特困人员供养、临时救助、退伍军人优抚、低保五保、残疾人救助、殡葬改革、离任村干部信息采集、精神病患者管护等工作，对因疫情导致基本生活出现困难或突发困难的家庭给予临时救助，对61户无劳动能力精准扶贫户落实兜底保障。落实辖区土地动态巡查，加强地质灾害防治，强化削坡建房户的巡查监管，落实耕地保护，对违法用地进行强制拆除。全年共发现违法用地19宗，责令停止自然资源违法行为通知书19份，治理中小型地质灾害隐患点11户。规范农村宅基地和土地管理，基本完成“房地一体”农村不动产登记发证和国土空间规划工作，“零容忍”整治违法占用耕地行为。开展各类活动，丰富群众文化生活，免费开放文化站、村（社区）文化室等公共文化设施。全面完成村卫生站、镇卫生院标准化建设，全市首家梅州颐诚医养结合医院建成启用。推进文化惠民工程，扎实开展星级文明户、文明家庭群众性精神文明创建活动，着力提高乡村社会文明水平。乡镇体制改革基本完成，村级换届选举工作平稳有序推进。长沙镇第七次全国人口普查、农村集体产权制度改革和农村集体经济组织成员及股权证发放工作顺利完成，退役军人服务站顺利通过省级五星级示范创建验收，“创文”工作年终测评在全市10个镇、街道排名靠前。

【平安建设】 2020年，梅江区长沙镇坚持以人民为中心理念，切实履行保障大局稳定，建立健全矛盾纠纷排查、预警、调解、处置4个机制，进一步完善镇、村、村民小组三级人民调解网络，在镇政府及大密村设立个人调解工作室，有力地推动长沙镇人民调解工作。梅江区市域治理现代化试点工作现场会在长沙镇成功举办，向全区介绍大密村“平安之乡”实践创新项目成效，2020年大密村被评为广东省“民主法治示范村（社区）”创建单位。禁毒、“七五”普法、社区矫正、安置帮教、“一村一律师”、铁路护路联防工作全面开展，全年受理各类矛盾纠纷143宗、调结143宗；共上报各类网格事件87件，成功处理87件；共立刑事案件21宗、破13宗，治安行政案件26宗、处理26宗。落实安全生产“一岗双责”“党政同责”制度，牢固树立安全发展观念，加强重点行业领域安全专项整治和隐患排查治理，全年开展各类安全检查57次，发现隐患89处、落实整改89处，安全生产形势持续稳定，群众安全感和满意度不断提升。

（余镇楠）

2020年3月1日，梅江区三角镇通过网络销售解决因疫情影响导致梅塘杨桃从滞销到畅销、脱销

三 角 镇

【概况】 梅江区三角镇位于梅州城区南郊城乡接合部，镇域面积38.01平方千米，全镇有13个村、6个社区，党（总）支部66个，中共党员1574名。2020年，三角镇以习近平新时代中国特色社会主义思想为统领，认真落实省、市、区的决策部署，抢抓发展机遇，强化发展举措，经济社会保持良好发展态势，围绕建设“诗画梅江、文明客都”目标任务，奋力开启“城市客厅、迷人三角”新篇章。年末，全镇常住人口112059人，总户数15329户，户籍总人口49024人，其中男23108人、女25916人。

【经济建设】 2020年，梅江区三角镇限额以上批发零售企业13家，累计实现销售额23.04亿元，比上年下降6.6%；限额以上餐饮和住宿业企业共6家，累计实现营业收入6375万元，比上年下降31.5%。规模以上工业企业29家，累计实现总产值41.20亿元，比上年增长15.4%。中国移动、中国联通、中国电信三大网络运营商的梅州分公司总部均设在三角镇，万达广场、东汇城、万象江山、梅州义乌、创杰金融中心等综合体商业集聚经济效应进一步发挥。依托网络直播平台，短短4天时间6万公斤杨桃从滞销到畅销、脱销，有效解决果农受疫情影响导致梅塘杨桃滞销，创新性扩大多平台、多渠道、多模式线上线下相结合的农产品营销格局。

【重点项目】 2020年，梅江区三角镇完成立项重点项目5项，项目总投资25.8亿元。待立项项目2项，总投资5260万元。梅州昭华教育城配套基础设施项目（二期），拟新建8条道路及周边配套项目，总投资25.5亿元，该项目完成前期准备工作，并成功申请国家专项债券资金1亿元，至年末项目建设投入1.14亿元。梅州市清凉山郊野公园泮坑高观音段登山步道及附属设施改造提升工程（“枫林湾”二期），该项目拟改建3条登山步道，总投资2823.51万元，于9月启动建设，至年末完成登山栈道改建工程。梅江区三角镇泮坑旅游区城市公厕建设工程，该项目总投资399.19万元，于11月进场施工建设，至年末完成一层主体工程。梅江区三角镇金龙花园等4个老旧小区改造项目，该项目共22栋楼配套基础设施进行改造，改造总户数310户、总面积1.52万平方米，总投资1760.24万元，于

11月进场施工建设。梅江区三角镇洋坑森林公园“枫林湾”人居环境整治建设工程，该项目总投资397.6万元，至年末完成生态停车场、连接桥梁、门楼、珍珠公园等建设。成立梅州大枫林实业有限公司，将区政府托管的江南新城房屋、土地委托镇属国企梅州大枫林实业有限公司进行管理、盘活出租，实现收益从无至有，达到环境卫生、土地地界、治安管理等效果。

2020年8月19日，梅江区三角镇情怀公园建成开园

【美丽乡村】 2020年，梅江区三角镇宫前村体育馆、情怀公园、清凉山郊野公园洋坑枫林湾（一期）项目、外滩公园、上坪公园等民生工程投入使用。完成“四好农村路”建设项目，总投资230万元，建设里程约2千米。加强削坡建房管控，农村削坡建房主要集中在洋坑村、龙上村，至年末，全面完成管控。推进美丽乡村建设，宫前村修建结对共建路，升级改造Y118线，完善栏杆、步道、平台、绿化等基础设施，打造“莲塘印象”景观。梅塘村将“微改造”理念运用到人居环境提升，并将“触角”延伸到特色农业产业发展，休闲栈道建设使用、杨桃产业园成效初显，村容村貌完美蝶变。宫前村、梅塘村美丽乡村凸现，全面完成省级财政资金建设项目。洋坑村建设“枫林路”、打造清凉山郊野公园——洋坑“枫林湾”，全面完成区级美丽乡村示范村项目。湾下村通过进行梅龙高速公路天桥下杂草、垃圾综合整治，建成休闲健身娱乐于一体的“荷塘月色”景观。2020年，三角镇13个村评为市卫生村，顺利通过国家卫生城市复审。

【民生保障】 2020年，梅江区三角镇16户贫困户全部实现政策性兜底，购买城乡居民养老保险，建档立卡贫困户全部达到“八有”（有稳定收入来源或最低生活保障、有安全饮用水、义务教育有保障、基本医疗有保障、安全住房有保障、有电用、有电视信号覆盖、有网络信号覆盖）要求。为60周岁至79周岁（非困难）老人5915人投保，投保金额5.92万元。为80周岁以上及60周岁至79周岁（困难）老人1285人投保，投保金额2.57万元。为符合条件的困难群众35户71人，申请最低生活保障。全面核查城乡低保户和分散特困户，其中城市低保户13户23人，农村低保户102户199人，分散供养特困户43人，通过核查，核减低保户14户18人。做好残疾人员两项补贴和动态更新工作，全镇享受残疾人两项补贴人员503人，全年完成605人次的残疾人信息动态更新采集，完成10户贫困重度残疾人无障碍居家改造任务。配合区残联完成40多人到期换证工作和为4人无法带去鉴定的精神病患者提供上门评残服务。社工站进一步做好关心关爱弱势群体工作，跟进全镇各类儿童共86名，其中孤儿2名、事实无人抚养儿童14名、家庭困境儿童30名、自身困境儿童（残疾）32名、留守儿童8名。通过每周六及寒假联合志愿者为较集中、监护人方便接送的困境留守儿童25名，开展社工服务，服务人次223人次，开展小组为儿童社会实践之垃圾分类宣传活动2场，儿童防性侵讲座2场。全年社工站入户探访低保户、特困户、困境老人共66人次。开展亲子志愿者入户慰问低保户特困户和困境老人、亲子志愿者入户慰问退役老人、党员志愿者关爱残障群体的志愿服务活动。全年镇、村、村民小组三级人民调解组织调处各类民事纠纷 242 宗，调处成功 242 宗，涉及群众 500 多人，涉案金额 158.2 多万元，全镇治安稳中向好。

【民生实事】 2020 年，梅江区三角镇完成实施谋划的十件民生实事。1. 宫前村乡村体育馆，改建为经营性羽毛球场，为村民提供运动场所的同时，每年还为村集体增加收入 25 万元。该项目于 5 月完成主体建设，6 月正式投入使用。2. 城市圩日，三角镇户籍居民每周三凭本人身份证，可在梅州万达广场享受嘉荣超市全场商品 8.93 折优惠。3. 乡村圩日，由三角镇政府牵头，银行融资，坜明村集体经济投资入股，广东自家人商业连锁股份有限公司运营的合作模式，三角镇情怀广场占地 1.5 万平方米，建筑规划布局分为“情”座和“怀”座，“怀”座经过重新修缮投入使用，“情”座于 6 月 30 日动工，拟打造成梅州首家智慧农贸市场。4. 三角镇市民服务活动中心——保利站，于 12 月完工交付使用。5. 三角镇同心社区党群服务中心建设项目，9 月正式投入使用。6. 三角镇龙东社区党群服务中心建设项目，建成投入使用。7. 泮坑“枫林湾”森林公园建设，第一期 9 月完工，向市民开放。8. 情怀公园建设项目，8 月完工。9. 外滩公园建设项目，预计投入 600 万元，将客都大桥下占地 2.3 万平方米的空地打造成配备停车场、休闲文化广场、篮球场、乒乓球场的外滩公园，至年末部分活动区域完工向群众开放。10. 上坪公园建设项目，预计投入 200 万元，对梅大高速路天桥下约 6000 平方米空地进行打造，将路基平整，配置排水设施，完善周边绿化及亮化，年末完工并投入使用。

（邹健红）

城北镇

【概况】 2020 年，梅江区城北镇坚持以习近平新时代中国特色社会主义思想为指导，认真贯彻落实省委“1+1+9”和市委“六争六补”“123456”工作部署，区委“1158”“1+3+5”“一带三园四城五基地”思路举措，统筹推进疫情防控和经济社会发展，做好稳增长、促改革、调结构、惠民生、防风险、保稳定各项工作，全镇经济社会保持良好发展态势，人民群众的幸福感、获得感、安全感持续增强。

【疫情防控】 2020 年，梅江区城北镇面对突如其来的新冠肺炎疫情，坚持人民至上、生命至上，迅速启动一级应急响应，形成统一指挥、全面部署、立体防控的战略布局，打响疫情防控的人民战争、总体战、阻击战，至年末，全镇无确诊病例，夺取抗疫斗争战略成果。按照上级部署，及早布置复工复产，实施各类援企稳岗政策，协助企业破解开工难、招工难、资金周转难等问题，推动全镇经济企业稳回升，生产生活秩序稳步恢复，因时因势调整防控策略，认真落实常态化防控措施，筑牢“外防输入、内防反弹”防线，夺取疫情防控和经济社会发展双胜利。

【经济建设】 2020 年，梅江区城北镇积极配合上级部门，依法拆除东南汽车城，完成梅江区现代农产品物流中心项目征收工作，海吉新城二期农机五金机电区、三期蔬菜区相继投入运营，全年交易额 28 亿元。在短短 1 个多月时间，建成占地面积约 350 平方千米的桐花谷郊野公园，与沿线的樱花谷、玉水古村落、四季水果园等串珠成链，吸引众多游客前来休闲健身。以海吉新城物流园为基础，高效对接粤港澳大湾区健康、绿色产品需求，清达水产基地、凯兴生猪基地、乐得鲜杨文基地初评入选省“菜篮子基地”，丽园农场建成“舌尖上的健康基地”，擦亮城北“农博城”品牌。围绕打造“云上东升”智慧物联基地，争取上级在城北镇选址建设城北特色产业园区，用于发展物流、高新技术、电子信息

梅江区城北镇“四好农村路”建设

等新兴产业。以党建为引领，成立梅江区北部商圈党委，通过商贸、农贸、工贸、汽贸四大行业驱动，推动商圈企业抱团发展，形成产业集聚放大效应，推进以环城路汽车商贸市场为基础的“汽博城”建设。

【环境优化】 2020年，梅江区城北镇设立奖补资金220多万元，对各村推进“三清三拆三整治”工作进行奖补，筹资1741万元完成14个村畜禽养殖污染整治。拆除危旧房屋、废弃猪牛栏、露天旱厕等838间，拆除面积2.5公顷，农村脏乱差现象明显改观，全镇行政村建成干净整洁村。以“创文”“两美”工作为抓手，整治城区“六乱”现象，城市管理智能化、精细化水平不断提升。实施梅县矿务局宿舍、白围社区老旧小区改造项目，补齐道路、排水、绿化、亮化短板，优化居民生产生活条件。坚持生态优先、绿色发展，实施山水林田湖草生态保护项目，全年组织各级河长开展巡河1200多次。争取上级及发动村民筹集资金300万元，开展河湖“清四乱”工作，清理河道22千米、漂浮杂物约20吨，全面完成周溪河城北段7千米河道整治提升工程。切实抓好“四好农村路”建设，筹集资金4685万元，推进总长57.86千米道路提档升级改造工程。筹集资金300万元，实施206国道城北高速出口至环市北路环境综合整治工程，新增绿化带、加装隔离栏，有效整治沿线“脏乱差”现象。完成环城路平远路口至群益高速出口约11千米道路亮化工程，彻底改变梅州城区“北大门”窗口形象。

【乡村振兴】 2020年，梅江区城北镇深入实施“十村示范、百村整治”工程，认真谋划落实美丽乡村建设项目，扎上、玉水等10个行政村获区奖补资金3600多万元，打造“玉水古韵”等精美农村，美丽乡村建设提档升级。立足产业基础和发展需要，争取区住建、国土等部门支持，完善扎上、塔下、干才、群益、玉水、干光6个行政村村庄规划，优化农村生产、生活、生态空间布局，为实施乡村振兴战略奠定基础。秉承“串联一路风景，融合一片产业、造福一方百姓”的发展理念，充分整合玉水古

2020年9月22日，城北镇玉水村成功举办2020年中国农民丰收节

村、樱花谷、桐花谷、绿道兰花、四季水果、唐润元烈士故居等特色资源，唱响扎上樱花、群益枇杷、玉水三华李等品牌，打造“一村一品、一村一韵、一村一景”的农旅观光融合带。成功举办2020年中国农民丰收节、“花海城北”桐花节等活动，展示城北镇特色农产品及古村、古树、古韵风情，推介城北乡村美景，带动乡村振兴和农民致富增收。落实耕地保护制度，推进高标准农田建设、拆旧复垦、垦造水田工作，完成农村集体产权制度改革试点工作。

【民生实事】 2020年，梅江区城北镇设立奖补资金150万多元，对各基层党组织推动“33110”工作情况进行考核，按工作成效予以奖补，为群众办理“微民生”实事1290多项，打通服务群众的“最后一公里”。筹集资金350万多元，对梅州军分区位于梅州“八一”大道侧约2.35公顷空地进行改造，高标准新建“八一”训练场，解决江北片区群众休闲健身场所缺乏的问题。拓宽全镇155户242人建档立卡贫困户脱贫攻坚成果，有效防范非洲猪瘟等动物疫病，扎实做好松材线虫病防治工作，坚决管好城北800公顷山林，守住碧水青山这一金山银山。深入实施农村饮水工程，把干才水库作为取水点，扎上、扎下等4000多名群众用水问题得到解决。严格落实“党政同责、一岗双责、齐抓共管”责任制，安全生产、食品药品安全和道路交通安全形势稳定，全年全镇社会和谐稳定。

（刘国华 许佳凤）

西阳镇

【概况】 梅江区西阳镇位于梅江区东南部，东与梅县区雁洋镇和大埔县银江镇为邻，西连梅州市东升工业园区，东北与梅县区丙村镇接壤，东南与丰顺县交界，全镇总面积272.64平方千米。2020年，西阳镇下辖27个行政村、3个社区居民委员会；年末，全镇总户数10978户，总人口36544人，其中男17923人、女18621人。西阳镇坚持以习近平新时代中国特色社会主义思想为指导，深入贯彻落实中共十九大和中共十九届四中、五中全会精神，贯彻落实习近平总书记视察广东重要讲话精神和重要指示批示精神，全面落实全省推动老区苏区振兴发展工作现场会精神，紧紧依靠全镇人民，沉着应对新冠疫情和经济下行带来的困难和挑战，积极化解风险和阻力，改善发展条件，夯实发展基础，拓宽发展前景，推动发展成果人人共享，夺取疫情防控和经济社会发展“双胜利”。

【经济建设】 经济指标 2020年，梅江区西阳镇限额以上批发零售商品销售额完成1.82亿元，比上年增长16.1%；规模以上工业企业总数22家，完成总产值42.02亿元。

重点企业 2020年，梅江区西阳镇坚持开展“暖企”行动，领导班子成员挂点联系38家重点企业，帮助企业解决用工用地、物资供应、交通出行、项目建设等困难；宣传落实复工复产支持措施，帮助企业用好用活减税降费、社保减免等政策。推动企业增资扩产，促进企业发展壮大。抢抓广东梅兴华丰产业集聚带建设机遇，国威电子、博敏电子、威利邦电子等骨干企业加大资金投入，实现设备更新和智能化改造，加快转型升级。

招商引资 2020年，梅江区西阳镇筹建成立西阳商会，

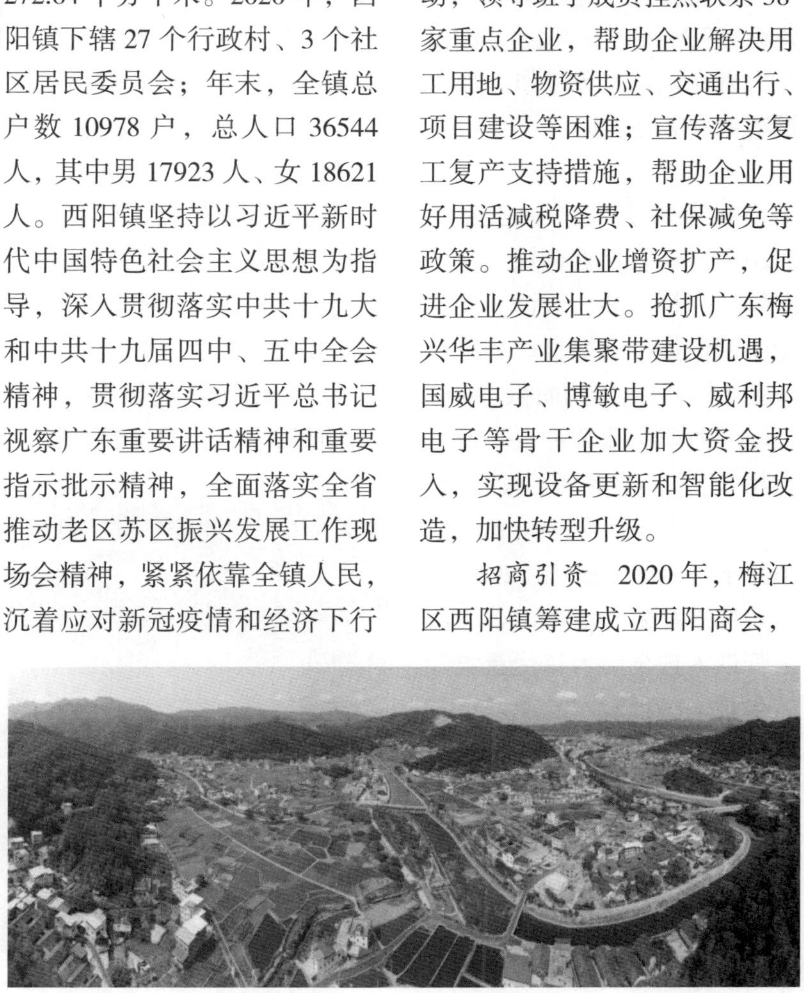

西阳镇航拍图

梅州市皇樽食品有限公司、梅州市诚友实业投资有限公司、梅州市荷灵农林发展有限公司、梅州市稻丰实业有限公司等21家企业成为商会第一届理事会成员单位。建立健全政银企合作平台机制，营造乡贤回乡创业浓厚氛围，扩大招商引资面，鼓励企业以商引商，提高产业集聚度、延伸上中下游产业链，做大做强S333线工业走廊。跟踪服务艺术新联乡居综合体、万山古村农业创意园、艺苏滨江综合体、客都灵山云湖顶“清隐十里”康旅生态城、龙坑文化旅游产业小镇等项目建设。积极跟进重点企业选址，全力做好协调服务工作，加快推动项目落地落实。

【乡村振兴】　特色农业　2020年，梅江区西阳镇立足广东省“一村一品、一镇一业”专业镇优势，围绕打造蔬菜种植专业镇目标，集约面积466.67公顷的西阳镇蔬菜种植基地，运用“公司+合作社+基地+农户”的模式，形成集“产、供、销”于一体的产业链。2020年板盖坑雪莲果、清凉山茶、白宫苦瓜入选全国名特优新农产品名录，一批农产品通过“有机食品”认证、“绿色食品”认证，一批龙头企业入选省级现代农业产业园、粤港澳大湾区“菜篮子”生产基地；培育国家级农民合作社示范社1家，省级示范家庭农场2家，国家级农业龙头企业1家、省级龙头企业2家。支持梅州市强惠农业发展有限公司建成专业蔬菜大棚8.67公顷，并种植投产。全年全镇茶叶种植面积1000公顷，明山樱花茶区、桃坪古村茶区、清凉知青茶区、新田深山茶区、秀竹梯田茶区5大茶区逐步壮大，形成“种植、加工、销售”于一体的产业链，茶叶生产规范化、产业化格局进一步凸显。

脱贫攻坚　2020年，梅江区西阳镇密切联系广州市9个帮扶单位和梅州市1个帮扶单位选派第一书记、区选派党建指导员，形成第一书记、党建指导员、镇扶贫干部、村“两委”干部共抓共推脱贫攻坚的工作格局。积极争取各方资金支持，用于发放生产资料、产业奖补、就业奖补、村基础设施提升改造、光伏扶贫项目、入股分红。全年为贫困户子女学生发放平板电脑46台、流量卡44张，发动各村服务中心提供电脑设备。实现全镇建档立卡贫困户基本医疗保险，基本医疗保障覆盖100%。促进就业扶贫，增设公益性就业岗位7个，指导有劳动力建档立卡贫困户参加线上培训320人。改造贫困户危房70户、无害化厕所77户。坚持光伏扶贫，新建一座414千瓦光伏扶贫发电站。组织职业技能培训，实施就业“以奖代补”项目，为建档立卡贫困户128人发放“以奖代补”资金39.29万元。组织义卖活动、线上直播带货，加大贫困户农产品宣传推介力度，卖出农产品近3万公斤，销售额近28万元。2020年全镇10个省定贫困村经市扶贫开发领导小组验收，全部达到出列，退出率100%；相对贫困人口403户934人全部达到脱贫标准。

文旅融合　2020年，梅江区西阳镇与前海文旅实业（深圳）有限公司签订战略合作框架协议，举行“安逸 碧芬精庐”民宿开工仪式。抓住“百年巨匠林风眠”名人效应“牛鼻子”，

修筑木栈道，种植景观稻，梅江区西阳镇阁公岭村打造成“风眠故居、画里西阳”特色网红点

联合中国美术学院为活动进行统筹规划，制定一居、一馆、一园、一村、一路、一河“六个一”建设目标，确定时间、进度、责任和人员安排。镇政府与供电、通信、水务等部门合作，通过政府解决用地问题，企业出资出力的形式，改善S333沿线、白宫河沿岸、阁公岭村内基础设施建设，改造农村道路坑洼不平、线路杂乱、污水横流的现象。全年完成村庄整体规划编制，落实生活垃圾处理、厕所改造、集中供水三大攻坚任务，结合客家元素对村民房屋进行外立面改造，结合扶贫政策对贫困户楼面进行户用光伏发电改造。助力林风眠120周年诞辰纪念活动圆满举办，借助林风眠名人效应，促进艺术乡村振兴发展，推动艺术新联乡居综合体、万山古村农业创意园、艺苏滨江综合体、客都灵山云湖顶“清隐十里”康旅生态城、龙坑文化旅游产业小镇等项目建设。

梅江区西阳镇白宫云水谣沿河两岸景观

【宜居建设】 *人居环境整治* 2020年，梅江区西阳镇推进S333沿线及“四线”（供电线、通信线、网络线、广播电视线）整治，白宫河道治理。以阁公岭村为中心，推进白宫河沿线十村联动美丽乡村建设示范带，连片打造美丽乡村。推进农村土地确权登记颁证，完成农村土地确权“回头看”问题整改73件312户，完成土地确权6713户981.48公顷，完成率96.8%。深入开展“厕所革命”，建成标准化卫生公厕40座，累计改造无害化卫生户厕户数7698户，完成率99.3%。实施新农村建设项目135个，10个省定贫困村基本建成社会主义新农村示范村，“红色北联”“艺术新联”“田园双黄”“水韵直坑”“秀美筀竹”等一批美丽乡村亮点纷呈。开展农村集体产权制度改革，全面铺开27个经济联合社、286个经济合作社的农村集体产权制度改革工作。全年完成禁养区畜禽养殖污染193户的关闭、转产。2020年清河、“清四乱”专项行动成效明显，移送涉河违法案件7起，清拆违建面积1100平方米，拆除违章搭建钓鱼台30多处。

创建文明城市 2020年，梅江区西阳镇深入推进“两美”“创文”和“周末卫生日”活动，突出抓好市容市貌提升、市场秩序维持、交通秩序整治。实施西阳圩镇老街等7条破损道路修复和园丁街、新民中路老税所背及老街下水道升级改造。积极争取国家债券资金支持，推进西阳圩镇供水管网改造，争取市政自来水尽快通至西阳镇全部行政村，保障村民饮水安全。筹备西氮老旧小区改造，全面铺开圩镇铁皮瓦整治。扩大“创文”宣传氛围，引导辖区群众共同参与创建全国文明城市，累计制作大型“创文”公益广告6块，制作西阳特色的公益类广告200多幅，印发市民文明手册1万多份。充分利用企信通、微信群、微信朋友圈等新媒体，多角度、多形式对创建全国文明城市工作进行宣传。

精神文明创建 2020年，梅江区西阳镇开展精神文明全域创建行动，推进新时代文明实践中心建设。依托新时代文明实践中心、北联渡口红色基因主题馆、新联产学研实践教育基地等阵地，以“感党恩、听党话、跟党走”为主题，设

置红色课程、文化课程、实践课程和网络课程，推动讲习阵地、讲习方式“便民化”。年末，全镇建立新时代文明实践所1个、新时代文明实践站30个，开展讲习活动30多场，参与党员群众3000多人。2020年，西阳镇获评市文明镇，获评文明村27个、文明家庭3户、文明户1457户、星级文明户402户。

【民生实事】 疫情防控 梅江区西阳镇全面落实中央、省、市、区疫情防控工作部署，织密织牢疫情防控网，常态化开展疫情防控。印发倡议书，发动社会各界热心人士捐款58.63万元，捐赠口罩、消毒物品等一批。凝心聚力，全镇医务人员，公安干警，镇、村（社区）干部，生产运输人员挺身一线，严格落实防控要求，涌现出一批敢于担当勇于奉献的好干部，发动983名党员、志愿者参与防疫。开展线上疫情宣传活动2场，因地制宜推举设立楼长、栋长、楼道长，压实责任，细分网格。

公共服务 2020年，梅江区西阳镇认真做好社会救助，取消不符合低保条件的18户20人，新增五保供养户11人，临时救助56人。社区刊物《移民之声》获得梅州市最佳志愿服务项目荣誉，积极创建“广东省健康促进示范单位”，完成全年健康素养监测点抽样工作。摸查矿山、冶金和化工等重点行业用工情况，深入开展尘毒危害专项治理。推行生育登记村级审核，组织义诊，提供免费健康检查、家庭医生签约服务。充分发挥村民自治和推进计生协会改革，建立“特扶”家庭联系人制度。积极开展“家庭发展促进月”“‘5·29’一元爱心捐助”“健康社区”等活动，普及家庭健康发展理念。开展现场招聘与网络招聘活动，畅通招工就业渠道。改善龙坑村主干道路灯，“风眠绿道”、西阳社区体育公园等一批民生工程建成开放。

社会保障 2020年，梅江区西阳镇推进退役军人服务站建设，做好退役军人服务管理。严格执行政策，把低保、五保、社会救助等惠民工作落到实处。加大职业技能培训，为农民工、农村闲置劳动力等群体提供优就业创业服务。实施全民参保计划，健全完善城乡居民养老保险体系，全年完成城乡居民参保人数2.74万人，占总任务100%。加强残疾人社区康园中心队伍建设，健全社会福利和优抚安置。加强流动人员管理，做好农村留守儿童、妇女、老年人的关爱服务和城乡低保、特困人员供养以及医疗救助发放等工作。支持规范民办教育发展，鼓励各校建立奖教奖学金制度，推动教育高质量、高水平发展。开展法治课堂36次，基层法律服务、普法宣传取得一定成效。全年综治信访维稳中心接访115宗，调处115宗，调处率100%；接收上级信访部门交办案件42宗，全部按时办复。

（汤添华）

金山街道

【概况】 梅江区金山街道位于东山大道盘龙桥侧，总面积35.21平方千米，下辖10个村民委员会、12个社区居民委员会。2020年，街道规模以上工业总产值1.70亿元，限额以上批发零售商品销售额2.55亿元。年末，街道有总户数19590户，总人口65266人，其中男33109人、女32157人。基层党组织35个，中共党员2522名。

【经济建设】 2020年12月，广东盛尊建筑揭牌暨一级建筑资质落户梅江签约仪式在世界客商中心举行，标志着具有建筑工程施工总承包一级资质的广东盛尊建筑有限公司顺利落户梅江金山街道（芹洋半岛）。全年街道规模以上企业（向丽食品、恒祥医药、鸿泰电子）总产值累计1.70亿元。

【项目建设】 2020年，梅江区金山街道以加快产城融合发展、完善交通基础设施为着力点，全力推进重点项目建设，东山文旅康养小镇用地项目完成征收总任务的80%，金山教育及配套用地项目完成征收总

2020 年 12 月 25 日，广东盛尊建筑揭牌暨一级建筑资质落户梅江金山街道（芹洋半岛）

任务的 95%，梅江区碧桂路南侧学校用地及城镇建设用地项目完成征收总任务的 98%，学子大道至梅松路道路建设用地项目完成征收总任务的 60%，梅江区水产产业园用地项目完成一期征收任务。

【优化环境】 文明城市创建 2020 年，梅江区金山街道一方面强化措施、优化环境，既注重公园、广场、景观大道等城市“面子”的光鲜亮丽，更注重背街小巷、城中村、老旧社区、集贸市场等城市“里子”的整洁有序，破解交通拥堵、垃圾围城等“城市顽疾”，用“绣花功夫”精细描绘出文明城市的“好模样”和文明生活的“新图景”。另一方面串联起政府、社会、市民等各方力量，投入约 300 万元，推进虹桥安全文明小区改造，至年末，项目基本完工。

打造精品示范工程 2020 年，梅江区金山街道依托广东天鹅山省级森林公园规划建设“百岁山郊野公园”，全力推进百岁山大岌顶环山路、凉亭及公厕建设工程，环山路工程基本完成，凉亭和公厕建设工程完成约 95%。同时发挥黄坑村地理位置和生态资源优势，打造一处以“一首城市郊野的田园诗”为主题的农旅休闲服务综合体，主动融入百岁山郊野公园辐射圈。深挖攀桂坊历史文化资源，盘活名人故居，擦亮历史文化名片，修缮保护李国豪故居，成功打造廖柏鸿烈士革命事迹陈列室。同时打响“金山圩日”和“嘉应老街”品牌，全方位展现梅城老街的古朴风貌和市井风情，进一步盘活历史文化街区的经济价值和文化价值。

【乡村振兴】 乡村人居环境优化 2020 年，梅江区金山街道成功打造东郊张家围、月梅草塘等美丽乡村示范点，培育发展“百岁山——黄坑”美丽山水田园综合体，通过乡村环境“微改造”，全面改善农村人居环境。建立健全市场化卫生保洁长效运营机制，保洁覆盖面和垃圾处理率 100%，农村生活垃圾分类减量比例 49.52%。统筹规划、连片建设农村生活污水处理设施，街道 121 个自然村完成污水收集，其中 110 个自然村纳入城镇污水处理系统，建成污水处理设施 3 座。农村厕所改造，卫生户厕全面完成，均达到无害化卫生户厕标准，卫生户厕普及率 100%。生活基础设施建设，街道通行政村公路改造、村委通自然村道路实现硬底化，通达总里程 113.25 千米。

巩固脱贫成效 2020 年，梅江区金山街道对建档立卡贫困户 42 户 79 人继续落实低保、五保、医疗保障、教育资助、养老保险等政策，实现应助尽助。全年分两批共投入 19 万元对 20 户贫困户进行住房质量提升，改善贫困户居住条件。在前期开展光伏扶贫项目基础上，积极对接企业，投入 6 万元补助 6 户贫困户参与光伏扶贫项目，贫困户实现增收。大力开展消费扶贫，通过单位工会义卖、组织扶贫义卖展销等方式，拓宽带动产品销路、带动贫困人口增收。

发展乡村经济 2020 年，

梅江区金山街道大力发展狗爪豆种植，鼓励农户扩大种植面积，全年金丰村狗爪豆种植面积约 8 公顷。大力发展养蜂产业，指导支持金丰村金带裕种养专业合作社，为全村农户统一注册“金山金丰村”牌农产品商标，并统一设计蜂蜜包装，提高品牌知名度和辨识度。指导金丰、黄坑村等农户，发展金柚、枇杷、柿子等特色农产品种植。积极联系对接 10 个村的帮扶企业，全年有梅州市梅雅文旅有限公司、梅州市向丽食品有限公司等 9 家企业对接帮扶 10 个村，开展共建活动、扶贫慰问等帮扶 10 个村的经济发展。

【民生实事】 民生保障 2020 年，梅江区金山街道完成在册社会救助家庭核查审定工作，共入户核查低保户 297 户、特困户 167 户、低收入家庭 28 户、未纳入农村低保的建档立卡贫困户数 3 户。全年新增低保户 62 户 121 人，脱贫及死亡取消 47 户 59 人，发放救助金额 850 万多元，帮助各类困难群众 41 人申请临时困难救助 11.6 万元。城乡居民基本医疗保险参保人数 3.96 万人，完成目标任务。全年调处劳资纠纷 27 宗，协助区社保局追回芹洋村民违规领取失地农民养老保险金 3 万多元。推进全区“银龄安康行动”，2020 年共为 80 周岁以上老人统保 2486 人次，60 周岁至 79 周岁（困难）老人统保 353 人次，60 周岁至 79 周岁（非困难）老人统保 1.36 万人次。

社会服务 2020 年，金山街道双百社工站服务范围从东郊村延伸至小溪唇、杨桃墩 2 个社区。社工站继续定期跟进东郊村民政对象，包括村内低保户 26 户 54 人、残障人员 57 人、特困人员 6 人；开展小溪唇社区民政对象建档，包括低保户 11 户 14 人、单纯残障人员 2 人、特困人员 5 人；开展专业个案服务 3 例。社工积极协助街道和村（社区）开展防疫宣传、网格化排查，参与东郊村疫情防控网格化排查 260 户 1104 人，对无物业小区楼房群众、流浪乞讨人员进行登记，并有序组织妇女参与防疫志愿服务，合计志愿服务时长 363 小时。2 月，社工站开通金山蓝精灵暖心热线，通过拨打及接听服务民政对象 65 人，服务有需要的家庭 135 人次。6 月，社工站实施由广东省长江公益基金会资助的“攀桂里——苔花开”金山美育空间项目，开展社区活动 7 场，带动社区群众参与社区活动近 600 人次，培育村妇女讲师 11 名，与社工一起为儿童青少年群体开展服务，推动社区美育教育。

【平安建设】 2020 年，梅江区金山街道共上报网格事件 4215 件，受理信访案件 68 宗，接梅江区转办线索 2 条，均按时核查办结。辖区设人民调解委员会 23 个，其中街道调解委员会 1 个、村人民调解委员会 10 个、社区居民调解委员会 12 个；有人民调解员 128 人、调解信息员 23 人，全年共调解矛盾纠纷 148 件。在新冠肺炎疫情防控期间，主动配合派出所、卫生院等部门，及时把准确的信息传递给群众，宣传疫情防控的各项要求和预防知识，切实维护辖区社会稳定。

（郑嘉亮）

西郊街道

【概况】 2020 年，梅江区西郊街道坚持以习近平新时代中国特色社会主义思想为指导，紧紧围绕“诗画梅江、文明客都”的总体部署和打造“一带三园四城五基地”工作目标，贯彻落实新发展理念，全力以赴做好“六稳”“六保”工作。受新冠肺炎疫情影响，经济及各项工作受到较大冲击，全年商品销售总额累计完成 8.9 亿元，规模以上工业总产值累计完成 2.17 亿元，完成固定资产投资约 9.48 亿元，比上年增长 9.5%。

【疫情防控】 2020 年，西郊街道严格按照上级关于疫情防控部署，因时因势调整工作重点，配合市、区下沉党员先锋队、党员志愿者，创新运用联防联控机制，在居民小区、主次（村道）道路路口设置卡点，采用农村小喇叭、流动音箱等方式广泛宣传，充分运用大数据、粤康码等科技手段，认真排查住户人口，开展疫情防控宣传活动共计1100多场，发放各类宣传物品约9万份，累计劝退宴会、民俗等聚集性活动15场，实现辖区零疫情。同时，有序开展复工复产，组建企业复工小组，全力帮助企业解决复工复产难题，实现辖区内82家企业、共1100多人复工复产，推动经济社会复苏。

【土地征收】 2020年，西郊街道为城区扩容提质提供用地保障积极做好土地征收工作，主动作为，靠前服务，做实做细88家住（商）户的思想工作，并得到道路周边群众的大力支持，用20天时间，完成临时建筑、附着物等征收工作，为全长约500米的新峰东路拓宽建设提供保障。坚持服务高水平医院发展理念，多方协调、部门联动，强力推进市人民医院扩建项目征收任务，至年末完成房屋签约60座、占总任务数83%，全面完成集体土地约2.6公顷征收任务；拆除签约房屋45座，同步推进梅州市殡仪馆扩建项目土地征收工作。同时做好土地保护，出台《土地房屋征收“三抢”防控网格化实施方案》《打好违法建设治理攻坚仗工作方案》，处理一批违法占用土地案件，严格控制和查处新征地红线范围内“三抢”（抢栽、抢种、抢建）行为，全年共拆除违法建筑37户、约2646平方米。坚持依法依规全面完成2019年度土地卫片违法用地整改工作，从408个农村乱占耕地建房图斑中摸排出问题图斑66个（住宅39个、产业27个），严格按照上级部署做好整治工作，保护土地资源。

【民生实事】 2020年，西郊街道以区委“33110”工作法为指导，在充分调研、结合村情民意的基础上，谋划294件事关群众切身利益的民生实事和“微民生”全面完成，建成黄塘村休闲健身广场、黄塘村5人足球场，完成黄塘村自来水安装项目，改造西区村百佳园后小区。实施社区背街小巷“微改造”，铺设办事处门口、高峰路、黄塘路、三角塘王屋巷等柏油路面，提升改造新峰东路、鸿福老人公寓门口、禾好塘、U349铁路桥至黄塘10组道路等多条搓衣板路、泥水路、断头路，有效缓解交通压力。先后投入90多万元，完善办事大厅软硬件基础设施建设，9月10日，启动政务服务事项下放试点工作后，初步承接303件事项，线上线下累计办理2000多件，取得受理零推诿、办理零差错、反馈零投诉的初步成效。积极配合“一城两坊”保护利用项目望杏坊规划、设计、立项等工作，举办文学、摄影、绘画、雕塑、亲子游等活动，提升望杏坊知名度。同时配合中国美院等专业团队，成立工作专班对周边居民进行房屋市场化运作意愿调查，汇聚多方意见高规格、高标准做好活化利用工作。进一步完善老城区道路、供水电、停车场等基础设施建设，启动重竖望杏坊牌坊，稳步推进铁皮瓦、水环境等人居环境整治。

【社会事业】 2020年，西郊街道完成总投资196万元的勤力苑老旧小区改造项目，受益300多户居民、1000多名群众；打造“双拥”主题公园，为退役军人和群众提供休闲娱乐场所的同时，激发群众爱国强军的热情。启动投资153万元的金苑小区C区老旧小区改造，涉及14栋建筑、386户居民，总改造面积约5676平方米，至年末，完成项目工程预算审核、招投标程序，并完成施工现场的围蔽和“三通一平”（水通、电通、道路通和场地平整）工作。投入约10万元，先后举办10多场垃圾分类宣传活动，印发宣传资料1.8万份，配备200套分类垃圾桶，完成温馨花园垃圾分类示范小区创建工作，辖区公共机构基本实现垃圾分类全覆盖，垃圾分类时尚之风初步形成。全年全街道纳入精准扶贫建档立卡贫困户共15户19人，均达到脱贫标准，脱贫率100%。按照“一人一档”要求，完善全街道退役军人相关档案，为优抚对象发放优抚

2020年6月30日，梅江区西郊街道勤力苑老旧小区改造及配套基础设施项目举行动工仪式

金共130多万元，2020年街道退役军人服务站被评为广东省五星级退役军人服务站。提升改造西郊社区卫生服务中心和5个村级卫生站，开展家庭医生签约活动，至年末累计签约1.4万人次。主办七夕金婚庆典、庆中秋广场舞大赛、七人制业余足球赛、道德文化讲堂等活动，搭建群众文娱生活新平台。高质量完成第七次全国人口普查、民兵整组、征兵、妇联等工作，成功举办梅州市基层妇联领头雁培训班“破难行动”现场观摩会、区民兵整组工作现场会，为全区工作提供西郊经验。

【城乡建设】 2020年，西郊街道紧抓乡村振兴良好机遇，基本完成66个自然村“三清三拆三整治”工作，投入200多万元完成桃西村新农村建设项目，争取上级和乡贤支持投资160多万元完成乡道138线嘉应学院医学院至联合中学道路改造工程，加大西区、西郊、寨中、黄塘4个行政村建成干净整洁村的后续维护力度，结合农村集体产权制度改革，按“一村一策”思路制订村集体发展计划，5个村委集体经济纯收入较上年稳中有升，其中寨中村同比增长28.6%。大力推进以商贸物流、总部经济、电子商务为主的产业项目，协助推进梅州国际商贸城、中骏集团等项目尽快落地。积极发挥辖区“医教研产”优势，推进居家养老服务中心项目建设，完成总工程量约20%，夯实“医康养”板块经济基础。打好创建全国文明城市攻坚战，扎实开展“两美”“六乱”整治、城乡人居环境提升等工作，全面整治西区市场、瓜园市场等农贸市场，依法快速取缔金骏路临时市场点位。全年发动6000多人次，督办整改解决环境卫生问题800多个，清理垃圾200多吨，完成新峰东路29户、面积4973平方米违章建筑（铁皮瓦）专项整治、拆除广梅路违规设置广告牌18处。农村垃圾得到及时收集、转运和处理，村庄保洁实现全覆盖。定期组织人力加强辖区黄塘河、黄寨河的清淤和沿岸垃圾清理及日常保洁工作，促进环境提升。

【平安建设】 2020年，西郊街道结合区域现状，秉持“合

投资160多万元完成乡道138线嘉应学院医学院至联合中学路段（黄塘路）升级改造工程

理、高效、方便”原则，重新梳理、划分各村（社区）网格区域，构建横向到边、纵向到底的全覆盖监管体系。严格落实网格人员工作责任，创新安排综合行政执法大队人员挂点村（社区），协助解决城市管理秩序问题。在新的网格体系下，结合立体化全面宣传，落实安全生产主体责任更加精准，企业安全生产主体意识更加强化，配套设施更加完善，消防安全事故比上年减少50%。在市人民医院，瓜园、金苑、西区市场，勤力苑小区建设8处天翼看家、大喇叭视频监控网络，构建“平安社区”数字化网络平台，助力城市管理。扎实推进扫黄打非、扫黑除恶等工作，全年排查调处民事纠纷241件，调解成功率97.6%；受理治安案件250宗，查结率79%。同时，加大综治信访维稳工作力度，全年街道15名领导参与接访群众31批108人次，处理各项信访诉求38宗，化解一批影响社会和谐稳定的信访问题和突出矛盾。扎实抓好重点对象稳控、严重精神病患者监管等工作。全面推进村规民约的修订和完善工作，加强村规民约的监督落实，全街道村（社区）制订村规民约，丰富基层纠纷解决方式。全力配合做好梅江区第四轮村级巡察进驻3个村（社区）工作，扎实推进巡察反馈整改，对标对表，规范基层战斗堡垒建设，助推基层治理工作。重新启动各村（社区）年度绩效考核，制定出台《西郊街道2020年度各村（社区）绩效考核办法》，激励各村（社区）各项工作创先争优，营造干事创业的浓厚氛围。扎实开展志愿者活动，全年累计开展志愿活动695场，较上年提升3.8倍，人均志愿服务时长较上年提升约30%，广泛凝聚社会合力，助推基层治理。

（陈国清）

江南街道

【概况】 梅江区江南街道位于梅州城区南部，是梅州市的政治、经济、文化中心，总面积5.68平方千米，街道办事处地址设在梅州市嘉应东路秀兰桥侧。2020年，街道下辖14个社区居民委员会，年末，街道有总户数38614户，总人口105777人，其中男52596人、女53181人。

【经济建设】 2020年，梅江区江南街道深化“重实体、兴实业”理念，联合梅江公安分局、区卫生健康局、区市场监督管理局等部门成立江南街道应对新冠肺炎疫情支持企业复工复产工作小组，多方协调、分类施策，提供优质服务，指导213家企业安全有序复工复产，为企业生产发展保驾护航。全年街道经济运行平稳发展，规模以上批发零售业完成5.05亿元，规模以上住宿餐饮业完成4.46亿元，规模以上工业完成1.11亿元。

【文明城市创建】 2020年，梅江区江南街道发挥“创文”四级联动，立足“创文”主战场，顺利完成省、市“创文”迎检和测评工作。联合市、区挂点单位开展“创文”服务活动500多场，参与人数近5000人次。依托新时代文明实践所（站）开展党员教育、家长学

2020年5月20日，市人大常委会副主任李远青（前排左一）率队到梅江区江南街道督导“创文”工作

2020 年 11 月 19 日，梅江区委书记朱国城（左三）到江南街道新中苑老旧小区改造现场调研

街道综治中心共受理网格事件 1981 宗，比上年下降 40%；受理上级交办信访案件 9 宗，组织开展集中宣传禁毒、扫黑除恶活动 3 次，悬挂法治宣传画报 30 张；调解土地纠纷 4 宗，受理网访件 61 宗，自办案件 10 宗，复办率 100%；协助成立小区业委会 4 个，不和谐隐患有效化解在基层；重点管理辖区重度精神病患者 57 人、吸毒人员 9 人、社矫对象 31 人等重点特殊人群，通过强化日常监管、开展心理服务和解决实际问题相结合的办法，促进矛盾和问题化解，降低和消除社会风险。

校、市民教育等文明实践活动 400 多场，参与群众 7600 多人次。积极引导群众参与志愿服务，全年开展志愿服务和培训 300 多场，参与志愿者 8000 多人次。广泛开展“创文”宣传，共发放各类宣传资料 13 万多份，入户问卷调查 1.6 万户，在省、市、区各类报刊、电视等新闻媒体发表“创文”报道 150 篇。

【重点项目建设】 2020 年，梅江区江南街道新中苑老旧小区改造项目于 12 月全面竣工，总投资 1338 万元，涉及改造面积 1.28 万平方米，惠及居民 352 户，实现小区环境整洁优化、楼房整修加固、硬件设施更新、小区秩序规范、居民生活便利的转变。江南街道居家养老服务项目大园居家养老中心完成一、二楼修缮工程，引进第三方开始对三、四楼进行修缮建设。金源路建设项目范围内房屋全面拆除，打通交通“堵点”，解决周边群众出行难题。堤下路征收工作仅剩 3 座房屋仍在进行司法程序，尽快推进签约。

【平安建设】 2020 年，梅江区江南街道积极推动新时代“枫桥经验”由综治走向法治，

【民生实事】 2020 年，梅江区江南街道完成十件民生实事，辖区内背街小巷 11 条道路进行修整及路面铺设沥青；老旧小区 8 个排水排污系统进行修整，不断提升老城区人居环境；推进辖区内垃圾分类全覆盖，全年开展垃圾分类工作小

2020 年 8 月 21 日，梅江区江南街道城市生活垃圾分类工作推进会召开

区超230个；开展农电商就业培训班2期，共输送农电商培训人员60名；超过70周岁的72名企业退管人员进行慰问，联合江南社区卫生院为60周岁以上的企业退管人员进行免费体检及家庭医生服务计划；为70名妇女儿童争取“爱心父母”结对帮扶、叶剑英基金等款项3.91万元；为50户独生子女贫困家庭对象免费申请计生家庭意外伤害保险，为113名失独家庭对象免费申请“失独家庭”综合保险；为114名特别扶助家庭对象免费申请2021年度城乡居民医疗保险；为334名重度残疾人购买2021年居民医保并做好残疾人子女高中品学兼优扶志助残工作；顺利举行街道妇女第五次代表大会，街道14个社区成立妇女议事会，路心一巷居民小组成立全市首个居民小组“妇女之家”，榕树塘社区荣获“梅州市妇女之家示范点”，并顺利通过省第四期“妇女之家”示范点审批。

【疫情防控】 2020年，梅江区江南街道依托“中心+网格化+信息化”新型社会治理服务体系，划分14个防控“战区”，构建街道党工委、社区党委、临时党支部、小区党支部“四级”防控体系，设立党员先锋岗112个、“三人工作小组”92个，把党旗插在防控最前沿。开展疫情防控宣传，先后印发“梅州市新型冠状病毒感染的肺炎疫情防控指挥部通告”“致广大居民及返乡乡亲们的一封信”“防控新型冠状病毒感染温馨提示”“防控新型冠状病毒感染健康教育核心信息”等各类宣传资料12万多份。悬挂各类横幅、宣传标语900多条，张贴宣传公告3万多份。充分发挥党员先锋带头、“三人小组”骨干作用，对辖区内人员、行踪及疫情开展地毯式排查，同时妥善做好外地返梅江区人员的隔离工作。组织党员志愿服务队伍，党员志愿者200多名参加疫情防控工作，构建“群众提需求、街道有行动、党员亮身份”的联防联控机制。

（许丽君　陈清茹）

国民经济和社会经济统计资料

2020 年梅江区总户数、总人口（户籍人口）情况统计表

表 5

镇（街道）	总户数（户）	总人口（人）	总人口中（人）			
			男（人）	女（人）	城镇人口（人）	乡村人口（人）
总　计	117418	358261	177364	180897	303415	54846
一、街道合计	69272	204892	102787	102105	200906	3986
金　山	19590	65266	33109	32157	61280	3986
西　郊	11068	33849	17082	16767	33849	
江　南	38614	105777	52596	53181	105777	
二、镇合计	48146	153369	74577	78792	102509	50860
城　北	17965	54595	27042	27553	26096	28499
三　角	15329	49024	23108	25916	49024	
长　沙	3874	13206	6504	6702	9338	3868
西　阳	10978	36544	17923	18621	18051	18493

说明：2015 年起，年末总人口分组由“农业人口”和“非农业人口”调整为“乡村人口”和“城镇人口”。本表数据由梅州市公安局梅江分局提供

2020 年梅江区各镇农村基本情况统计表

表 6

项目	单位	合计	城北	三角	长沙	西阳
村民委员会	个	66	20	13	6	27
村民小组	个	858	278	193	106	281
总户数	户	35448	12678	10154	3462	9154
总人口	人	112494	33430	34537	12423	32104
乡镇从业人员	人	56640	14325	16486	5840	19989

2020 年梅江区农林牧渔业产值及构成情况统计表

表 7　　单位：万元

项目	按当年价计算		按可比价计算		发展速度（%）
	产值	构成（%）	产值	构成（%）	
农林牧渔业总产值	135611	100	131543	100	82.2
一、农业	96717	71.32	96933	73.69	102.8
其中：稻谷	5095	3.76	5069	3.85	89.4
蔬菜	45107	33.26	45306	34.44	106.7
水果	15345	11.32	15135	11.51	82.9
二、林业	9540	7.04	10556	8.02	139.1
三、牧业	17992	13.27	13258	10.08	27.4
其中：生猪	10915	8.05	6154	4.68	20.7
家禽	4703	3.47	5181	3.94	36.1
四、渔业	8651	6.38	8155	6.20	113.8
五、农林牧渔服务业	2710	2	2641	2.01	101.4

2020 年梅江区农林牧渔业增加值情况统计表

表 8　　　　单位：万元、%

项　　目	2020 年		2019 年	
	增加值	发展速度	增加值	发展速度
农林牧渔业增加值	84442	81.6	93392	102.19
一、农业	66541	102.8	64848	106.21
二、林业	4264	139.1	3391	106.16
三、牧业	7413	27.4	19926	87.73
四、渔业	5229	113.8	4270	100.95
五、农林牧渔服务业	995	101.4	957	110.11

说明：1.农林牧渔业增加值的发展速度用总队的缩减指数（2020 年年报总队缩减指数 110.8%）计算而得；

2.其他小项的发展速度用对应产值发展速度

2020 年梅江区主要农作物面积、产量情况统计表

表 9

项　　目	2020 年	
	播种面积（公顷）	总产量（吨）
农作物总播种面积	10143	
一、粮食作物合计	3829.67	21675
其中：1.水稻	2697.87	16186
2.豆类	334.67	1491
3.薯类	299.93	6948
4.玉米	495.93	2604
二、经济作物	1431.4	
其中：1.甘蔗	0	0
2.花生	351.6	1205
3.木薯	12.33	150
三、其他作物	4881.93	
其中：蔬菜	4551.67	110208

2020年梅江区工业企业单位数情况统计表

表10 单位：个

项　　目	数　量
一、规模以上工业企业数	67
按企业规模分：	
1.大型企业	3
2.中型企业	9
3.小型企业	55
其中：1.纯小型企业	54
2.微小型企业	1
按轻重工业分	
1.轻工业	5
2.重工业	62
按登记注册类型分：	
1.内资企业	59
2.港澳台商投资	5
3.外商投资企业	3

2020年梅江区工业总产值情况统计表

表11 单位：万元

项　　目	当　年　价
全部工业总产值	1079081
一、规模以上工业总产值	944681
按企业规模分	
1.大中型企业	328339
2.中型企业	288519
3.小型企业	327823
按轻重工业分	
1.轻工业	49121
2.重工业	895560
按登记注册类型分：	
1.内资企业	610304
2.港澳台商投资企业	114523
3.外商投资企业	219854
二、规模以下工业总产值	134400

说明：1.规模以上工业指年主营业务收入2000万元以上的工业法人企业；
2.2011年起工业总产值按新规定计算

2020 年梅江区规模以上工业企业主要经济指标（一）情况统计表

表 12　　　　单位：万元

项　目	总　计	在总计中		
		内资企业	港澳台商投资企业	外商投资企业
1.企业个数（个）	67	59	5	3
其中：亏损企业（个）	10	8	2	0
2.固定资产原值	613728	417398	43929	152401
3.累计折旧	307072	208606	17203	81263
4.本年折旧	38701	27201	2487	9013
5.固定资产净值	306284	208420	26725	71139
6.流动资产合计	799046	522380	103159	173507
7.主营业务收入	954103	644781	102783	206539
8.营业成本	813976	554381	92111	167484
9.税金及附加	5195	3188	598	1409
10.利润和税金总额	79626	45221	7700	26705
其中：利润总额	55055	27240	4541	23274
11.亏损企业亏损额	1799	1763	36	0
12.应交增值税	19376	14793	2560	2023
13.资产总计	1511795	1102572	135595	273628
14.负债总计	775407	528799	101296	145312
15.管理费用	51526	38146	7503	5877
16.财务费用	18255	10728	3062	4465

2020 年梅江区规模以上工业企业主要经济指标（二）情况统计表

表 13

项　目　名　称	计算单位	2020 年
总资产贡献率	%	6.01
资产负债率	%	51.29
流动资产周转率	次	1.23
成本费用利润率	%	5.88
全员劳动生产率	元/人	127738
资产保质率	%	119.83

2020 年梅江区规模以上工业主要产品、产量情况统计表

表 14

产　品　名　称	计算单位	2020 年	2019 年
熟肉制品	吨	409.62	765.26
中成药	吨	1143	1128.34
商品混凝土	立方米	556093	889990
电子元件	万只	9963	108262
印制电路板	万平方米	1343.5	1205.2
大米	万吨	4.3	4.8
自来水生产量	万立方米	3126.06	4766.95
电话单机	万部	432.9	363.4

2020 年梅江区一般公共预算收支情况统计表

表 15

项 目 名 称	单位	2020 年
财政总收入	万元	302847
一、一般公共预算收入	万元	61570
（一）增值税	万元	14982
（二）企业所得税	万元	4634
（三）个人所得税	万元	1306
（四）资源税	万元	158
（五）城市维护建设税	万元	9133
（六）房产税	万元	2673
（七）印花税	万元	1004
（八）城镇土地使用税	万元	216
（九）土地增值税	万元	5439
（十）车船税	万元	1930
（十一）耕地占用税	万元	0
（十二）契约	万元	3000
（十三）环境保护税	万元	24
（十四）其他税收收入	万元	4
（十五）非税收入	万元	17067
二、一般公共预算支出	万元	293840
（一）一般公共服务支出	万元	26152
（二）外交支出	万元	0

续表 15

项 目 名 称	单位	2020 年
（三）国防支出	万元	90
（四）公共安全支出	万元	2130
（五）教育支出	万元	71724
（六）科学技术支出	万元	2756
（七）文化旅游体育与传媒支出	万元	6319
（八）社会保障和就业支出	万元	42187
（九）卫生健康支出	万元	34035
（十）节能环保支出	万元	1925
（十一）城乡社区支出	万元	44741
（十二）农林水支出	万元	40978
（十三）交通运输支出	万元	5859
（十四）资源勘探信息等支出	万元	781
（十五）商业服务业等支出	万元	259
（十六）金融支出	万元	79
（十七）援助其他地区支出	万元	0
（十八）自然资源海洋气象等支出	万元	420
（十九）住房保障支出	万元	10107
（二十）粮油物资储备支出	万元	0
（二十一）灾害防治及应急管理支出	万元	1976
（二十二）债务付息支出	万元	1295
（二十三）其他支出	万元	27

说明：此表数据由区财政局提供

2020年梅江区城乡居民收支结构情况统计表

表16

项 目 名 称	全体居民	收入占比%	城镇常住居民	收入占比%	农村常住居民	收入占比%
一、人居可支配收入（元）	37609	100	38298	100	22421	100
人均可支配收入增长速度（%）	3.0		2.2		4.2	
1.工资性收入	23701	63.0	24172	63.1	13315	59.4
2.经营净收入	3165	8.4	3170	8.3	3062	13.6
3.财产净收入	3338	8.9	3481	9.1	199	0.9
4.转移净收入	7405	19.7	7475	19.5	5845	26.1
二、人均生活消费支出（元）	23104		23395		16695	
1.食品烟酒	8504		8593		6550	
2.衣着	704		717		420	
3.居住	6590		6658		5077	
4.生活用品及服务	1159		1175		792	
5.交通通信	2394		2447		1236	
6.教育文化娱乐	1826		1877		709	
7.医疗保健	1601		1604		1516	
8.其他用品和服务	326		324		395	
三、生活消费支出占收入比重（%）	61.4		61.1		74.5	
四、恩格尔系数	36.8		36.7		39.2	
五、文娱支出占生活消费支出比重(%）	7.9		8.0		4.2	

说明：根据城乡一体化住户调查方式制度的改革，从2014年开始，正式对外发布居民人均可支配收入以及分城乡的城镇常住居民人均可支配收入和农村常住居民人均可支配收入，新指标在统计范围和统计口径上与原有城镇居民人均可支配收入和农村居民纯收入有较大差异

2020年梅江区城区物价指数情况统计表

表17

项　　目	单位	2019年
一、物价指数		
商品零售价格总指数	%	101.4
居民消费价格总指数	%	102.1
1.食品烟酒	%	108.4
2.衣着	%	99.8
3.居住	%	96.4
#水电燃料	%	95.8
4.生活用品及服务	%	99.0
5.交通和通信	%	97.3
6.教育文化和娱乐	%	100.3
#教育类	%	100.6
7.医疗保健	%	102.5
8.其他用品和服务	%	101.6

说明：此表数据来源于梅州市统计局2019年梅州国民经济和社会发展统计公报，指数上年=100

2020年梅江区各类学校情况统计表

表18

项　目　名　称	学校数（所）	班数（个）	在校学生数（人）	招生数（人）	毕业生数(人)	教职工数(人)	其中：专任教师（人）
一、普通教育	42	1226	56109	11936	11334	3539	3413
1.普通中学	14	390	17706	6075	5364	1711	1625
初中		242	10925	3948	3230		
高中		148	6781	2127	2134		
2.小学	28	836	37403	5861	5970	1828	1788
二、职业教育	3	46	2373	539		143	127
1.职业高中	3	46	2373	539		143	127
2.教师进修学校							
三、学前（幼儿）教育	92	621	16728	7398		2318	1219
四、特殊教育学校	1	9	139			21	13

说明：此表数据由区教育局提供

文 件 辑 存

中共梅州市梅江区委办公室
梅州市梅江区人民政府办公室
关于成立梅江区防控新型冠状病毒感染的
肺炎疫情工作领导小组的通知

各镇党委、政府，街道党工委、办事处，区直和市属驻区各单位：

为切实加强对我区新型冠状病毒感染的肺炎疫情防控工作的组织领导，强化部门间联防联控，增强防控工作合力，区委、区政府决定成立梅江区防控新型冠状病毒感染的肺炎疫情工作领导小组。领导小组成员名单如下：

组　　长：朱国城（区委书记）

常务副组长：钟秀堂（区委副书记、区长）

副　组　长：张　军（区委副书记）

曾江林（区人大常委会副主任，市第二中医医院院长）

罗涤权（区政府副区长）

刘伟球（区政府副区长）

李政江（区政府副区长、市公安局梅江分局局长）

丘颂霞（区政府副区长）

成员：徐晓东（长沙镇党委书记）

张贤亮（三角镇党委书记）

曾小丽（城北镇党委书记）

胡先锋（西阳镇党委书记）

叶国铭（金山街道党工委书记）

叶志明（西郊街道党工委书记）

卢小敬（江南街道党工委书记）

徐友德（区委宣传部常务副部长）

曹浩波（区委政法委常务副书记）

周煊戈（区发展改革局局长）

陈启泰（区教育局局长）

邓伟民（区科工商务局局长）

张剑平（区委统战部副部长、区民宗局局长）

饶彩婷（区民政局局长）

李军明（区司法局局长）

梁　旅（区财政局局长）

陈勇文（区委组织部副部长、区人社局局长）

曾炜剑（市生态环境局梅江分局局长）

黄振宁（区住房城乡建设局局长）

卢忠南（区交通运输局局长）

李振强（区水务局局长）

王丙俊（区农业农村局局长）

邓慧东（区文化广电旅游体育局局长）

周章勇（区卫生健康局局长）

温永红（区应急管理局局长）

张宝鸿（区市场监管局局长）

谢　芳（区医疗保障局局长）

刘冠松（区政务服务数据管理局局长）

李文君（市公安局梅江分局副局长）

领导小组的主要职责：定期会商研判新型冠状病毒感染的肺炎疫情发展趋势，研究确定疫情防控策略；商定疫情防控工作政策、应对预案和重大措施；统筹协调和指导全区各相关部门落实防控措施，组织对防控工作情况进行督导检查。领导小组由刘伟球同志具体负责对全区疫情应急处置的统一指挥。领导小组下设保障组、防控组和办公室。

保障组由张军同志任组长，负责组织协调防治新型冠状病毒感染的肺炎疫情的药物、医疗设备、消毒卫生材料等物资的生产、市场供应和储备等工作。

防控组由刘伟球同志任组长，负责组织协调全区新型冠状病毒感染的肺炎临床医疗救治、流行病学调查、卫生健康系统的病原学研究和全区爱国卫生运动、健康教育等。

领导小组办公室设在区卫生健康局，承担领导小组日常工作，由周章勇同志担任办公室主任，各成员单位要高度重视疫情防控工作，密切配合，按照职责分工落实各项疫情防控措施，扎实做好疫情防控及应对工作。领导小组可根据疫情防控需要进行调整。

中共梅州市梅江区委办公室
梅州市梅江区人民政府办公室
2020 年 1 月 23 日

中共梅州市梅江区委办公室印发关于深化实施为民服务“33110”工作法工作方案的通知

各镇党委、街道党工委，区直和市属驻区各单位党委（党组、党支部）：

《关于深化实施为民服务“33110”工作法工作方案》已经区委同意，现印发给你们，请认真抓好贯彻落实。

中共梅州市梅江区委办公室

2020 年 1 月 26 日

关于深化实施为民服务“33110”工作法工作方案

根据党中央关于建立和落实“不忘初心、牢记使命”主题教育制度的要求，进一步巩固提升主题教育成果，现就深化实施为民服务“33110”工作法，制订如下工作方案。

一、目标要求

认真贯彻落实中央、省委和市委关于“不忘初心、牢记使命”主题教育的决策部署，以及区委八届十次全会关于“改善基本民生，加快发展社会事业”的工作要求，以“33110”工作法为抓手，结合机关和村级党组织结对共建等工作，统筹全区资源力量，全面发挥各级党组织和广大党员的战斗堡垒作用和先锋模范作用，切实转变工作作风，坚持不懈为群众办实事、做好事、解难事，齐心协力办成一批项目、化解一批矛盾、解决一批问题、办好一批实事，以工作“小切口”推动服务“大变化”、满足民生“大需求”，为加快建设“诗画梅江、文明客都”提供有力保障。

二、实施主体

（一）各镇（街道）

每个村（社区）为群众办理 3 件实事；

每个村（社区）干部为群众办理 3 件实事；

每个村（居）民小组为群众办理 1 件“微实事”；

镇（街道）集中力量为群众办理 10 件民生实事。

（二）区直和市属驻区各单位

每个党支部为群众办理 3 件实事；

每名领导班子成员为群众办理 3 件实事；

每名党员干部为群众办理 1 件“微实事”；

各单位集中力量为群众办理 10 件民生实事。

三、实施范围

各镇（街道）各单位要以服务群众、服务企业、服务基层、服务民生为出发点和落脚点，从单位职能职责、结对共建村（社区）、挂钩联系企业、工作服务对象等方面着手，重点围绕如下 6 个方面，梳理一批为民服务事项。

（一）疫情防控方面。组织、选派党员干部参与疫情防控工作，提供防控物资，代购生活用品，解决农产品滞销问题，推动企业复工复产等。

（二）基础设施方面。如交通公路、农田水利、饮水安全、路灯照明、公园广场、污水处理设施、垃圾中转站等基础设施建设，从参与规划设计、提供资金支持、解决场地问题、推动顺利建设等各环节、全过程方面。

（三）惠民服务方面。结合创文工作，组织开展志愿服务活动、环境卫生整治、美丽乡村建设，开展文化下乡，组织文体活动，提供居家养老服务，帮助解决群众教育、医疗、就业、社保等方面。

（四）扶贫济困方面。开展“千干扶千户”工作、扶贫济困活动，争取各方支持，帮助贫困户解决生产生活问题，提高低保、五保、残疾人等特殊群体生活待遇方面。

（五）政务便民方面。推进“放管服”改革，下放审批权限，简化办事程序，缩减手续材料，推动政务服务进驻实体大厅、延伸镇村一线、进驻“粤省事”平台，以及为民代办事项等方面。

（六）其他方面。结合单位实际、本地实际，着力解决群众急难愁盼、提升幸福指数等其他民生工作。

四、主要步骤

（一）认真研究确定。各镇（街道）各单位要结合自身实际，尽力而为、量力而行，认真谋划思考，可通过召开座谈交流会、发放征求意见表、实地走访调研、公开公示等方式，充分听取班子成员、相关股室负责人、结对共建村（社区）“两委”干部、工作服务对象、群众代表等相关人员的意见建议，不可将自身业务工作等同于为民服务事项，经党委（党组）、支委会议集体研究确定后上报备案、组织实施。

（二）逐级备案登记。各镇（街道）各单位要根据会议研究确定情况，在原来上报基础上，继续充实完善，重新填写《为民服务工作任务表》（附件1），于4月10日前将10件民生实事报区委组织部和区委督查室备案。村级为民服务事项由镇（街道）备案，各单位其他为民服务事项自行备案。为民服务事项经备案登记后，原则上不再更换调整，如在实施过程中受客观因素影响无法完成，需重新按照程序进行报备，并提供情况说明材料，保证严肃性、稳定性和连续性。

（三）分类组织实施。各镇（街道）各单位要安排专人负责跟进，细化任务清单，建立工作台账，明确各项为民服务事项的责任人、完成时限，按照先急后缓、先易后难等原则，加强上下联动，整合各类资源，分类组织实施，逐项推进落实。

五、工作要求

（一）严格落实责任。各镇（街道）各单位要坚持以人民为中心的发展理念，把为民服务“33110”工作法作为巩固主题教育成效、锤炼党员干部作风、融洽党群干群关系的重要抓手，严格落实责任，积极争取各方支持，全面动员各级力量，确保各项工作任务顺利实施并取得实效。

（二）强化督查指导。各镇（街道）各单位要注重实干实效，讲究方式方法，实行项目化推进、清单式管理，既要抓好整体推进，又要加强督查指导，及时掌握各项为民服务事项推进情况，帮助解决重点难点问题，分别于4月20日、6月20日、9月20日、12月20日，以表格形式（附件2）报告工作推进情况。

（三）广泛宣传报道。各镇（街道）各单位要注重运用网站、公众号等各类平台载体，深入挖掘各级党组织和广大党员干部为民服务的生动案例、典型做法，及时宣传推广“33110”工作法带来的变化和成效，带动提升群众对党组织的认同感和满意度，推动形成“区委领导、分级实施、党员带头、全民受益”的良好局面。

区委组织部、区委督查室等相关部门，将采取听汇报、看现场、访群众、察民意等方式，对各单位工作开展情况，定期进行挂牌督查和分类指导，督查情况将定期向区委报告。

中共梅州市梅江区委 梅州市梅江区人民政府关于印发《梅江区支持深圳建设中国特色社会主义先行示范区、支持广州市推动“四个出新出彩”的若干措施》的通知

各镇党委、人民政府，街道党工委、办事处，区委各部门，区直和市属驻区各单位：

现将《梅江区支持深圳建设中国特色社会主义先行示范区、支持广州市推动“四个出新出彩”的若干措施》印发给你们，请结合实际认真贯彻落实。

中共梅州市梅江区委员会

2020年5月7日

梅江区支持深圳建设中国特色社会主义先行示范区、支持广州市推动“四个出新出彩”的若干措施

深圳建设中国特色社会主义先行示范区和广州推动“四个出新出彩”实现老城市新活力，是习近平总书记对深圳、广州，也是对广东的重要指示要求。为全面贯彻落实党中央、国务院《关于支持深圳建设中国特色社会主义先行示范区的意见》和省《关于支持深圳建设中国特色社会主义先行示范区的若干重大措施》《中共广东省委全面深化改革委员会关于印发广州市推动“四个出新出彩”行动方案的通知》，以及《梅州市支持深圳建设中国特色社会主义先行示范区的行动方案》《梅州市支持广州市推动“四个出新出彩”的若干措施》精神，深化与深圳、广州两地交流合作，积极服务融入粤港澳大湾区建设，推动梅江苏区振兴发展，特制定如下措施。

一、总体要求

以习近平新时代中国特色社会主义思想为指导，全面贯彻党的十九大和十九届二中、三中、四中全会精神，深入贯彻习近平总书记对广东重要讲话和重要指示批示精神，落实省委省政府、市委市政府各项部署要求，立足生态发展区、红色苏区定位，进一步发挥梅江比较优势，尽梅江所能，主动作为，在产业、交通、民生、营商环境等方面紧密对接广深，更好融入大湾区经济圈、交通圈、人文圈、生活圈，打造“三宜城市”示范区，支持深圳建设中国特色社会主义先行示范区、广州推动“四个出新出彩”实现老城市新活力，为广东构建“一核一带一区”区域发展新格局，实现“四个走在全国前列”、当好“两个重要窗口”作出梅江贡献。

二、重点举措

（一）加快交通等基础设施互联互通

1. 配合加快交通网络建设。全力服务龙岩经梅州至龙川（梅州西至龙川西段及梅州西至武平段）、瑞金至梅州等铁路建设工作，配合做好梅州梅县机场迁建工作，助力打通梅州通向大湾区的快速大通道。

2. 构建便捷公路网络。全面打通市政断头路。重点推进国省道、县乡公路改造升级和资源路、旅游路、产业路建设，畅通城区到高速公路出入口、工业园区、景点景区的交通线路，完善

以城区为中心、乡镇为节点、建置村为网点的“四好农村路”交通网络，做到“无路变有路、有路变好路、好路升等级”，加快构建四通八达城乡路网。

3. 构建融入广深的交通物流网络。加强与两地物流合作，以繁荣城市经济为目标，发展商贸物流板块经济，鼓励两地物流龙头企业在梅江布局网点、拓展业务，推进海吉新城和环市路商贸物流集散地建设。借助深圳、广州等港口，主动加强与深圳盐田港等国际大型港口合作，将物流产业打造成支柱产业。

（二）推动产业互补发展

4. 积极承接先进制造业转型。围绕市构建“5311”绿色产业体系，依托广东梅州经济开发区（东升工业园区），对接两地技术成果孵化和产业转移需求，在互联网产业、电子信息产业等方面加强合作，进一步完善产业转移协调机制，简化转移企业办事流程，加快推进德国雪华铃、富临集团等项目落地，大力引进一批环境友好型、物流成本低、产品附加值高的新型工业项目，推动产业转型升级，实现绿色化、高端化发展。

5. 对接大市场提升农业水平。以“菜篮子”“果盘子”“肉盆子”“米袋子”“茶罐子”为主导，加快对接融入两地大城市大市场，促进产品和服务质量全面提升。扶持带动小农户发展高科技农业、高附加值农产品和农产品精深加工，做大做强茶叶、蔬菜、花卉、水果、农产品加工等五大农业主导产业，积极培育各类农业新经营主体，加快推进三大省级现代农业产业园建设。推进与香港富临集团合作，加快配送中心和优质农产品供应基地建设，努力把梅江优质农产品推向大湾区。

6. 顺应消费需求发展大健康产业。顺应大都市人群对绿色生态、运动休闲、健康养生的高端消费需求，改造提升黄塘片区综合服务配套设施，将黄塘河流域建设成为集疗养、保健于一体的特色医疗社区。发挥良好生态环境优势，加快推进东山文旅康养小镇建设，打造服务粤港澳大湾区的高端养生养老基地，吸引两地都市人群来梅江消费、休闲、度假、养生。

7. 产业链互补招商。强化面向两地的招商引资，按照市打造“5311”绿色产业体系、对接广深产业转移需求，深入实施“乡贤回乡投资兴业工程”，推进以商招商、以情招商，拓展“企业总部在大湾区，生产基地在梅江”“研发孵化在大湾区，成果转化在梅江”“生产基地在梅江，消费市场在大湾区”等产业合作模式，形成大平台承载大项目、大项目推动大产业的高质量发展新格局。

8. 加强共建产业园提质增效。扎实推进广州增城（梅江）产业转移工业园建设，优先保障产业承接用地，加快园区土地开发、标准厂房、环保基础设施扩容以及园区道路等基础设施建设。更好承接吸纳两地绿色生态优质企业向梅江转移。推进国家级经济开发区申报工作，谋划“园区+”发展新模式，全力推进园区扩区，打造全新产业承接平台和新兴产业集聚地。

（三）推动资源要素融合共享

9. 加强科技交流合作。借助两地的科研优势和创新资源，加强与两地高水平院校、省级以上科研院所和龙头企业的深度对接合作，争取支持在梅江设立研究机构，共同组建一批重点产业技术创新联盟，联合开展重大科技攻关，推动梅江加快经济转型升级步伐。

10. 推动人才往来互通。深化人才发展体制机制改革，实施更加积极开放有效的人才政策。落实“人才新政20条”和金融人才政策，建立健全产学研系统创新共享机制、创业孵化基地和梅江人才驿站等人才发展载体，吸引更多大湾区人才到梅江创新创业。加强人才服务保障体系，着力解决人才落户、住房、子女就学等问题，真正让人才引得进、留得住。深入实施“客家菜师傅”工程，开展人才培养和技能培训，推动“客家菜师傅”品牌走出去。

11. 促进资本对接流通。加强资金资本的对接流通，积极引进两地金融机构到梅江设立分支机构、创新金融产品、提供金融服务，助力本地企业获得更多金融支持。加强两地国有企业对接合作，推动我区国有资本做优做强做大。

（四）推动文化相融共进

12. 推动城市文明互学互鉴。加强与两地的文化交流合作，学习两地在构建高水平公共文化服务体系和现代文化产业体系方面的先进经验，加快创建全国文明城市。实施新时代精神文明建设提质工程，培育和践行社会主义核心价值观，推动梅江从“文化之乡”走向“文明之城”。汲取两地建设重大公共文化设施经验，提升城区规划建设水平，着力打造城市文化地标。在举办国际国内体育品牌赛事、争取国家足球训练基地落户、建设社会足球场地等方面向两地学习，完善公共体育服务设施，办好梅江体育赛事，促进体育产业发展。

13. 推动文旅深度融合发展。以旅游、创业创新为抓手，大规模实施“人要进来”工程，加强与大湾区文化、旅游等领域合作，让两地人群到梅江体验生活生态，参与绿色发展、创新发展。共同保护开发利用红色资源，打造“红色之旅”精品线路。健全旅游服务体系、政策体系，完善旅游基础配套设施，鼓励两地企业参与梅江旅游资源开发，建立互为旅游目的地的客源联动机制。

（五）推动法治城市共建

14. 对标两地优化营商环境。对标粤港澳大湾区特别是广深两地投资和贸易规则，全面梳理和完善现有政策体系，进一步深化“放管服”改革，扩大商事制度改革效应，加快对接国家和省建设一体化在线政务服务平台，实现市场规则的有序衔接。借鉴两地信用建设经验成果，建立健全公共信用信息服务平台，完善守信联合激励和失信联合惩戒机制。

15. 加强社会治理共建共治共享。学习深圳创建全国法治政府建设示范市的先进经验和做法，全面提升我区法治政府建设水平。加强与两地在平安之乡、和谐社区和基层治理等方面的学习交流合作，建立健全基层社会治理网络，加大社区服务体系建设，对接群众需求推进服务精细化供给，提升我区社会治理现代化水平。加快推进智慧城市和“数字政府”改革建设，实现主动、精准、整体式、智能化政府管理服务，不断提升梅江法治建设水平。

（六）推动民生领域合作

16. 扩大教育交流合作。大力推进学前教育、基础教育、职业教育等多层面的共建交流。争取两地大学院校在梅江设立校区或分校，探索与两地中小学、幼儿园缔结“姊妹”学校、“姊妹”园。发挥振兴教育发展基金的作用，加大奖教奖学力度，选派优秀校长、教学骨干到两地交流学习培训，争取两地选派优秀教师到梅江苏区支教。支持城西职业技术学校、梅江企业与两地高职院校和技工学校开展深度合作，为企业提供专业人才。

17. 推动医疗交流融合。以创建全国基层中医药工作先进单位为契机，主动加强与两地医院合作交流，组织区医疗队伍到两地医院进行交流学习培训，探索与两地建立跨区域专科联盟、远程医疗协作网等结对帮扶新模式。推进与两地医疗健康信息平台对接，共享电子病历、传染病监测、疫情报告、实验室监测与评价等数据。发挥城市医疗健康集团建设的试点效应，吸引和鼓励两地医疗卫生专家及高校毕业生到梅江从事医疗工作，进一步充实基层卫生人才队伍。

18. 加强家政服务合作。深入实施“南粤家政”工程，对接两地家政服务综合平台，鼓励职业学校建设家政服务特色专业，深入开展以母婴、居家、养老、医护服务为重点的项目培训，打造“客家大嫂”家政服务品牌，促进转移就业，为两地市民提供优质家政服务。

（七）携手扩大对外开放

19. 积极参与“一带一路”建设。加强与“一带一路”沿线国家和地区在经贸、文化等领域的合作，形成对外开放新格局。借助世界客商大会平台，加强与两地工商业界、投资促进机构、客属社团、知名客商的沟通联系，推动乡贤企业家回乡投资兴业。组织企业参加广交会、海丝博览会、中国品牌商品海外展等重点经贸活动和知名专业展会，鼓励有条件的企业与两地企业联手“走出去”“抱团出海”，共同参与境外经济贸易合作区和农业合作区开发建设。

20. 合作共建对外开放平台。学习复制推广两地自贸区改革创新经验，促进培育文化旅游、中医药、跨境电商等外贸新业态。探索发展“飞地经济”、园区共建，加强与两地在光电信息、生物医药、智能制造等下一代高新技术产业合作，把广东梅州经济开发区（东升工业园区）打造成为有效承接两地科技成果落地和产业梯度转移的集聚平台。

21. 创新对口帮扶机制。深化增城—梅江对口帮扶，建立更紧密、更有效的对口帮扶工作机制，争取把广州园区、开发区和南沙自贸区政策延伸到广东梅州经济开发区（东升工业园区），打造穗梅政策叠加的特区。充分利用各自功能区定位上的差别和资源禀赋的差异，找准产业合作共建的切入点，建立完善招商信息和资源交流共享机制，联合搭建产业对接平台，探索互补项目落地税收等利益共享机制。

三、组织保障

建立健全对接融入粤港澳大湾区建设的工作领导机构，统筹做好支持深圳建设中国特色社会主义先行示范区、广州市推动“四个出新出彩”各项工作，加强组织领导、统筹协调和督促检查，完善工作机制，推动工作落实。建立与两地的多层次互访机制，加强政企、团体、智库商会、协会等各层次的沟通对接，学习交流经验、共享发展良机、加快自身发展。各镇（街）、区直和市属驻区相关单位要建立相应的领导和工作机制，落实工作责任，形成工作合力。

梅州市梅江区人民政府关于下达梅州市梅江区2020年国民经济和社会发展计划的通知

各镇人民政府、街道办事处，区府直属和市属驻区各单位：

梅江区2020年国民经济和社会发展计划业经区八届人大五次会议审议批准，现下达给你们，请认真组织实施。

各级各部门要以习近平新时代中国特色社会主义思想为指导，全面贯彻党的十九大和十九届二中、三中、四中全会及中央经济工作会议精神，落实省委省政府“1+1+9”工作部署和市委“六争六补”“123456”思路举措，按照区委八届十次全会的部署要求，坚持稳中求进工作总基调，推动高质量发展，坚决打赢三大攻坚战，全面做好“六稳”工作，保持经济运行在合理区间，确保全面建成小康社会和“十三五”规划圆满收官。

附件：梅州市梅江区2020年国民经济和社会发展计划主要指标一览表

梅州市梅江区人民政府

2020年7月2日

附件：

梅州市梅江区2020年国民经济和社会发展计划主要指标一览表

表19

指标名称	计算单位	2018年实际		2019年计划		2019年初步核算		2020年计划	
		绝对数	增长（%）	绝对数	增长（%）	绝对数	增长（%）	绝对数	增长（%）
一、地区生产总值	亿元	83.75	0.3		5.5—6	90.72	3.6		5
二、地方一般公共预算收入	亿元	7.2	–1.4	7.56	5	7.27	0.97	7.49	3
三、规模以上工业增加值	亿元	20.17	–2	21.38	6	22.53	–0.9		7
四、固定资产投资	亿元	151.6	10.7		8左右		–14		5
五、社会消费品零售总额	亿元	114.50	7.3	123.08	7.5	117.42	2.5	122.12	4

续表 19

指标名称	计算单位	2018 年实际		2019 年				2020 年计划	
				计划		初步核算			
		绝对数	增长（%）	绝对数	增长（%）	绝对数	增长（%）	绝对数	增长（%）
六、居民消费价格指数	%	101.7	1.7	103 以内	3 以内	103	3	103.5 以内	3.5 以内
七、进出口总额	亿元	14.35	−14.28	14.79	2.4	11.99	−16.4	12.65	5.5
八、单位 GDP 能耗	吨标准煤/万元	0.507	2.86	按市下达任务执行		0.52	2.56	按市下达任务执行	
九、能源消费总量	万吨标准煤	40	1.96	按市下达任务执行		41.5	3.98	按市下达任务执行	
十、城镇新增就业人数	人	3008	0.2	3010		2464		2231	
十一、城镇登记失业率	%	2.39	−1.7	3.5 以内		2.39		3.5 以内	
十二、常住人口自然增长率	‰	8		按市下达任务执行		5.97	0.11	按市下达任务执行	
十三、城镇居民人均可支配收入	元	34700	4.9	与经济增长基本同步		37473	7.1	与经济增长基本同步	
十四、农村居民人均可支配收入	元	20100	8.3	与经济增长基本同步		21517	8.2	与经济增长基本同步	

说明：1. 2018 年数据为统计年鉴数，2019 年数据为初步核算数；

2. GDP 及增加值绝对值按现价计算，增速按可比价计算

梅州市梅江区人民政府关于公布梅江区第五批文物保护单位的通知

各镇人民政府、街道办事处，区府直属和市属驻区各单位：

根据《中华人民共和国文物保护法》有关规定和梅州市梅江区第五批文物保护单位评审领导小组意见，区人民政府同意区文化广电旅游体育局提出的梅江区第五批文物保护单位（共1处，见附件），现予以公布。

各镇（街道）、各有关单位要认真贯彻“保护为主、抢救第一、合理利用、加强管理”的方针，切实做好文物的保护、利用和管理工作。

附件：梅江区第五批文物保护单位名单

梅州市梅江区人民政府

2020年9月8日

附件：

梅江区第五批文物保护单位名单一览表

表20

名称	年代	类别	详细地址	级别	公布时期（批次）
下市禄善堂	清中前期	古建筑	梅州市梅江区金山街道小溪唇社区小溪唇19号	县级	2020年9月梅江区第五批

中共梅州市梅江区委办公室 梅州市梅江区人民政府办公室关于印发梅州市梅江区实施“广东技工”工程工作方案的通知

各镇党委、人民政府，街道党工委、办事处，区委各部门，区直和市属驻区各单位：

《梅州市梅江区实施“广东技工”工程工作方案》已经区委、区政府同意，现印发给你们，请结合实际认真贯彻执行。

中共梅州市梅江区委办公室
梅州市梅江区人民政府办公室
2020年8月5日

梅州市梅江区实施“广东技工”工程工作方案

为贯彻落实《中共广东省委办公厅 广东省人民政府办公厅关于印发〈“广东技工”工程实施方案〉的通知》（粤办发〔2019〕41号）和《中共梅州市委办公室 梅州市人民政府办公室关于印发〈梅州市实施“广东技工”工程工作方案〉的通知》（梅市明电〔2020〕73号），加快建设一支高素质的“广东技工”大军，提升供给能力，为梅江经济高质量发展提供强有力的人才支撑，结合我区实际，特制定本工作方案。

一、总体要求

以习近平新时代中国特色社会主义思想为指导，全面贯彻落实党的十九大和十九届二中、三中、四中全会精神，深入贯彻习近平总书记对广东重要讲话和重要指示批示精神，紧紧围绕省委省政府“1+1+9”工作部署和市委市政府加快构建“5311”绿色产业体系工作部署，以及区委区政府“1158”“1+3+5”的工作思路和举措，以服务现代产业发展、促进更充分更高质量就业为导向，以融入粤港澳大湾区建设和深圳建设中国特色社会主义先行示范区为牵引，大力推动老区苏区振兴发展，按照规划化、专业化、国际化的总体思路，推动职业教育（含技工教育）高质量发展，大规模开展职业技能培训，打造一支技能精湛、勇于创新、追求卓越的“广东技工”队伍。

到2022年，初步形成全区“广东技工”培养数量基本充足、结构趋于合理、年龄梯队相对完善、技艺素养整体提升的良好局面，技能劳动者占就业人员总量的比例与省指标比例基本相当，高技能人才占技能人才大幅度提高；到2025年，全区“广东技工”规模更加宏大、结构更加优良、年龄梯队更加完善、技术技能更加精湛，技能劳动者占就业人员总量的比例基本达到全省平均水平，高技能人才占技能人才比例达30%以上。

二、重点任务

（一）实施服务现代产业发展行动，适应地方产业需求。

1. 建设与地方产业匹配的专业。根据全区产业结构布局情况，以现代产业对技术技能人才需求为导向，优化制定职业院校（以下简称院校）重点专业建设规划。根据全区电路板、信息材料、互联网、生物制药、大健康、文旅康养等区域现代产业情况，鼓励职业学校构建与区域匹配的专业群建设，加快实现专业集中化、差别化、特色化错位发展。支持院校开设健康、养老、托幼、文化、旅游、客家菜等领域紧缺专业。实施省级示范专业建设，到 2022 年，打造一批紧贴产业发展需求、校企深度融合、就业质量好的省级重点专业和特色专业。〔责任单位：区人力资源社会保障局、区教育局，各镇（街道）〕

2. 构建产教融合发展格局。立足省市重大战略部署，实施“产教融合、校企合作”行动计划，深化全区职业教育产教融合，推动校企共建重点专业、区域综合性产教融合高水平公共实训中心或实训基地。重点推进我区城西职中内梅江区职业技能公共实训基地立项建设，鼓励企业应当依法履行实施职业教育的义务，利用资本、技术、知识、设施、设备和管理等要素参与校企合作。到 2022 年建设培育一批产教融合型企业，在教育费附加、技术改造补助、企业创新平台建设、融资等方面给予支持。广泛开展企业新型学徒制和现代学徒制。大力推行“校企双制”“厂中校”“校中厂”等办学模式。〔责任单位：区卫生健康局、区科协、区农业农村局、区园区服务中心、区人力资源社会保障局、区教育局、区发展改革局，各镇（街道）〕

3. 大力实施“乡村工匠”工程。围绕乡村振兴战略，重点建设乡村建筑工匠、动植物疫病防控、农业经理人、农产品食品加工与质量安全、农村电商等一批乡村工匠省级重点和特色专业。大力培育传统特色工艺传承技能大师，加快建设具有客家乡村特色技能大师工作室。到 2022 年，全区开展乡村工匠培养培训 700 人次以上。〔责任单位：区人力资源社会保障局、区住房城乡建设局、区教育局、区农业农村局等，各镇（街道）〕

4. 推进职业教育高质量发展。积极创建现代职业教育综合改革示范区，加快梅州城西职业学校建设。落实对职业教育的投入责任，进一步完善院校联动发展机制。实施职业教育“扩容、提质、强服务”工程，到 2022 年全区职业教育结构优化取得阶段性成果，优质学位供给充足。支持我区职业院校积极融入大湾区建设，探索示范职教集团建设模式。落实职业院校培训主责，推动职业院校较大规模承担补贴培训。〔责任单位：区教育局、区人力资源社会保障局、梅州城西职业技术学校，各镇（街道）〕

（二）实施技工教育大发展行动，提高人才培养配置效率。

5. 优化调整技工院校布局。围绕“5311”绿色产业体系，结合区域产业需求和人口规模，调整优化院校区域布局，助力构建“一核一带一区”区域发展新格局。支持区属各民办职业培训机构办强、办精，坚持建设有引领作用的梅江区职业技能公共实训基地，争取在新兴专业建设方面在全市发挥引领示范作用。〔责任单位：区人力资源社会保障局，各镇（街道）〕

（三）实施职业技能提升行动，推行终身职业技能培训制度。

6. 支持“广东技工”终身持续提升发展。推行终身职业技能培训制度，保障人人享有覆盖职业生涯各阶段的职业技能培训服务，全区力争每年完成各类培训 1.1 万人次以上，使广大劳动者持续得到技能晋升。完善和落实职业技能培训补贴政策，支持“广东技工”通过自主努力实现终身持续提升发展。〔责任单位：区人力资源社会保障局、区教育局、区农业农村局、区科工商务局、区退役军人事务局、区应急管理局、区财政局、团区委、区残联等，各镇（街道）〕

7. 鼓励企业开展职工在岗培训。推动企业建立全员技能培训制度，足额提取并合理使用职工教育培训经费，对转岗转业职工、在岗职工等开展适岗能力和岗位技能提升培训。支持企业通过设立职工培训中心、实训车间建设职工培训平台，鼓励院校、职业培训机构、行业协会合作开展企业职工培训项目。鼓励企业参训职工协商一致灵活安排工作时间，保障职工参训期间应有的工资福利待遇。〔责任单位：区人力资源社会保障局、区教育局，各镇（街道）〕

8. 实施“广东技工”技能圆梦行动。支持在职业院校、公共实训基地和职业培训机构建设“技能夜校”，实行“技能积分制”并纳入职业技能等级评价指标。积极应用“互联网+培训”、职业培训包等培训模式，提高培训便利度和可及性。大力推行“技能网校”等新型融合式技能培训，开展线上培训与线下实训相结合的教育培训服务。〔责任单位：区人力资源社会保障局、区教育局等，各镇（街道）〕

（四）实施创新评价激励机制先导行动，提升技能人才社会地位。

9. 创新技能人才多元评价方式。建立健全技能人才评价制度，多维度评价技能人才。加快推行职业技能等级认证制度。已备案企业可自主制定评价方案、组织实施评价、颁发技能等级证书，评价结果与企业人才使用激励机制挂钩。落实职业院校全面实施“1+X”证书制度。大力推进专项职业能力考核工作。〔责任单位：区人力资源社会保障局、区教育局，各镇（街道）〕

10. 完善技能人才评价管理方式。深化“放管服”改革，突出政府对技能人才评价的宏观管理、规则制定、公共服务和监督保障职能。支持探索评价制度改革，鼓励支持社会组织、市场机构以及企业、院校等作为社会培训评价组织，提供技能评价服务。实施技能人才评价目录管理制度并实行动态调整制度。健全现场督查、同行监督和社会监督机制，综合用好“双随机、一公开”和“互联网+监督”等监督方式，实施社会评价组织定期评估和退出机制。〔责任单位：区人力资源社会保障局，各镇（街道）〕

11. 完善技能人才激励制度。健全体现技能价值的分配制度，推动用人单位建立职工凭技能得到使用晋升、凭业绩贡献确定薪酬待遇的激励制度。完善职业技能竞争激励机制，健全奖励、职称评审、绩效工资等方面的激励政策。打破职业技能评价与专业技术职称评审界限，落实高技能人才与工程技术人才的职业发展贯通机制，支持工程技术领域高技能人才参评工程系列专业技术职称。取得高级工和技师、高级技师职业资格或相应职业技能等级证书的高技能人才，在参加事业单位招聘、职称评审时分别与大专和本科学历人员同等对待。加大在“广东技工”群体中发展党员、评选劳模、推荐提名人大代表和政协委员的力度。〔责任单位：区委组织部、区总工会、区人力资源社会保障局、区教育局等，各镇（街道）〕

（五）实施技能菁英培育成长行动，建设知识型技能型创新型劳动者大军。

12. 大力培育“创新能手”。推动和支持企业、行业建立企业首席技师、行业首席技师制度，培育善于创新攻关、带徒传技、传承推广的领军型技能人才。鼓励技能人才和创新项目参加广东“众创杯”等创新创业大赛、珠三角优秀创业项目展示等活动，办好区级创新创业大赛，为优秀广东技工搭建交流展示平台。加强高技能人才培训和传承载体建设，支持鼓励职业院校建设国家级高技能人才培训基地和国家级技能大师工作室。实施“广东技工”素质提升项目，每年选拔一批优秀技能人才，参加高等院校或知名培训机构、知名企业组织的提升培训。〔责任单位：区人力资源社会保障局、区科工商务局、区教育局等，各镇（街道）〕

13. 大力培育“世赛标兵”。完善技能竞赛体系建设，以世界技能大赛为引领，每两年举办区级工业设计大赛和技能竞赛，挖掘培养更多优秀高层次人才，带动岗位技能练兵技术比武，更大范围培养、更加科学选拔优秀“广东技工”人才参与世界技能大赛。主动承接有关全国性、国际性技能竞赛。完善支持世界技能大赛培训、参赛等政策。〔责任单位：区人力资源社会保障局、区科工商务局、区教育局等，各镇（街道）〕

14. 大力培育“粤菜（客家菜）名厨”。深入实施“粤菜（客家菜）师傅”工程，明晰发展定位，传承客家菜历史文化精华和精湛技艺，完善标准化体系，全面发展和培育多层次客家菜人才，培养一批高素质的“粤菜（客家菜）名厨”人才队伍。到2022年，全区开展“粤菜（客家菜）师傅”人才学历教育及技能培训300人次以上。〔责任单位：区委宣传部、区人力资源社会保障局、区农业农村局、区文化广电旅游体育局、区市场监管局、区教育局、区供销联社等，各镇（街道）〕

15. 大力培育“家政好手”。加快推进“南粤家政”工程，围绕新形势对家政服务的迫切需求，加快推进全区家政服务业职业化、国际化、标准化、专业化、高质量发展，使从业人员素质有提升、就业有渠道、权益有保障、社会有认同。到2022年，建设1家以上市级家政服务培训示范基地，动员引导2个以上有资质有能力的培训机构参与培训。每年开展家政服务类培训610人次以上，带动就业创业1000人次以上。〔责任单位：区人力资源社会保障局、区卫生健康局、区民政局、区科工商务局等，各镇（街道）〕

（六）实施技能就业创业行动，保障和改善民生。

16. 拓展技能就业渠道。依托省“广东技工”信息库，广泛收集发布高端制造、现代服务等行业企业空缺岗位信息和求职人员信息，结合实际，定期开展“广东技工”专场招聘活动，促进市场供求对接匹配。完善公共就业创业服务机制，为技能人才提供更有针对性的职业介绍、职业指导、政策咨询等“一站式”就业服务。〔责任单位：区人力资源社会保障局，各镇（街道）〕

17. 支持技能创业带动就业。大力培育“技能创客”，对有创业意愿的技能劳动者，提供项目推介、创业指导、融资对接、补贴申领等公共创业服务。对符合条件的创业人员，按规定落实一次性创业资助、租金补贴、创业担保贷款及贴息等扶持政策。鼓励各地建设技能创业孵化基地，提升广东“众创杯”技能工匠争先赛组织水平，帮助技能人才提高创业成功率。〔责任单位：区人力资源社会保障局、区科工商务局、区教育局、区财政局等，各镇（街道）〕

18. 推进技能扶贫对接帮扶。落实省内技能扶贫对接帮扶机制，借力苏区老区振兴发展和“双区”驱动机遇，推动梅州和珠三角地区开展劳务结对，为珠三角地区输送技能人才。加强与广梅产业园综合性培训载体平台合作，加快培育新型职业农民，培养更多符合粤港澳大湾区产业需求的专业人才，促进梅江更多技术技能人才“走向大湾区”，贡献“梅江所能”。完善区内技能扶贫对接机制，鼓励企业优先招用符合条件的贫困劳动力。推动民办培训机构、院校与各镇（街道）技能帮扶对接，确保就读技工院校意愿的贫困学生100%享受技工教育优惠政策。〔责任单位：区人力资源社会保障局、区教育局、区农业农村局（区扶贫局）、区园区服务中心等，各镇（街道）〕

（七）实施工匠精神培育弘扬行动，激活内生动力。

19. 大力培育工匠文化。完善工匠文化培育制度，加大对工匠精神、工匠文化的研究力度。坚持工学结合、德技兼修，将工匠精神列为院校、职业培训机构职业教育培训通用职业素质必修课，将工匠精神培育融入公共课程、专业教学、实习实训、就业指导等教学环节，贯穿教育培训全过程。〔责任单位：区人力资源社会保障局、区教育局，各镇（街道）〕

20. 营造弘扬社会氛围。强化宣传引导，通过“传统媒体+新媒体”、“线上+线下”等形式广覆盖、多层次宣传“广东技工”在经济高质量发展中的重要作用，树立“广东技工”典型。开展大型技能成果展示会，大力弘扬精益求精的工匠精神，形成全社会关心“广东技工”成长的良好局面，社会影响力继续增强，社会认可度越来越高，激励广大青年走技能成才、技能报国之路。〔责任单位：区委宣传部、区人力资源社会保障局、区教育局、区文化广电旅游局体育局等，各镇（街道）〕

三、保障措施

（一）加强组织领导。

各级各部门要高度重视，把实施“广东技工”工程纳入经济社会发展总体规划和年度计划。建立党委领导、政府负责，人力资源社会保障部门牵头组织实施，组织、宣传、编制、发展改革、教育、民政、财政、住房和城乡建设、农业农村、科工商务、文化、旅游、供销、工会等相关部门密切配合，社会各方广泛参与的工作机制。坚持和加强党对院、校的全面领导，建立健全院、校基层党组织，积极探索符合时代特点和办学规律的中国特色现代技工院校治理模式。

（二）健全政策体系。

区人力资源社会保障局要根据市级制订的职业技能等级认定等配套政策，完善“广东技工”培养、使用、评价、激励等配套措施。区教育局要按照国家和省有关部署统筹推进职业教育高质量发展。区财政局要健全资金保障政策，加大对“广东技工”工程的投入，重点用于“广东技工”培养、职业教育基础能力提升与高质量发展、新建实训基地等技工、职业教育补短板等方面。

梅州市梅江区人民政府

2020 年 10 月 30 日

梅州市梅江区人民政府森林高火险期禁火令

各镇人民政府、街道办事处，区府直属和市属驻区各单位：

为切实加强野外火源管控，有效预防森林火灾，保护森林资源和人民群众生命财产安全，根据《中华人民共和国森林法》《森林防火条例》《广东省森林防火条例》和《梅州市森林火源管理条例》等有关规定，经研究，决定发布森林高火险期禁火令。

一、本禁火令自发布之日起至 2021 年 5 月 10 日止为我区森林高火险期。

二、我区行政区域内的林地及距离林地边缘五十米的范围划定为森林防火区，在森林高火险期内，上述范围划定为森林高火险区。

三、在森林高火险期，全区森林高火险区范围禁止一切野外违规用火行为。如：

（一）上坟烧纸、烧香点烛等；

（二）燃放烟花爆竹、孔明灯等；

（三）携带易燃易爆物品；

（四）吸烟、野炊、烧烤、烤火取暖；

（五）烧黄蜂、熏蛇鼠、烧山狩猎；

（六）炼山、烧杂、烧灰积肥、烧荒烧炭或者烧田基草、甘蔗叶、稻草、果园草等；

（七）其他容易引起森林火灾的用火行为。

四、进入森林高火险区的车辆和人员应自觉接受森林防火检查，配合工作人员消除火灾隐患。对携带的火种、易燃易爆物品及其他可能引起森林火灾的物品，实行集中保管，任何单位和个人不得拒绝、阻碍。

五、要落实好未成年人和聋、哑、疯、呆等特殊人群的单位和个人监护责任，因被监护人进入森林防火区用火、玩火引起森林火灾造成损失的，由其监护人依法承担民事赔偿责任。

六、森林高火险期间，区应急管理局、各镇（街）森林专业（半专业）扑火队伍应进入救火的战备状态。

七、拒不执行区级以上人民政府发布的森林防火命令的，由公安机关依照《中华人民共和国治安管理处罚法》规定给予处罚。

八、未经批准擅自在森林防火区野外用火的，依照《广东省森林防火条例》第四十三条规定，由区人民政府林业主管部门责令停止违法行为，给予警告，对个人并处两百元以上两千元以下罚款，对单位并处一万元以上三万元以下罚款；引起森林火灾的，对个人并处两千元以上三千元以下罚款，对单位并处三万元以上五万元以下罚款；造成损失的，依法承担民事赔偿责任；涉嫌犯罪的，移送司法机关依法处理。

九、森林、林地经营（管护）单位和个人，在其经营（管护）范围内承担森林防火直接责任。

十、森林火警电话：12119。

梅州市梅江区人民政府

2020 年 10 月 30 日

附　　录

2020年梅州市梅江区主要机构及负责人名录

梅州市梅江区领导班子成员名单

中共梅州市梅江区委员会

书　记：朱国城

副书记：钟秀堂（女）

曾小喜（9月任）

张　军（任至9月）

常　委：罗红葆（女，任至12月）　古　熠

梁英浩　王增文　李　俊　张峥奇

魏　婷（女）

刘细杨（挂职，任至3月）

王爱峰（挂职，3月任）

梁　飞（挂职，5月任）

钟建兵（3月任）

梅州市梅江区人大常委会

主　任：罗红葆（女，12月任）

巫繁星（任至11月）

副主任：杜延生　程成芳

罗尚君（任至12月）

管文杰　曾江林

葛雅玲（女，5月任）

梅州市梅江区人民政府

区　长：钟秀堂（女）

副区长：李思平（任至1月）　罗涤权

刘伟球（任至5月）

李政江（任至10月）　丘颂霞（女）

钟建兵（任至4月）

刘细杨（挂职，任至3月）

王爱峰（挂职，3月任）

梁　飞（挂职，5月任）

郑荣丰（10月任）

魏　婷（女，4月任）

林勇军（4月任）

政协梅州市梅江区委员会

主　席：赖经烈

副主席：丘元强

葛雅玲（女，任至5月）　张海辉

孙伟华　徐　莉（女）

刘伟球（5月任）　陈启泰（5月任）

中共梅州市梅江区纪律检查委员会

纪委书记：梁英浩

纪委副书记：叶怀忠　谢文梅

纪委常委：叶锦科　曾洁菲（女）　陈强华

王　导（9月任）

梅州市梅江区监察委员会

监委主任：梁英浩（5月任）

监委副主任：叶怀忠　谢文梅

监委委员：曾洁菲（女）　陈强华

王　导（任至10月）

赖志宏（10月任）

梅州市梅江区区直单位、镇、街道及市属驻区单位负责人名单

区委办公室

主　任：王增文
党群政府系统党委书记：曾秋好（女）
常务副主任：钟文思
副主任：廖志雄（任至3月）
　　　　曾仕谦（任至10月）
　　　　邹文导（9月任）
党群政府系统党委副书记：杨志辉（女）

区人大常委会各科室

办公室主任：钟　文（任至5月）
　　　　　　陈　雄（10月任）
办公室副主任：陈　雄（任至10月）
　　　　　　　范惠兰（女）
社会建设工委主任：黄琼琼（女）
社会建设工委副主任：钟　敏（女，5月任）
监察司法工委主任：梁卫中（任至3月）
　　　　　　　　　谢爱青（女，5月任）
监察司法工委副主任：黄达勇
文化卫生工委主任：胡秋泉
选举联络工委主任：谢爱青（女，任至5月）
选举联络工委副主任：古雨亭（女，5月任）
建设环境工委主任：李常青
建设环境工委副主任：廖新传（10月任）
财政经济工委主任：凌发展（5月任）
农村农业工委主任：曾建国（任至4月）
　　　　　　　　　李国浩（5月任）
农村农业工委副主任：罗　辑（女）

区政府办公室

主　任：林　峰
副主任：沈　舒　杨祥军　邹增峰　饶　锐

区政协各科室

秘书长：刘明方
办公室主任：余裕辉
提案委员会主任：李志雄
经济委员会主任：梁卫中（4月任）
港澳台侨外事委员会主任：姚海欢
社会和法制委员会主任：刘伟金
文化和卫生委员会主任：张浩源
农业和农村委员会主任：陈孙鹏
副秘书长：温　苑（女）
办公室副主任：沈冬梅（女）
社会和法制委员会副主任：池进华（女）
文化和卫生委员会副主任：张达达（女，5月任）

区纪委、监委各科室

办公室主任：赖志宏（任至9月）
巡察办主任：叶锦科
信访室主任：丘　馨（女，9月任）
　　　　　　魏丽华（女，任至9月）
案件审理室主任：叶柳廷（9月任）
党风政风监督室主任：杨滨峰（9月任）
　　　　　　　　　　曾　焕（任至9月）
第一纪检监察室主任：黄学全（任至4月）
第三纪检监察室主任：廖　瑛（女）
第四纪检监察室主任：周嘉锋（9月任）
　　　　　　　　　　廖新传（任至8月）
第五纪检监察室主任：肖　斌
第六纪检监察室主任：杨国强
第七纪检监察室主任：李　峰
案件监督管理室主任：丘书贤
区委巡察组组长：李政玉　丘瑞强
　　　　　　　　周柳曦（女）
　　　　　　　　黄学全（4月任）
区委巡察组副组长：林健强
　　　　　　　　　曾　焕（9月任）

廖振邦（9月任）
丘　馨（女，任至9月）

巡察办公室

主　任：叶锦科

副主任：包秀琴（女）

组织部

部　长：张峥奇

常务副部长：廖乾金

副部长：危永新　陈勇文　夏淡华（女）　吴　震

宣传部

部　长：古　熠

常务副部长：徐友德

副部长：李尚凌　欧阳雨燕（女）

统战部

部　长：罗红葆（女，任至12月）

常务副部长：杨慧芳（女，任至4月）
黄　媛（女，4月任）

副部长：黄　媛（女，任至4月）　张剑平
黄文辉（4月任）

机构编制办公室

主　任：危永新

副主任：何政英（女）　钟永营　曾文璞

政研室

主　任：曾仕谦（10月任）
魏洪涛（任至10月）

副主任：陈　曙（女）　陈高洲　蓝其钜

政法委员会

政法委书记：钟建兵（4月任）
魏　婷（女，任至4月）

常务副书记：曹浩波

政法委副书记：黎伟东（任至3月）
吴雪葱（女）
梁文辉（9月任）

系统党委书记：刘运芳

专职副书记：刘　琼（女）

专职委员：邓成华　古维奋　宋鹏鸿（女）
钟　敏（女，任至5月）

梅州市公安局梅江分局

党委书记、局长：郑荣丰（10月任）
李政江（任至9月）

政　委：肖健媚

副局长：钟炎昌　李文君　黄逢浩
陈迪斌（10月任）

纪委书记：叶　绿（任至8月）

政工室主任：罗国强（任至8月）

指挥中心主任：林锦松（7月任）
黎天震（任至7月）

检察院

检察长：黄明仰

副检察长：唐伟中　陈湘萍（女）　刘云天

政工科科长：刘彦媚（女）

法　院

院　长：赖昌仁

副院长：章文烈　朱　晟　陈学军

政治部主任：叶富才

司法局

局　长：李军明

副局长：钟静君　沈利梅（女）　夏思华（女）

政工办主任：杨志昌

发展和改革局

局　长：周煊戈

副局长：李桂军　杨铁锋　黄庆锋

梅州市自然资源局梅江分局

局　长：吴嘉明

副局长：余可文　蔡广雄　张维中

市场监督管理局

局　　长：张宝鸿（任至10月）

副 局 长：侯永权　林燕华（女）　叶剑锋
杨　沁　林　辉　李清乐

总工程师：肖文英

审计局

局　长：陈战苏

副局长：谢国标　管世坤　邓振基（1月任）

统计局

局　长：李育新

副局长：钟满芳（女）　张利梅（女）　张文勇

农业农村局

局　长：王丙俊

系统党委书记：温进军

系统党委副书记：李　烽

副局长：李　练　麦远志　邓广军　邱　梅（女）

水务局

局　长：李振强（6月任）

副局长：李贵元　叶柳樱（女）

邹文导（任至9月）

科工商务局

局　长：邓伟民

系统党委书记：钟信文

系统党委副书记：杨宇虹（女，任至10月）

副局长：钟晓波（任至4月）

杨秀斐（女）　熊绮燕（女）

李辉标（4月任）

交通运输局

局　长：卢忠南

副局长：张建文

黄文辉（任至4月）

田伟东（4月任）　郑　就（4月任）

住房和城乡建设局

党组书记：谢德颂

局　长：黄振宁

系统党委书记：王汉标

系统党委副书记：王思惠（女）

副局长：吴　鹏　温志文　温永强　谢锡明

叶苑华（女）

梅州市环境卫生管理局

局　长：胡先锋（9月任）　丘斯斌（任至9月）

系统党委书记：林人为

系统党委副书记：邓志耀

副局长：刘东红（女）　黄兴国　钟政生　吴　文

环境保护局

局　长：曾炜剑

副局长：黄素平　徐碧辉

教育局

局　长：陈启泰

教育系统党委书记：钟小明

教育系统党委副书记：刘　星

副局长：刘智强　巫振荣　饶　嫣（女）

文化广电旅游体育局

局　长：邓慧东（任至10月）

魏洪涛（10月任）

副局长：丘春辉　李文杰　巫宗呈　黄凤明

练洁云（女）

政务服务数据管理局

局　长：刘冠松

副局长：陈　璋　余伟雄　康桂丽

综合政务服务中心主任：戴智宏

政务服务数据管理中心主任：江怡明（10月任）

应急管理局

局　长：温永红（任至10月）

邓慧东（10月任）

副局长：黎文星　罗新秀　曾繁卫　邓育强

消防救援大队

大　队　长：熊　超

政治教导员：陈文涛

中级专业技术职务：胡小斌

中级专业技术职务：廖善强

初级专业技术职务：李炎松

初级专业技术职务：丘胜雄

初级专业技术职务：赖映玲

金山站政治指导员：罗　超
江南站政治指导员：谢志鹏

退役军人事务局

局　长：曾小基
副局长：王敬辉　罗永权　江　斌

财政局

党组书记、局长：梁　旅
系统党委书记：翁学勤
系统党委副书记：柯　明
副局长：叶　俊　李奋达
　　　　李国浩（任至5月）
总会计师：黎志鹏

税务局

局　长：张　克
副局长：谢统兵
　　　　吴国华（任至6月）　罗明锋　吴海鸿
　　　　叶维政（任至6月）
　　　　黄　华（任至6月）　陈远槐　蓝　绽
　　　　张苑芳（任至6月）
纪检组组长：梁伟平

民政局

局　长：饶彩婷（女）
副局长：吴伟贤（女）　刘攸慎　杨　锋

人力资源和社会保障局

局　长：陈勇文
副局长：罗秋娟（女）　刘映红（女）
　　　　廖承锦（4月任）
计划系统书记：丘庆平
计划系统副书记：陈晓苑（任至1月）
区社会保险基金管理局局长：黄文庆
区人才服务局局长：陈莉冬（女）
区就业服务中心主任：邓光明

卫生健康局

局　长：周章勇
系统党委书记：彭文峰
系统党委副书记：曾锦红（女）
副局长：温桂芳（女）　陈筱玲（女）　李保兴

医疗保障局

党组书记：杨艳红（女）
局　长：谢　芳（女）
副局长：余坤朋　黄　杰　叶道青（女）

党史研究室　地方志办公室

主　任：江文秀
副主任：李继贤

党校　梅江开放大学

校　长：张峥奇（3月任）　温君才（任至3月）
常务副校长：温君才（3月任）
副校长：陈丽丽（女）　陈　鹏

总工会

主　席：罗尚君（任至12月）
常务副主席：肖　丹（女）
副主席：陈　锐

团区委

书　记：邓煜钧
副书记：戴牧东
　　　　黄钧豪（任至10月）

妇　联

主　席：丘惠玲（女）
副主席：陈　璐（女）　李真珍（女）

科学协会

主　席：侯海岸
副主席：刘春熙　曾　勇

供销联社

主　任：曾干雄
副主任：陈　琳

二轻联社

主　任：杨丽君（女）
副主任：田亿玲（女）

工商联

主　席：古义龙

常务副主席：梁　波

副主席：张国梁（任至9月）

归国华侨联合会

主　席：张清容（女）

副主席：廖翠娟（女）　侯新春（女）

梅江台湾农民创业园管委会

主　任：刘文锦

副主任：朱双琴（女）　刘　星

土地房屋征收安置中心

主　任：王冰霞（女）

副主任：李玉兰（女）　陈天和　曾郁林

关心下一代工作委员会

副主任：刘锦岳　卢波明

秘书长：刘锦岳（兼）

文学艺术界联合会

党组书记：叶国铭（10月任）

张　明（任至8月）

主　席：李绮琼（女）

副主席：田玉丹（女）　李昌友

残疾人联合会

党组书记：丘学勤

理事长：丘学勤（任至4月）　叶秋玲（4月任）

副理事长：张忠权　陈庆宗

农业银行梅州城区支行

党委书记、行长：黄军梁

党委副书记、纪委书记：邓淑君

党委委员、副行长：钟　蕊（任至12月10日）

黄华坚（12月10日任）

黄　萍

曾令彬（6月1日任）

凌俊雄（6月1日任）

副行长：侯成龙（任至7月1日）

工商银行梅江支行

行　长：邓卫军

副行长：范文生　池增文

人保财险梅州市梅江支公司

经　理：陈志汉（11月任）

刘　丽（女，任至11月）

长沙镇

党委书记：徐晓东

副书记：李广兴　张国梁（9月任）　胡谢伟

委　员：范德才

钟镜辉（任至5月）

杨海璐（女）　李志东　黄　琦（女）

谢志伟（11月任）

人大主席：叶如欢（女）

副主席：吴焕雄

镇　长：李广兴

副镇长：范德才　黎棋祥　李　滔

纪委书记：杨海璐（女）

三角镇

党委书记：张贤亮

副书记：古继旋　田景春　罗慧丹（女）

委　员：刘雨锋　叶怀仁　黄　磊

曾　科（任至10月）　钟　伟

人大主席：谢文斌

副主席：朱维文

镇　长：古继旋

副镇长：叶怀仁　梁　锋　黄梅晖（女）

谢睿锐

纪委书记：钟　伟

城北镇

党委书记：曾小丽（任至12月）

陈振江（12月任）

副书记：陈振江（任至12月）　池利梅（女）

侯志玉（女）

委　员：张文波　李国怀

田伟东（任至4月）　郭永欣　张俊辉

曾令煌　温惠婷（女）　刘冠宇

人大主席：黄钢宏

副主席：陈锦峰（任至11月）
镇　长：陈振江（任至12月）
副镇长：张文波　林雁强
刘国华（1月任）　杨剑青（1月任）
纪委书记：郭永欣

西阳镇

党委书记：胡先锋（任至9月）
胡俊坛（10月任）
党委副书记：胡俊坛（任至10月）
钟绍方（12月任）
潘远淼　李龙庆
党委委员：李荣辉　刘清耀　赵立勤　李立方
余苑梅（女）　古伟汕
人大主席：侯晓君（女）
副主席：罗锡芳
镇　长：胡俊坛（任至10月）
钟绍方（12月任）
副镇长：李荣辉　李永杰　卢美玲（女）
郑文强
纪委书记：余苑梅（女）

江南街道

党工委书记：卢小敬
副书记：张天然　朱惠媛（女）　袁　涛
党工委委员：李　柯（女）　杨　舒（女）
侯春红（女）　张琼华（女）
朱全发　简烨宗　谢彬胜
黄　堃（女）　何春永
办事处主任：张天然
副主任：李　柯（女）　丘　妍（女）
陈　欢（女）　翁智华
人大工委主任：徐小波（10月任）
钟世茹（女，任至9月）
副主任：钟　玲（女）
纪工委书记：何春永（任至4月）
黄　堃（女，5月任）

金山街道

党工委书记：叶国铭（任至10月）
陈利春（10月任）
副书记：陈利春（任至10月）
黄钧豪（10月任）
丘志新　魏胜洪
党工委委员：侯曾伟　梁　军　王　洪
杨立祥　朱永腾　凌　锴
梁　旦（女）　欧阳佳（女）
郭梓洪
办事处主任：陈利春（任至10月）
黄钧豪（10月任）
副主任：杨立祥　张　新　谢昱新（女）
张展晖
人大工委主任：蔡影秋（女）
副主任：刘伟军
纪工委书记：侯曾伟

西郊街道

党工委书记：叶志明
副书记：张　聪　潘伟康　林醒玉（女）
党工委委员：余怀林　余春莲（女）　古焕青
李春霞（女）　朱淦文
余　敏（女）　何小霞（9月任）
办事处主任：张　聪
副主任：余怀林（9月任）　李　政　肖　威
人大工委主任：熊栢兴
副主任：曾　科（10月任）
何小霞（女，任至9月）
纪工委书记：古焕青

2020 年梅州市梅江区先进单位一览表

2020 年梅州市梅江区国家级先进单位一览表

表 21

单　　位	授予单位	荣誉名称
梅州市环境卫生管理局	中华全国妇女联合会	全国巾帼文明岗
实验幼儿园	中国幼儿教育学会	全国幼儿教学先进单位
梅州中学	教育部	网络学习空间应用普及活动优秀学校
鸿都小学	教育部	全国文明校园
梅州中维金叶国际大酒店前厅部接待组	全国总工会、应急管理部国家卫生健康委员会	全国“安康杯”竞赛优胜班组
梅州市第二中医医院工会	全国总工会	全国模范职工之家
梅州市梅江区消防救援大队	中央文明委	第六届全国文明单位名单
江南街道团工委	共青团中央	全国五四红旗团委

2020 年梅州市梅江区省级先进单位一览表

表 22

单　　位	授予单位	荣誉名称
梅州市环境卫生管理局	广东省生态环境厅	广东省大气污染防治攻关攻坚工作表现突出的集体
梅州市梅江区人民检察院	广东省委员会	2018—2020 年度广东省文明单位
梅州市梅江区人民检察院办公室	广东省人民检察院	2020 年度上半年集体二等功
作新小学	广东省教育厅	网络学习空间应用普及遴选活动优秀学校

续表22

单　　位	授予单位	荣誉名称
嘉应中学	广东省教育厅	广东省第六届中小学生艺术展演三等奖
龙坪小学	广东省教育厅	广东省少先队先进中队
鸿都小学	共青团省委员会、省教育厅少先队省工作委员会	小钟琴演奏电视大赛决赛三等奖
龙丰幼儿园	广东省教育厅	广东省“新课程”科学保教示范项目奖
梅州中学	广东省教育厅	广东省网络学习空间应用普及活动优秀学校
美华小学	广东省教育厅	第十二届广东省中小学“暑假读一本好书”先进单位奖
人民小学	广东省教育厅	“传唱客家童谣，传承客家文化”荣获广东省优秀传统项目案例一等奖
广东风华环保设备股份有限公司设计研发部	广东省委、省政府	广东省先进集体
梅江区税务局	广东省总工会	广东工会职工书屋
梅州市第二中医医院工会女职工委员会	广东省总工会	广东省工会女职工工作先进集体
梅江区消防救援大队	广东省文明委	广东省文明单位
梅江区人武部	广东省委、省政府	广东省文明单位
梅江区人武部	广东省军区	全面建设先进人武部
梅江区人武部	广东省军区	练兵备战先进单位
江南街道鸿都社区	广东省公安厅、广东省精神文明建设委员会办公室、广东省教育厅、广东省司法厅、广东省交通运输厅	广东省交通安全文明示范社区
梅江区三角镇泮坑村	中共广东省委农村工作办公室、广东省农业农村局、广东省组织部、广东省宣传部、广东省民政厅、广东省司法厅	广东省乡村治理示范村
梅江区卫生健康局	广东省委、省政府	广东省抗击新冠肺炎疫情先进集体

2020 年梅州市梅江区市级先进单位一览表

表 23

单　　位	授予单位	荣誉名称
梅江区民政局	梅州市委、市政府	梅州市抗击新冠肺炎疫情先进集体
梅州市第二中医医院	梅州市委、市政府	梅州市抗击新冠肺炎疫情先进集体
中共梅州市第二中医医院委员会	梅州市委	梅州市先进基层党组织
梅江区委政法委员会	梅州市委、市政府	梅州市抗击新冠肺炎疫情先进集体
广东晋宇电力工程有限公司	梅州市委、市政府	梅州市先进集体
梅州市第二中医医院	梅州市委、市政府	梅州市先进集体
梅州中燃城市燃气发展有限公司	梅州市委、市政府	梅州市先进集体
江南街道党工委	梅州市委	梅州市先进基层党组织
江南街道办事处	梅州市委、市政府	梅州市抗击新冠肺炎疫情先进集体
梅江区科工商务局	梅州市委、市政府	梅州市抗击新冠肺炎疫情先进集体
梅江区科工商务局机关党支部	梅州市委	梅州市先进基层党组织
梅江区人力资源和社会保障局	梅州市委、市政府	梅州市抗击新冠肺炎疫情先进集体
梅江区人力资源和社会保障局党总支	梅州市委	梅州市先进基层党组织
梅江区人民政府办公室	梅州市精神文明建设委员会	2019—2020 年度梅州市精神文明建设先进单位
梅江区委组织部	梅州市精神文明建设委员会	2019—2020 年度梅州市精神文明建设先进单位
梅江区委纪委监委机关	梅州市精神文明建设委员会	2019—2020 年度梅州市精神文明建设先进单位
梅江区委宣传部	梅州市精神文明建设委员会	2019—2020 年度梅州市精神文明建设先进单位

续表 23

单　　位	授予单位	荣誉名称
梅江区委机构编制委员会办公室	梅州市精神文明建设委员会	2019—2020 年度梅州市精神文明建设先进单位
梅江区税务局	梅州市精神文明建设委员会	2019—2020 年度梅州市精神文明建设先进单位
梅江区金山消防救援站	梅州市精神文明建设委员会	2019—2020 年度梅州市精神文明建设先进单位
梅江区长沙镇墟镇居民委员会	梅州市精神文明建设委员会	2019—2020 年度梅州市精神文明建设先进单位
梅州市臻尚食品有限公司	梅州市精神文明建设委员会	2019—2020 年度梅州市精神文明建设先进单位
梅江区长沙镇大密村	梅州市精神文明建设委员会	2019—2020 年度梅州市精神文明建设先进单位
梅江区西阳镇龙岗村	梅州市精神文明建设委员会	2019—2020 年度梅州市精神文明建设先进单位
梅江区人民检察院	梅州市妇女联合会	梅州市巾帼文明岗
梅江区江南街道鸿都社区	梅州市精神文明建设委员会办公室、共青团梅州市委员会、梅州市民政局、梅州市志愿者联合会	2020 年梅州市最美志愿服务社区
梅江区江南街道红光社区	梅州市社会科学界联合会	梅州市优秀社科普及基地
梅江区三角镇	梅州市第三次全国经济普查领导小组、梅州市统计局	第四次全国经济普查市级优秀集体
梅江区金山街道	梅州市委、市政府	梅州市抗击新冠肺炎疫情先进集体
梅江区金山街道志愿者服务队	梅州市文明办、团市委、市民政局、市志愿者联合会	2020 年梅州市最佳志愿者服务组织

2020 年梅州市梅江区先进个人一览表

2020 年梅州市梅江区国家级先进个人一览表

表 24

姓　名	单　　位	授予单位	荣誉名称
吕崇平	江南育才小学	教育部	全国模范教师
饶　勇	梅州市福利院	民政部	全国民政系统抗击新冠肺炎疫情先进个人
邓燕红	梅江区三角镇人民政府	司法部	全国人民协调工作先进个人
祝　晶	梅江区江南消防救援站	应急管理部消防救援局	全国消防救援队伍优秀女家属
邓燕红	梅江区司法局	司法部	全国模范人民调解员
刘克熙	梅江区司法局	司法部	全国模范人民调解员

2020 年梅州市梅江区省级先进个人一览表

表 25

姓　名	单　　位	授予单位	荣誉名称
陈奎林	梅州市公安局梅江分局东山派出所	广东省公安厅	二等功
林翠婷	梅江区人民检察院	广东省禁毒委员会	全省全民禁毒工程先进个人
肖思媚	梅江区人民检察院	广东省人民检察院	《认罪认罚从宽制度视野下量刑建议问题研究》获广东省法学会检察学研究会第十四届年会征文三等奖

续表25

姓　名	单　　位	授予单位	荣誉名称
何　威	梅州中学	广东省教育厅	广东省高考优秀评卷教师
严丽燕	嘉应中学	广东省教育厅	广东省高考优秀评卷教师
林勇军	人民小学	广东省教育厅	广东省书香校园活动的“点灯人”
叶迎春	江南育才小学	广东省教育厅	广东省书香校园活动的“点灯人”
练　丹	金山小学	广东省教育厅	广东省优秀援疆支教教师
曾江林	梅州市第二中医医院	中共广东省委广东省人民政府	广东省抗击新冠肺炎疫情先进个人
刘国标	梅江区三角镇上坪村	广东省委实施乡村振兴战略领导小组	广东省乡村振兴先进个人
凌明光	博敏电子股份有限公司	广东省委、省政府	广东省劳动模范
刘彦媚	梅州市梅江区人民检察院	广东省总工会	女职工先进个人
严毓芬	梅州市梅江区嘉应中学	广东省总工会	女职工先进个人
梁苑芳	梅州市福利院护理员	广东女职工委员会、广东省财贸委员会、广东省总工会职工服务部、广东省家庭服务业协会	“南粤家政”服务业职业技能竞赛暨全国家政服务业职业技能竞赛广东选拔赛养老护理员技能竞赛三等奖
陈亮亮	梅江区金山消防救援站	共青团广东省委员会	2019—2020年度“广东省优秀共青团员”
熊　超	梅江区消防救援大队	广东省消防救援总队	优秀干部
陈剑波	梅江区江南消防救援站	广东省消防救援总队	灭火救援工作先进个人
谢志鹏	梅江区江南消防救援站	广东省消防救援总队	执勤训练训练标兵
赵国兴	梅江区西阳政府专职消防队	广东省消防救援总队	执勤训练优秀政府专职队队员

续表 25

姓　名	单　　位	授予单位	荣誉名称
罗　超	梅江区金山消防救援站	广东省消防救援总队	基层消防站主官组宣讲训词“优秀政治教员”
李　俊	梅江区人武部	广东省军区	优秀团主官
符晓平	梅江区人武部	广东省军区	民兵工作先进个人
郑海风	梅江区司法局	广东省公证协会	公证执业三十周年荣誉证书

2020 年梅州市梅江区市级先进个人一览表

表 26

姓　名	单　　位	授予单位	荣誉名称
陈振江	城北镇	梅州市委、市政府	市河长制先进个人
陈振江	城北镇	梅州市政府	市征兵工作先进个人
林念元	城北镇	梅州市委、市政府	市抗击新冠肺炎疫情先进个人
房岳荣	梅州市公安局梅江分局刑警大队	梅州市禁毒委员会	禁毒先进个人
邱艳红	梅州市环境卫生管理局	梅州市精神文明建设委员会	第九届梅州市道德模范提名奖
郑怀金	梅江区人民检察院	梅州市人民检察院	2020 年梅州市刑事检察业务能手
刘彦媚、林翠婷、李丽玲、胡小芬、林雨	梅江区人民检察院	中共梅州市直属机关工作委员会	《未成年人被害人“一站式”询问救助中心》作品在第八届广东省市直机关‘先锋杯’工作创新大赛梅州赛区评比中荣获：优秀作品奖
陈筱玲	梅江区卫生健康局	梅州市委、市政府	梅州市抗击新冠肺炎疫情先进个人
陈筱玲	梅江区卫生健康局	梅州市委、市政府	梅州市先进工作者

续表26

姓　名	单　　位	授予单位	荣誉名称
古宇环	梅州市第二中医医院	梅州市委、市政府	梅州市抗击新冠肺炎疫情先进个人
邹燕珠	梅州市第二中医医院	梅州市委、市政府	梅州市抗击新冠肺炎疫情先进个人
江汉奇	梅州市第二中医医院	梅州市委、市政府	梅州市抗击新冠肺炎疫情先进个人
江汉奇	梅州市第二中医医院	梅州市委	梅州市优秀共产党员
谢睿锐	梅江区三角镇人民政府	梅州市委	梅州市优秀共产党员
谢睿锐	梅江区三角镇人民政府	梅州市政府	梅州市抗击新冠肺炎疫情先进个人
徐雪芬	梅江区市场监督管理局	梅州市委、市政府	梅州市抗击新冠肺炎疫情先进个人
徐雪芬	梅江区市场监督管理局	梅州市委	梅州市优秀共产党员
李新苑	中共梅州市梅江区委宣传部	梅州市委、市政府	先进个人
邱晓坤	梅州市梅江区住房和城乡建设局	梅州市委、市政府	梅州市抗击新冠肺炎疫情先进个人
侯　屏	广东嘉应制药股份有限公司	梅州市委、市政府	梅州市劳动模范
管世炎	梅州珠江啤酒股份有限公司	梅州市委、市政府	梅州市劳动模范
黄瑞珍	梅州市稻丰实业有限公司	梅州市委、市政府	梅州市劳动模范
黄李忠	梅州市梅江区伯聪学校	梅州市委、市政府	梅州市劳动模范
曹银新	梅州市第二中医医院	梅州市委、市政府	梅州市劳动模范
陈筱玲	梅州市梅江区卫健局	梅州市委、市政府	梅州市先进工作者
彭志昉	梅江区金山消防救援站	梅州市委	梅州市先进工作者

续表 26

姓 名	单 位	授予单位	荣誉名称
黄 健	梅江区社会保险基金管理局	梅州市委、市政府	梅州市抗击新冠肺炎疫情先进个人
陈 杰	梅江区司法局	梅州市委政法委、梅州市公安局、梅州市民政局、梅州市见义勇为基金会	2020 年度群防群治工作先进个人
卢小敬	梅江区江南街道	梅州市精神文明建设委员会	2019—2020 年度梅州市精神文明建设先进工作者
李 智	梅江区教育局	梅州市精神文明建设委员会	2019—2020 年度梅州市精神文明建设先进工作者
张 聪	梅江区西郊街道	梅州市精神文明建设委员会	2019—2020 年度梅州市精神文明建设先进工作者
黄 琦	梅江区长沙镇	梅州市精神文明建设委员会	2019—2020 年度梅州市精神文明建设先进工作者
陈 杰	梅江区司法局	梅州市委政法委、梅州市公安局、梅州市民政局、梅州市见义勇为基金会	2020 年度群防群治工作先进个人
胡俊坛	梅江区西阳镇	梅州军分区	优秀基层武装部政治教导员
谢利娜	梅江区西阳镇	梅州市委、市政府	梅州市抗击新冠肺炎疫情先进个人
陈显奇	梅江区江南街道	梅州市委、市政府	梅州市抗击新冠肺炎疫情优秀个人
王 莹	梅江区金山街道	梅州市委、市政府	梅州市抗击新冠肺炎疫情先进个人
杨美云	梅江区金山街道办事处金山社区	梅州市委、市政府	2019 年梅州市创建全国文明城市工作先进个人
朱建平	梅江区金山消防救援站	共青团梅州市委	优秀共青团员

索　　引

说　　明

一、本索引采用主题分析方法，款目按汉语拼音字母（同声字按声调）顺序排列。

二、文中的类目题、分目题用黑体字标明，条目采用宋体字。

三、主题索引款目后的数字表示内容所在的页码，数字后面的拉丁字母（a、b、c）表示栏别（即版面的左、中、右栏）；表格索引款目后的数字表示表格所在的页码，数字后面的拉丁字母（d、e）表示表别（即版面的上、下表）。

四、同一主题的内容在文中多次出现的，在其款后用不同数字标明。

五、本索引对“特载”“大事记”“文献辑存”“附录”类目不作内容主题分析。

主题索引

D

E

F

G

H

J

K

L

R

S

Z

表格索引

E

G

M